LES BANQUES ET LE DISPOSITIF PRÉVENTIF ANTI-BLANCHIMENT DES CAPITAUX

ANALYSE DE SA MISE EN ŒUVRE AU CAMEROUN ET EN FRANCE

Collection Etudes Eurafricaines

Dirigée par André Julien Mbem

Le Sahara et la Méditerranée, frontières entre l'Afrique et l'Europe, sont aussi des passerelles par lesquelles, depuis des siècles, au-delà des tragédies et des drames, se rapprochent et se remodèlent ces deux ensembles géographiques et leurs civilisations. La collection ***Etudes Eurafricaines*** *encourage la diffusion d'études historiques et prospectives sur les symbioses dont cette partie du monde est l'antique théâtre.*

Déjà paru

Fodié Tandjigora, *L'immigration des diplomés maliens de France. Fuite des cerveaux ou quête de promotion sociale ?*, 2018.
Jean-Alexis Mfoutou, *La langue de l'école au Congo-Brazzaville*, 2010.
Yves-Marie LAULAN, *L'Europe face à l'Afrique : du choc démographique au choc des civilisations ?*, 2010.
Jean-Alexis Mfoutou, *La langue de l'amour et de la sexualité au Congo-Brazzaville*, 2010.
Patrice Moundounga Mouity, *La société gabonaise de cour*, 2010.
Christelle Gaborieau, *Deux ans au cœur du Tchad*, 2009.
Jean-Alexis Mfoutou, *La langue française et le fait divers en Afrique noire francophone*, 2009.
Roland Willay Adams, *Expériences initiatiques en terre africaine*, 2009.
Jean-Alexis Mfoutou, *La langue de la nourriture, des aliments et de l'art culinaire au Congo-Brazzaville*, 2009.
Philippe Milon, *Rendons le pouvoir à l'Afrique ! Cri de révolte d'un bénévole de terrain*, 2009.
André Julien Mbem, *Nicolas Sarkozy à Dakar. Débats et enjeux autour d'un discours*, 2007.

Laure Nathalie TSOBGNI DJOUMETIO

LES BANQUES ET LE DISPOSITIF PRÉVENTIF ANTI-BLANCHIMENT DES CAPITAUX

ANALYSE DE SA MISE EN ŒUVRE AU CAMEROUN ET EN FRANCE

L'Harmattan

5-7, rue de l'École-Polytechnique, 75005 Paris

http://www.editions-harmattan.fr

ISBN : 978-2-343-15649-1
EAN : 9782343156491

REMERCIEMENTS

A ma directrice de thèse Mme Chantal CUTAJAR, pour sa grande gentillesse, son enthousiasme permanent, sa disponibilité et ses conseils d'une valeur inestimable.

A ma famille et mes amis, ce travail témoigne de ma reconnaissance pour leur soutien et leurs encouragements tout au long de mes recherches.

A Dr. Lionel DJEATSA, pour notre échange permanent d'idées.

A Monsieur Joseph NOUDJOU, pour son hospitalité pendant mes déplacements sur Strasbourg.

A Maître Armand NGUIMEYA, pour m'avoir documentée de la législation camerounaise.

DEDICACE

A mes parents **M.** et **Mme TSOBGNI**, qui ont toujours cru en moi.

A mes filles **Chelsie** et **Maëlys Clara**, en qui j'ai puisé chaque jour la force.

INTRODUCTION

Le blanchiment des capitaux commence généralement par une introduction des capitaux criminels dans le système financier. C'est la phase initiale d'une opération de blanchiment qui tend précisément à faire entrer des fonds d'origine criminelle dans les circuits financiers légaux. Par son activité, à savoir, la réception des fonds du public qui est expressément qualifiée d'opération de banque, le banquier peut faciliter cette étape du blanchiment. La réception des fonds du public peut correspondre à la phase d'introduction d'argent d'origine criminelle dans le système financier.

La connexité qui existe entre certains établissements bancaires et le blanchiment des capitaux est avérée : d'une part, les banques [1]sont au cœur de la vie des affaires et d'autre part, les blanchisseurs s'en servent à des fins frauduleuses. En effet, le système financier est indispensable pour les opérateurs économiques, aussi bien ceux vivant dans l'économie légale que ceux vivant dans l'économie illégale. Les banques disposent, en raison de la nature même de leurs activités, des techniques ainsi que des réseaux internationaux permettant d'effectuer des transactions financières à l'échelle mondiale. Elles reçoivent des fonds et en permettent l'utilisation et le placement au moyen d'opérations comme la souscription de valeurs mobilières ou la réalisation de change. Ceci peut s'expliquer par le fait que ces opérations sont au cœur de leur activité, qu'il s'agisse d'opérations de banque[2] ou d'opérations connexes[3].

---

[1] La banque peut se définir comme une entreprise qui gère les dépôts et collecte l'épargne des clients, accorde et offre des services financiers. Elle effectue cette activité en général grâce à un réseau d'agences bancaires.

[2] Les opérations de banque comprennent la réception des fonds du public, les opérations de crédit ainsi que les services bancaires de paiement. Cf. Art. L. 311-1 du CMF et Art. 4 de l'Annexe à la Convention du 17 janvier 1992 Portant Harmonisation de la Réglementation Bancaire dans les Etats de l'Afrique Centrale.

[3] Les établissements bancaires peuvent aussi effectuer les opérations connexes à leurs activités telles que : les opérations de change, les opérations sur or, métaux précieux et pièces, le placement, la souscription, l'achat ; la gestion, la garde et la vente de valeurs mobilières et de tout produit financier, le conseil et l'assistance en matière de gestion de patrimoine… Cf. Art. L. 311-2 du CMF et Art. 8 de l'Annexe à la

En outre, le client d'une banque considère en général son banquier comme un grand confident et un partenaire économique essentiel ; celui-là consulte d'ailleurs celui-ci dans ses besoins d'investissement et d'optimisation de ses placements. La banque a pour rôle de recevoir les fonds du public, de gérer le portefeuille de sa clientèle tout en demeurant discrète à l'égard des tiers et silencieuse à l'égard des curieux.

Conscient de cette situation, le législateur va entreprendre de devancer les blanchisseurs en se servant à son tour des établissements bancaires dont l'intervention est nécessaire pour lutter contre ces derniers. En effet, les banquiers sont les mieux placés pour identifier ces opérations puisqu'elles passent par leur intermédiaire : ils détiennent le monopole des opérations de banque. Le dispositif préventif mis en place repose donc sur leur intervention, contrepartie des prérogatives et protections d'activités qui leur sont accordées. Les banques vont contribuer à une meilleure identification des circuits illégaux, parce que leur activité se situe au plus près du fait générateur du blanchiment.

Blanchiment et lutte contre le blanchiment passent donc nécessairement par le banquier, qui peut être soit un « complice »[4], soit une « victime »[5], soit un témoin faisant des banques des « sentinelles » [6] du blanchiment.

Convention du 17 janvier 1992 Portant Harmonisation de la Réglementation Bancaire dans les Etats de l'Afrique Centrale.

[4] Plusieurs scandales retentissants dans les années 1980, comme celui de la BCCI, ont permis d'éclairer le rôle proactif que le secteur financier pouvait jouer dans les processus de blanchiment. Dans cette affaire, Bank For Credit and Commerce Inter national, une multinationale d'origine pakistanaise qui, dans les années 1980, était la banque favorite des cartels de drogue, des dictateurs corrompus… et des services secrets de certains pays en raison de sa complaisance, voire de sa complicité active dans le blanchiment des sommes provenant du trafic de drogue ou de la corruption. Le blocage de ses comptes en 1991 laissera une ardoise finale de plus de 20 milliards de dollars pour les déposants.

[5] Le préambule de la déclaration des Principes de Bâle rappelait à cet effet que « Les banques et les institutions financières peuvent être utilisées contre leur gré comme intermédiaires dans le transfert ou le dépôt de fonds provenant d'une activité criminelle ».

[6] FAVAREL-GARRIGUES G., GODEFROY T. et LASCOUMES P., Les sentinelles de l'argent sale, les banques aux prises avec l'antiblanchiment. Editions La Découverte 2009, p. 5.

Ayant pris conscience qu'elles pouvaient servir inconsciemment d'intermédiaires pour le transfert ou le dépôt de fonds d'origine criminelle et surtout des risques[7] qu'elles encouraient, les banques se sont attelées à une réflexion sur l'élaboration des normes anti-blanchiment.

Les banques ont depuis longtemps été impliquées dans la lutte contre le blanchiment des capitaux. En effet, le premier standard anti-blanchiment émanait du monde financier. Historiquement, la déclaration de Principes de Bâle[8] fut le premier texte international établissant les normes destinées à lutter contre le blanchiment à l'intérieur du système bancaire. Cette déclaration de principes, formulée par le comité des règles et pratiques de contrôle des opérations bancaires de la Banque des Règlements Internationaux, a été adoptée dans un but d'élimination du blanchiment de fonds par l'intermédiaire du système bancaire national et international. Cette déclaration, adoptée en décembre 1988 par le comité de Bâle pour la supervision bancaire, énonçait les grandes lignes de ce qui constituera plus tard l'armature des standards internationaux. Son objectif était de développer des outils de prévention de l'utilisation du système bancaire pour le blanchiment de fonds d'origine criminelle. La déclaration a eu un fort impact du fait de la qualité de ses auteurs, qui réunissait les représentants des banques centrales et des autorités de contrôle d'Allemagne, de Belgique, du Canada, des Etats-Unis, de France, d'Italie, du Japon, des Pays-Bas, du Royaume Uni, de Suède, de Suisse et du Luxembourg. Par la suite, de nombreuses banques créèrent en leur sein un service de surveillance des risques de blanchiment.

Le groupe Wolfsberg,[9] association de onze banques privées s'est doté en octobre 2000 d'un ensemble de lignes directrices en matière de prévention du blanchiment et de financement du terrorisme. De même que les banques, un nombre non négligeable d'organisations

---

[7] Risques d'image, risque pénal, risque de réputation. V. p. 85 et s.

[8] Egalement appelée « Déclaration de principe du comité des règles et pratiques de contrôle des opérations bancaires ». Le Comité de Bâle, réunit les représentants des banques centrales et des autorités de contrôle du « groupe des six » : Allemagne, France, Royaume-Uni, Italie, Belgique et Pays-Bas, fut la première dénonciation, à l'échelle internationale, des effets du blanchiment de l'argent des organisations criminelles internationales.

[9] www.wolfsberg-principles.com

internationales interviendra dans l'élaboration des normes anti-blanchiment. En effet, la lutte contre le blanchiment des capitaux recouvre une nécessité sur le plan international tant le phénomène présente un caractère transnational. Les agissements des acteurs sont rarement limités à un seul territoire ; les mécanismes de blanchiment de capitaux à grande échelle comportent généralement des éléments transnationaux. Confrontés aux difficultés de développement de leurs activités dans le cadre d'un espace national, les criminels mettent alors sur pied des réseaux internationaux utilisant des techniques et des instruments calqués de la façon la plus exacte possible sur les mécanismes du commerce international. En outre, les blanchisseurs ne sont pas en quête de rendement ; ils cherchent plutôt l'endroit qui leur permettra de recycler plus facilement leur argent. Dès lors, ils sont à la recherche de pays présentant des failles dans leur législation anti-blanchiment. En pratique, les opérations de blanchiment se caractérisent par leur capacité à changer rapidement face à de nouvelles contre-mesures, en passant à de nouveaux mécanismes ou en se reportant vers des secteurs où la surveillance exercée par les pouvoirs publics est moins menaçante.

Parce que le blanchiment des capitaux s'inscrit dans un contexte international qui permet de déguiser plus facilement l'origine criminelle des fonds, la communauté internationale va apporter une réponse internationale : « A infraction internationale, réponse internationale ». Ont donc œuvré dans la mise en place du dispositif de lutte anti-blanchiment, des organisations telles que :

- L'ONU avec, en 1988, la Convention[10] des Nations Unies contre le trafic illicite de stupéfiants et de substances psychotropes qui marquait le lancement de la lutte contre le blanchiment des profits illicites au niveau international et introduisait pour la première fois dans un texte à vocation universelle la notion de « blanchiment » ; la Convention[11] de Palerme du 15 novembre 2000 contre le crime transnational organisé, entrée en vigueur le 29 septembre 2003, a pour but d'harmoniser les incriminations pénales et faciliter l'entraide

---

[10] Encore appelée Convention de Vienne, elle fut ratifiée par le Cameroun par le décret n° 90/1365 du 24 septembre 1990, ratification autorisée par la Loi n° 90/003 du 10 août 1990.

[11] Ratifiée par le Cameroun par le décret du 6 février 2006 autorisée par la Loi n° 2004/010 du 21 avril 2004.

judiciaire internationale. Enfin, la Convention des Nations Unies contre la corruption du 31 octobre 2003[12].

- Dès 1989, avec ses Quarante Recommandations, le GAFI[13] a fait le choix d'un dispositif anti-blanchiment reposant largement sur les professionnels, notamment les établissements bancaires et financiers. Les recommandations du GAFI ont assurément eu le retentissement le plus important au sein de la communauté internationale. Celles-ci énoncent les mesures que l'ensemble des gouvernements nationaux et des banques doivent prendre pour appliquer des plans plus efficaces de lutte contre le blanchiment. Suite aux tragiques évènements du 11 septembre 2001 où il est apparu que le blanchiment d'argent pouvait servir les causes du terrorisme, le GAFI a révisé ses quarante recommandations et adopté huit recommandations spéciales sur le financement du terrorisme. Le 20 juin 2003, le GAFI publie les quarante recommandations révisées. En février 2012, le GAFI publie de nouvelles recommandations[14].

Ainsi, la communauté internationale a adopté différentes normes répressives qui devraient permettre de lutter efficacement contre le blanchiment des produits de tout crime ou délit. Ces travaux ont eu des répercussions au sein des Etats par le truchement des communautés. A mesure que les instruments internationaux étaient adoptés, les Etats signataires devaient les transposer dans leur législation interne afin de répondre aux obligations qu'ils s'étaient eux-mêmes assignées. C'est dans ce sens que DELMAS-MARTY a déclaré qu': « *il semble clair désormais que les nouvelles questions posées par la mondialisation ne peuvent être résolues par la seule référence aux anciens modèles. Les systèmes de droit nationaux restent plus que jamais nécessaires, mais ils devront apprendre à intégrer des normes communes et à s'articuler avec une justice mondiale en gestation* »[15].

---

[12] Ratifiée par le Cameroun par le décret du 6 février 2006 autorisée par la Loi n° 2004/011 du 21 avril 2004.

[13] Créé lors du sommet de l'Arche tenu à Paris par le G7 à l'initiative de la France en juillet 1989, le Groupe d'Action International contre le Blanchiment d'Argent est un organisme intergouvernemental visant à développer et promouvoir des politiques nationales et internationales afin de lutter contre le blanchiment de capitaux et le financement du terrorisme. Sa mission est de prévoir et préconiser des mesures de lutte contre le blanchiment et étudier le rôle des banques en ce domaine.

[14] Disponibles sur www.fatf-gafi.org/fr/

[15] In « La difficile naissance du droit de demain », Le Monde, 16 nov. 2001, p. 16.

L'harmonisation législative au niveau mondial s'imposait dès lors aux différents Etats de la communauté internationale afin qu'ils aient les mêmes règles que leurs homologues.

L'impératif d'une lutte internationale contre ce phénomène a donc été intégré par de nombreux Etats parmi lesquels le Cameroun et la France. Ces deux Etats ont ratifié des textes et ont fait évoluer leurs législations dans le sens de l'harmonisation, celle-ci permettant d'intégrer le principe de l'équivalence des incriminations entre Etats.[16] Tout comme en matière de lutte contre la corruption, c'est ce principe de réciprocité[17] ou d'équivalence qui permet de poser les bases de la lutte internationale contre le blanchiment des capitaux. Le dispositif de lutte contre le blanchiment des capitaux dans les deux pays, même s'il a une date de naissance très différente[18], évolue au rythme de la progression des normes internationales.

L'infraction de blanchiment des capitaux a été solennellement incriminée en droit interne camerounais[19] par la loi n° 97/019 du 07 Août 1997 relative au contrôle des stupéfiants, des substances psychotropes et des précurseurs. Cette loi[20] appliquait une politique

---

[16] PEREIRA. B, Ethique, gouvernance et corruption, Banque et Droit, n° 111-janvier-février 2007, p. 13.

Le principe de réciprocité consiste à permettre l'application d'effets juridiques de certaines relations de droit, quand ces effets sont acceptés également par des pays étrangers. Selon le droit international, la réciprocité implique le droit à l'égalité et au respect mutuel entre les États. C'est ce principe qui a servi de base pour atténuer l'application du principe de territorialité des lois.

[18] En France, le dispositif de lutte contre le blanchiment est né vers les années 1980 tandis qu'au Cameroun celui-ci verra le jour 17 ans plus tard.

[19] Le Cameroun fait partie des six Etats de la Communauté Economique et Monétaire d'Afrique Centrale (CEMAC). La Communauté a élaboré plusieurs textes anti-blanchiment et ceux-ci sont d'application immédiate au Cameroun.

[20] La Loi du 07 Août 1997 n'est cependant pas abrogée car elle ne paraît pas incompatible ou contraire au règlement CEMAC, bien qu'elle véhicule une conception restrictive de l'infraction de blanchiment, diamétralement opposée à la conception extensive des textes communautaires. En effet, l'on peut plutôt voir dans les textes communautaires un complément de la Loi de 1997. La Loi de 1997 apparaît alors comme une législation spéciale qui subsisterait à côté de l'énonciation des dispositions communautaires générales. La Loi de 1997 aurait alors vocation à s'appliquer en matière de blanchiment des produits du trafic des stupéfiants et le Règlement de 2003 couvrirait le blanchiment du produit des autres infractions. Un justiciable peut ainsi valablement fonder ses arguments et prétentions directement sur

criminelle restrictive, n'incriminant le blanchiment que pour les revenus exclusifs du trafic de drogue ; il s'agit de l'incrimination spéciale du blanchiment des capitaux. L'incrimination générale du blanchiment sera consacrée en droit camerounais par les textes communautaires qui sont d'application immédiate au Cameroun.

Il s'agit d'une part, du règlement n°01/03/CEMAC/UMAC/CM du 04 avril 2003 portant prévention et répression du blanchiment des capitaux et du financement du terrorisme en Afrique Centrale révisé par le règlement n°02/10 du 02 octobre 2010 et d'autre part, d'un important règlement de la COBAC[21] relatif aux diligences des établissements assujettis en matière de lutte contre le blanchiment des capitaux et le financement du terrorisme en Afrique Centrale. En effet, l'adoption de cet instrument juridique rappelle, s'il en était encore besoin, que l'efficacité de la lutte anti-blanchiment est fortement tributaire de la réglementation bancaire et du contrôle exercé sur les activités des établissements de crédit en général. Le règlement de la COBAC prévoit donc une série de mesures destinées à prévenir l'utilisation des établissements de crédit de la zone CEMAC à des fins de blanchiment. D'autre part, il a été créé un organe destiné à lutter contre le blanchiment à savoir l'Agence Nationale d'Investigation Financière[22].

En France, tout comme au Cameroun, la législation anti-blanchiment puise dans le droit communautaire. C'est le lieu de préciser que, parce que d'application directe et immédiate, le règlement nous semble plus adapté pour régir les normes anti-blanchiment. Le législateur européen devrait donc, à l'instar du législateur CEMAC, ériger les normes anti-blanchiment sous forme de règlement. Ceci permettrait une véritable harmonisation au niveau européen et mettrait ainsi un terme aux problèmes de disparités qui perdurent en la matière.

La législation anti-blanchiment française, même si elle était à l'origine nationale[23], a donc évolué au rythme du droit communautaire

---

ce dernier texte devant une juridiction camerounaise, au même titre que sur la Loi n° 97/019.

[21] Commission Bancaire d'Afrique Centrale.

[22] Anif, Décret N° 2005/187 du 31 Mai 2005 portant organisation et fonctionnement de l'Agence Nationale d'Investigation Financière au Cameroun.

[23] La France étant la pionnière en matière de lutte contre le blanchiment. En effet, en 1990, la France réprimait déjà le blanchiment des capitaux dans sa loi n°90-614 du 12

européen. En effet, plusieurs directives[24] se sont succédé. D'abord la directive n° 91/308/CEE du 10 juin 1991 relative à la prévention de l'utilisation du système financier aux fins de blanchiment des capitaux définissait le blanchiment de capitaux en termes d'infractions liées au trafic de stupéfiants et n'imposait d'obligations qu'au secteur financier. Celle-ci sera ensuite amendée par la directive n° 2001/97/CE du Parlement européen et du Conseil du 4 décembre 2001 qui viendra étendre le champ d'application de la première directive aussi bien au niveau des infractions couvertes que des professions et activités couvertes. En 2005, a été élaborée une troisième directive afin de s'adapter aux nouvelles exigences du GAFI et lutter efficacement contre le blanchiment.

Le 5 février 2013, en vue d'actualiser ses dispositions conformément aux nouvelles exigences du GAFI de février 2012, une proposition de directive du Parlement Européen et du Conseil relative à la prévention de l'utilisation du système financier aux fins du blanchiment de capitaux et du financement du terrorisme a vu le jour. Elle intègre et abroge la directive du 1er août 2006 portant mesure de mise en œuvre de la directive de 2005[25].

En droit interne, la directive de 2005 avait été transposée par l'ordonnance prise le 30 janvier 2009. L'ordonnance a été complétée par le décret en Conseil d'Etat n° 2009-1087 du 2 septembre 2009 relatif aux obligations de vigilance et de déclaration pour la prévention du système financier aux fins de blanchiment de capitaux et de financement du terrorisme et par un arrêté du 2 septembre pris pour application de l'article R 561-12 du Code monétaire et financier et définissant des éléments d'information liés à la connaissance du client et de la relation d'affaires aux fins d'évaluation des risques de blanchiment de capitaux et de financement de terrorisme. S'agissant particulièrement des banques, on a aussi le décret n° 2009-1108 du 10

---

juillet 1990 relative à la participation des organismes financiers à la lutte contre le blanchiment des capitaux provenant du trafic des stupéfiants. Ce texte ne traitait que du blanchiment issu du trafic de stupéfiants.

[24] Au niveau européen, les directives ont harmonisé les dispositions préventives et la coopération des activités professionnelles, vecteur de l'argent blanchi, avec les Etats membres. Celles-ci, en tant que normes communautaires, lient les Etats quant au résultat à atteindre et son contenu doit être transposé par les Etats membres dans leur législation nationale.

[25] Les trilogues sont en cours.

septembre 2009 relatif au contrôle interne des établissements de crédit et des entreprises d'investissement modifiant le règlement n° 97-02 du 21 février 1997.

Au plan institutionnel, la France s'est également dotée d'un organe destiné à la prévention de l'utilisation du système financier aux fins de blanchiment. La loi n° 90-614 du 12 juillet 1990 a créé la cellule de Traitement du renseignement et action contre les circuits financiers clandestins (Tracfin). Il a également été institué un Conseil d'orientation de la lutte contre le blanchiment des capitaux et le financement du terrorisme[26].

De cette multitude de textes sont résultées des obligations à la charge des établissements bancaires ainsi qu'une définition juridique de la notion de blanchiment. Le règlement CEMAC a quasiment repris les termes de la Convention de Vienne de 1988. Il définit le blanchiment comme *« la conversion ou le transfert de biens provenant d'un crime ou d'un délit au sens des textes applicables dans l'Etat membre ou du présent règlement, dans le but de dissimuler ou de déguiser l'origine illicite desdits biens ou d'aider toute personne qui est impliquée dans la commission de ce crime ou délit à échapper aux conséquences juridiques de ses actes, [...] la dissimulation ou le déguisement de la nature, de l'origine, de l'emplacement, de la disposition, du mouvement ou de la propriété de biens provenant d'un crime ou d'un délit au sens des textes applicables dans l'Etat membre ou du présent règlement [...] l'acquisition, la détention ou l'utilisation de biens provenant d'un crime ou d'un délit au sens des textes applicables dans l'Etat membre ou du présent règlement [...] la participation à l'un des actes visés au présent article, l'association pour commettre ledit acte, les tentatives de le perpétrer, le fait d'aider, d'inciter ou de conseiller quelqu'un à le faire ou le fait d'en faciliter l'exécution. »* Le Code pénal français quant à lui définit le blanchiment comme *« le fait de faciliter, par tout moyen, la justification mensongère de l'origine des biens ou des revenus de l'auteur d'un crime ou d'un délit ayant procuré à celui-ci un profit direct ou indirect »* ainsi que *« le fait d'apporter un concours à une opération de placement, de dissimulation ou de conversion du produit direct ou indirect d'un crime ou d'un délit. »*[27]

---

[26] Décret n° 2010-69 du 18 janvier 2010.

[27] Art. 222-38 pour le blanchiment des produits du trafic de stupéfiants ; art. 324-1 pour l'infraction générique.

Après[28] l'article 324-1 du code pénal, la loi du 6 décembre 2013 a inséré un article 324- 1-1 aux termes duquel « *Pour l'application de l'article 324-1, les biens ou les revenus sont présumés être le produit direct ou indirect d'un crime ou d'un délit dès lors que les conditions matérielles, juridiques ou financières de l'opération de placement, de dissimulation ou de conversion ne peuvent avoir d'autre justification que de dissimuler l'origine ou le bénéficiaire effectif de ces biens ou revenus.* »

La France, contrairement au Cameroun a introduit dans son code pénal, par une loi du 13 mai 1996[29], une incrimination générale[30] du blanchiment dans l'article 324-1. Il est vrai, le législateur camerounais a intégré l'incrimination du blanchiment des capitaux dans le code sur la corruption. Nous l'incitons néanmoins à l'insérer dans le Code pénal afin de la rendre plus accessible aux justiciables. De nombreux auteurs français ont également essayé de définir le blanchiment des capitaux : d'après Olivier JEREZ, le blanchiment est un *« ensemble de techniques, de méthodes légales ou illégales, un "modus operandi", à complexité plus ou moins variable, suivant les besoins du blanchisseur, la nature et l'ampleur des fonds, afin d'intégrer et dissimuler des fonds frauduleux dans l'économie légale »*[31]. Pour Claude Ducouloux-Favard, « *le blanchiment de l'argent illicite consiste en une série d'actes permettant d'introduire les fonds provenant du crime dans des circuits financiers réels ou fictifs par des procédés faisant perdre la trace de l'origine criminelle de l'argent* »[32]. Pour Chantal CUTAJAR,

---

[28] Modification apportée par la loi n° 2013-1117 du 6 décembre 2013 relative à la lutte contre la fraude fiscale et la grande délinquance économique et financière.

[29] Loi relative à la lutte contre le blanchiment et le trafic de stupéfiants, et à la coopération internationale en matière de saisie et de confiscation des produits du crime.

[30] La généralité de cette disposition fait de ce texte l'incrimination de principe, applicable quelle que soit la nature des produits blanchis. A côté, il est également prévu une incrimination spéciale du blanchiment par les articles 222-38 du Code pénal et 415 du Code des douanes. Ainsi, en vertu de la règle *speciala generalibus derogant*, l'article 324-1 devra s'écarter devant tout blanchiment du produit d'une infraction qualifiée de délit douanier par le code des douanes ou de certaines infractions relatives à la législation sur les stupéfiants.

[31] O. JEREZ, Le blanchiment de l'argent, 2è ed. Rev. Banque, 2003, p. 25.

[32] C. DUCOULOUX-FAVARD et H. ROBERT, Les délits de blanchiment de l'argent illicite, in Lamy droit pénal des affaires, sous la direction scientifique de C. DUCOULOUX-FAVARD, éd. Lamy, 2009, p. 431.

« le blanchiment est un processus dont la finalité est de faire disparaître l'origine des fonds, obtenus au moyen de la commission d'infractions pénales, pour les réinjecter dans l'économie légale et pouvoir ainsi en jouir en toute sécurité »[33]. Il constitue la condition sine qua non de la survie, de la prospérité et de la pérénité des organistaions criminelles[34].

Le blanchiment des capitaux est un phénomène complexe dont la compréhension nécessite qu'on le décrive. En effet, analyser le processus de blanchiment n'est pas aisé, tant les méthodes mises en œuvre par les blanchisseurs sont nombreuses et évolutives. L'analyse classique repose sur une succession de trois étapes. Mais ce modèle est révolu et le nouveau modèle de blanchiment se définit par sa finalité. L'analyse classique du blanchiment repose sur une perception du processus en trois étapes : le placement ou prélavage, l'empilage ou lavage et la réintégration ou essorage. Ces trois étapes peuvent intervenir séparément, distinctement et successivement ou bien simultanément. Cette analyse s'avère cependant dépassée. Le placement ou prélavage consiste à se débarrasser des profits générés par l'infraction principale. Il s'agit ici d'écouler ou de transformer les revenus recueillis à l'occasion d'une infraction principale. Ceci suppose et passe par une sécurisation et une excellente organisation du transfert clandestin des capitaux[35]. Le placement correspond, dans la définition du blanchiment, à l'accomplissement des actes de conversion ou de transfert des biens reçus d'une infraction. Aussi simple que cette opération puisse paraître dans son accomplissement, elle ne constitue pas la phase la moins délicate car elle est la plus apparente. L'empilage ou lavage ou encore empilement vise à *« scinder les produits de leur origine par la création d'un système complexe d'empilage de transactions financières, afin de travestir la trace comptable des profits illicites »*[36]. Il s'agit donc dans cette phase de *« faire disparaître la trace*

---

[33] C. CUTAJAR, Blanchiment, Eléments constitutifs-répression, Jurisclasseur, Pén. des aff., Fasc. 20, n° 1.

[34] C. CUTAJAR, Éthique du milieu juridique et mondialisation : éd. Yvon Blais 2004, coll. Droits de la personne : éthique et mondialisation ; La description du processus de blanchiment, in Le Blanchiment des profits illicites, Textes réunis par C. Cutajar, Presses Universitaires de Strasbourg, 2000).

[35] Par exemple, pour les revenus liquides, les blanchisseurs ont recours au fret maritime car celui-ci est l'objet d'une surveillance réduite.

[36] A. TEISSIER, Le secret professionnel du banquier Tome 1 ; Presses Universitaires d'Aix-Marseille 1999, P. 361.

de l'origine de l'argent, en le faisant circuler à travers de nombreuses opérations financières. »[37], de rendre malaisé l'établissement de l'origine illicite des biens. C'est donc à ce niveau que s'opère véritablement le processus de blanchiment.

Cette étape correspond, dans la définition juridique du blanchiment, à la dissimulation ou au déguisement de l'origine illicite des revenus, et au transfert de ces derniers. C'est la plus importante et la plus délicate. Elle est par conséquent la plus coûteuse pour les délinquants car les différentes techniques de dissimulation ou de déguisement de l'origine des biens coûtent très cher. A l'issue de cette étape, les sommes acquièrent une apparence licite et peuvent être réintégrées.

Dans l'intégration ou réintégration, ou encore essorage, l'argent est réintroduit dans l'économie légale. Les sommes sont réinvesties dans des activités économiques légitimes. Une fois le processus de l'empilage terminé, le blanchisseur a besoin de fournir une explication pour habiller sa richesse d'un parfum de légalité. Les plans d'intégration replacent les produits blanchis dans l'économie de telle façon qu'ils réintègrent le système économique en apparaissant alors comme des profits normaux d'une activité commerciale licite connue. Le blanchisseur peut ainsi décider d'investir les revenus blanchis dans l'immobilier, le commerce des produits de luxe ou encore la création ou la gestion d'entreprises.

La description classique du processus de blanchiment présente plusieurs imperfections. Tout d'abord, le modèle classique de blanchiment ne correspond pas à la réalité actuelle. Les revenus illicites n'empruntent pas tous le même processus. Devenu facilement détectable, ce modèle a tendance à disparaître. De plus, il est inapte à décrire le blanchiment de capitaux importants. Lorsque les sommes d'argent blanchies sont trop importantes, elles ne peuvent réapparaître discrètement dans les caisses d'un commerce, fût-il de luxe. Ensuite, ce modèle ne permet pas d'appréhender la destination des sommes blanchies. Le postulat ici est que les sommes blanchies doivent être automatiquement réinvesties dans l'acquisition de biens de consommation ou dans la réalisation d'investissements productifs.

---

[37] A. TEISSIER : Id. Ibid.

Pourtant, lorsque les sommes blanchies sont colossales, elles restent cantonnées dans la sphère financière où elles sont parfaitement à l'abri.

Enfin, au plan pratique, le modèle classique ne permet pas de classer de manière constante et non ambiguë certaines techniques de blanchiment. Ainsi un placement spéculatif sur un marché financier peut aussi bien se rattacher à l'empilage qu'à l'intégration. De même, l'achat de biens de grande valeur et la simulation de gains à la loterie peuvent rentrer aussi bien dans la phase de placement que dans l'étape d'empilage.

Ne permettant pas de connaître parfaitement le phénomène de blanchiment, le modèle classique est en conséquence d'un apport limité dans la lutte contre ce phénomène. Il convient alors d'explorer de nouvelles théories.

La nouvelle typologie du blanchiment est fondée sur la finalité des opérations. Les techniques de blanchiment évoluent tous les jours au gré de l'imagination des criminels. Les seuls éléments constants qui demeurent dans l'infraction de blanchiment sont alors l'origine délictueuse des revenus et la recherche d'une apparence de légitimité pour ces revenus. Ainsi, une nouvelle typologie de blanchiment s'est progressivement dégagée et on distingue le blanchiment élémentaire, le blanchiment élaboré et le blanchiment sophistiqué. Les techniques de blanchiment élémentaire ne sont utilisables que pour des opérations ponctuelles, épisodiques et avec une faible contrainte de crédibilité[38], l'argent devant servir à des dépenses de consommation courantes ou à réaliser des investissements de faible valeur. Concrètement, le blanchiment élémentaire se manifeste dans les simulations de gains aux jeux ou dans l'introduction de l'argent sale dans les recettes liquides d'un commerce. Les pratiques du blanchiment élaboré visent à réinvestir l'argent dans des activités légales. Les sommes à blanchir par cette technique sont plus importantes que pour le blanchiment élémentaire et peuvent avoir une certaine périodicité nécessitant

---

[38] En fait, les blanchisseurs sont généralement tenus par une contrainte de crédibilité dans l'utilisation de l'argent blanchi. Il est en effet indispensable que l'utilisation de l'argent blanchi soit conforme à celle qu'en ferait le bon père de famille qui aurait acquis la même somme légalement. L'utilisation anormale des sommes blanchies pourrait attirer l'attention des autorités de poursuite. Il est alors question de parvenir à une adéquation suffisante entre l'honorabilité des fonds et celle de leur détenteur.

l'élaboration de circuits stables de blanchiment. Le blanchiment élaboré est mis en œuvre lorsque l'utilisation des fonds nécessite une forte crédibilité. Dans la pratique, le blanchiment élaboré peut consister dans la spéculation immobilière simulée, dans la fausse spéculation sur l'art ou vente aux enchères simulées ou encore dans le prêt bancaire adossé[39]. Il devient indispensable de recourir au blanchiment sophistiqué lorsque des volumes financiers considérables ont été amassés en peu de temps. Ici, les blanchisseurs sont également exposés à une exigence de crédibilité importante car il est impossible de justifier l'obtention de ces gains par le jeu normal de l'économie licite, sauf si le blanchisseur recourt à des moyens de blanchiment sophistiqués, notamment au marché financier. En effet, faire disparaître les fonds sur le marché financier et les faire fructifier ne pose pas de difficulté sérieuse. C'est pour cette raison que les marchés boursiers sont constamment le théâtre du blanchiment sophistiqué[40].

Au Cameroun, diverses techniques ont été détectées pour rendre honorable de l'argent dont l'origine est illicite. Dans son rapport de 2011, l'ANIF dresse quelques typologies d'infractions d'origine. Il s'agit de :

- Faux contrats entre maison-mère et filiale dans un réseau mafieux transnational : ces circuits sont constitués d'un réseau

---

[39] Dans cette technique, un blanchisseur ouvre un ou plusieurs comptes avec de l'argent sale. Une structure placée sous son contrôle emprunte de l'argent auprès d'une banque avec comme garantie le solde du ou des comptes initialement ouverts. A l'échéance, elle ne rembourse pas et la banque se fait payer sur l'argent sale. L'argent emprunté quant à lui est investi dans une activité licite rentable et le blanchisseur en tire des profits légitimes et régulièrement justifiés.

[40] Pour blanchir de l'argent sur le marché financier, il faut avoir le contrôle de deux sociétés cotées en bourse. Un gérant de portefeuilles détient comme client, ces deux sociétés A et B. Celles-ci sont en apparence distinctes mais sont en réalité détenues par la même personne via des prête-noms. Le gérant demande à une société de bourse de passer deux séries d'ordres : Pour le compte de la société A, passer un ordre portant sur l'achat de 1000 contrats à 104% d'une part et d'autre part sur la vente de 1000 contrats à 104,2%. Concomitamment, pour le compte de la société B, passer un ordre portant sur l'achat de 1000 contrats à 104,2% et leur vente à 104%. La valeur nominale d'un contrat est 500 000F. Il est alors procédé aux transactions entre A et B et, à l'issue de ces deux allers-retours, la société A réalise un gain de 500.000F * 1000 * 0,2, soit 1.000.000 F. La société B quant à elle réalise une perte du même montant. La société bénéficiaire percevra son paiement et le montant ainsi perçu est parfaitement honorable, détaché de tout soupçon.

comprenant en son sein une ou plusieurs sociétés-mères (ou partenaires) et de nombreuses filiales qui sont des sociétés-écrans. Les premières sont généralement établies en Occident et/ou dans des paradis fiscaux. Le blanchiment est rendu possible grâce à d'innombrables transactions sous-tendues par des contrats d'affaires floues (Convention de prêt, vente et/ou achat de biens meubles etc.) qui s'opèrent entre les maisons-mère et leurs filiales.

- Prêt maquillé et altération de valeur (avec utilisation de prête-noms) : ces deux techniques sont le plus souvent combinées pour le blanchiment d'argent issu d'actes de corruption dans les secteurs public comme privé. Elles consistent à contracter un prêt, d'une valeur compatible avec le revenu régulier, auprès d'une banque, et à réaliser par la suite un investissement d'une valeur largement supérieure à la somme empruntée, en altérant la valeur de l'investissement effectif pour qu'elle soit compatible avec le prêt contracté.
- Utilisation des sociétés-écrans et de prête-noms dans la passation des marchés publics : cette méthode de blanchiment des fonds publics reste fréquente[41]. L'ordonnateur fractionne les marchés en amont et le prestataire ou fournisseur surfacture en aval pour dégager une plus-value.
- Arnaque sur Internet « Scamming ou Fraude 419 » : une recrudescence de ce type d'arnaques est observée depuis près de trois ans. Son mode opératoire consiste, pour l'arnaqueur, à se faire passer pour un exportateur des produits et/ou de matières-premières locales et à proposer ses services, via l'internet, à de potentiels acquéreurs non-résidents.

Par la suite, il sollicite de ces derniers, grâce à des arguments complètement fallacieux, des acomptes sur paiement et une fois que les fonds sont domiciliés dans son compte, il rompt tout lien avec ses victimes. Les fonds sont enfin immédiatement retirés en espèces dudit compte afin d'éviter toute confrontation avec les responsables des banques. En France, dans son rapport annuel de 2011, Tracfin fait ressortir les infractions d'origine les plus marquantes de l'année. Il s'agit de :

---

[41] Des souplesses dans la réglementation en vigueur qui consacre l'ordonnateur comme seul juge d'opportunité dans la passation des marchés d'un montant inférieur à cinq millions de FCFA (5 000 000) d'une part et les faiblesses dans le système du registre de commerce favorables à la création d'établissements et entreprises fictifs ou menant des activités peu et pas définies d'autre part, semblent en être les raisons.

- L'abus de biens sociaux et blanchiment d'abus de biens sociaux dans le secteur des sociétés de sécurité ;
- Des sociétés de cybercafé en lien avec le trafic de stupéfiants ;
- Du marché de l'art avec le trafic de biens culturels dans le secteur des œuvres d'art ;
- Du secteur des sociétés de formation ;
- De l'utilisation des cartes prépayées dans un schéma frauduleux ;
- De l'utilisation de la monnaie virtuelle à l'origine d'un risque spécifique en matière de LAB/FT ;
- De l'abus de faiblesse dans l'assurance-vie ;
- Du blanchiment du produit d'agissements délictueux dans les jeux de hasard ;
- De la fraude complexe à l'assurance ;
- Des détournements de fonds publics au cours des prestations sociales ;
- De l'escroquerie, abus de confiance dans le cadre d'un système dit « pyramide de ponzi »[42] ;
- Recel d'abus de biens sociaux et corruption ;
- De la corruption dans l'attribution de marchés publics à l'étranger ;

De sa définition, il ressort clairement que le blanchiment est une infraction de conséquence qui sert les infractions d'origine ; le blanchiment est la conséquence logique de toute activité criminelle générant des bénéfices. C'est pourquoi, on s'est aperçu qu'en luttant contre ce mal, on atteindrait sûrement toutes les infractions de notre société. C'est donc un défi immense pour les autorités de notre temps marqué par les empreintes de la corruption, des détournements de deniers publics et de divers trafics.

Bien plus, il ne fait aucun doute que le blanchiment est le nerf du crime organisé[43]. En effet, il s'est avéré que cette criminalité ne peut

---

[42] La pyramide de ponzi est un circuit financier frauduleux qui consiste à rémunérer les investissements des clients au moyen des seuls fonds apportés par les nouveaux investisseurs. Il se fonde sur un principe d'investissement et de retour sur investissements.
[43] Selon l'article 2 de la Convention de Palerme, le groupe criminel organisé désigne « un groupe structuré de trois personnes ou plus existant depuis un certain

prospérer que grâce à la possibilité de blanchir les profits illicites qu'elle génère. De plus, à cause de la forte bancarisation du système financier, les organisations criminelles sont obligées de transformer le revenu liquide qu'elles possèdent, autrement dit, elles sont obligées de les « blanchir » pour les utiliser. Ainsi, lutter contre le blanchiment, c'est œuvrer dans le sens d'empêcher les criminels de jouir du fruit de leur crime ; pour une lutte plus efficace[44] contre cette criminalité, il faudrait frapper les criminels même pendant le recyclage de leurs revenus illicites.

D'autre part, les banques n'existent que grâce à leurs clients. Le souci du banquier demeure la satisfaction du client et le gain de sa confiance. Pour ce faire, il se doit de préserver l'éthique, la moralité et surtout montrer une bonne image de sa banque. Le blanchiment serait donc une entrave à l'établissement de cette confiance. En outre, le blanchiment est une source de déséquilibre et d'instabilité monétaire et bancaire. En effet, le caractère volatile de l'épargne bancaire constituée principalement des dépôts criminels en transit, affecte négativement et de manière permanente l'équilibre financier des banques ; des sommes d'argent considérables parviennent à un établissement bancaire puis disparaissent sans aucune explication. Ce fut le cas de la banque Barings dont l'effondrement fut occasionné par une combinaison d'opérations à risques portant sur des produits dérivés, réalisés par un employé d'une des filiales[45].

Le blanchiment risquerait donc de « compromettre gravement la solidité et la stabilité de l'établissement ou l'institution en question ainsi que la fiabilité du système financier en général, qui perdrait ainsi la confiance du public[46] ».

Enfin, le blanchiment fragilise la structure bancaire et les marchés financiers, ce qui peut être dramatique dans un système

---

temps et agissant de concert dans le but de commettre une ou plusieurs infractions graves ou infractions établies conformément à la présente convention, pour en tirer, directement ou indirectement, un avantage financier ou un autre avantage matériel ».

[44] En effet, les études et expériences ont montré qu'il était plus payant de lutter contre le crime organisé en ayant la mainmise sur les revenus que ces criminels escomptent que de lutter contre l'activité illégale elle-même : *« qui frappe à la bourse frappe au cœur »*, cf. P.H. BOLLE, Revue Internationale de criminologie et de police technique.

[45] www. google.fr.

[46] Cf. Directive du Conseil du 10 juin 1991, Considérant 1.

d'interdépendance des places et des banques. Ainsi, les banques qui relaient le blanchiment d'argent, d'une manière consciente ou inconsciente, créent un risque systémique important. Dès lors, à l'impératif de préservation des équilibres financiers mondiaux s'associe l'impératif classique de lutte contre les trafics pour accroître l'efficacité de la lutte contre le blanchiment.

La lutte contre le blanchiment est donc un impératif non seulement pour les banques, mais pour la société tout entière. En effet, il est certain que s'il n'est pas maîtrisé ou traité efficacement, le blanchiment des capitaux peut nuire à la société.

Sur le plan économique en effet, le blanchiment des capitaux est un problème pour tous les marchés de l'économie légale et surtout pour les marchés naissants et en voie d'émergence. En effet, ces derniers, qui ouvrent leur économie et leur secteur financier, deviennent des cibles de plus en plus faciles pour les blanchisseurs. Tout ceci entraîne la perte du contrôle de la politique économique par les Etats. En effet, grâce aux importantes ressources financières dont ils disposent, les blanchisseurs d'argent sont en mesure d'acquérir des pans entiers de l'économie. Ils faussent de ce fait le fonctionnement normal des marchés en instaurant notamment une concurrence déloyale. Ainsi, des commerces de services[47] tels les restaurants peuvent casser les prix du marché et évincer des entreprises du secteur privé.

En outre, le blanchiment peut accroître les risques d'instabilité monétaire à cause du manque d'intérêt que les blanchisseurs accordent aux activités rentables de l'économie du pays dans lequel ils investissent. En effet, ceux-ci investissent dans des secteurs qui préservent mieux leurs intérêts et non pas en raison de l'affluence de la demande ; c'est ainsi qu'ils changent de secteur chaque fois qu'ils n'y ont plus d'intérêt.

Sur le plan politique, les rapports étroits entre les acteurs de la criminalité organisée et les mandataires des Etats affaiblissent et criminalisent les structures démocratiques en émergence. Celles- ci peuvent d'ailleurs être inféodées et contrôlées par les acteurs du crime

---

[47] Il convient de préciser que les blanchisseurs utilisent des sociétés de façade qui mêlent le produit d'activités illicites à des fonds d'origine licite pour en dissiper l'origine.

organisé. L'influence économique et politique des organisations criminelles peut détruire le tissu social, paralyser le fonctionnement démocratique d'un Etat et hypothéquer le processus de transition démocratique ; bref, le blanchiment perpétue et amplifie le crime, il n'est pas un simple manquement aux lois, mais en réalité une menace pour la sécurité nationale et internationale. Le blanchiment des capitaux est également un facteur de sous-développement et par conséquent, un très grand frein au développement recherché par le Cameroun et beaucoup d'autres pays africains. En effet il y sévit la corruption et la fuite des capitaux vers l'Occident, et ce, par le truchement des banques. D'après l'ONG Global Financial Integrity, les sommes détournées depuis 1970, dans les pays Africains, sont trois fois plus importantes que l'ensemble des dons et aides que le continent a reçus des pays développés dans la même période. Ainsi, a déclaré Kofi Annan, il suffirait à l'Afrique « de réduire de moitié ces flux financiers pour résoudre tous ses problèmes de financements »[48].

L'engagement des banques dans cette lutte permettrait donc de stopper le flux des capitaux illicites du Cameroun vers la France par exemple ; il permettrait ainsi au Cameroun de préserver ses ressources pour servir les intérêts de l'Etat, de la société tout entière et concourir ainsi au développement tant recherché. D'autre part, il permettrait aux pays développés tel que la France de réduire les aides et de ne plus se préoccuper de la situation des pays africains. C'est pour ces raisons que, de nos jours, le blanchiment fait partie des fléaux les plus combattus dans les milieux financiers, économiques et même politiques.

La lutte contre le blanchiment s'effectue à deux niveaux, au niveau préventif pour essayer de limiter l'hémorragie de capitaux illicites dans le système financier proprement dit, et également au niveau répressif dans une optique de poursuite et de pénalisation des agissements caractérisés. La lutte contre le blanchiment des capitaux n'a cessé de progresser dans le monde. Un régime répressif s'est ainsi progressivement mis en place. A côté de celui-ci, s'est développé un régime préventif, c'est-à-dire la reconnaissance d'obligations à la charge de différents professionnels, et notamment les banquiers, afin de détecter l'existence de cas de blanchiment.

---

[48] http://www.lomecite.com/article/ANALYSE/2207/

La première réaction visait l'instauration de mesures de prévention de l'utilisation des circuits financiers pour y faire transiter de l'argent sale. La prévention est donc au cœur de la lutte anti-blanchiment. Il s'agit pour les deux Etats de mettre en place une véritable veille anti-blanchiment. Celle-ci consiste en la mise en place d'un certain nombre de mesures se situant en amont de l'infraction puisqu'elles visent à empêcher l'utilisation des circuits bancaires et financiers à des fins de blanchiment d'argent, donc à en contrarier sérieusement le processus.

C'est ce que la directive 2005/60 du 26 octobre 2005 tout comme celle du 10 juin 1991 qu'elle a remplacée rappelle dans son 1er considérant qu'*« En complément de l'approche fondée sur le droit pénal, un effort de prévention au niveau du système financier peut produire des résultats.»* Cette phase est très importante dans la lutte anti-blanchiment car au-delà de son aspect préventif, elle permet l'ouverture des poursuites et prépare la recherche judiciaire des preuves et des auteurs de l'infraction.

Ainsi, les professionnels assujettis[49] que sont les structures financières et commerciales (à savoir les banques par exemple) et non-financières (notamment les membres des professions libérales juridiques et comptables), sont soumis à des obligations dont l'objectif est la prévention des actes de blanchiment. Ces assujettis se doivent donc de développer une grande vigilance dans leurs relations avec leurs clients afin de dénoncer les comportements qui paraîtraient suspects. Les établissements bancaires, cibles privilégiées des blanchisseurs, sont donc soumis à l'obligation de vigilance. La vigilance financière repose sur deux types d'obligations à savoir : l'obligation d'identification des clients et l'obligation de conservation des pièces et documents appropriés.

Concernant la première obligation, le contrôle d'identité aboutit à empêcher l'anonymat des financiers du crime, en bloquant ainsi leurs opérations. Il s'agit en effet, d'identifier l'opérateur lors de l'entrée en relation d'affaire et lors de certaines transactions. Celui- ci doit pouvoir être identifié même au-delà de tout ayant droit.

[49] Les législateurs français et camerounais ont assujetti plusieurs professionnels au dispositif préventif de lutte contre le blanchiment de capitaux.

L'obligation de conservation quant à elle consiste pour les établissements bancaires français et camerounais à conserver pendant au moins cinq ans tous les dossiers nécessaires se rapportant aux transactions effectuées et à l'identification de leurs auteurs. Ces dossiers, en effet, serviraient de preuve en cas de poursuite pour conduite criminelle.

A côté de ces obligations, les établissements bancaires sont également soumis à une obligation de déclaration des opérations suspectes aux autorités nationales compétentes. De plus, les autorités compétentes ont imposé aux banques la mise en place de procédures internes spécifiques. Tout un arsenal juridique est donc élaboré pour prévenir le blanchiment des capitaux. On distingue plusieurs types de banques à savoir, entre autres, les banques de dépôt, les banques d'affaires, les banques d'investissement et de financement, les banques privées. La banque de dépôt permet à ses clients de déposer de l'argent dans ses comptes ; elle comprend entre autres la banque de détail qui est destinée aux particuliers.

La banque d'investissement et de financement est une banque qui fournit des moyens complexes de financement et d'investissement à de grandes entreprises avec une logique de sur mesure partiel ou total.

La banque commerciale : elle collecte les ressources du public, principalement par le biais de la tenue des comptes, et prête aux entreprises. Les banques commerciales se distinguent ainsi des banques d'affaires ou des banques d'investissement. Cette distinction est en partie révolue aujourd'hui car les banques commerciales ont développé des activités de banques d'investissement.

La banque d'affaires est une banque qui a un rôle intermédiaire dans les opérations financières : introduction en bourse, augmentation de capital, placement d'emprunt, opération de fusion-acquisition... Elle ne prête quasiment pas. Elle a donc des besoins en capitaux propres plus réduits que les banques commerciales. Par contre, il peut lui arriver de prendre des participations minoritaires dans des affaires industrielles ou commerciales afin de les aider à se développer et de réaliser à terme une plus value en recédant cette participation.

La banque de détail s'adresse aux particuliers et aux PME. Elle a une fonction d'intermédiation entre les agents à excédent de financement dont elle collecte les ressources et les agents à besoin de financement à qui elle prête ces ressources.

La banque de financement et d'investissement apporte des services sophistiqués à des grandes entreprises dans une logique d'un sur mesure partiel ou total.

La banque privée se spécialise dans la gestion de fortune ou de patrimoine de clients fortunés à qui des produits et des services spécifiques sont proposés.

La banque de gestion d'actifs comme son nom l'indique, gère les actifs de ses clients (investisseurs institutionnels, particuliers plus ou moins fortunés).

La banque transfrontière permet la centralisation directe des comptes de ses filiales étrangères, une entreprise multinationale a généralement recours à un groupe bancaire international nommé banque transfrontière qui réalise la centralisation internationale des flux de trésorerie que des banques locales ont collecté à l'échelle de chaque pays.

Les banques universelles ou globales (Barclays, BNP Paribas, Citigroup…) sont des grands conglomérats financiers regroupant les différents métiers des banques de détail, des banques de financement et d'investissement et des banques de gestion d'actifs.

Présentation du secteur bancaire français.

Le Code monétaire et financier (C.M.F.) les regroupe sous le vocable établissements de crédit généralistes. Les établissements de crédit généralistes sont des établissements de crédit agréés en qualité de banques, pouvant effectuer tous les types d'opérations de banques : il s'agit des banques dites commerciales (constituées sous la forme de sociétés commerciales), des banques mutualistes et coopératives et des caisses de crédit municipal.

Les banques commerciales forment la partie la plus importante du système bancaire français. On y trouve les trois grandes banques que sont BNP Paribas, le Crédit Lyonnais et la Société générale, qui ont une activité diversifiée et également très importante sur le plan international. Les autres grandes banques à vocation générale sont plutôt orientées vers une clientèle de grandes entreprises, ou de particuliers et d'entreprises. Les banques régionales locales, à implantation limitée, dépendent généralement des groupes précités. D'autres établissements dits banques de financement spécialisé, orientent leur activité vers la distribution de crédits (prêts immobiliers, financement de ventes à crédit). Les banques « de marché » se caractérisent pour leur part par l'exécution d'opérations de placement, d'arbitrage et de gestion sur les divers compartiments du marché des capitaux (marché interbancaire, bons du Trésor, valeurs mobilières, change...). Enfin, les *« banques de groupe »* voient leur capital détenu majoritairement par des groupes non bancaires (industrie, BTP, compagnies d'assurance, grande distribution...) avec lesquels ils réalisent d'ailleurs une part significative de leur activité. On trouve aussi, dans une moindre mesure, des banques exerçant principalement leur activité dans les départements et territoires d'outre-mer, des banques agréées en France mais à capitaux majoritairement étrangers, et quelques banques ne bénéficiant que d'un agrément limité.

Un second ensemble au sein des établissements de crédit généralistes est constitué par les banques mutualistes ou coopératives, actuellement au nombre d'environ 150 et constituées en réseaux : le réseau du Crédit mutuel ; le réseau des Caisses d'épargne et le réseau du Crédit coopératif. Ces établissements exécutent la quasi-totalité des opérations bancaires et financières classiques, mais leur implantation est limitée à un département ou une région et leurs statuts sont particuliers, en raison du caractère mutualiste ou coopératif des établissements, bien différent d'un caractère strictement commercial. Toutefois, à l'inverse des banques commerciales, qui ont procédé régulièrement à de nouvelles créations et restructurations, le nombre de banques mutualistes ou coopératives a beaucoup diminué depuis le milieu des années quatre-vingt.

En France, l'on a, pour ne citer que celles-là, la Banque de France et les instituts d'émission, le Crédit Agricole, la BNP Paribas (banque nationale de paris), la Société Générale, la Caisse d'Epargne, la Banque

Postale, la BRED, la Banque Populaire, la LCL, le Crédit Mutuel, la HSBC, la CIC (crédit industriel et commercial), le Crédit du Nord, la Barclays, la Banque Palatine.

Présentation du secteur bancaire camerounais

Le système bancaire camerounais est composé des banques, des établissements financiers et des organismes publics à caractère financier. Le paysage bancaire camerounais est riche de 13 banques donc l'actionnariat majoritaire se partage entre les nationaux et les expatriés largement majoritaires (77%).

Les banques d'origine étrangère sont les plus nombreuses et les plus anciennes. Si les unes viennent à peine de s'installer (UBA, Banque Atlantique, Océanic Bank, Ecobank) au Cameroun, d'autres en revanche y sont installées depuis les indépendances et ont connu des mues au gré des restructurations (SGBC-BICEC-SCBC-CITI Goup-SCB CA).

Les opérateurs économiques camerounais sont entrés tardivement et timidement dans la création des banques à capitaux majoritairement locaux à défaut de l'être entièrement. La première banque à capitaux nationaux est créée en 1989. A ce jour, le système bancaire compte 3 banques à capitaux nationaux en l'occurrence Afriland First Bank issue de CCEI, la National Financial Credit Bank et la Commercial bank of cameroon (CBC).

Ensuite l'on a la BEAC (Banque des Etats de l'Afrique Centrale), la BICEC (Banque Internationale du Cameroun pour l'Epargne et le Crédit), le Crédit Lyonnais du Cameroun, Ecobank Cameroun (EBC), la SGBC (Société Générale des Banques du Cameroun), la Standard Charteres Bank Cameroon (SCBC), Union Bank of Cameroon Limited (UBC), la Citibank NA Cameroon, Amity Bank, la BGFI Bank Cameroun, United Bank for Africa Cameroun-PLC (UBA), la Banque Atlantique du Cameroun, Attijariwafa Bank, le Crédit Agricole-Société Commerciale de Banque (CA-SCB) [50].

---

[50]Disponible sur www.beac.int /index.php/supervision-bancaire/lexique-des-banques-de-la-cemac.

Nous traiterons des banques implantées sur les territoires français et camerounais ; il s'agira ainsi des banques françaises et étrangères présentes en France et des banques camerounaises et étrangères présentes au Cameroun[51]. Notre travail englobe tous les profils d'établissement bancaire, en fonction de leur domaine d'activité (réseaux commerciaux et banques d'investissement), de leur périmètre d'action (du global au national) et de leur clientèle (vocation populaire ou au contraire élitiste, dans le cas de la gestion de fortunes).

Le but de cette recherche est donc d'insister sur l'application des normes préventives par les établissements bancaires car au bout du compte l'efficacité du dispositif repose sur leur jugement et leur réaction. En effet, il est important de savoir si les banques françaises et camerounaises appliquent les obligations préventives auxquelles elles sont assignées et si oui, comment se déploient-elles pour les mettre en œuvre ? Aussi, naît une série de questions :

Comment les banques en France et au Cameroun intègrent-elles le dispositif préventif de lutte contre le blanchiment des capitaux ? La mise en œuvre du dispositif préventif au sein des banques est-elle efficiente ? Les banques disposent-elles réellement de moyens nécessaires pour la mise en place d'un dispositif efficient ? Le dispositif préventif est-il intégralement et convenablement mis en œuvre par les banques ? Dès lors seront étudiées, la réception, l'intégration et l'application des normes anti-blanchiment internationales, communautaires et nationales dans les systèmes bancaires français et camerounais. Notre travail a été axé principalement sur un aspect pratique mettant en évidence la vision des acteurs. En effet, des entretiens qualitatifs[52] ont été menés auprès des responsables de la conformité des banques dans les deux pays afin de recueillir leur opinion sur les diverses facettes du dispositif préventif de lutte contre le blanchiment des capitaux et sa mise en œuvre.

Cette approche pragmatique a été enrichie par un cadre conceptuel, lequel s'est appuyé sur une large revue de littérature. Cette

[51]Nous utiliserons les termes banques françaises et banques camerounaises pour désigner les deux catégories.

[52] Tous nos interlocuteurs nous ont expressément demandé de préserver leur anonymat ainsi que celui de leur établissement. C'est la raison pour laquelle aucune citation ne sera identifiée dans les rédactions à suivre.

dernière a été appréciée selon quatre dimensions : l'auteur de la norme juridique (dimension institutionnelle), la substance de la norme juridique (dimension substantielle), l'organisation mise en place par les banques pour intégrer la norme juridique (dimension organisationnelle), la fonction en charge de la conformité réglementaire au sein des banques étudiées (dimension fonctionnelle). Ainsi avons-nous étudié non seulement les sources du dispositif préventif de lutte contre le blanchiment des capitaux et le dispositif lui-même, mais surtout la manière dont les banques camerounaises et françaises intègrent ce dispositif dans leur organisation. Notre recherche a donc poursuivi deux objectifs essentiels. Au premier rang, elle vise à faire apparaître la mise en œuvre du dispositif préventif de lutte contre le blanchiment des capitaux par les banques à la lumière des évolutions législatives et jurisprudentielles.

Au second rang, elle fera le rapprochement entre les solutions retenues en droit français et celles retenues en droit camerounais à chaque fois que la matière s'y prête. Afin d'aboutir à la concrétisation de ces objectifs, une approche comparative s'impose. Celle-ci nous offrira l'occasion de relever les points de convergence et de divergence entre les deux systèmes et de proposer une transposition en droit camerounais des solutions raisonnables retenues en droit français étant donné que le droit français semble plus avancé en la matière.

L'intérêt de ce sujet réside donc dans la comparaison des stratégies en cours dans les deux pays qui ne manqueront pas de déboucher dans leur interprétation sur les analogies mais surtout sur les particularités caractéristiques. Nous l'avons dit, la relation du banquier avec son client est une relation contractuelle basée sur la confiance. Le banquier est par principe tenu à la discrétion vis-à-vis de son client : c'est le droit du client au secret bancaire. Il est en outre tenu au devoir de non-ingérence lequel impose aux banques de ne pas intervenir dans les affaires de leurs clients. Il s'agit là des principes propres à l'activité bancaire, lesquels sont atteints par la mise en œuvre du dispositif anti-blanchiment.

En effet, la mise en œuvre du dispositif préventif de lutte anti-blanchiment au sein des banques au Cameroun et en France s'est faite par une réorganisation des banques de même qu'une remise en cause de leurs principes bancaires. Cet impact du dispositif sur l'organisation (convergence) et le fonctionnement (divergence) des banques constitue l'unique point commun de notre travail, la manière de mise en œuvre étant différente aussi bien en fonction des banques qu'en fonction des pays. En France, les banques ont une approche pragmatique laquelle leur laisse une liberté dans la mise en œuvre du dispositif. Au Cameroun, les banques sont restées sur le modèle rigide de l'approche légaliste consistant à mettre en œuvre le dispositif de façon systématique sans laisser aucune marge de manœuvre aux banques.

La mise en œuvre effective du dispositif anti-blanchiment n'a pas manqué d'avoir des répercussions aussi bien positives sur l'organisation interne des banques que négatives sur leur fonctionnement. En effet, le dispositif anti-blanchiment concourt à protéger l'intégrité des banques. Même s'il s'attaque aux principes bancaires, il n'en demeure pas moins qu'il est une nécessité car sa finalité est beaucoup plus générale notamment la lutte contre le blanchiment des capitaux. Aussi verrons-nous que la mise en œuvre du dispositif préventif anti-blanchiment, même si elle porte atteinte aux principes bancaires, favorise une saine pratique de l'activité bancaire.

PREMIERE PARTIE : UN DISPOSITIF FAVORISANT UNE SAINE PRATIQUE DE L'ACTIVITE BANCAIRE

Initialement, la lutte contre le blanchiment des capitaux a provoqué chez les banquiers une forte exaspération : la plupart des points du dispositif préventif anti-blanchiment étaient contraires aux principes généraux des banques[53]. Les établissements bancaires s'étaient montrés dès lors réticents quant à la mise en œuvre du dispositif préventif anti-blanchiment.

En 2000, coup de tonnerre dans le monde bancaire français avec *« l'affaire du sentier »*[54]. Les banques prennent conscience des risques qu'elles encourent du fait du non respect du dispositif anti-blanchiment. Celles-ci réalisent qu'elles ont plus d'un intérêt à lutter contre le blanchiment des capitaux. En effet, même s'il est vrai que les nouvelles obligations imposées aux banques en matière de lutte contre le blanchiment des capitaux visent la sauvegarde d'un intérêt général commun[55], les professionnels de la banque, très sensibles au risque d'atteinte à leur réputation, tirent eux aussi profit du dispositif anti-blanchiment. Même si la banque n'est que victime, une mise en cause dans une affaire de blanchiment discrédite fortement l'établissement et ternit son image auprès de l'opinion publique. En outre, la mise en œuvre du dispositif anti-blanchiment concourt à un exercice plus consciencieux de la profession de banquier. Tout banquier avant l'ouverture d'un compte doit identifier le client afin de vérifier que celui-ci remplit les conditions prévues dans ce cas.

De même, l'obligation de connaissance du client implique que la banque définisse avec précision l'activité de ses clients, sache d'où proviennent ses ressources, et ce faisant, assure une certaine sécurité à la banque. En effet, une bonne connaissance de ses clients est

---

[53] Secret bancaire, devoir de non-ingérence…

[54] Il s'agissait dans cette affaire, d'un circuit de blanchiment de plusieurs dizaines de millions d'euros transitant, par le biais de chèques, entre la France et Israël, ayant conduit à la mise en examen de huit banques et trente-trois dirigeants dont le PDG de la Société générale. Il lui était reproché un défaut supposé de contrôle dans la compensation de milliers de chèques présentés à encaissement en Israël.

[55] L'intérêt public est évidemment à la racine de l'ensemble du dispositif.

susceptible de lui éviter d'avoir à subir les conséquences d'une faillite en raison de l'insolvabilité du client. De même, la banque se préserverait des relations avec des *« clients fantômes »*, source de déséquilibre et d'instabilité monétaire et bancaire. En effet, le caractère volatile de l'épargne bancaire constituée principalement des dépôts criminels en transit, affecte négativement et de manière permanente l'équilibre financier des banques ; des sommes d'argent considérables parviennent à un établissement bancaire puis disparaissent sans aucune explication. Ce fut le cas de la banque Barings dont la faillite a été provoquée par une combinaison d'opérations à risques portant sur des produits dérivés, réalisés par un employé d'une des filiales.

La mise en œuvre du dispositif préventif anti-blanchiment a donc eu des retentissements profitables pour les banques : au niveau organisationnel, les banques camerounaises et françaises se sont dotées d'un service anti-blanchiment et de dispositifs informatiques qui veillent à préserver l'utilisation de la banque à des fins de blanchiment de capitaux. Au plan fonctionnel, les obligations de vigilance imposées aux banques au titre de la lutte contre le blanchiment des capitaux rejoignent et renforcent les règles bancaires déjà instaurées en vue d'une saine pratique des activités bancaires.

TITRE I : LA REORGANISATION INTERNE, UNE OPPORTUNITE POUR LES BANQUES

La mise en œuvre des obligations découlant du dispositif préventif de lutte contre le blanchiment a modifié l'organisation interne des établissements bancaires camerounais et français. En effet, les banques ont dû mettre en place des services ou structures spécifiques censés permettre de lutter contre le blanchiment des capitaux, d'où l'apparition de professionnels de la lutte contre le blanchiment.

En outre, et même si les législateurs camerounais et français ne l'ont pas expressément prévu[56], les banques se sont dotées de matériels informatiques. Ceux-ci, tout comme les professionnels sus-mentionnés ont pour but de filtrer les opérations et détecter les clients suspects qui essaieraient de se servir de la banque pour blanchir de l'argent.

Certes, la mise en œuvre du dispositif anti-blanchiment a coûté cher aux banques camerounaises et françaises. Alain Breuillin souligne d'ailleurs dans ce sens, *« En termes d'économie d'échelle, le poids de la formation sera plus coûteux pour des établissements de petite et moyenne taille. Couplé à la mise en place des procédures et au formatage des instruments de contrôle, ceci pourrait représenter, en*

---

[56] En droit français, l'alinéa 2-2 de l'article 11-7.-1. du règlement 97-02 du 21 février 1997 relatif au contrôle interne des établissements de crédit et des entreprises d'investissement prévoit à cet effet que « Les entreprises assujetties se dotent de dispositifs de suivi et d'analyse de leurs relations d'affaires, fondés sur la connaissance de leur clientèle, permettant notamment de détecter les opérations qui constituent des anomalies au regard du profil des relations d'affaires et qui pourraient faire l'objet d'un examen renforcé mentionné à l'article L. 561-10-2 (II) ou d'une déclaration prévue à l'article L. 561-15 du code monétaire et financier… ». En droit camerounais, l'article 45 du règlement COBAC R-2005 relatif aux diligences des établissements assujettis en matière de lutte contre le blanchiment des capitaux et le financement du terrorisme en Afrique centrale prévoit pour sa part que « Tout établissement assujetti est tenu de disposer de politiques, pratiques et procédures de nature à promouvoir un haut dégré d'éthique et de professionnalisme et à empêcher qu'il ne soit utilisé intentionnellement ou non dans le cadre d'activités criminelles. L'établissement assujetti doit faire figurer les pratiques connaissance clientèle dans ses systèmes de gestion des risques et de contrôle interne, conformément aux dispositions du Règlement COBAC R-2001/07 relatif au contrôle interne dans les établissements de crédit… »

termes de coût, l'équivalent d'un poste de travail sur un an ! »[57]. Cependant, le retour attendu est à la hauteur des investissements : le coût du risque de blanchiment est beaucoup plus important. En effet, le phénomène de blanchiment d'argent constitue, pour les banques, un enjeu majeur tant sur le plan de leur éthique professionnelle que sur le terrain de leur responsabilité juridique.

Aussi, nous verrons que la mise en œuvre du dispositif anti-blanchiment, tout en enrichissant l'organisation interne des banques françaises et camerounaises, contribue à assainir leur secteur bancaire.

[57] Cité par A. FULCONIS-TIELENS, Gestionnaires d'actifs et banques de taille moyenne, Comment gérer les exigences de la nouvelle directive ? Revue Banque n° 711, Mars 2009, p. 54.

CHAPITRE I : L'ENRICHISSEMENT DE L'ORGANISATION INTERNE DES BANQUES

Les banques camerounaises et françaises sont soumises à l'obligation d'organisation[58]. La mise en œuvre de cette obligation s'est traduite en leur sein par la création du service de conformité. En effet, un dispositif efficace de lutte anti-blanchiment repose sur plusieurs facteurs dont le service interne de lutte anti-blanchiment. Tout d'abord, la banque doit désigner une ou plusieurs personnes qualifiées qui constituent le service interne de lutte anti-blanchiment. Ce service fournit le soutien et les conseils nécessaires aux responsables des lignes hiérarchiques et à la direction, sans toutefois dégager ceux-ci de leurs responsabilités en la matière.

En outre, et même si les textes ne le prévoient pas expressément, les établissements bancaires ont aussi besoin de supports informatiques pour mettre en œuvre le dispositif anti-blanchiment. En effet, les banques doivent mettre en place des systèmes d'évaluation et de gestion de risques de lutte anti-blanchiment. Aussi devront-elles se doter de logiciels capables d'appréhender de manière plus fine, les opérations inhabituelles. Si certaines banques disposaient déjà de ces outils, d'autres s'en sont nouvellement dotés.

La mise en œuvre du dispositif préventif anti-blanchiment constitue ainsi un enrichissement pour l'organisation interne des banques. En effet, elle a impliqué pour les banques, de mettre en place un service compétent en matière de prévention du blanchiment des capitaux, le service de conformité, et surtout, leur a permis de s'enrichir de matériels informatiques.

---

[58] Dans les précédentes Recommandations du GAFI d'octobre 2003, il ressortait clairement l'obligation d'organisation en matière de prévention du blanchiment. En effet, l'article 15 précisait que « les institutions financières devraient mettre au point des programmes de lutte contre le blanchiment des capitaux et le financement du terrorisme. Ces programmes devraient comprendre des politiques, des procédures et des contrôles internes, y compris les dispositifs de contrôle de la conformité (…) ».

SECTION I : LA CRÉATION DU SERVICE INTERNE ANTI-BLANCHIMENT : LE SERVICE DE CONFORMITÉ

En 2009, les banques tiennent un rôle majeur dans la crise économique que vit le monde. De même, le secteur bancaire évolue dans un contexte de relative insécurité, marqué par des scandales financiers impressionnants (Enron, WorldCom, Parmalat…), la société dans son ensemble exige plus de transparence et plus d'éthique. Dans ce contexte, une réflexion a été engagée au niveau international, notamment au sein du Comité de Bâle afin de formuler des propositions spécifiques quant aux modalités de contrôle du risque de non-conformité[59]. Pour palier à cet état de fait, le Comité de Bâle, dans son document consultatif[60] du 27 octobre 2003 sur la fonction conformité fait le constat suivant : une fonction nouvelle émerge au sein des organisations financières, qui a pour charge la prise en compte et la gestion du risque de non-conformité, ce type de risque faisant désormais partie de la liste de nombreux risques contre lesquels les établissements bancaires doivent se protéger. La fonction de conformité est donc créée par les banques pour les aider à gérer leur risque de non-conformité.

En France, le principe du respect de la conformité a été inscrit dès 1997, dans le règlement n° 97- 02 du Comité de la réglementation bancaire et financière relatif au contrôle interne. La Commission bancaire[61] quant à elle le soulignait en s'appuyant sur le décret du 13 février 1991 ainsi que sur les règlements CRBF n° 91-07 du 15 février 1991 relatif à la lutte contre le blanchiment des capitaux provenant du trafic de stupéfiant, n° 97-02 du 21 février 1997 relatif au contrôle interne des établissements de crédit et des entreprises d'investissement modifié par le règlement 2001- 01, puis par l'arrêté sectoriel du 29 octobre 2009 relatif au contrôle interne des établissements de crédit et des entreprises d'investissement et n° 2002-01 du 18 avril 2002 relatif aux obligations de vigilance en matière de chèques aux fins de lutte contre le blanchiment des capitaux et le financement du terrorisme. Elle avait pu ainsi formuler des griefs du chef de ces textes.

---

[59] Pour une définition voir p. 38.

[60] Encore appelé Consultative Document on the Compliance Function in Banks.

[61] Remplacée par l'Autorité de Contrôle Prudentiel et de résolution. L'ACPR a été créée par l'ordonnance du 21 janvier 2010 et installée en mars 2010.

En droit camerounais, on se référera en la matière au document du comité de Bâle ainsi qu'à la législation communautaire notamment les règlements CEMAC de 2003 et COBAC de 2005. Ces deux textes exigent en effet, des établissements bancaires qu'ils désignent un responsable chargé d'exécuter les obligations en la matière.

La fonction conformité est donc issue des législations internationale et nationale et a pour rôle de mettre en place une procédure interne anti-blanchiment dans le but de prévenir les risques au sein des banques.

PARAGRAPHE I : LA CONFORMITÉ, UNE EXIGENCE INTERNATIONALE FORTE D'UNE NATURE VARIABLE

Créée à l'origine dans les pays anglo-saxons, la fonction « compliance » ou, en français, « conformité », était limitée à ses débuts à la surveillance du respect par les établissements financiers et les entreprises d'investissement, des règles de fonctionnement des marchés financiers. C'était en quelque sorte de la déontologie au sens étroit.

La prise de conscience par les autorités internationales bancaires et financières de la nécessité d'élargir le domaine de la conformité est apparue à la fin du siècle dernier avec des affaires emblématiques comme les faillites des sociétés Enron, WorlCom ou Parmalat… En effet, ces affaires ont accéléré le processus mis en place car elles ont mis en évidence des défaillances graves en matière de gouvernance d'entreprise, mais aussi de comportements des commissaires aux comptes, et parfois, de certains intermédiaires financiers. Après ces scandales, sous la pression médiatique, les pouvoirs publics et les régulateurs américains d'abord, européens dans un deuxième temps, ont réagi en cherchant à éliminer le risque de renouvellement de tels comportements par un durcissement très sensible de la réglementation.

Un groupe de travail consacré au métier de la conformité dans les banques a été constitué au sein du Comité de Bâle. Ce groupe a publié en octobre 2003 un document consultatif[62]. L'objectif du Comité de

---

[62] "Consultative Document on the Compliance Function in Banks", 27 October 2003 "Etude sur la function Conformité dans la Banque"

Bâle en publiant un tel document, est de favoriser la diffusion, au sein des établissements de crédit, d'une « culture de conformité » afin qu'elle se traduise, formellement, par une attention accrue portée à ce risque.

Dans ce document, le Comité de Bâle, chargé d'établir des directives sur la surveillance du secteur financier dans un contexte international n'a pas défini la conformité proprement dite. En effet, c'est de la définition du risque de non-conformité que découle une compréhension de la conformité. Dans sa définition inaugurale, le texte énonce la nature de la fonction de conformité ainsi qu'il suit : *« Le rôle de la fonction conformité est d'assister la banque dans la gestion du risque de non-conformité, lequel peut être défini comme le risque de sanctions légales ou réglementaires, de pertes financières ou de perte de réputation auxquelles une banque peut être soumise par suite des manquements aux lois applicables, aux règlements et codes de conduite »*[63].

En droit français, on a une définition réglementaire découlant de l'article 11 paragraphe 1 du règlement 97-02 qui dispose que *« les entreprises assujetties désignent un responsable chargé de veiller à la cohérence et à l'efficacité du contrôle du risque de non-conformité... »*. Lequel risque est lui-même défini par l'article 4 p de ce règlement comme étant *« le risque de sanction judiciaire, administrative ou disciplinaire, de perte financière significative ou d'atteinte à la réputation, qui naît du non-respect de dispositions propres aux activités bancaires ou financières, qu'elles soient de nature législatives ou réglementaires, ou qu'il s'agisse de normes professionnelles et déontologiques, ou d'instructions de l'organe exécutif prises notamment en application des orientations de l'organe délibérant »*.

La doctrine française quant à elle a essayé de définir la fonction conformité : pour certains, la fonction conformité peut être définie comme une fonction indépendante qui identifie, évalue, conseille, gère et rapporte en matière de risque de conformité de la banque, à savoir le risque légal[64].

---

[63] Basel Committe on Banking Supervision, The compliance function in banks.

[64] Cf: J-M. DAUNIZEAU et M. LEIMBACH, Contrôle des risques- Mieux comprendre les fonctions juridiques et de conformité, Revue Banque, 1er septembre 2011. p. 23.

D'autres considèrent la conformité comme une technique de mise en œuvre des règles juridiques et de contrôle de leur respect[65]. La fonction de conformité revêt donc plusieurs particularités en ceci que non seulement, elle découle de plusieurs sources mais aussi par la spécialisation professionnelle des compliance officer en France.

A- La genèse de la fonction conformité

La fonction conformité est issue à la fois des normes internationales et nationales ainsi que des normes déontologiques.

1- Le respect des législations internationales et nationales : l'influence des droits supranational et national sur la création de la fonction de conformité au sein des banques

Le respect de l'éthique dans le monde des affaires a depuis toujours été au cœur des préoccupations d'organisations internationales. C'est ainsi que par sa version révisée des « Principes de gouvernement d'entreprise », l'Organisation de Coopération et de Développement Economique[66] approuvée en avril 2004 invite *« les gouvernements et les instances chargées de la réglementation à offrir aux instances financières et aux entreprises de leur pays un cadre réglementaire de qualité propre à encourager l'adoption de pratiques exemplaires ».* Allant dans le même sens, onze grandes banques internationales ont établi un Code de bonne conduite dénommé « Wolsberg Anti Money Laundering Principles »[67].

Aux textes législatifs et réglementaires se sont ajoutés des textes faisant directement référence à la « conformité » visant des moyens à mettre en œuvre pour lutter contre le blanchiment des capitaux[68]. Il s'agit du document consultatif du Comité de Bâle publié en 2003. L'objectif du Comité de Bâle, en publiant un tel document, est de favoriser la diffusion, au sein des établissements de crédit, d'une « culture de conformité » afin qu'elle se traduise, formellement, par une

---

[65] Cf : J-M. DAUNIZEAU et M. LEIMBACH, Op. Cit, p. 31.
[66] En abrégé OCDE.
[67] La Tribune, 31 oct. 2002, p. 1 et 32. Ce document met en œuvre deux principes : une meilleure connaissance des clients et la provenance des fonds.
[68] V. Législations française et camerounaise sur le blanchiment des capitaux.

attention accrue portée à ce risque. En France, l'émergence de la fonction conformité au sein des banques a été évolutive. Il y a eu une progression depuis l'incitation au respect des règles jusqu'à l'obligation de conformité : tout d'abord, le règlement 90-08 de la réglementation bancaire et financière qui imposait aux établissements de crédit de se doter d'un système de contrôle interne avait pour objectif, entre autres, de : *« vérifier que les opérations réalisées par l'établissement ainsi que l'organisation et les procédures internes sont conformes aux dispositions législatives et réglementaires en vigueur, aux normes et usages professionnels et déontologiques et aux orientations de l'organe exécutif ».*

Ensuite, par son règlement n° 97-02, le Comité de la Réglementation Bancaire et Financière viendra compléter ces éléments du dispositif de contrôle interne des établissements de crédit. Enfin, huit ans plus tard, la Commission bancaire présente, dans son rapport annuel, les textes modifiant le règlement 97- 02 pour exiger le contrôle de la conformité, et ceci pour plusieurs raisons :

- *« Le métier de banquier se complexifiant et s'internationalisant, de nouveaux risques majeurs émergent »,*
- *« La modification du règlement prend en compte cette situation (...) en renforçant (...) les dispositions déjà existantes (...) par l'instauration d'une fonction conformité indépendante (...) répondant ainsi à une exigence croissante des tiers à l'égard d'une maîtrise par les dirigeants d'entreprises des lois, règlements, normes et règles déontologiques »*
- *« La mise en place de la conformité doit être comprise comme un investissement susceptible d'améliorer la maîtrise d'un risque majeur, qui renforcera l'établissement en lui évitant des coûts financiers, juridiques et réputationnels, dont l'actualité montre qu'ils peuvent devenir très significatifs ».*

Enfin, le décret n° 2001- 45 du 17 janvier 2001 pris pour l'application de l'article L. 312- 1 du Code monétaire et financier élabore les règles de déontologie. Il sera suivi de l'arrêté du 31 mars 2005[69] modifiant le règlement 97-02. C'est de cette réglementation qu'est né le métier « conformité » en France. En effet, depuis le 1er

[69] Journal Officiel, 9 avril 2005.

janvier 2006, les banques françaises ont l'obligation d'avoir un responsable de la conformité. Le 2 septembre 2009 un décret du Conseil d'Etat impose, dans l'article R. 561-38 du Code Monétaire et Financier, la désignation d'un membre de la direction comme responsable du dispositif interne lutte anti-blanchiment. Au Cameroun, c'est l'article 46 du règlement COBAC qui traite de la fonction. Celui-ci précise en effet que : « Les programmes de prévention du blanchiment des capitaux et du financement du terrorisme élaborés par tout établissement assujetti devront comprendre notamment : (...) la désignation des responsables de la direction centrale, de chaque succursale, et de chaque agence ou service local chargés d'exécuter les obligations mises à sa charge (...) ». Au plan social, les établissements bancaires camerounais et français ont désigné expressément en leur sein un membre de la direction comme responsable de la mise en œuvre du dispositif. En effet, il ressort d'entretiens conduits avec quelques uns de ces établissements bancaires que ceux-ci ont tous engagé, à des degrés divers, une réflexion quant aux modalités d'organisation d'un dispositif permettant de s'assurer de la conformité de leurs activités à la réglementation, à la loi, aux normes ou aux usages professionnels. La quasi-totalité des établissements se sont déjà dotés (ou sont en cours de désignation) d'un responsable de la conformité (le titre étant variable selon les établissements : responsable de la conformité ou « compliance officer », déontologue...). Les banques camerounaises et françaises n'ont pas eu beaucoup de mal à intégrer la fonction de conformité car celle-ci répondait justement à leur besoin de mise en œuvre de leurs normes déontologiques. Ces normes constituent d'ailleurs elles aussi une source de la fonction de conformité.

2- Le respect des règles internes à l'établissement : l'influence des normes professionnelles ou déontologiques sur la création de la fonction conformité

Au Cameroun tout comme en France, l'activité bancaire a toujours été réglementée. Les établissements bancaires sont soumis au respect de règles prudentielles de base destinées à éviter les risques de la profession. A côté des règles d'origine étatique[70], il existe d'autres règles. Ces règles qui émanent soit des régulateurs, d'associations

[70] C.f F.BORDAS, « Devoirs professionnels des établissements de crédit-Déontologie », JurisClasseur Banque- Crédit- Bourse, 31 octobre 2002.

professionnelles ou de la banque elle-même prennent souvent la forme de codes de bonne conduite ou de charte. L'exercice de la profession de banquier impose donc un ensemble de devoirs : ce sont les règles déontologiques.

La déontologie[71] a toujours été au cœur de l'exercice de la profession bancaire. En effet, le souci majeur des banquiers a depuis toujours été la préservation de l'éthique dans leurs affaires. Cette exigence d'éthique s'est traduite dans des codes de déontologie. La doctrine française a essayé de définir la déontologie. Ainsi pour Ph. Grandjean[72], la déontologie est un *« ensemble de règles de comportement propres à une profession dont la transgression est sanctionnée par un organe disciplinaire »*. D'après Madame Frison-Roche, la déontologie est un ensemble d'obligations morales, renvoyant à la droiture et à la conscience professionnelle[73].

La fonction « compliance »[74] est chargée de la conformité aux lois, règlements et codes de conduite en vigueur propres à des métiers spécifiques.[75] Cette fonction est issue de la pratique anglo-saxonne, ainsi que de la pratique de la déontologie, centrée sur le respect des règles de bonne conduite. Le terme « compliance » semble aujourd'hui faire référence, pour les activités bancaires et financières, au respect de toutes les réglementations applicables aux institutions financières, que celles-ci émanent des régulateurs, d'associations professionnelles, ou de l'organisation elle-même. Mais au-delà du respect des règles prudentielles de base destinées à éviter les risques de la profession, les établissements bancaires sont soumis à des règles plus générales visant à la sauvegarde de la morale et de l'éthique dans le monde bancaire et financier en général et surtout destinées à éviter les risques réglementaires en particulier. La fonction compliance ou conformité[76]

---

[71] Etymologiquement, la déontologie signifie « la science des devoirs ». Cette notion a été inventée par l'utilitariste anglais Bentham dans le but d'encourager les comportements moraux d'une profession et à protéger la société.

[72] « Le juge consulaire, déontologie et discipline », Gaz. Pal., 8- 9 octobre 1997, 24.

[73] Les analystes financiers et la déontologie : Le Monde, 30 avr. 2002, p. 24.

[74] « Dont conformité » est la traduction littérale.

[75] Cf. Horizons bancaires, N° 321- juin 2004.

[76] Il est important de noter que « compliance » et « conformité » renvoient à deux ensembles sémantiques différents. Si la traduction littérale du terme anglais renvoie à la notion de conformité, la fonction de conformité telle qu'elle est aujourd'hui exercée en Fance, relève largement d'une sémantique juridique : à ce titre, le contrôle de

a donc été créée par les banques pour les aider à gérer leur risque déontologique. Risques de sanctions légales ou réglementaires, de pertes financières ou d'atteinte à la réputation d'un établissement qui ne respecte pas toutes les lois et normes applicables : le champ de la norme découlant de la réglementation bancaire, et de celle que l'établissement s'est donné, s'élargit. Blanchiment d'argent, délits d'initiés, manipulation des cours, politique de prévention, protection de la vie privée, code de déontologie : la fonction de compliance apparaît et se structure au sein des banques, discipline d'intégrité et de développement durable des affaires[77]. La fonction compliance a donc un champ d'application diversifié et varié. Il en est de même de la nature dont la composition varie en fonction des banques.

B- Les caractéristiques de la fonction conformité intégrées par les banques dans le cadre de la lutte anti-blanchiment

La liberté dont dispose la banque, d'organiser la fonction de conformité comme elle l'entend pourrait être singulièrement limitée par les dispositions de la réglementation. En effet, le Comité de Bâle recommande de rendre la fonction de conformité indépendante des équipes opérationnelles et de l'inclure dans le champ du contrôle interne. La fonction conformité est donc par principe une fonction indépendante. Cependant, en pratique cette liberté reste visible tant la nature du service de conformité est variable d'une banque à une autre ; ce service peut même se trouver concurrencé par d'autres services.

1- L'indépendance de la fonction conformité

Il ressort du 5ème principe du Comité de Bâle[78] que le contrôle de conformité acquiert une réelle pertinence lorsque les équipes de conformité peuvent agir en toute indépendance. En effet, le texte du Comité de Bâle a insisté sur deux points : *« premièrement, le rôle et les responsabilités de la fonction conformité doivent être clairement définis ; et deuxièmement, la fonction de conformité doit être*

---

conformité proprement dit fait partie des missions traditionnellement assignées à la fonction juridique au sein des organisations bancaires.

[77] « The compliance function in banks » : une lecture du document consultatif publié par le Comité de Bâle. In De nouvelles exigences pour les banques. Horizons Bancaires N° 321 – Juin 2004.

[78] « Compliance Function In Banks ».

indépendante des activités générant des revenus au sein de la banque ». Le compliance officer nommé au préalable, doit donc avoir une fonction et un poste formalisés dans un document. Son statut lui donne l'indépendance et l'autorité nécessaire à l'exercice de sa mission. En outre, le compliance officer doit disposer de ressources suffisantes et adaptées pour le bon exercice de sa mission. Son équipe, notamment, doit disposer de toutes les compétences nécessaires à l'exercice de la mission. Le niveau de compétence devrait faire l'objet d'une mise à jour régulière. Tous les compliance officers rencontrés aussi bien au Cameroun qu'en France nous ont assuré de leur indépendance. Cependant, ils n'avaient pas tous le même profil.

2- La nature variable du service de conformité en fonction des banques

En l'absence d'une précision des textes sur la formation des compliances officers, leur profil est divergeant d'une banque à l'autre. En effet, au Cameroun comme en France, le responsable conformité était soit un autodidacte, soit un juriste, soit un cadre des banques ayant suivi des formations sur les questions relatives aux règles de déontologie au sein de la banque ainsi que celles relatives au blanchiment des capitaux. De plus dans les banques françaises et filiales implantées au Cameroun, il existe un service de conformité bien distinct de la fonction juridique contrairement aux banques camerounaises dans lesquelles ce sont des responsables juridiques et conformité. Dans le secteur bancaire français en effet, il apparaît souvent que la fonction de conformité est séparée de la fonction juridique. Cette dernière est d'ailleurs en général représentée dans des comités de conformité. La particularité du secteur bancaire, notamment de par la réglementation complexe qui l'encadre et la technicité des opérations, justifie certainement l'existence d'une fonction de conformité autonome, séparée et indépendante de la direction juridique. Il devrait en être de même pour les banques camerounaises.

A titre dexemple, fin 2004, BNP Paribas a nommé un responsable de la conformité, qui rapporte directement au directeur général. Le comité de contrôle interne supervise l'entité de contrôle permanent (la conformité) et de contrôle périodique (l'inspection). L'entité « conformité » se subdivise en deux branches : une branche « éthique et déontologie » et une branche « conseil en conformité ». Cette dernière est plus particulièrement chargée de gérer les procédures et les relations avec les autorités de marché. Chez Dexia, un *compliance officer Group* anime un réseau d'équipes compliance, chacune placée sous la « tutelle » d'un responsable de la conformité.

A la Société Générale, les organes de contrôle permanent ont été distingués de ceux du contrôle périodique, sachant que leur coordination est assurée par un comité de coordination. Le responsable de la conformité au niveau du Groupe Société Générale est le secrétaire général du Groupe ; il est soutenu par un comité de conformité Groupe.

Au sein du Groupe Crédit Agricole, il existe une fonction conformité composée de la ligne métier conformité et la ligne métier juridique en charge conjointement du contrôle permanent de la conformité aux lois, aux règlements et aux normes et procédures internes[79]. En termes d'organisation, il a été décidé de ne pas créer de distinction entre le juriste de conformité qui traiterait du contrôle des risques de conformité juridique, c'est-à- dire du risque légal, et le juriste opérationnel qui interviendrait au niveau des risques contractuels, et de ne pas intégrer de juristes dans les équipes de conformité, la fonction juridique restant une et indivisible dans sa mission de contrôle du risque juridique, qu'il soit légal ou contractuel.[80]

La Banque européenne d'investissement a créé en 2005 un bureau de conformité, dont le responsable rapporte au directeur général. A la Banque de développement du Conseil de l'Europe, la fonction de compliance gère deux volets : la prévention et le conseil, d'une part, le contrôle et l'investigation, d'autre part.

Les établissements bancaires français et camerounais apparaissent en outre avoir des définitions hétérogènes de la conformité. Chez un certain nombre d'entre eux, le champ d'intervention du responsable désigné de la conformité ou de la compliance se limite à la supervision du dispositif de prévention du blanchiment et à la déontologie. Le responsable dispose alors d'un nombre relativement limité de personnes pour l'assister.

---

[79] M. LEIMBACH, Le management juridique : la maîtrise du risque juridique comme critère de performance de la fonction juridique d'une banque, Dossier Le risque juridique, CDE N° 1, Janvier-Février 2008, p. 40.
[80] M. LEIMBACH, op.cit.p. 40.

Dans d'autres établissements, le responsable de la conformité est assisté d'équipes qui lui permettent d'avoir une vision quasi exhaustive des opérations du groupe. La définition du risque de non-conformité est élargie au contrôle de conformité des opérations aux dispositions législatives et réglementaires en vigueur, aux normes et usages professionnels et déontologiques ainsi qu'aux orientations de l'organe délibérant ou de l'organe exécutif. Cela se traduit notamment par la consultation systématique, pour chaque opération nouvelle significative, d'un responsable du suivi du risque de non-conformité. Par ailleurs, les équipes présentes dans tous les métiers de l'établissement relaient le message du responsable de la conformité auprès des opérationnels. Plusieurs de ces établissements ont élaboré des procédures précisant les modalités du suivi de ce risque, voire une charte de la conformité.

Enfin, quelques établissements, plus avancés encore, ont d'ores et déjà construit un état spécifique au suivi du risque de non-conformité. Ceci permet d'informer régulièrement les niveaux les plus élevés de l'établissement de ce risque ainsi que de tout évènement significatif relevant des organes exécutifs et délibérant du niveau de maîtrise de cette problématique.

Nous avons relevé une disparité dans la constitution du service de conformité au sein des banques camerounaises et françaises. D'où la nécessité d'une harmonisation de l'organisation du service de conformité. Les textes internationaux dans un premier temps, puis nationaux dans un second temps, devraient être clairs quant à l'organisation du service de conformité. Un nombre moyen de personnels devrait être imposé à ce service en fonction de la taille de la banque. Ces précisions seraient bénéfiques pour les banques, ça leur éviterait des sanctions[81] pour insuffisance des moyens humains comme ce fut le cas de la caisse de crédit municipal de Toulon[82] et plus récemment de la Banque Populaire Côte d'Azur[83].

---

[81] Blâme assorti d'une sanction pécuniaire de 150 000 euros.

[82] Décision de la commission des sanctions n° 2010-01 du 24 janvier 2011, Caisse de Crédit municipal de Toulon, disponible sur www. acp. Banques-France.fr

[83] Décision de la Commission des sanctions n°s 2012-04 et 2012-04 bis du 10 janvier 2013, disponible sur www.acp.banque-france.fr

Il ressort de cette décision que *« si la BPCA disposait d'une latitude pour déterminer les ressources humaines affectées à la fonction LCB-FT, les carences dans l'exercice de cette fonction, en particulier l'impossibilité d'analyser les nombreuses alertes produites et de procéder à un examen approfondi des opérations, montrent que l'effectif affecté à cette tâche (deux personnes) était insuffisant ; qu'une telle insuffisance peut donc être sanctionnée en l'absence de tout ratio réglementaire entre l'effectif de contrôle et la taille de l'établissement... »*.

Il en fut de même avec la Bred Banque Populaire [84]à qui la Commission bancaire reprochait le fait que la cellule de lutte anti-blanchiment, ne disposait pas, au moment de son enquête, d'effectifs suffisants afin de procéder à un examen approfondi des opérations.

De même, une telle précision concourait à une mise en œuvre efficace du dispositif préventif anti-blanchiment. Bien organisé, ce service pourrait mieux faire face à toutes les difficultés rencontrées dans l'exercice de ses fonctions y compris à la concurrence à laquelle il s'expose dans l'exercice de ses fonctions.

3- Le service de conformité aux prises avec d'autres services

Trois fonctions de l'entreprise semblent potentiellement concernées par un rôle central dans l'organisation de la conformité. Etant donné que cette dernière renvoie notamment à l'identification et à l'analyse des règles de droit, la direction juridique de l'entreprise pourrait se voir confier le soin de coordonner la fonction de conformité[85]. Le directeur juridique incarne alors le rôle de gardien de la conformité réglementaire au sein de l'entreprise, qui peut dans certains cas placer les règles de droit au-dessus des objectifs

[84] Décision juridictionnelle de la Commission bancaire publiée par la Commission bancaire au cours du mois de février 2010. Blâme et sanction pécuniaire (200 000 euros) in Bulletin officiel du CECEI et de la Commission bancaire, n° 24 février 2010. Voir aussi Décision de la Commission des sanctions Banque Populaire Côte d'Azur Procédures n° 2012-04 et 2012-04 bis du 10 janvier 2013 (Blâme et sanction pécuniaire de 500 000 euros).
[85] C. ROQUILLY préc.

économiques de l'entreprise[86]. La conformité réglementaire se traduisant également par l'appréciation du risque de non-conformité, elle est étroitement liée à l'analyse et au traitement du risque.

La direction des risques a donc également une certaine légitimité à s'emparer de la fonction de conformité. Enfin, une fonction spécifique de conformité peut être créée dans l'entreprise, indépendamment de la direction juridique et de la direction des risques. Malgré cette concurrence de compétences, il n'en demeure pas moins que le compliance officer bénéficie d'un domaine « réservé » dans lequel les autres départements de l'établissement ne peuvent intervenir. Il s'agit de la prévention du blanchiment des capitaux. La complexité de cette infraction a incité certains établissements universitaires français à former les compliance officers en vue d'en maîtriser les contours.

C- La spécialisation professionnelle des compliance officers en France

Parmi les compliance officers que nous avons rencontrés dans les banques françaises, si certains étaient autodidactes, la plupart avait suivi un cursus de spécialisation professionnelle. En effet, plusieurs universités françaises offrent des formations à la lutte anti-blanchiment. C'est le cas depuis 2004 à l'Université de Strasbourg où un diplôme universitaire devenu « Master Juriste Sécurité Financière/ compliance officer », accueille des étudiants, qui réalisent leur cursus universitaire en formation initiale ou dans le cadre de la formation continue, quittent temporairement leur travail pour se former à la lutte contre la délinquance financière pendant un an. Ce master vise à former des cadres ayant vocation à occuper des fonctions à responsabilités élevées dans les services de contrôle interne, de compliance, contrôle de conformité, prévention des fraudes et du blanchiment, déontologie notamment dans les banques et les assurances.

Il vise en outre à rendre les étudiants capables de maîtriser le cadre juridique, technique, économique et comptable des montages dans lesquels s'inscrivent la fraude, la corruption, le financement du

---

[86] R. NELSON et L. B. NIELSEN, Cops, counsels and entrepreneurs : Constructing the role of inside counsel in large corporations : Law and Society Review, 20002, 34, p. 457.

terrorisme, le blanchiment et permettant en outre le développement du crime organisé. Il les forme également à mettre en œuvre une politique de prévention sachant utiliser le contrôle interne pour rechercher les indices et les preuves des fraudes. Il en est de même de l'Université Cergy Pontoise qui offre un master droit pénal et financier.

Cette formation a entre autres pour objectifs, de faire progresser les connaissances dans le domaine de l'intégrité et de la prévention de la délinquance financière. Elle contribue aussi à l'élaboration de nouvelles méthodes et de nouveaux dispositifs à savoir le développement des programmes de conformité, l'étude des infractions financières émergentes…Tous ces lieux de formation ont pour objectif de constituer un vivier de spécialistes de la lutte anti-blanchiment. Au Cameroun par contre, il n'existe pas de centre de formation des compliance officer. Tous ceux rencontrés sont autodidactes. C'est le lieu de souligner que les universités camerounaises pourraient suivre l'exemple des universités françaises sur le sujet. En effet, des masters sur la prévention du blanchiment des capitaux ou plus largement sur la prévention de la délinquance financière devraient être créés. Nous incitons donc à la mise sur pied d'une formation universitaire concrète et efficace adaptée aux exigences de la conformité. Des professionnels ainsi formés auraient pour fonction principale d'assurer la conformité avec les dispositions quelles que soient leurs sources. En effet, conformément aux textes camerounais et français en matière de lutte contre le blanchiment des capitaux, le compliance officer, au sein des banques, est chargé de rédiger des règles écrites internes destinées à mettre en œuvre les diligences en la matière.

<u>PARAGRAPHE II</u> : LA MISE EN PLACE D'UNE PROCEDURE INTERNE ANTI-BLANCHIMENT PAR LA FONCTION CONFORMITÉ

L'obligation de mettre en place une procédure interne[87], qui s'inscrit dans le chapitre des obligations de vigilance, tend à permettre aux banques de se donner tous les moyens de respecter scrupuleusement ce

[87] Obligation imposée par les articles L. 561-32 à L. 561-35 du Code monétaire et 43 du règlement COBAC de 2005 financier. Y est associée celle d'élaborer sa procédure de contrôle du respect de sa propre procédure.

dispositif préventif[88]. En effet, la mise en œuvre d'une procédure interne permet de créer chez les banquiers camerounais et français tous les réflexes qui leur permettront de détecter le moindre risque de blanchiment encouru dans le cadre de l'exercice de leur activité professionnelle.

En droit français, l'article R. 563-3 du Code monétaire et financier a imposé aux banques d'adopter « *des procédures internes adaptées à leurs activités* » consignées par écrit et organisant « *une vigilance constante destinée à permettre la détection des opérations devant faire l'objet d'un examen particulier ou d'une déclaration* ».

En droit camerounais, l'article 14 du règlement CEMAC prévoit l'élaboration de programmes de prévention du blanchiment comprenant « *la centralisation des informations sur l'identité des clients, donneurs d'ordre, bénéficiaires et titulaires de procuration, mandataires, ayants droits économiques, et sur les transactions suspectes déclarées en application des dispositions du présent règlement* ». La fonction de conformité a pour rôle de formaliser les procédures internes anti-blanchiment. La démarche des banques françaises repose sur une cartographie des risques. Enfin, il existe un dispositif de contrôle de la fonction conformité.

A- La formalisation des procédures anti-blanchiment

Les banques camerounaises et françaises sont tenues de formuler des règles écrites internes visant à assurer l'application et le respect des obligations relatives à la lutte anti-blanchiment telles que prévues par leurs législations.

Le compliance officer formalise donc une directive interne anti-blanchiment qu'il met à jour régulièrement. Celle-ci fait également l'objet d'une validation auprès des instances de direction de la banque. En outre, il est chargé de la veille réglementaire et légale au sein de la banque. Sa mission consiste à effectuer le suivi et l'analyse des lois, des standards internationaux, des règlements et de toute autre actualité

[88] F. KEREBEL, D. DEDIEU, Procédure interne de lutte anti-blanchiment et cartographie des risques : méthodes d'élaboration, JCP / La semaine juridique – Edition entreprise et affaires N° 43. 28 octobre 2010, p. 13.

pertinente dans le cadre de la lutte contre le blanchiment des capitaux. La veille juridique permet en effet, de réduire les incertitudes liées à la méconnaissance, la mauvaise interprétation ou le non-respect d'une législation, d'une réglementation, d'un usage ayant force obligatoire ou d'une jurisprudence[89]. Il veille aussi à identifier de nouvelles pratiques diffusées.

Le compliance officer a aussi un rôle de conseil en particulier auprès des opérationnels. Celui-ci est indispensable pour éviter l'apparition d'un risque de non-conformité lié à la méconnaissance des obligations légales ou réglementaires dans l'exercice des activités de l'établissement. Ensuite, il s'agit d'un rôle de communication avec les régulateurs ou d'organisation de la communication avec eux. Enfin, le compliance officer doit informer le comité de direction, former les collaborateurs et mettre à leur disposition les documents afin d'identifier, mesurer et évaluer les risques de compliance. De même, il pilote les tests et les reporting, met en place les directives internes et veille à leur respect. Le compliance officer peut aussi être le correspondant de l'Anif[90] ou du Tracfin[91].

En pratique, l'élaboration des normes anti-blanchiment est propre aux banques. Par exemple, pour la filiale d'une banque française installée au Cameroun, les règles écrites sont élaborées de deux manières ; d'abord la banque en question appartenant à un groupe bancaire de France, il existe un code de déontologie propre à toutes les banques du groupe qui contiennent des règles relatives au blanchiment d'argent et qui sont applicables par toutes les banques du groupe. Ensuite, sur le plan régional il est appliqué des règles édictées par la CEMAC[92] et la banque se doit obligatoirement de les suivre.

Les banques françaises ont une approche particulière concernant l'élaboration des règles internes anti-blanchiment : il s'agit de la cartographie des risques.

---

[89] M. LEIMBACH, op.cit. p. 41.

[90]Cellule de renseignement financier camerounaise, Agence Nationale d'Investigation Financière.

[91] Cellule de renseignement financier française, Traitement du Renseignement et Action contre les Circuits Financiers Clandestins.

[92] Communauté Economique et Monétaire d'Afrique Centrale.

B- La cartographie des risques : clé de voûte de la procédure interne anti-blanchiment française

La cartographie des risques est une conséquence de l'approche par les risques adoptée par la législation française et européenne dans la mise en œuvre du dispositif LAB. En effet, le banquier est le mieux placé pour apprécier l'ampleur des risques de blanchiment qu'il est susceptible de courir dans ses activités. Les mesures prises doivent donc être proportionnelles aux risques encourus.

L'article L. 561-32 du Code monétaire et financier impose ainsi la mise en place de systèmes d'évaluation et de gestion des risques de blanchiment des capitaux et de financement du terrorisme. L'article R. 561-38 quant-à lui exige un dispositif d'analyse des risques qui permette d'identifier les zones de risque, c'est-à-dire de reconnaître quels types de transaction sont, pour un client donné, normales ou anormales[93]. Les modalités de mise en œuvre des procédures internes sont définies par l'arrêté du 29 octobre 2009[94].

Les banques doivent élaborer une classification des risques par activité selon le degré d'exposition à ces risques, apprécié en fonction notamment de la nature des produits ou des services offerts, des conditions des opérations proposées, des canaux de distribution utilisés et des caractéristiques des clients. Il s'agit pour elles en effet, d'élaborer une cartographie des risques à partir d'un processus permettant de comparer les transactions effectuées par le client avec les informations disponibles sur son profil particulier et avec les typologies habituelles de blanchiment. De plus, elles devront nécessairement collecter des informations pertinentes et à jour concernant la clientèle, la nature et la finalité des opérations effectuées. Au regard de leur clientèle, les banques doivent construire des profils des relations d'affaires qui permettent la détection des anomalies qui pourraient les affecter.

Il est donc revenu à chaque banque d'établir sa propre cartographie des risques en matière de blanchiment de capitaux. Ce qui

---

[93] C. CUTAJAR, La prévention du blanchiment par l'approche fondée sur le risque après le décret du 2 septembre 2009. La Semaine Juridique Edition Générale n° 42, 12 octobre 2009, 338, p. 52.

[94] A. 29 oct. 2009 : JO 31 oct. 2009, p. 18720.

s'est traduit d'une part, par une segmentation des clients, des comptes et des opérations en fonction des risques identifiés et d'autre part, par le déploiement de moyens techniques d'alertes adaptés [95]étant entendu que le seuil de détection se situe au premier euro. La nouvelle réglementation issue de la troisième directive a en effet abandonné l'approche par les seuils au profit d'une approche fondée sur l'analyse des risques de blanchiment et de financement du terrorisme. La cartographie des risques permet donc de recenser les risques de blanchiment encourus par la banque, de les classifier par intensité et de l'orienter vers le niveau de vigilance et la procédure adéquate.

Il est vrai, le législateur camerounais exige des banques de définir des politiques et procédures claires d'acceptation de nouveaux clients, comprenant notamment la description des types de clientèle susceptibles de représenter un risque supérieur à la moyenne. En effet, l'alinéa 2 de l'article 7 du règlement COBAC de 2005 précise que « devront être pris en compte des facteurs tels que les antécédents des clients, leurs pays d'origine, les liens entre les comptes, les activités professionnelles, le caractère public ou en vue des personnages sollicitant l'établissement de la relation d'affaires ».

Cependant, cette approche se limitant aux nouveaux clients et renvoyant à un risque supérieur à la moyenne[96] n'est pas satisfaisante. Il nous apparaît ainsi que le législateur camerounais devrait adopter la conception française faisant référence à la notion beaucoup plus précise de cartographie des risques telle qu'elle est prévue en droit français. Pour une prévention efficace du blanchiment des capitaux, les banques camerounaises et françaises doivent assurer le suivi des procédures internes anti-blanchiment. Le respect de ces dernières est assuré par un dispositif de contrôle de la conformité en la matière.

C- Le dispositif de contrôle de la conformité

Dans ses Recommandations, le GAFI attend des établissements bancaires l'instauration d'une véritable politique anti-blanchiment avec des contrôles internes, des procédures spécifiques lors du recrutement des employés ainsi qu'un programme de formation continue du

---

[95] M. DELORME, Le délit de blanchiment d'argent-la troisième directive anti-blanchiment et l'obligation de vigilance, LPA, 17/07/2008, n°143, p. 4.

[96] Cette moyenne n'a pas été arrêtée par le législateur communautaire.

personnel. En France, le contrôle de conformité est organisé ainsi qu'il suit : tout d'abord, le règlement 97-02 prévoit que *« les entreprises mettent en place un dispositif permettant de garantir un suivi régulier et le plus fréquent possible des modifications pouvant intervenir dans les textes applicables à leurs opérations et, à ce titre, la formation immédiate de tous les membres de leurs personnels concernés ».* Le contrôle de conformité renvoie à des actions, procédures et dispositifs permettant sa mise en œuvre concrète dans l'entreprise[97].

Les articles 11-1, 11-3 et 11-4 du règlement 97-02 mentionnent notamment que les établissements assujettis prévoient respectivement des procédures spécifiques d'examen de la conformité, des procédures permettant de suivre et d'évaluer la mise en œuvre effective des actions visant à remédier à tout dysfonctionnement dans la mise en œuvre des obligations de conformité et assurent une formation du personnel aux procédures de contrôle de la conformité.

Des manquements ont été établis à ce sujet auprès de la Caisse de Crédit Municipal de Toulon en date du 10 janvier 2011 sanctionnés d'un blâme et d'une sanction pécuniaire de 150 000 euros. En effet, il était fait grief à la banque de n'avoir défini aucune formalisation des procédures spécifiques d'examen de la conformité malgré les travaux menés dans le cadre du contrôle de la conformité. De même, il ressortait dans le dossier qu'aucune procédure n'a été mise en place pour suivre et évaluer la mise en œuvre effective des actions visant à remédier à tout dysfonctionnement en matière de conformité. Enfin, aucune formation aux procédures de contrôle de la conformité n'a été organisée par la banque[98]. Ensuite, l'article L. 511-41, alinéa 3, du Code monétaire et financier prévoit, au sein des dispositions prudentielles, l'existence d'un système de contrôle interne : *« Les établissements de crédit doivent également disposer d'un système adéquat de contrôle interne leur permettant notamment de mesurer les risques et la rentabilité de leurs activités… »*

Enfin, l'arrêté ministériel du 31 mars 2005 modifiant la loi n°97-02 relative au contrôle interne, opère dans l'organisation du contrôle interne, une distinction entre les fonctions dédiées au contrôle

---

[97] C. COLLARD, CDE Novembre-décembre 2009 préc.

[98]https://acpr.banque-france.fr/fileadmin/user_upload/acp/publications/registre-officiel/201101-CCMT-decision-de-l-ACP.pdf

permanent, y compris du contrôle de la conformité, et celles en charge du contrôle périodique, réalisée le plus souvent au sein des départements d'audit ou d'inspection générale. Il prévoit également l'existence d'un responsable du contrôle permanent et d'un responsable du contrôle périodique. Ces responsables rapportent à l'organe exécutif qui pour sa part assure la cohérence et l'efficacité des différents contrôles. Ce texte établit en outre que le contrôle du risque de non-conformité soit pris en charge par une fonction dédiée, pleinement intégrée dans le champ d'exercice du contrôle interne, tout comme le contrôle de l'ensemble des risques financiers encourus par les établissements de crédit. Enfin l'obligation leur est faite de mettre en œuvre des procédures de contrôle des risques périodique et permanent.[99] C'est sur ces fondementss que la commission nationale des sanctions a sanctionné la Bank Tejarat Paris le 24 novembre 2012 pour insuffisance de son dispositif de contrôle interne. S'agissant tout d'abord du contrôle permanent, il est reproché à la banque de n'avoir pas mis en place un réel contrôle permanent comme exigé par le règlement 97-02[100]. De plus, il lui était reproché de n'avoir *« pas doté son responsable du contrôle permanent d'un outil de suivi et d'analyse des relations d'affaires adapté à ses activités, lui permettant notamment de détecter les opérations constituant des anomalies et pouvant faire l'objet d'un examen renforcé ou d'une déclaration de soupçon, de sorte qu'il était obligé d'examiner une à une l'ensemble des opérations réalisées ; »* En outre, *« le responsable du contrôle permanent n'était pas indépendant des services opérationnels, dès lors qu'il était chargé, au sein du service des crédits documentaires, des annulations des lettres de crédit et de la mise en œuvre des obligations d'identification et de connaissance des relations d'affaires au titre de la LCB-FT; que, selon le grief 23, le responsable du contrôle permanent ne disposait que de moyens limités pour mener à bien ses missions et consacrait très peu de temps à ses activités de contrôle, du fait de ses activités opérationnelles; qu'en outre il n'avait pas accès aux informations rédigées en farsi et non traduites, contenues dans les dossiers clients, et n'était pas destinataire des rapports rédigés en farsi par l'audit du groupe à la suite de ses enquêtes biennales et transmis au directeur général de BTP; que, selon le grief 24, l'absence d'indépendance et le manque de moyens du responsable du contrôle permanent ne lui*

---

[99] H. ROBERT, Op.cit.

[100] A.-D. MERVILLE, Gel des avoirs, embargos, contrôle interne : l'ACP condamne la filiale d'une banque iranienne. Bulletin Joly Bourse, Mars 2013, p. 119.

permettaient pas de réaliser l'ensemble de ses missions de contrôle permanent, en particulier sur certaines fonctions support (comptabilité, systèmes d'information, plan de continuité de l'activité), sur des activités opérationnelles (notamment, la tenue des comptes clients, les opérations de crédit documentaire et les opérations de transferts de fonds), et l'application des procédures de contrôle interne par les services opérationnels (notamment le renseignement des formulaires de contrôle), qui ne faisaient donc pas l'objet d'un contrôle permanent régulier exercé par des agents exclusivement dédiés à cette fonction ; »

S'agissant du contrôle périodique, il était rappelé à la banque qu'en cas d'externalisation du contrôle, un dispositif adéquat doit être mis en place pour assurer le niveau de qualité du contrôle périodique, la protection de l'information et l'accès du régulateur aux documents détenus par le contrôleur périodique.

La commission des sanctions souligne ici l'obligation pour les banques d'affecter des agents exclusivement à la mission de contrôle permanent et périodique dans le domaine de la conformité. Cette exigence se traduit par des connaissances et une expérience suffisantes de ces agents, spécialement formés pour cela. De même, concernant le contrôle périodique, la commission des sanctions relevant des insuffisances, soulignait dans sa décision du 10 janvier 2013[101] que : *« les activités de la BPCA n'étaient que partiellement couvertes par le contrôle périodique ; que les audits relatifs au traitement des flux d'espèces et aux moyens de paiements internationaux ne comportaient pas de volet LAB ; que par ailleurs, le nombre d'agences auditées était restreint et inadapté aux risques de blanchiment ».*

Au Cameroun, le contrôle de conformité est contenu dans le règlement COBAC R 2001/07 relatif au contrôle interne dans les établissements de crédit qui prévoit en son article 3 que *« les établissements veillent à mettre en place un système de contrôle interne efficace en adaptant l'ensemble des dispositifs prévus par le présent règlement à la nature et au volume de leurs activités, à leur taille, à leurs implantations et aux risques de différentes natures auxquels ils sont exposés. »*

---

[101] https://acpr.banque-france.fr/fileadmin/user_upload/acp/publications/registre-officiel/20130111-Decision-de-la-commission-des-sanctions.pdf

En outre, le règlement COBAC de 2001 impose bien aux banques une organisation de leur système de contrôle interne. Dans un premier temps, l'article 10 dudit règlement dispose que : « *Les établissements de crédit doivent organiser leur système de contrôle interne de premier niveau de façon à se doter de dispositifs qui permettent un contrôle régulier et permanent au niveau des unités opérationnelles pour garantir la régularité, la sécurité, la validation des opérations réalisées et le respect des autres diligences liées à la surveillance des risques de toutes natures associés aux opérations* ».

De même, l'article 12 ajoute que « *Les établissements de crédit doivent se doter d'un système de contrôle de deuxième niveau ou d'audit interne. L'organisation de la fonction d'audit interne doit permettre de vérifier, selon une périodicité adaptée, la régularité et la conformité des opérations et l'efficacité des dispositifs de premier niveau, notamment leur adéquation à la nature de l'ensemble des risques associés aux opérations.* » En outre, les articles 14 (d) du règlement CEMAC et 46 alinéa 4 du règlement COBAC recommandent aux banques d'élaborer des programmes de prévention du blanchiment des capitaux comprenant un dispositif de contrôle interne de l'application et de l'efficacité des mesures adoptées pour l'application dudit règlement.

Le contrôle de la mise en œuvre du dispositif anti-blanchiment rentre donc dans le champ de compétence du contrôle interne, précisément du contrôle permanent. En effet, l'article 6 du règlement 97-02 impose aux banques, selon les modalités adaptées à leur taille et à la nature de leurs activités, la mise en place d'un contrôle permanent, assuré par certains agents, au niveau des services centraux et locaux, exclusivement dédiés à cette fonction, et d'autres exerçant des activités opérationnelles, et un contrôle périodique exercé par des agents autres que ceux précédemment mentionnés.

Ce service a ainsi obligation de se doter de moyens suffisants en vue de respecter ses obligations professionnelles sous peine de sanction de la banque. A titre d'exemple, la Commission nationale des sanctions de l'ACPR[102] a reproché à la Tunisian Foreign Bank « *une insuffisance*

---

[102] Décision de la Commission nationale des sanctions rendue le 1er mars 2013. Celle-ci sanctionne la TFB d'un blâme assorti d'une sanction pécuniaire d'un montant de sept cent mille (700 000) euros. V. aussi Décision de la Commission nationale des

des moyens dédiés au contrôle permanent pour mener à bien le contrôle des opérations et des procédures internes ». Le même reproche a été fait à la Banque Populaire Côte d'Azur par la Commission des sanctions en audience rendue le 10 janvier 2013[103] en ces termes : *« Considérant que, selon le grief, il serait ressorti de l'examen des dossiers de la clientèle par l'inspection dans cinq agences que les fiches d'autocontrôle étaient rarement présentes, que les contrôles hiérarchiques de premier niveau exercés par les directeurs étaient inexistants ou non formalisés et que les contrôles permanents de second niveau étaient assurés par la direction des risques et de la conformité, qui ne disposait que d'un effectif équivalent temps plein de deux collaborateurs en matière de LCB, ce qui est insuffisant ; qu'ainsi, seules 25 agences sur un total de 95 auraient été contrôlées au cours de l'exercice 2007 ; »*.

Ainsi la banque camerounaise ou française qui décide de fermer les yeux sur ce chaînon faible, prend un risque considérable d'être involontairement complice d'un système de blanchiment. Les banquiers camerounais et français, bien conscients de ce danger, ont mis en place un contrôle maison : le contrôle interne. Au Cameroun tout comme en France, le règlement sur le contrôle interne a adapté la contrainte d'une fonction de conformité en fonction de la taille ou de l'activité des établissements, à la demande de la profession. Cela a permis d'organiser la conformité, mais également de se doter d'outils nécessaires à son bon fonctionnement.

En outre, l'article 42 du Règlement CRBF n° 97-02 impose aux banques d'élaborer au moins une fois par an un rapport sur les conditions dans lesquelles le contrôle interne est assuré, comprenant notamment, pour les différentes catégories de risques, une description des principales actions effectuées dans le cadre du contrôle permanent et des enseignements qui en ressortent, ainsi qu'un inventaire des enquêtes réalisées par le contrôle périodique faisant ressortir les principaux enseignements et, en particulier, les principales insuffisances relevées ainsi qu'un suivi des mesures correctrices prises.

---

sanctions rendue le 29 juin 2012 et sanctionnant la Banque Populaire des Alpes. Il lui était également reproché des insuffisances sur son contrôle interne.

[103] Dans cette décision, la Commission nationale des sanctions sanctionne la BPCA d'un blâme assorti d'une sanction pécuniaire d'un montant de cinq cent mille (500 000) euros.

La commission nationale des sanctions de l'ACPR[104] a ainsi relevé l'inexactitude des informations contenues dans le rapport annuel de contrôle interne portant sur le dispositif au sein de la Bank Tejarat Paris et *« concernant en particulier la mise en œuvre d'un contrôle de conformité »*. Pour la mise en œuvre du dispositif préventif anti-blanchiment, les banques camerounaises et françaises se sont dotées de moyens humains importants. A côté, elles ont également mis en place des logiciels de détection des flux financiers suspects.

<u>SECTION II</u> : L'INSTALLATION D'OUTILS INFORMATIQUES

Les législateurs français et camerounais n'imposent pas expressément l'informatisation des procédures de contrôle. En effet, dans la décision Banque des Antilles Françaises, BDAF du 2 septembre 2003, la Commission bancaire précisait que *« si l'article 2 du règlement n° 91-07 n'implique pas nécessairement l'existence d'outils automatisés de détection des opérations inhabituelles, il exige en revanche que l'organisation définie et mise en œuvre par un établissement assujetti fonctionne correctement »*[105].

Toutefois, en pratique, face au volume des opérations à contrôler, l'informatisation s'est imposée comme une des étapes indispensables dans la mise en place de ces procédures. Techniquement ces outils permettent de gérer une importante volumétrie, de croiser facilement plusieurs sources d'informations, d'assurer une homogénéité de traitement pour une population donnée, d'agir en temps réel et gagner un temps précieux pour une déclaration, de bénéficier d'un système paramétrable et auditable, de disposer d'une traçabilité du process d'investigation, de rationaliser, à défaut de rendre scientifique, une démarche qui n'était qu'empirique, de définir des règles de gestion plus fines que les seuils réglementaires. Compatibles avec les démarches commerciales, ils permettent aux banques de mieux connaître les clients et leur comportement, ils imposent une réflexion approfondie sur la segmentation de la clientèle, ils peuvent bénéficier des informations recueillies dans le cadre du respect des dispositions sur le devoir de conseil.

---

[104] Autorité de Contrôle Prudentiel et de Résolution.

[105] Décision de la Commission bancaire de Blâme et de sanction pécuniaire (50 000 euros) Banque des Antilles Françaises, BDAF, 2 septembre 2003.

Plusieurs outils sont donc proposés aux banques camerounaises et françaises en vue d'assurer la sécurisation technique des transactions. Même s'il s'agit d'un moyen de prévention partiellement obligatoire, il reste incontournable pour les banques qui s'en servent pour détecter les flux suspects.

PARAGRAPHE I : UNE UTILISATION PARTIELLEMENT OBLIGATOIRE

Les dispositifs anti-blanchiment mis en place par les banques camerounaises et françaises n'imposent pas l'informatisation des procédures de contrôle contrairement à d'autres législations nationales. C'est le cas de la réglementation bancaire suisse qui en la matière prévoit expressément l'obligation pour les organismes financiers de mettre en place un système informatique permettant de détecter des transactions présentant des risques accrus[106]. Très largement définie par le droit bancaire Suisse, cette notion recouvre notamment les entrées et sorties de valeurs patrimoniales d'une certaine importance, l'existence de divergences significatives par rapport à la nature, au volume ou à la fréquence des transactions pratiquées habituellement dans le cadre de la relation d'affaires[107]. La Suisse a fait ce choix car elle estime qu'en définitive, une surveillance des transactions passe nécessairement par la mise en place d'un système informatique de surveillance[108].

Cet exemple devrait être suivi par les législateurs camerounais et français qui jusqu'ici n'exigent la mise en place de matériels informatiques qu'en matière de monnaie électronique, le principe étant que l'utilisation de matériels informatiques dépend de la volonté des établissements bancaires. Même si le législateur français n'a pas généralisé cette obligation, la Commission bancaire ne manque pas de rappeler cette lacune aux banques, ce qui nous amène à penser qu'il ne

[106] Article 12 de l'Ordonnance de la Commission fédérale des banques en matière de lutte contre le blanchiment d'argent (Ordonnance de la CFB sur le blanchiment d'argent, OBA-CFB).

[107] Article 8 de l'Ordonnance de la Commission fédérale des banques en matière de lutte contre le blanchiment d'argent.

[108] Article 28 paragraphe 2 de l'Ordonnance de l4 de l'autorité de contrôle en matière de lutte contre le blanchiment d'argent concernant les obligations des intermédiaires financiers qui lui sont directement soumis (Ordonnance de l'AdC sur le blanchiment d'argent, OBA Adc) du 10 octobre 2003.

s'agit plus vraiment d'un choix des banques en matière de lutte anti-blanchiment.

A- Un choix des établissements bancaires camerounais et français

Afin de mieux apprécier les mouvements suspects, les banques camerounaises et françaises ont dû développer des outils informatiques de détection. Cette pratique émane principalement des pays anglo-saxons et certains d'entre eux, les Etats-Unis en l'occurrence, en font une obligation légale. Ce qui n'est pas le cas des législations camerounaise et française.

En effet, en droit français, l'article 11-7-2.2 précise que *« les entreprises se dotent de dispositifs de suivi et d'analyse de leurs relations d'affaires fondés sur la connaissance de leur clientèle, permettant de détecter les opérations qui constituent des anomalies au regard du profil de la relation d'affaires et qui pourraient faire l'objet d'un examen renforcé mentionné à l'article L. 561-10-2.-II ou d'une déclaration prévue à l'article L. 561-15 du Code monétaire et financier. »*.

De même, l'article 11-b du règlement n° 2002-01 du 18 avril 2002 relatif aux obligations de vigilance en matière de chèques aux fins de lutter contre le blanchiment des capitaux et le financement du terrorisme qui traite de l'examen individuel des chèques tirés, dispose que : *« (...) à l'occasion du suivi du compte de son client, l'établissement assujetti détecte, le cas échéant par des moyens informatiques, un fonctionnement inhabituel du compte »*. En droit camerounais, l'article 18 du règlement COBAC invite les banques à *« ...disposer de systèmes permettant, pour tous les comptes, de déceler les activités à caractère inhabituel ou suspect, en recourant par exemple à des limites par classe ou par catégorie de comptes. »*

Ces dispositions ne mentionnent pas expressément les outils de détection automatiques comme c'est le cas pour la monnaie électronique, faisant ainsi référence aux outils informatiques. C'est donc de leur propre initiative que les banques françaises et camerounaises ont installé en leur sein des outils informatiques. En effet, selon le volume des opérations traitées et le nombre de clients, les banques françaises et camerounaises se sont dotées d'outils de détection informatiques qui exercent en permanence une surveillance des transactions pour identifier celles qui ne correspondent pas au profil connu des clients. Les moyens mis en œuvre dans le cadre de cette surveillance sont très variables d'une banque à une autre, mais on peut néanmoins distinguer trois fonctionnalités majeures :

- La mise en place d'une alerte sur critères fixes (système d'alerte automatique sur critères prédéfinis : opérations dont le montant unitaire ou total est supérieur à un seuil) déterminés en application de la législation applicable ;
- La mise en place d'une alerte sur critères personnalisés : le banquier identifie les clients pour lesquels il souhaite établir une vigilance particulière, et paramètre ainsi l'outil informatique afin d'être informé de tous les mouvements financiers affectant ces clients ;
- La mémorisation dans l'outil informatique des déclarations de soupçon effectuées auprès de la cellule nationale de renseignement financier (l'Anif ou le Tracfin).

Nous incitons donc les législateurs français et camerounais à exiger expressément l'installation de matériels informatiques au sein des banques comme c'est le cas pour la monnaie électronique.

B- Une obligation en matière de monnaie électronique

Parce qu'elle présente des risques particuliers[109] du fait de son fonctionnement, les législateurs français et camerounais ont prévu expressément l'utilisation de moyens informatiques en matière de monnaie électronique. La définition de la monnaie électronique est la même en droit camerounais et en droit français. En effet, en droit camerounais il s'agit d'une monnaie composée d'unités de valeur, dites unités de monnaie électronique. Elle consiste en un titre de créance incorporé dans un instrument électronique et accepté comme moyen de paiement[110].

En droit français, l'article 1er de l'arrêté de 2009 dispose : *« la monnaie électronique est composée d'unités de valeur, dites unités de monnaie électronique. Chacune constitue un titre de créance incorporé*

---

109 Pour des développements sur la monnaie électronique voir p. 144.
110 Règlement COBAC de 2005.

dans un instrument électronique et accepté comme moyen de paiement, au sens de l'article L. 311-3 du code monétaire et financier, par des tiers autres que l'émetteur. »

L'obligation de mettre en place un système automatisé de surveillance des transactions inhabituelles est prévue en droit camerounais par l'article 58 du règlement COBAC qui dispose : *« tout établissement émetteur et ou distributeur de la monnaie électronique doit mettre en place un système automatisé de surveillance des transactions inhabituelles ayant comme support la monnaie électronique »*.

En droit français, l'article 8 du règlement n° 2002-13 du 27 novembre 2002[111] dispose que : *« les établissements émetteurs et distributeurs mettent en place un système automatisé de surveillance des transactions inhabituelles ayant comme support la monnaie électronique. Les établissements distributeurs communiquent à l'établissement émetteur les anomalies constatées ayant un lien avec la circulation de la monnaie électronique. L'établissement émetteur peut prendre des dispositions visant à s'assurer que les établissements distributeurs appliquent les normes de sécurité et de vigilance définies. »*

Dans sa décision Banque Populaire Provençale et Corse du 23 juin 2005, la Commission bancaire fait pour la première fois application du règlement n° 2002-13 du 21 novembre 2002 relatif à la monnaie électronique en sanctionnant un établissement de crédit pour avoir ommis de mettre en place un système automatisé de surveillance des transactions inhabituelles prévu à l'article 8 du texte précité. Toutes les banques camerounaises et françaises[112] visitées disposaient d'un système informatique dans la mise en œuvre du dispositif anti-blanchiment. Certaines disposaient de procédures internes et informatisées d'analyse de la clientèle par profil de clients, permettant de faire ressortir des mouvements financiers atypiques. D'autres s'étaient dotées de logiciel de filtre des opérations, ce qui permettait en fonction de la nomenclature et des numéros de comptes, de déterminer tout mouvement suspect au sein des dits comptes et d'en alerter les

---

[111] Modifié par les arrêtés du 20 février 2007 et du 29 octobre 2009.

[112] Nos interlocuteurs ont tenu à garder secret l'identité des logiciels utilisés en leur sein.

autorités. D'autres encore avaient même mis leurs ordinateurs en réseau.

Si les législateurs camerounais et français n'imposent pas expressément l'utilisation de matériels informatiques aux banques dans la mise en œuvre de leurs obligations en matière de LAB, tel n'est pas le cas de la commission des sanctions qui a plusieurs fois sanctionné ces lacunes au sein des banques.

C- Une obligation imposée par la Commission bancaire en matière de lutte anti-blanchiment

La Commission bancaire a eu plusieurs fois à sanctionner les banques pour insuffisance de leur matériel informatique. Aussi, dans sa décision[113] rendue le 1er février 2010 sanctionnant la Bred Banque Populaire, la Commission bancaire reprochait à la banque, entre autres, la mise au point de son outil informatique. En effet, elle remarquait que : *« l'outil informatique de surveillance des opérations des comptes de la clientèle, ne permettait pas de déceler le fonctionnement atypique d'un compte, notamment pour les particuliers, en dessous d'un seuil de 30 kEUR et de 3kEUR pour les mouvements en espèces ; que cet outil ne permettait pas à la cellule LAB de s'assurer du suivi de l'ensemble des alertes par les gestionnaires et de la remontée de l'ensemble des opérations suscitant des doutes vers la cellule LAB ; qu'un second outil appelé « CLEAN », qui met à la disposition de la cellule LAB des requêtes prédéfinies de sélection des opérations, a un champ d'investigation limité à un mois et ne peut être utilisé qu'au prix de manipulations lourdes et consommatrices de temps. »*. De même, bien que la banque se fût dotée d'un nouvel outil de détection des opérations atypiques, dénommé « MAHAKALA », il lui avait également été reproché le fait que la liste des clients sous surveillance était établie manuellement et n'était pas mise à jour régulièrement. De même dans sa décision de décembre 2009[114] sanctionnant la Banque Populaire Côte

[113] Décision juridictionnelle publiée par la Commission bancaire au cours du mois de février 2010, BRED BANQUE POPULAIRE, Blâme et sanction pécuniaire (200 000 euros) in Bulletin officiel du CECEI et de la Commission bancaire, n° 24 février 2010.
[114] Décision juridictionnelle publiée par la Commission bancaire au cours du mois de décembre 2009, BANQUE POPULAIRE CÔTE D'AZUR, Blâme et sanction pécuniaire (600 000 euros) in Bulletin officiel du CECEI et de la Commission bancaire, n° 22 décembre 2009.

d'Azur, d'un blâme et d'une sanction pécuniaire de 600 000 euros, la Commission bancaire reprochait à la banque, entre autres, l'inexistence d'outils de profilage des comptes.

Dans d'autres décisions, elle avait plusieurs fois sanctionné des banques pour faiblesses dans le niveau de sécurité informatique sur le fondement de l'article 14 du règlement n° 97-02[115]. Il en va de même dans sa décision BANK TEJARAT du 18 mars 2003[116] qui sanctionne l'absence de politique sécurité des systèmes informatiques, sur le fondement de l'article 14 du règlement n° 97-02 qui dispose que *« les entreprises assujetties doivent contrôler l'adaptation de leurs systèmes informatiques au niveau de sécurité informatique que nécessite leur activité et notamment l'existence de procédures de secours informatiques de nature à garantir la continuité de l'exploitation en cas de dysfonctionnements graves des systèmes informatiques »*.

En outre, dans sa décision Banque Marocaine du Commerce Extérieur Succursale de Paris du 25 février 2005[117], la Commission bancaire sanctionnait l'établissement bancaire pour ne pas avoir mis en place un système de surveillance des opérations, en matière de lutte contre le blanchiment, suffisamment développé. Enfin, dans sa décision ARCA banque du pays basque SA[118], la Commission bancaire va réitérer sa jurisprudence sous le visa de l'article L. 563-1 du Code Monétaire et Financier, de l'article 3 du décret n° 91-160 et de l'article 33 du décret n° 92-456 relatifs à la connaissance de la clientèle, à la surveillance des opérations et à la vérification du domicile, ainsi que l'article 2 du règlement du Comité de la réglementation bancaire et financière n° 97-07 du 15 février 1991 relatif à l'obligation de vigilance. Il s'agissait en l'espèce d'un établissement de crédit qui ne disposait pas de système informatisé de surveillance des opérations de la clientèle, et qui dépendait pour procéder à l'identification de ses clients d'un dispositif de lutte contre le blanchiment des capitaux mis en place par la maison mère. Sa décision est motivée dans ce sens *« ARCA ne procédait pas au moment de l'enquête à l'édition d'états informatiques lui permettant de regrouper les transactions par client, d'identifier les*

[115] Décision W FINANCE du 28 novembre 2002 (décisions juridictionnelles, 2002, n° 14, page 48).
[116] Décisions juridictionnelles, 2003, n° 5, page 18.
[117] Décisions juridictionnelles, 2003, n° 2, page 5.
[118] Décisions juridictionnelles, 2003, n° 3, page 8.

comptes présentant des opérations en espèces de montant important ou de détecter des évolutions anormales en nombres d'opérations ou en montant » et cela en dépit de l'importance des versements en espèces. Pour se prémunir de sanctions les banques camerounaises et françaises se sont dotées d'outils automatisés de détection. On en distingue plusieurs.

PARAGRAPHE II : TYPOLOGIE DES OUTILS AUTOMATISES DE DÉTECTION

La tentation de créer des outils logiciels[119] systématisant le travail de détection des flux suspects est apparue depuis quelques années. Devenus indispensables aux banques, ils permettent de repérer les transactions douteuses à l'intérieur d'un large flux de données (transactions journalières au sein d'une agence). Ces outils sont tantôt basés sur l'identité des suspects, on parle d'outils de filtrage, tantôt sur l'infraction elle-même, on parle d'outils de profilage. On a aussi des outils d'analyse comportementale.

A- Les outils de filtrage

Ils sont basés sur des moteurs de recherche qui permettent de comparer l'identité des clients de l'organisme financier ainsi que les bénéficiaires ou les donneurs d'ordre. Cette comparaison est rendue possible avec des listes de noms des personnes suspectées. Le filtrage des noms est une procédure de contrôle indispensable aux organismes financiers, afin de s'assurer de l'honorabilité des clients et de leurs contreparties, depuis l'entrée en relation jusqu'à la clôture du compte. Ils permettent en outre de traiter les flux en procédant à l'identification et au blocage des mouvements comportant un nom listé. Ces listes qui proviennent soit des agences commerciales telles Factiva, Woldcheck, Wordcompliance ou services gouvernementaux tels l'ONU par exemple, contiennent soit les noms de terroristes, soit des PPE[120].

---

[119] A ne pas confondre avec les outils logiciels de connaissance du client, qui effectuent une compilation d'informations à caractère public sur plusieurs centaines de milliers de personnes physiques (identité, réputation…) issues de base de données de nature privée (presse, sites officiels de partis politiques, annuaires, Who's who…). Ces logiciels permettent la recherche d'informations sur certains clients.

[120] Personnes politiquement exposées. Pour plus de détails voir p. 145 et s.

Ces outils présentent néanmoins quelques limites. Les listes de suspects *« manquent non seulement de cohérence, mais sont également incomplètes et souvent mal renseignées. Elles sont de surcroît difficilement disponibles »*[121]. En outre, ce système permet de repérer des clients suspects à travers des listes noires, en revanche il ne permet pas de détecter des délinquants non encore répertoriés[122]. A côté de ces outils on a des outils de profilage.

B- Les outils de profilage

Ces outils permettent de concevoir des règles de surveillance basées sur des scénarios de blanchiment. Ils consistent dans leur forme simplifiée en des requêtes peu élaborées qui permettent d'extraire certains types de transactions : le banquier peut par exemple extraire sur un listing papier ou informatique toutes les opérations supérieures à un seuil. Leur utilisation est plus communément connue dans de petites et moyennes banques. Mais ces outils se retrouvent également dans les grandes banques où, ils sont conçus par des entreprises spécialisées et mises à leur disposition sous forme de progiciels.

Ils ont la particularité de proposer une interface conviviale, permettant à leurs utilisateurs de modifier plus simplement les requêtes. Ils permettent par ailleurs de surveiller les comptes sur une base quotidienne ou mensuelle. Concrètement mis en place, ils génèrent automatiquement une alerte à chaque fois qu'un comportement connu est identifié. Ces progiciels peuvent éventuellement intégrer des outils de gestion d'alertes.

Ces outils présentent néanmoins des limites. En effet, dans leurs formes peu élaborées, ils ne permettent pas de détecter des scénarios de blanchiment trop complexes. De plus, ils sont également dépourvus de fonctionnalités de gestion des alertes, ce qui a pour conséquence de rendre plus ardu le travail de l'analyste. Quant aux solutions élaborées, le coût inhérent à leur maintenance et leurs performances peuvent être très élevés, de plus ces solutions ne permettent pas d'anticiper les nouvelles méthodes de blanchiment. Des outils d'analyse comportementale sont également répertoriés.

---

[121] Les échos, n° 19220, finance, jeudi 12 août 2004, p.23.
[122] Utilisation d'une fausse identité, première infraction.

C- Les outils d'analyse comportementale

Les solutions dites d'analyse comportementale permettent un examen beaucoup plus soigné des transactions puisqu'elles se basent sur une segmentation de la clientèle par niveau de risque et par type de comportement attendu. L'automatisation repose sur l'établissement de règles de gestion concernant la notion de profil client et de fonctionnement des comptes. Il s'agit de pister des comportements inhabituels des clients ou de leurs comptes. Les outils d'analyse comportementale créent un profil à l'aide de moyennes statistiques définies sur la base de critères objectifs, liés généralement à l'activité, aux revenus et à la typologie des transactions, afin de pouvoir comparer par la suite, les mouvements inhabituels à ce profil.

Autrement dit, une alerte sera générée chaque fois que le profil de fonctionnement du compte d'un client s'écartera de façon significative du profil de fonctionnement du compte de ses pairs. De la même façon, l'historique et la nature des transactions pendant une période donnée permettront de déceler des anomalies, dès lors que des modifications remarquables seront constatées par rapport à cet historique. Par ailleurs, ce type de solution intègre généralement une fonctionnalité de Case Management Tool[123], visant à faire le suivi et l'archivage des alertes et des travaux d'investigation réalisés dans ce cadre.

Ces outils présentent eux aussi quelques limites : l'efficacité de ce type de solution est conditionnée par la richesse de la base de données relative à la clientèle, ainsi que par la qualité de son calibrage. Ils nécessitent d'ajuster suffisamment le système afin de ne pas être noyé sous les alertes. En effet, un calibrage large aura tendance à générer un nombre trop important de fausses alertes, mais à l'inverse un calibrage trop étroit risque de laisser passer des cas de blanchiment. En outre, ces outils impliquent un certain nombre de risques techniques inhérents notamment à leur implémentation : disparité des données, problématiques de rapatriement des données parfois complexes, intégration dans des systèmes informatiques hétérogènes etc.

Afin de satisfaire au mieux aux obligations relatives à la lutte anti-blanchiment, les banques camerounaises et françaises ont dû modifier

---

[123] Outil de gestion des alertes.

en profondeur leur organisation. En effet, elles ont créé un service de lutte contre le blanchiment ayant compétence pour intervenir partout dans la banque. Pour organiser la lutte contre le blanchiment au sein de l'établissement, ce service a dû notamment mettre en place des procédures écrites, et s'assurer de la bonne application de ce dispositif partout dans l'établissement.

Cependant, la fonction conformité qui bien qu'énoncée dans les règlements communautaires CEMAC et COBAC ne fait pas l'objet d'une organisation précise et détaillée en droit interne camerounais. En effet, contrairement au législateur français qui a intégré la fonction de conformité dans son droit interne, notamment dans le règlement 97-02 relatif au contrôle interne, le législateur camerounais n'a pas intégré cette fonction dans son droit. On se serait attendu à la retrouver dans le règlement COBAC R-2001/07 relatif au contrôle interne mais il n'en est rien. Nous incitons donc à plus de détails sur cette fonction nouvelle au sein des banques camerounaises qui concourt à assainir leur image. La création de cette nouvelle fonction est allée de pair avec les autres changements qui ont affecté les secteurs bancaires camerounais et français ces dernières années comme l'informatisation croissante. En effet, les établissements bancaires camerounais et français ont dû se doter de différents outils logiciels plus ou moins sophistiqués, qu'il s'agisse d'outils d'analyse comportementale destinés à détecter des comportements suspects ou de logiciels de filtrage sans cesse à perfectionner. Par l'outil informatique, les banques camerounaises et françaises améliorent leur capacité d'intervention continue sans lesquelles elles seraient immédiatement dépassées compte tenu du volume d'informations à traiter. L'installation des outils informatiques, de même que l'apparition des départements compliance ont véritablement marqué l'avènement d'une politique anti-blanchiment au sein des banques camerounaises et françaises concourant ainsi à l'assainissement de leur système bancaire.

CHAPITRE II : LA CONTRIBUTION A L'ASSAINISSEMENT DU SECTEUR BANCAIRE

Parce que la bonne santé, l'intégrité et la stabilité des banques ainsi que la confiance dans l'ensemble du secteur pourraient être gravement compromises par les efforts mis en œuvre par les criminels et leurs complices pour masquer l'origine de leurs profits d'une part ; d'autre part, parce que le fait d'exploiter le secteur bancaire pour y faire transiter des fonds d'origine criminelle menace clairement son intégrité, son bon fonctionnement, sa réputation et sa stabilité[124], des textes ont été élaborés au niveau international, communautaire et à l'initiative même des acteurs bancaires en vue de protéger le système bancaire contre toutes ces atteintes. En effet, la préservation de l'éthique, de la transparence a toujours été au cœur des préoccupations des acteurs du secteur bancaire.

A cette fin, de saines politiques et procédures ont été imposées au milieu et jouent un rôle majeur pour préserver la sûreté et la solidité des banques ainsi que l'intégrité des systèmes bancaires. Ainsi, est-il stipulé dans la nouvelle version du règlement 97-02, en son article II, que les banques ont l'obligation de *« mettre en place un dispositif (...) d'information de tous les membres de leur personnel (...) sur les textes applicables à leurs opérations »* et d'*« assurer à tous les membres de leur personnel concernés, une formation aux procédures de contrôle de la conformité, adaptée aux opérations qu'ils effectuent »*.

De même, l'article 46 du règlement COBAC dispose que *« les programmes de prévention du blanchiment des capitaux et du financement du terrorisme élaborés par tout établissement assujetti devront comprendre notamment :(...) la formation continue du personnel »*. Une formation à la conformité de tous les personnels des entreprises bancaires ainsi que leur information régulière est donc devenue indispensable. Aussi, les banques françaises et camerounaises ont amélioré depuis plusieurs années leurs dispositifs de veille réglementaire afin d'approfondir la connaissance de la réglementation par leurs salariés et de formaliser davantage les procédures de contrôle

[124] Directive 2005/60/CE du Parlement européen et du Conseil du 26 octobre 2005 relative à la prévention de l'utilisation du système financier aux fins du blanchiment de capitaux et du financement du terrorisme.

de la conformité de leurs décisions à la réglementation ou aux lois. Elles ont ansi entrepris la formation et l'information de tout le personnel bancaire qui oeuvre aussi dans la détection des anomalies et concourt ainsi à préserver les banques du risque de non-conformité.

SECTION I : LA FORMATION ET L'INFORMATION DU PERSONNEL BANCAIRE

Le constat est clair, la prévention du blanchiment au sein des banques dépend non seulement des compliance officer mais aussi des autres collaborateurs. Pour une efficacité de la conformité, « *la construction d'une culture de la conformité réglementaire exige l'investissement de tous les acteurs de l'entreprise* »[125]. Ceux-ci en effet sont au cœur du dispositif de maîtrise des risques. Les banques ont donc obligation de développer une « culture compliance en leur sein. En le faisant, elles s'assurent individuellement une bonne santé laquelle s'étend à tout le secteur bancaire.

C'est en ce sens que l'article 11-7 alinéa 2-1 du règlement 97-02 dispose que « *les entreprises assujetties veillent à ce que les personnels dont l'activité est exposée à des risques de blanchiment des capitaux et de financement du terrorisme soient en mesure de faire preuve d'une vigilance adaptée à ces risques. A cette fin, les entreprises assujetties veillent à ce que la formation et l'information de ces personnels, prévues à l'article L. 561-33 du code monétaire et financier, soient adaptées à leurs activités, en tenant compte des risques identifiés par la classification et du niveau de responsabilité exercé. La formation et l'information des personnels portent notamment sur les procédures indiquant les opérations sur lesquelles ils doivent faire preuve d'une vigilance particulière au regard des risques identifiés par la classification établie par l'entreprise assujettie.* » Il en est de même de l'al. 3 de l'article 46 du règlement COBAC qui prévoit que « *les programmes de prévention du blanchiment des capitaux et du financement du terrorisme élaborés par tout établissement assujetti devront comprendre notamment : (...) la formation continue du personnel* ». Les banques françaises et camerounaises ont donc

[125] C. R préc.

l'obligation de former leur personnel à la prévention du blanchiment des capitaux mais aussi de les informer de toute évolution en la matière.

PARAGRAPHE I : UNE POLITIQUE DE FORMATION DU PERSONNEL OBLIGATOIRE

« *La première arme contre le blanchiment, c'est la formation et la sensibilisation de l'ensemble du personnel* » le soulignait Charles BLANDIGNERES[126]. En effet, l'analyse des souscriptions et la détection des affaires suspectes ne peuvent pas reposer sur le seul responsable anti-blanchiment. Ce travail requiert une participation et une implication de tous les services. Il importe donc que tous les personnels participant à l'étude des souscriptions aient une formation de base sur la problématique du blanchiment. De plus, les banques ont compris qu'un seul membre du personnel mal ou peu sensibilisé pouvait constituer une porte d'entrée aux capitaux d'origine illicite. C'est ainsi que les banques camerounaises et françaises, à leur initiative ou à celle des régulateurs ont entrepris la formation de leur personnel en vue du respect de cette obligation légale.

A- Une obligation légale

En droit français, l'arrêté du 29 octobre 2009 abrogeant le règlement n° 91- 07 du Comité de la règlementation bancaire relatif à la lutte contre le blanchiment des capitaux provenant du trafic des stupéfiants prévoit que : les personnels dont l'activité est exposée à des risques de blanchiment des capitaux et de financement du terrorisme doivent recevoir la formation et l'information qui correspond à leur activité et aux opérations qu'ils effectuent ainsi qu'aux responsabilités qui leur sont confiées ; la formation et l'information doivent tenir compte des risques identifiés par la classification établie par l'entreprise[127]. En droit camerounais, l'obligation de former le personnel est prévue à l'alinéa 3 de l'article 46 du règlement COBAC qui prévoit que « *les programmes de prévention du blanchiment des*

---

[126] D. PERROTTE, Banques : la lutte contre le blanchiment s'organise, Les Echos Edition du 26 mai 2004.

[127] In Textes officiels de la Commission bancaire, présentation de l'arrêté sectoriel du 29 octobre 2009. Bulletin officiel du CECEI et de la Commission bancaire • N° 22 • Décembre 2009, p.53

capitaux et du financement du terrorisme élaboré par tout établissement assujetti devront comprendre notamment : (...) la formation continue du personnel ». Il s'agit de l'une des missions confiées au compliance officer dans la banque. Celui-ci se doit ainsi dans un premier temps de former le personnel sur les règles à connaître, les attitudes à adopter dans des situations concrètes et les obligations spécifiques liées à la conformité.[128] Le compliance officer doit ensuite rappeler aux collaborateurs des banques les actions auxquelles ils doivent se conformer. Le but des formations est alors d'induire une transformation des manières de se comporter, dans le sens d'une rigueur accrue, qui intègre néanmoins à la fois les obligations réglementaires et les conditions de l'efficacité des démarches commerciales, afin de ne pas brider le dynamisme des entreprises ; de diffuser une culture d'entreprise de respect des règles. Les employés du secteur bancaire doivent donc recevoir une formation spécifique afin d'être en mesure d'accomplir leur devoir de vigilance. Cela s'est traduit au sein des banques camerounaises et françaises par l'organisation des ateliers de formation.

B- L'organisation des formations anti-blanchiment

La création des séminaires spécifiques de formation anti-blanchiment a été au centre des préoccupations des professionnels bancaires français et camerounais. De nombreuses initiatives privées ont vu le jour, en France la plus notable demeure celle de la Fédération bancaire française[129] soutenue dans cette tâche par l'Autorité de Contrôle Prudentiel et de Résolution et Tracfin. Au Cameroun, les banques ont été aidées par l'Agence Nationale d'Investigation Financière et la Commission Bancaire.

1- L'organisation des formations en France

Plusieurs acteurs interviennent dans l'organisation des formations anti-blanchiment au sein des banques françaises. Il s'agit de la Fédération Bancaire Française, de Tracfin et du Conseil d'Orientation de la lutte contre le blanchiment des capitaux. Chacun d'eux

---

[128] P. LEMAITRE, Conformité Extension du domaine de la formation, Revue BANQUE n° 674 Novembre 2005, p. 86.

[129] La FBF est l'organisation professionnelle qui représente toutes les banques installées en France. Plus de détails sur www. Banques.fr

accompagnent les banques françaises qui à leur tour offrent en interne des formations à leur personnel.

a) La mise en place d'un dispositif de formation à la lutte anti-blanchiment par la FBF

L'action de la FBF dans la sensibilisation des banques au dispositif anti-blanchiment a évolué au rythme de la législation française en la matière. En effet, en 1991, un premier film a été diffusé dans les banques pour informer le personnel des grandes lignes de la loi du 12 juillet 1990. Ainsi depuis 1991, les banques peuvent s'adresser à la FBF pour la mise en commun des différents supports pédagogiques. En outre, la FBF tient à la disposition des banques un livret de l'animateur pour permettre d'organiser dans les meilleures conditions des séances de formation. Ces films insistent tout d'abord sur la délinquance financière, le blanchiment des capitaux pour ensuite montrer quelques exemples de montages utilisés par les blanchisseurs.

En 2002, la FBF lance un nouveau projet de dispositif conçu en collaboration avec le centre de formation de la profession bancaire et Training On Line, une agence d'ingénierie pédagogique. La FBF offre désormais à ses membres la possibilité d'acquérir un *« kit »* complet de formation à la lutte contre le blanchiment. La licence de formation FBF permet d'accéder à un module de sensibilisation destiné à l'ensemble du personnel des établissements financiers, ainsi qu'à quatre kits spécifiquement conçus pour le marché des particuliers et des professionnels, le marché des entreprises.

Après la troisième directive et pour permettre aux banques de sensibiliser et former leurs collaborateurs à ses nouvelles dispositions, la FBF avec la participation de Tracfin a mis à la disposition de toute la profession un module de formation évolutif. Aujourd'hui, plus de 330 000 collaborateurs de banque, soit près de 80% d'entre eux, peuvent y avoir accès.

En février 2010, la FBF a lancé conjointement avec le Centre de Formation de la Profession Bancaire[130] un nouvel outil commun de formation à la lutte contre le blanchiment avec le concours de Tracfin

[130] En abrégé CFPB.

et de l'AMAFI[131] et le soutien de la Commission bancaire. Il intègre les nouvelles obligations issues de la troisième directive et est destiné à l'ensemble des collaborateurs des banques. Fruit du travail de plus de 70 collaborateurs des différents établissements, il remplace le kit de formation de 2003 qui, actualisé à deux reprises, a permis de former près de 400 000 nouveaux collaborateurs. Le nouvel outil est conçu sur un mode participatif : chaque utilisateur est invité à résoudre de manière interactive les cas qui lui sont proposés. Il est modulable et s'adapte à tous les types d'organisation, à chaque ligne de métier et aux différents niveaux d'expérience. Évolutif, il pourra être revu en fonction des besoins.

Ce programme de formation vise à développer la culture de lutte anti-blanchiment au sein des banques ; à sensibiliser tous les salariés des entreprises bancaires, les plus exposés comme les moins directement concernés, afin de maintenir en permanence des réflexes de lutte anti-blanchiment. Il les entraîne en outre à déceler les cas suspects ; forme l'ensemble de la profession aux indicateurs d'alerte d'un possible blanchiment. Il assure enfin la bonne connaissance des procédures à suivre et des obligations correspondantes. Cet outil de formation commun permet de bénéficier de la synthèse de l'expérience des autres banques et encourage le partage des connaissances.

En juillet 2010, la FBF publie un document intitulé *bon usage professionnel relatif à la mise à jour des dossiers personnes physiques dans le cadre des obligations réglementaires liées à la lutte contre le blanchiment des capitaux.* Les banques sont également accompagnées par Tracfin.

b) L'accompagnement de Tracfin

La collaboration de Tracfin auprès des banques en vue d'assurer une meilleure application du dispositif date de 2006, par l'organisation des rencontres régulières avec les banques et groupes bancaires ainsi que par un travail approfondi avec l'organisation professionnelle bancaire. Tracfin a également réalisé des interventions lors des séminaires, de formations, de colloques et conventions sur la lutte contre le blanchiment des capitaux.

---

[131] Autorité de Marché Financier.

En outre, en 2009, Tracfin a fait de l'accompagnement des professionnels un de ses axes prioritaires. Depuis 2009 en effet, Tracfin a renforcé sa politique de formation à destination des banques en développant des *« rendez-vous LAB »*[132] à leur intention. Le service a également publié des lignes directrices conjointement avec l'autorité de contrôle prudentiel et de Résolution[133] ayant pour but d'éclaircir les points du dispositif anti-blanchiment, le rendant ainsi plus compréhensible et facilement applicable pour les banques.

Cette action de Tracfin est conforme à l'article 34 des nouvelles recommandations du GAFI qui dispose que *« les autorités compétentes, les autorités de contrôle et les organismes d'autorégulation devraient établir des lignes directrices et assurer un retour d'informations qui aideront les institutions financières et les entreprises et professions non financières désignées dans l'application des mesures nationales LBC/FT, et, en particulier, à détecter et déclarer les opérations suspectes »*. De même, parce que la succession rapide dans le temps de la législation en la matière peut générer des difficultés dans la sensibilisation du personnel des établissements bancaires, Tracfin leur fournit tous les éclaircissements nécessaires. Tracfin dans ces missions est aidé par le conseil d'orientation de la lutte contre le blanchiment des capitaux qui détermine les orientations générales de ses actions.

c) L'indispensable rôle de coordination des multiples acteurs par le COLB

Le dispositif de lutte contre le blanchiment nécessite une coordination de l'ensemble des acteurs, services de l'Etat et autorités de contrôle concernés par le sujet. Institué par le décret du 18 janvier 2010, le conseil d'orientation de la lutte contre le blanchiment des capitaux et le financement du terrorisme[134]a vocation à exercer cette mission. Le conseil a engagé trois chantiers de réflexion sur les déclarations de soupçon, l'échange de bonnes pratiques entre autorités de contrôle et la sensibilisation des professionnels déclarants. Il a également préparé un document de synthèse sur la menace. Le secrétariat du conseil est assuré par la direction générale du Trésor qui

---

[132] Lutte anti-blanchiment.
[133] En abrégé ACPR.
[134] En abrégé COLB.

a la responsabilité, au sein des ministères financiers, du cadre normatif relatif à la lutte contre le blanchiment et qui représente la France au GAFI. Si le conseil n'a pas autorité sur Tracfin, il lui appartient de déterminer des orientations générales de l'action des services concernés par la lutte anti-blanchiment. Sur la base des typologies établies par Tracfin, le conseil doit établir une cartographie des risques assez précise pour que les ministres puissent fixer les orientations prioritaires de l'action de Tracfin, notamment dans le cadre de la lettre de mission qui doit être adressée au directeur du service chaque année. Ces formations ont fortement inspiré les banques françaises dans l'organisation de la formation de leur personnel en interne.

d) L'organisation des formations anti-blanchiment au sein des banques françaises

Certaines banques françaises, conformément aux dispositions anti-blanchiment en vigueur, organisent des séances d'autoformation de leurs employés d'environ 1h sur poste informatique. D'autres remettent la procédure LAB en main propre avec accusé de réception à chaque nouvel embauché. Ces plannings de formation sont critiquables tout d'abord en ce qui concerne leur durée : en effet, la commission des sanctions de l'ACP dans sa décision rendue le 24 octobre 2012[135], remarquait déjà que *« la formation au sein de l'entité française du métier banque privée n'est pas satisfaisante ; qu'elle ne concerne que les nouveaux arrivants et ne dure qu'une heure »*. Le nombre d'heures consacrées à la formation devrait donc être revu par les banques. Il en va de même du contenu des formations. En effet, il ressort de la décision précitée que *« considérant que si l'établissement A a renforcé son dispositif de formation à partir de 2011, en mettant en place trois séminaires de formation de ses nouveaux collaborateurs ainsi que plusieurs sessions de e-learning, la formation pratiquée à la date du contrôle, en raison de la brièveté et de son contenu, ne répondait pas aux exigences ci-dessus rappelées ; que les formations précédemment reçues par des salariés en fonction au sein d'autres lignes de métier, dont l'établissement A soutient qu'elles doivent être prises en compte, ne peuvent l'être dès lors qu'aucun élément relatif au nombre de*

---

135 Décision de la commission des sanctions n° 2011-02 du 24 octobre 2012, établissement de crédit A.

salariés concernés et au contenu de celles-ci n'est communiqué et qu'en outre, il n'est pas établi qu'elles traitaient des spécificités de la LCB-FT dans le métier de la banque privée ; que les pièces communiquées au sujet des formations de 2010 se rapportent l'une à une formation sur le risque opérationnel tandis que l'autre décrit une formation d'une journée seulement consacrée à la LCB-FT en mars 2010 ; qu'ainsi le grief 54 est établi à la date du contrôle ; ». Au Cameroun, les dispositions anti-blanchiment imposent aussi aux banques d'organiser des séances de formation de leurs employés.

2- L'organisation des formations au Cameroun

L'Anif et la Cobac assurent la formation ainsi que la diffusion du dispositif anti-blanchiment au sein des banques camerounaises, ces dernières ne sont pas en reste puisqu'elles organisent elles-mêmes des séances de formation de leur personnel.

a) Des actions de formation et de sensibilisation de l'Agence nationale d'investigation financière et de la Commission bancaire d'Afrique centrale

Depuis 2006, une activité d'information et de sensibilisation des assujettis parmi lesquels les banques, est entretenue par l'Anif. C'est ainsi qu'en 2006, deux séances de formations organisées à l'intention des assujettis et des correspondants ont eu lieu respectivement les 25 janvier 2006 dans la salle des conférences du MINEFI et le 03 février 2006 au Palais des Congrès de Yaoundé[136]. En outre, les membres statutaires sont allés à la rencontre des assujettis à Douala et à Yaoundé les 21 et 22 mars 2006, à l'effet d'avoir des échanges directs et personnalisés avec ceux-ci. En 2007 et 2008, l'Anif a organisé du 30 janvier au 1er février à Douala[137] des rencontres individuelles de sensibilisation et d'échanges avec les directeurs généraux des établissements de crédit et de l'Association Professionnelle des Etablissements de crédit du Cameroun[138]. La COBAC quant à elle a en 2006 élaboré un questionnaire dénommé *« ASTROLAB »* en vue de contrôler le degré de mise en œuvre du dispositif anti-blanchiment par

---

136 Capitale politique du Cameroun.
137 Capitale économique du Cameroun.
138 En abrégé APECCAM.

les banques. A l'instar de Tracfin et de l'ACPR et conformément à la recommandation 34 des recommandations du GAFI qui, faut-il le rappeler, dispose que *« les autorités compétentes, les autorités de contrôle et les organismes d'autorégulation devraient établir des lignes directrices et assurer un retour d'informations qui aideront les institutions financières et les entreprises et professions non financières désignées dans l'application des mesures nationales LBC/FT, et, en particulier, à détecter et déclarer les opérations suspectes »*, l'Anif et la COBAC devraient penser à l'organisation du dispositif d'autorégulation des banques. En effet, l'un des manquements patents du dispositif national anti-blanchiment est l'absence de lignes directrices de mise en œuvre des diligences et des mécanismes internes de contrôle, du respect des procédures et des obligations prévues à cet effet. Ce dispositif est pourtant bien prévu à l'article 61 du règlement COBAC qui dispose que : *« les modalités d'application du présent règlement seront en tant que de besoin précisées par instructions du Président de la COBAC, lesquelles pourront tenir compte de la situation particulière de chaque catégorie d'établissement assujetti »*. De même, il est important d'établir une collaboration entre les institutions de contrôle. En effet, la nature d'infraction autonome du blanchiment rend nécessaire le renforcement de l'efficacité de l'action de toutes les institutions dont les missions convergent vers l'amélioration de la gouvernance. Pour ce faire, nous pensons à la création d'un organe de liaison entre toutes ces institutions, lequel comme le Conseil d'orientation de la lutte contre le blanchiment des capitaux, assurera la coordination de l'ensemble des acteurs, services de l'Etat et autorités de contrôle concernés par le sujet. Si les banques camerounaises organisent elles aussi en leur sein des séances de formation de leur personnel, elles ne procèdent cependant pas toutes de la même façon.

b) L'action des banques camerounaises

Dans certaines banques, avant de prendre ses fonctions, le nouvel employé est soumis à un passage devant le responsable de la conformité qui s'assure que l'employé a saisi le contenu de la procédure. De même, à l'entrée en relation avec la banque, le nouvel employé reçoit une copie de la procédure de lutte contre le blanchiment, il prend connaissance de cette procédure et reconnaît être soumis à son application.

D'autres par contre n'ont pas prévu la formation des employés de manière spécifique. Cependant, toute personne recrutée au sein de la banque doit faire un tour de banque en passant au sein de tous les services parmi lesquels celui de la conformité et du contentieux pour s'imprégner des questions s'y rattachant. D'autres enfin ont prévu la circulation informatique du manuel ainsi qu'une formation présentielle de nouveaux collaborateurs.

Pour une meilleure formation nous proposons une formation basée sur le risque. En effet, le risque d'exposition n'étant pas le même selon les fonctions qu'occupent les collaborateurs[139], il serait judicieux d'adapter la formation au risque encouru par le collaborateur. Pour ce faire, la banque doit dans un premier temps, établir une classification des collaborateurs ainsi qu'il suit : d'abord les collaborateurs les plus exposés, il s'agit des collaborateurs en contact direct avec la clientèle. Plus précisément les gestionnaires. Il peut aussi s'agir des collaborateurs rattachés à des départements en charge des risques ou des contrôles. Ensuite, les collaborateurs exposés : il s'agit des collaborateurs qui ne sont pas en contact direct avec la clientèle mais qui peuvent initier des opérations ou encore qui voient passer des opérations. Il s'agit des collaborateurs en charge des back-offices. Enfin, les autres collaborateurs à savoir par exemple le personnel du service de la comptabilité.

Cette classification établie, la banque doit dans un deuxième temps définir des contenus de formation ciblés en prenant en compte les fonctions occupées par les collaborateurs et surtout leur degré d'exposition au risque. Tout ceci permettrait une formation précise, spécifique et allégée des collaborateurs[140] concourant à une prévention plus efficace du blanchiment des capitaux. Tous les textes internationaux ainsi que français et camerounais qui traitent du blanchiment prévoient à côté de l'obligation de formation, celle d'information des employés sur toute évolution en la matière.

[139] Les plus exposés étant les collaborateurs en contact direct avec la clientèle.

[140] Ceux-ci sont généralement obligés de lire des manuels de plusieurs pages, ce qui représente une contrainte en plus des tâches qui leur sont propres dans l'établissement.

PARAGRAPHE II : L'INFORMATION DU PERSONNEL BANCAIRE

Si les établissements bancaires français et camerounais sont soumis à l'obligation légale d'informer leur personnel bancaire, ils ont cependant chacun une méthode qui leur est propre. En effet, l'article L. 561-33 du CMF dispose en ce sens que : *« les personnes mentionnées à l'article L. 561-2 assurent la formation et l'information régulières de leurs personnels en vue du respect des obligations prévues aux chapitres Ier et II du présent titre. »* De même, l'article 43 al. 2 du règlement COBAC prévoit que chaque établissement assujetti *« doit assurer l'information et la formation de tous les membres concernés de son personnel ».* Il s'agit également d'une obligation légale qui connaît cependant une application distincte, les banques ayant des méthodes d'information qui leur sont propres.

A- L'obligation légale d'information du personnel

Il ressort de l'article 11-7 alinéa 2-3 du règlement 97-02, l'obligation faite aux banques de s'assurer que les agents concernés disposent d'une expérience, d'une qualification, d'une formation et d'un positionnement adéquats pour exercer leurs missions ; elles doivent veiller en outre à ce qu'ils aient accès aux informations internes nécessaires à l'exercice de leurs missions. Enfin, elles veillent à ce que le déclarant et le correspondant aient accès à toutes les informations nécessaires à l'exercice de leurs fonctions. Ceux-ci sont également informés des incidents en matière de LAB révélés par les systèmes de contrôle interne.

En droit camerounais, l'obligation d'information du personnel, nous l'avons vu, est prévue par l'article 43 al. 2 du règlement COBAC qui prévoit que chaque établissement assujetti doit assurer l'information et la formation de tous les membres concernés de son personnel. La jurisprudence française va elle aussi repréciser cette obligation en sanctionnant plusieurs fois des banques et établissements de crédit pour non respect de cette obligation.

C'est ainsi que dans sa décision rendue le 24 octobre 2012[141] la commission de sanction de l'ACP relève que, l'établissement de crédit A n'a pas respecté les dispositions de l'article 11-7 2.1 du règlement n° 97-02 suivant lesquelles « *2.1. Les entreprises assujetties veillent à ce que les personnels dont l'activité est exposée à des risques de blanchiment des capitaux et de financement du terrorisme soient en mesure de faire preuve d'une vigilance adaptée à ces risques. A cette fin, les entreprises assujetties veillent à ce que la formation et l'information de ces personnels, prévues à l'article L. 561-33 du code monétaire et financier, soient adaptées à leurs activités, en tenant compte des risques identifiés par la classification et du niveau de responsabilité exercé ; que la formation et l'information des personnels portent notamment sur les procédures indiquant les opérations sur lesquelles ils doivent faire preuve d'une vigilance particulière au regard des risques identifiés par la classification établie par l'entreprise assujettie* ». En outre, dans une autre décision, la commission de sanction de l'ACP reprochait à la Bank Tejarat Paris de n'avoir pas mis en place une diffusion systématique des procédures internes auprès du personnel concerné. De même, les procédures internes relatives à la lutte contre le blanchiment n'ont pas fait l'objet d'une diffusion auprès du personnel et n'étaient pas appliquées (défaut de diffusion systématique des procédures internes). Ces quelques décisions, bien que traduisant des insuffisances dans la mise en œuvre du dispositif anti-blanchiment par les banques ne devraitent cependant pas remettre en cause les efforts faits par les banques. En effet, il est ressorti de nos entretiens que les banques informaient bien leurs collaborateurs même si chacune avait une méthode qui lui était propre.

B- Les méthodes d'information propres aux banques françaises et camerounaises

Les établissements bancaires sont également tenus d'informer leurs collaborateurs, afin que ceux-ci, compte tenu des fonctions qu'ils exercent, aient une connaissance satisfaisante des réglementations qui leur sont applicables. Les compliance officers rencontrés en France nous ont assuré que l'ensemble de leurs agents bénéficient d'une

[141] Décision de la commission des sanctions n° 2011-02 du 24 octobre 2012, établissement de crédit A.

information régulière sur le blanchiment ainsi que toutes les évolutions législatives.

Pour certains, l'information était transmise par voie de messagerie interne et aussi lors de réunions commerciales. C'est par exemple le cas de la BPCA qui, sanctionnée en 2009 pour non respect du dispositif préventif de lutte contre le blanchiment, faisait valoir que ses agents pouvaient accéder sous intranet aux procédures du groupe. Il en est de même dans les banques camerounaises au sein desquelles pour certaines, la veille juridique est assurée par le service du contentieux. En effet, les agents dudit service se doivent de suivre les évolutions législatives sur la question. Toutefois, il est important de signaler qu'il ne s'agit que d'une obligation personnelle. Il n'existe aucune obligation légale ou professionnelle à leur charge sur cette question.

En outre, ces banques ont le Cameroun Tribune[142] qui les informe de toutes les évolutions législatives. De plus elles commandent et achètent les nouveaux textes pour se mettre à jour. Ceux-ci sont mis à la disposition de leurs agents. Ces banques passent également par le biais de leurs avocats pour s'approvisionner et être au courant des réformes législatives sur la question.

D'autres sensibilisent leur personnel aux pratiques à adopter au quotidien et aux conséquences de leur non respect, en leur présentant les astreintes concrètes du métier de banquier, s'il s'agit de nouveaux collaborateurs ou en les rappelant au personnel en place. Elles réalisent également des actions de formation particulière pour informer le personnel de ses obligations en matière de conformité, des risques qu'il encourt et des précautions à prendre pour s'en protéger. D'où la nécessité d'insister sur des aspects transversaux tels que le droit d'alerte qui consiste à signaler, sans hésiter les transgressions qu'on peut constater et la nécessité de maintenir ses positions quelles que soient les pressions dont on pourra faire l'objet. En France, *« les dispositions du règlement n°-97-02 prévoient que les entreprises organisent la faculté, pour leurs salariés, de faire part à un responsable de la conformité de leurs interrogations vis-à-vis d'une opération »*, souligne Danièle Nouy[143]. Ce devoir d'alerte n'est pas tourné vers des instances ou

---

[142] Journal d'Etat camerounais.

[143] A. MASOUNAVE, Contrôle interne Vers une éthique de la responsabilité, Revue BANQUE n° 671 Juillet-Août 2005, p. 25.

autorités extérieures à l'entreprise. Son objet est d'améliorer, par la participation de tous, la prévention des risques auxquels les établissements bancaires sont confrontés, en renforçant un dispositif de dialogue interne dans un domaine limité aux règles propres aux activités bancaires. La diffusion des informations est une obligation fondamentale car elle permet d'informer les collaborateurs et d'actualiser les informations transmises afin que ceux-ci s'en imprègnent et les appliquent de manière efficace. Ce qui préserve la banque de certains risques.

SECTION II : LA PRÉSERVATION DES BANQUES DU RISQUE DE NON-CONFORMITÉ

Le blanchiment des capitaux est un risque susceptible de causer des pertes à la banque, notamment, des amendes, des pertes de clients[144]. La mise en conformité constitue donc un atout majeur pour les banques aussi bien sur le plan juridique, qu'opérationnel :

-La non exposition de la banque à des pertes directes dues à la fraude soit parce qu'elles ont fait preuve de négligence en acceptant des clients indésirables, soit parce que certains de leurs propres agents se seraient compromis avec les criminels.
-L'obtention de bénéfices commerciaux à partir des contraintes liées à la connaissance de la clientèle.

Aussi, les banques ont créé en leur sein et ce, conformément à la législation, une « ligne de métier » conformité dont le rôle est de définir et de mettre en œuvre une politique de prévention du risque de non-conformité. Un responsable a donc été chargé de veiller à la cohérence et à l'efficacité du contrôle du risque de non-conformité. Les textes internationaux et nationaux ont bien défini le risque de non-conformité et n'ont pas manqué de préciser leur nature.

[144] Perte de confiance due à l'atteinte à la réputation d'une banque.

PARAGRAPHE I : DÉFINITIONS DU RISQUE DE NON-CONFORMITÉ

Suite à de nombreuses affaires[145] imputables pour partie au non-respect ou à une maîtrise insuffisante de la législation et des réglementations, les banques et régulateurs ont engagé une réflexion quant aux modalités de maîtrise de ces risques. Dans ce contexte, une réflexion a été engagée au niveau international, notamment au sein du Comité de Bâle afin de mieux appréhender les risques autres que les risques de crédit et de marché et de formuler des propositions spécifiques quant aux modalités de contrôle du risque de non-conformité. Dans le prolongement de l'approche internationale, la France a inscrit le principe du respect de la conformité dans son règlement 97-02 relatif au contrôle interne. En effet, parce que très important et spécifique, le risque de non-conformité fait l'objet d'une prise en charge par une fonction dédiée, à savoir la fonction de conformité[146] . A la suite du Comité de Bâle, le législateur français a donc défini le risque de non-conformité. Tel n'est cependant pas le cas du législateur camerounais.

A- Définition du Comité de Bâle

Il ressort de Bâle II que le risque de non-conformité (compliance risk) est un risque de sanctions judiciaires ou disciplinaires, de perte financière significative, d'atteinte à la réputation résultant du non-respect de lois, réglementations, règles, normes d'organisation interne et codes de conduite applicables à ses activités bancaires. Les lois, règlementations et normes couvrent de façon générale les domaines tels que le respect des règles propres de pratique de marché.

De même, la gestion des conflits d'intérêts, l'égalité de traitement des clients et le caractère adapté du conseil au client, les règles de conformité couvrent spécifiquement des domaines tels que la prévention du blanchiment d'argent et du financement du terrorisme et peuvent inclure les dispositions fiscales concernées par le montage des opérations bancaires et la fourniture des services. Une banque, qui a participé à des opérations en connaissance de l'intention des clients

[145] Enron, Parmala citées plus haut.
[146] V. Titre 1, Chapitre 1 Ière partie pour plus de détails.

d'échapper à des obligations de *reporting* réglementaires, de communication financière ou à des obligations fiscales ou de réaliser des activités illégales, s'expose à un risque significatif de non-conformité.

Enfin, les lois, réglementations et normes ont des sources diverses. Elles émanent des législateurs et des régulateurs, mais résultent également des conventions de place, ou constituent des pratiques élaborées par les organismes professionnels. On mentionnera enfin les codes de conduite internes applicables aux dirigeants de banque. Les obligations résultent ainsi d'un ensemble normatif beaucoup plus large qui n'est pas circonscrit aux seules obligations ayant force légale. Elles peuvent être issues également des normes de loyauté et de comportement éthiques.

Le risque de non-conformité est donc défini par le Comité de Bâle[147] comme un risque de sanction judiciaire, administrative ou disciplinaire, de perte financière, d'atteinte à la réputation, du fait de l'absence de respect des dispositions législatives et réglementaires, des normes et usages professionnels et déontologiques, propres aux activités des banques. S'inspirant de cette définition du Comité de Bâle, le législateur français a lui aussi défini le risque de non-conformité.

B- Définition française du risque de non-conformité

En droit français, le Règlement n°-97-02 le définit comme le *« risque de sanction judiciaire, administrative ou disciplinaire de perte financière significative ou d'atteinte à la réputation, qui naît du non-respect de dispositions propres aux activités bancaires et financières, qu'elles soient de nature législative ou réglementaire, ou qu'il s'agisse de normes professionnelles et déontologiques ou d'instructions de l'organe exécutif prises notamment en application des orientations de l'organe délibérant »*[148].

Ainsi défini, le risque de non-conformité se distingue du risque juridique de litige avec une contrepartie puisqu'il ne vise pas la mise en

---

[147] Document consultatif du Comité de Bâle du 27 octobre 2003 sur la fonction de conformité dans les banques « Consultative Document on the Compliance Function in Banks ».

[148] Titre I du CRBF 97-02, « Principes et définitions ».

cause des établissements au titre de leurs obligations contractuelles mais les conséquences dommageables du non-respect des règles relevant pour l'essentiel de l'ordre public[149].

La conformité aux lois et règlements est devenue une préoccupation majeure et le risque pénal, qui était tabou, est devenu un sujet en soi. En effet, la réglementation est dense et complexe, le non-respect des textes peut coûter cher à l'entreprise et à ses dirigeants. Les contrôles des autorités administratives sont redoutés et peuvent être redoutables puisqu'elles ont vu, chacune à leur tour, leurs pouvoirs d'investigations et de sanctions significativement accrus. Si le risque de non-conformité connaît un encadrement juridique spécifique en droit français, il n'en va pas de même en droit communautaire CEMAC et encore moins en droit interne camerounais. Nous incitons donc le législateur camerounais à intégrer, et de façon exhaustive, cette notion dans son dispositif juridique.

C- La nécessité d'une définition du risque de non-conformité en droit camerounais

On se serait attendu à retrouver une définition du risque de non-conformité parmi les notions définies à l'introduction du règlement COBAC R-2001-07 relatif au contrôle interne dans les établissements de crédit. Mais il n'en est rien. Ni ce texte, ni les autres règlements communautaires portant prévention du blanchiment des capitaux ne définissent le risque de non-conformité. Le législateur camerounais ou plus précisément communautaire devrait s'inspirer de la définition donnée par le Comité de Bâle et inscrire par exemple le principe du respect de la conformité dans son règlement R-2001-07 relatif au contrôle interne. En effet, les évolutions du cadre d'activités des banques appellent une réflexion, dans le contexte de celle conduite au niveau international par le comité de Bâle sur le contenu précis et les grands principes de mise en œuvre de la conformité. En particulier, du fait de l'importance et de la spécificité du risque de non-conformité aux lois et règlements, celui-ci devrait comme l'ensemble des risques encourus par les établissements de crédit, être pleinement intégré dans le champ d'exercice du contrôle interne.

---

[149] In la fonction de conformité au sein des établissements de crédit et des entreprises d'investissement, op. Cit.

Le champ du risque de non-conformité ainsi défini par le législateur camerounais pourrait inclure notamment les dispositions relatives à la prévention du blanchiment des capitaux et au financement du terrorisme, la conduite des activités bancaires et financières, la protection de la vie privée et des données et enfin la législation fiscale et le droit du travail.

Afin de permettre aux banques camerounaises de mieux appréhender, mesurer et contrôler les risques de non-respect des lois ou réglementations et de limiter leur impact, le législateur camerounais devrait penser lui aussi à une définition du risque de non-conformité. Le législateur camerounais en définissant la notion de risque de non-conformité devrait aussi mettre l'accent sur les différents risques auxquels les banques s'exposent du fait du non respect des dispositions préventives LAB.

PARAGRAPHE II : TYPOLOGIE DES RISQUES DE NON-CONFORMITÉ

Des enquêtes réalisées auprès des banques françaises et camerounaises, il est ressorti que les motivations des employés dans la lutte contre le blanchiment des capitaux étaient presque identiques. Certains d'entre eux en effet, ont exprimé leur crainte des sanctions internes pouvant aller jusqu'au licenciement. D'autres avaient plutôt des convictions éthiques personnelles tendant au respect du code de déontologie de la banque. D'autres enfin, avaient pour souci de préserver la bonne réputation de la banque en particulier et de la place financière en général. Ainsi, les risques encourus par les établissements bancaires en cas de non respect de la législation anti-blanchiment peuvent être d'ordre juridique et d'ordre réputationnel.

A- Les risques juridiques

Le risque juridique réside dans la possibilité que des procès, des jugements défavorables ou l'impossibilité d'exécution de contrats perturbent ou compromettent les opérations ou la situation d'un établissement bancaire. Des banques peuvent faire l'objet de poursuites du fait de la non observation des normes anti-blanchiment obligatoires.

Le non-respect de la mise en œuvre du dispositif préventif anti-blanchiment peut entrainer des sanctions disciplinaires, pénales, voire même et sous certaines conditions, civiles pour la banque, les dirigeants et les salariés[150].

Concernant les sanctions disciplinaires, l'article 60 du règlement COBAC dispose : *« lorsque, par suite soit d'un grave défaut de vigilance, soit d'une carence dans l'organisation de ses procédures internes de contrôle, un établissement assujetti a omis d'accomplir les obligations mises à sa charge, la COBAC peut engager une procédure disciplinaire sur le fondement des dispositions des textes régissant la profession »*. La même disposition est prévue à l'article L. 561-36 du Code monétaire qui prévoit des sanctions disciplinaires prononcées par l'ACPR en cas de manquement par les banques aux obligations auxquelles elles sont tenues en matière de prévention du blanchiment des capitaux. Il s'agit des sanctions infligées aux banques à la suite d'une mission d'inspection des autorités de supervision que sont la COBAC pour les banques camerounaises et la commission de sanction de l'ACPR pour les banques françaises.

En outre, la méconnaissance par les banques françaises et camerounaises de leurs obligations professionnelles en matière de lutte anti-blanchiment peut faire l'objet de sanctions pénales et même civiles. Les décisions prononcées par la commission des sanctions de l'ACP en matière disciplinaire sont rendues publiques dans les publications, journaux ou supports qu'elle désigne, dans un format proportionné à la faute commise et à la sanction infligée et les frais de cette publicité sont supportés par la personne sanctionnée. La publicité de la sanction ainsi prononcée peut détériorer la réputation d'un établissement.

B- Le risque d'atteinte à la réputation

Le risque d'atteinte à la réputation ou à l'image correspond au risque qu'une publicité négative, relative à la conduite des affaires ainsi qu'aux relations entretenues par un établissement, porte atteinte à la confiance dans l'intégrité de l'établissement. Cette publicité négative peut notamment être très médiatisée, ce qui augmente l'impact sur la réputation de l'établissement. La banque mise en cause peut donc

---

[150] V. IIè partie, titre 2, chapitre 2 pour plus de détails.

connaître une détérioration sensible de son image et subir un impact commercial important et durable. La réputation est une valeur marchande, qui dépasse souvent de loin celle des opérations financières qui pourraient conduire à lui porter atteinte.[151]

Le risque de réputation est probablement à l'origine de véritables progrès dans la lutte contre le blanchiment de la part des banques. Le risque d'atteinte à la réputation constitue en effet une lourde menace pour les banques, étant donné que la nature de leurs activités nécessite le maintien de la confiance des déposants, des créanciers et du marché en général. Ce risque se définit comme l'éventualité qu'une publicité défavorable, justifiée ou non, concernant des pratiques et connexions d'une banque n'entraîne une perte de confiance dans l'intégrité de l'établissement. Les banques sont particulièrement vulnérables à ce type de risque, car elles peuvent facilement devenir l'instrument ou la cible d'activités illégales de leurs clients.

Les auteurs de la déclaration de Bâle publiée en décembre 1988 affirmaient en ce sens que *« la confiance publique dans les banques, et partant leur stabilité, peut être minée par la publicité négative résultant d'une association fortuite des banques avec les criminels. De plus, les banques elles-mêmes peuvent être confrontées à des pertes directes dues à des fraudes résultant de négligences dans le filtrage des clients indésirables, ou de ce que l'intégrité de leurs employés a pu être sapée par son association avec des criminels. »* Par conséquent, elles doivent se protéger en exerçant une vigilance constante grâce à un programme connaissance client (CC) efficace.

Pour une lutte efficace contre le blanchiment des capitaux, les textes internationaux et nationaux, notamment français et camerounais qui traitent du blanchiment des capitaux recommandent la participation de tout le personnel bancaire. Pour ce faire, ils imposent leur formation et information pour une mise en œuvre générale du dispositif au sein des établissements. En effet, la détection d'une opération de blanchiment commence par les chargés de clientèle qui sont en contact direct avec les clients et donnent dès lors l'alerte au service de lutte anti-blanchiment. La lutte contre le blanchiment des capitaux est donc une

[151] N. MOLFESSIS, *« Les banques et la lutte contre le blanchiment des capitaux »* ? Banque et Droit mars-avril 2003 n°88, p. 5.

affaire de tous au sein des banques françaises et camerounaises et concourt à sauvegarder la réputation de ces dernières. Ces recommandations ont été bien integrées au sein des banques françaises et camerounaises qui organisent des séances de formation de leur personnel et ont chacune des méthodes particulières d'information de celui-ci. En le faisant, les banques se prémunissent du risque de non-conformité. En effet, une banque qui ne respecte pas ses obligations en la matière s'expose au risque de non-conformité défini par le Comité de Bâle et le règlement français 97-02 comme un risque de sanction judiciaire, administrative ou disciplinaire, de perte financière, d'atteinte à la réputation, du fait de l'absence de respect des dispositions législatives et réglementaires, des normes et usages professionnels et déontologiques, propres aux activités des banques. Cette définition devrait être reprise par le législateur camerounais afin de combler le vide marqué par l'absence de définition de cette notion dans son droit interne. De même, les mesures relatives à la formation et l'information du personnel devraient être plus explicites.

Pour mettre en œuvre le dispositif préventif anti-blanchiment, les banques françaises et camerounaises ont dû revoir leur organisation interne. Sur le plan social, les établissements bancaires ont désigné expressément en leur sein un membre de la direction comme responsable de la mise en œuvre du dispositif. De même, il a été pris en compte, dans le recrutement de leur personnel, en fonction des responsabilités exercées, les risques au regard de la lutte contre le blanchiment et le financement du terrorisme.

Cette nouvelle fonction, au final, a pour objectif de garantir l'intégrité du métier de banquier. En effet, elle apporte de la sécurité, garantit la régularité et la conformité, privilégie l'éthique dans le développement des affaires : cette fonction participe aussi à une autre préoccupation qui est celle du gouvernement d'entreprise dont il faut rappeler que la finalité est l'amélioration de la gestion et de l'image de l'entreprise auprès du public et des investisseurs.

On observe donc au sein des banques françaises et camerounaises, la mise en œuvre d'une politique visant à faire émerger ou renforcer une véritable culture de conformité en leur sein. En effet, des formations ont été organisées en vue d'une sensibilisation de leur personnel. Ce qui leur permet de se prémunir d'éventuels risques auxquels elles s'exposeraient en cas de non respect de la mise en ouvre du dispositif. Tout d'abord, s'agissant du risque réputationnel, il faut bien voir que l'implication d'une banque dans une affaire de blanchiment entame la crédibilité du système bancaire et financier tout entier, et mine de manière durable la réputation de la banque qui y est exposée. Le risque pénal quant à lui, est de plus en plus présent. La connaissance de la clientèle et des opérations qu'elle effectue pourrait conduire certaines juridictions à considérer que l'élément intentionnel du délit de blanchiment existe et donc à retenir à l'encontre de la banque ledit délit.

D'une manière générale, on observe une perception générale du risque de non-conformité, même si les dispositifs mis en œuvre sont encore parfois insuffisamment réfléchis et a fortiori développés. Le risque de non-conformité fait désormais l'objet d'une gestion plus formalisée et identifiée de la part des établissements bancaires français et camerounais.

TITRE II : LE RENFORCEMENT DU SYSTEME BANCAIRE DE CONTRÔLE DE LA CLIENTÈLE

Les obligations imposées aux établissements bancaires français et camerounais dans le cadre de la lutte anti-blanchiment, doivent être intégrées dans la gestion quotidienne de ces établissements. En effet, nombre de mesures anti-blanchiment vont dans le sens d'une plus grande rigueur dans la conduite de leurs activités. Bien connaître ses clients, leur train de vie, leur parcours professionnel et leurs affaires, sont autant de préoccupations qui permettent aux établissements bancaires, à la fois de mieux gérer le risque qu'ils présentent et, par conséquent, de mieux préserver la solidité et l'intégrité de la banque, mais également de leur proposer des produits et des services mieux adaptés à leur profil individuel, donc de mieux vendre[152].

De plus, les diverses propositions sur le sujet, telle la célèbre politique du « Know Your Customer » prônée par le comité Wolfsberg ne font, en fait, que reprendre les procédures qui devraient normalement être suivies par les banques. En effet, « connais ton client » est un principe qui, aujourd'hui, devrait être évident pour les banques françaises et camerounaises, soumises depuis longtemps déjà à de nombreuses obligations nécessitant de collecter préalablement un certain nombre d'informations sur leurs clients. Aussi, les obligations de vigilance imposées aux banques au titre de la lutte contre le blanchiment des capitaux viennent renforcer les règles de contrôle de la clientèle déjà présentes au sein des banques.

L'idée directrice du dispositif préventif anti-blanchiment est d'obliger les banques à plus de vigilance. Le mot est d'ailleurs au cœur des dispositifs camerounais et français mis en place par le règlement Cobac en 2005 et la loi du 12 juillet 1990, qui prévoient, à côté d'une obligation dite de *« déclaration de certaines sommes ou opérations »*, d'*« autres obligations de vigilance des organismes financiers »*. Il s'agit d'imposer à leurs établissements bancaires de mieux maîtriser les ressorts des opérations qu'ils permettent, à travers une connaissance

---

[152] C. EMMENECKER et M. CORRADINI, Compliance : les conséquences pratiques du renforcement des contrôles : Banque Stratégie 2003 ; n° 206, p. 17-18.

accrue de leurs clients par la mise en œuvre des règles « KYC » ou encore en leur imposant un examen particulier des opérations importantes qui sont inhabituelles.

CHAPITRE I : LA MISE EN ŒUVRE DES RÈGLES « KNOW YOUR CUSTOMER » PAR LES BAN QUES

La vigilance accrue imposée aux banques françaises et camerounaises dans le cadre de la lutte contre le blanchiment des capitaux passe par une parfaite connaissance des clients. Les banques dès lors ont été conseillées d'approfondir les relations qu'elles entretiennent avec leurs clients. Pour connaître leur clientèle, elles devront, en fait, aller plus loin que ce qui leur est demandé par les textes. Ainsi, par exemple, la banque, pour pouvoir remarquer une incohérence entre les revenus d'un de ses clients et sa situation professionnelle, devra avoir été informée de la profession de son client.

En France, la 3e directive européenne du 26 octobre 2005 modifie considérablement les pratiques en matière de prévention du blanchiment des capitaux. Celle-ci va consacrer « l'approche risque » en matière de prévention du blanchiment et de financement du terrorisme. Cette approche considère aussi bien les éléments qui accroissent les risques que ceux qui les réduisent. L'objectif étant non seulement de bien connaître le client mais aussi de comprendre l'activité actuelle qui est la sienne mais aussi l'activité passée et celle projetée. C'est le décalage, l'écart entre les différentes activités qui fournit des informations qui vont permettre de déterminer si l'on est en présence d'activités inhabituelles ou suspectes.

Au Cameroun, les dispositifs législatifs et réglementaires mettent en œuvre une approche légaliste, soumettant les organismes financiers à des obligations de collecte d'informations et de déclaration à partir de seuils, ce qui suppose implicitement que l'activité ou les transactions déclarées peuvent être suspectes ou illégales. Cette approche est restrictive car le présupposé est que toutes les transactions importantes sont suspectes et a pour effet que la surveillance se limite et se concentre sur des seuils. Or ce qu'il importe c'est de reconnaître une activité inhabituelle en la comparant à des activités connues et prévues. De plus, l'approche réglementaire a une vision trop normative, voire inadaptée aux spécificités des banques.

Nous étudierons donc l'approche par le risque de blanchiment des banques françaises et l'approche réglementaire des banques françaises.

SECTION I : L'APPROCHE PAR LE RISQUE DE BLANCHIMENT DES BANQUES FRANÇAISES

L'approche basée sur le risque introduite dans les quarante neuf anciennes recommandations du GAFI et reprise dans la 3eme directive anti-blanchiment, s'est concrétisée au niveau de la transposition en droit interne français, en particulier pour l'application des obligations de vigilance. En effet, la 3eme directive européenne du 26 octobre 2005 a considérablement modifié les pratiques françaises en matière de prévention[153] du blanchiment des capitaux. Celle-ci va consacrer « l'approche risque » en matière de prévention du blanchiment et de financement du terrorisme.

A la lecture de l'ordonnance n° 2009-I04 du 30 janvier 2009[154] relative à la prévention de l'utilisation du système financier aux fins de blanchiment de capitaux et de financement du terrorisme, le concept d'approche par les risques peut se résumer comme *« la mise en place d'un dispositif d'adaptation du niveau de vigilance au niveau de risque effectif du blanchiment ou de financement du terrorisme »*. Aussi, nous verrons que le législateur français a donc opté pour la mise en place d'une approche graduée de l'obligation de vigilance, laquelle présente plusieurs avantages.

PARAGRAPHE I : LA MISE EN PLACE D'UNE APPROCHE GRADUÉE DE L'OBLIGATION DE VIGILANCE

Les obligations de vigilance en matière lutte contre le blanchiment des capitaux ont connu une évolution significative en droit français à la suite de la modification des recommandations du GAFI en 2003. En posant les dispositions d'application de l'ordonnance de 2009, le décret n° 2009- 1087 du 2 septembre 2009 a repris un grand nombre de ces précisions en adoptant pour leur application l'approche fondée sur les risques. Désormais est consacrée la faculté pour les banques d'affecter les moyens adéquats à la mise en œuvre des obligations dans

[153] Les deux premières directives de 1991 et 2001 reposaient sur une approche réglementaire prévoyant l'application d'une vigilance uniforme quel que soit le type de clientèle ou la nature de l'opération.

[154] C'est cette ordonnance qui va transposer les dispositions de la directive de 2006 en droit interne français.

ce domaine, en fonction de l'analyse qu'elles font des risques auxquels leur activité les expose. Pour ce faire, le texte a ainsi transposé, en droit interne, le principe de proportionnalité des obligations de vigilance aux risques, judicieusement posé par la troisième directive.

La directive n'a pas défini le risque de blanchiment et s'est contentée de donner des exemples de situation qui suivant les cas, présentent un fort ou un faible risque de blanchiment. Cependant, soucieuse de ne pas entraver la vie des affaires, la directive a également prévu des cas d'aménagement dans la mise en œuvre de l'approche par le risque.

A- La notion d'« approche par le risque »

Par l'approche graduée en fonction du risque, une plus grande latitude est laissée à chaque établissement bancaire pour définir le niveau et la nature des diligences à mettre en œuvre, en fonction de la nature de sa clientèle et des services offerts. L'étude de la détermination des niveaux de risque précédera celle de l'étendue des obligations.

1- La détermination des niveaux de risques

En principe, ce sont les banques qui identifient les risques de blanchiment. Cependant, le législateur a égelement prévu des critères objectifs d'identification des risques.

a) Principe : identification des risques par les banques

Pour le législateur français, l'effectivité et l'efficacité de la lutte contre le blanchiment des capitaux reposent essentiellement sur la capacité des professionnels à apprécier, avant toute action et intervention, les risques de blanchiment qu'ils encourent pour chaque opération qu'ils vont effectuer. Par l'approche par les risques, les banques sont soumises à une appréciation personnelle des risques de blanchiment pour chaque opération qu'elles effectuent. L'abandon de la plupart des seuils réglementaires de risques a ainsi laissé la place à un examen propre et individualisé par chaque banque, des menaces et faiblesses auxquelles elle s'expose dans l'exercice de ses fonctions. Pour l'évaluation du risque de blanchiment, les banques recueillent et analysent les éléments figurant sur la liste de l'arrêté du 2 septembre

2009[155] pris pour application de l'article R. 561-12 du Code monétaire et financier. Ainsi, s'agissant de la connaissance de la relation d'affaires, les éléments d'information peuvent être le montant et la nature des opérations envisagées, la provenance et la destination des fonds, la justification économique déclarée par le client ou le fonctionnement envisagé du compte.

S'agissant de la connaissance de la situation professionnelle, économique ou financière du client et le cas échéant, celle du bénéficiaire effectif, l'arrêté liste les éléments permettant d'avoir des personnes morales et physiques la connaissance la plus fine possible tant en ce qui concerne leur identité que leur activité, leur situation financière et patrimoniale.

Enfin, en ce qui concerne les fiducies et autres structures de gestion d'un patrimoine d'affectation sans personnalité morale y compris de droit étranger, un document justifiant la répartition des droits sur le capital ou sur les bénéfices de l'entité au nom de laquelle l'ouverture d'un compte ou l'exécution d'une opération est demandée doit être produit. La compétence est donc partagée entre le législateur et les banques[156], celui-ci ayant défini quelques critères objectifs d'identification des risques.

b) Exception : quelques critères objectifs d'identification des risques

Le législateur français a identifié des situations présentant en elles-mêmes un risque faible ou au contraire un risque élevé de blanchiment en se fondant sur des critères objectifs

i) Le faible risque de blanchiment

Les activités financières accessoires[157] *:* il s'agit principalement de l'activité financière accessoire à la seule activité d'intermédiation en

---

155Disponiblesurhttp://www.legifrance.gouv.fr/affichTexte.do?cidTexte=JORFTEXT000021017585&dateTexte=&categorieLien=id

156 C. CUTAJAR, La prévention du blanchiment par l'approche fondée sur le risque après le décret du 2 septembre 2009. La Semaine Juridique Edition Générale n° 42, 12 octobre 2009, 338, p. 48.

157 Article R. 561-4 CMF.

assurance consistant uniquement à présenter, proposer ou aider à conclure des contrats relatifs à des produits d'assurance qui ne sont que le complément du produit ou du service fourni dans le cadre de l'activité principale. Cependant, l'activité ne doit pas dépasser 5 % du chiffre d'affaires total de la personne concernée selon les comptes établis pour le dernier exercice comptable. De même, le montant de la prime annuelle par contrat et par client ne doit pas dépasser 1000 euros. Enfin, le montant du chiffre d'affaires annuel de l'activité ne doit pas dépasser 50 000 euros, qu'il s'agisse de l'assurance-vie ou de l'assurance-dommages, selon les comptes établis pour le dernier exercice comptable.

Les clients listés [158]: certains clients figurant sur les listes édictées par l'article R. 561-15 du Code monétaire et financier présentent un faible risque de blanchiment. C'est le cas lorsque le client est une banque, assurance, institution de prévoyance, mutuelle, la Banque de France et les instituts d'émission d'outre-mer, un établissement des marchés financiers, une société côtée sur un marché réglementé, situés en France ou dans un Etat membre de l'Union européenne ou dans un Etat partie à l'accord sur l'Espace économique européen (EEE) ou dans un pays tiers figurant sur une liste arrêtée par le ministre de l'économie. C'est également le cas lorsque le client est une autorité ou un organisme public à condition que son identité soit accessible au public, transparente et certaine ; que ses acticités et pratiques comptables soient transparentes ; qu'il soit responsable devant une autorité d'un Etat membre ou d'une institution européenne et qu'il soit soumis à des procédures appropriées de contrôle de son activité. L'article R. 561-15, 2° du même code vise également le bénéficiaire effectif des sommes déposées sur des comptes détenus pour le compte de tiers par les notaires, les huissiers de justice établis géographiquement comme précisé ci-dessus à condition que les informations relatives à son identité soient mises à la disposition des établissements agissant en qualité de dépositaires pour ces comptes s'ils en font la demande.

Les produits listés[159] : le législateur français a prévu des exonérations d'obligation de vigilance, entre autres[160], concernant la

---

[158] Article R. 561-15 CMF.

[159] Article R. 561-16 CMF.

[160] Plusieurs opérations sont listées, mais nous nous limiterons aux opérations concernant les banques.

monnaie électronique à condition que la capacité maximale du support ne soit pas supérieure à 250 euros si le support ne peut pas être rechargé ou, dans le cas contraire, le seuil maximal est de 2500 euros sur l'année civile. Toutefois, dès lors qu'une demande de remboursement porte sur un montant unitaire ou sur un montant global d'au moins 2500 euros au cours de la même année civile, les banques doivent mettre en œuvre les obligations de vigilance.

Il en est de même des opérations de crédit à la consommation à condition qu'elles ne dépassent pas 4000 euros et sous réserve que le remboursement de crédit soit effectué exclusivement par un compte ouvert au nom du client auprès d'une banque établie dans un Etat membre de l'Union européenne ou dans un Etat partie à l'accord sur l'Espace économique européen.

ii) Le risque élevé de blanchiment

L'article L. 561-10 du Code monétaire et financier identifie tout d'abord les personnes ou produits présentant objectivement un risque élevé de blanchiment et auxquels il convient d'appliquer des mesures de vigilance complémentaires. Il s'agit des opérations à distance, conclues lorsque le client ou son représentant légal n'est pas physiquement présent lors de l'identification, celles qui favorisent l'anonymat ainsi que les opérations pour compte propre ou pour compte de tiers effectuées avec des personnes physiques ou morales enregistrées dans certains Etats ou territoires. Les clients visés sont les personnes politiquement exposées (PPE).

L'article L. 561-10-1 du Code monétaire et financier prévoit ensuite d'appliquer une vigilance renforcée aux relations transfrontalières de correspondant bancaire ou en vue de la distribution d'instruments financiers initiées par des établissements bancaires ou des entreprises d'investissement autres que les sociétés de gestion de portefeuille avec des organismes financiers situés hors de l'Union ou dans un pays qui n'est pas partie à l'accord sur l'EEE.

Enfin, une vigilance renforcée doit aussi être appliquée aux produits ou opérations favorisant l'anonymat. L'article R. 561-19 du Code monétaire et financier vise les bons et titres anonymes ainsi que les opérations portant sur ces bons et titres. Les niveaux de risques déterminés, qu'en est-il de l'étendue des obligations ?

2- L'étendue des obligations

La vigilance imposée aux banquiers dépend désormais du risque de blanchiment attaché au profil des clients, des produits, des opérations. A une vigilance standard s'articulent aujourd'hui des niveaux de vigilance allégée, complémentaire et renforcée.

a) La vigilance standard

L'obligation de vigilance du banquier désigne classiquement pour le professionnel de déceler, parmi les opérations qu'on lui demande de traiter, celles qui présentent une anomalie apparente et, en présence d'une telle anomalie, de tout mettre en œuvre pour éviter le préjudice qui résulterait pour le client, pour la banque elle-même, ou pour un tiers de la réalisation de cette opération[161]. Cette obligation imposée pour la première fois aux banques par la jurisprudence[162], a été consacrée en droit français par l'article 30 du décret du 3 octobre 1975[163] qui obligeait les banques, préalablement à l'ouverture d'un compte, à vérifier le domicile et l'identité du postulant tenu de présenter un document officiel dont les caractéristiques et les références devaient être enregistrées par le banquier[164]. Aujourd'hui, le décret du 2 septembre 2009[165] détaille les obligations liées à l'identification du client et du bénéficiaire effectif d'une opération et prévoit les obligations devant être mises en œuvre par les banques. L'arrêté pris à la même date définit les éléments d'information permettant d'évaluer

---

[161] J. LASSERRE- CAPDEVILLE, « La lutte contre le blanchiment d'argent, l'évolution des obligations du banquier », AJ Pénal, N° 11/2006- Novembre 2006, p. 430.

[162] Paris, 18 déc. 1965, JCP, 1966, 2, 14704 n. J. Stoufflet ; Th. Bonneau, "Droit bancaire", coll. Domat droit privé, Montchrestien, 8è éd., 2009, n° 365, p. 255.

[163] Décret n° 75-903 du 3 octobre 1975 fixant les conditions d'application de la loi n° 72-10 du 03 janvier 1972 relative à la prévention et à la répression des infractions en matière de chèques, JO du 5 octobre 1975, p. 10300.

[164] X. TREHEL et F. BONNARD, Les notions de bénéficiaire effectif et les comptes de « fonds de tiers ». Banque et Droit n°130, Mars-Avril 2010, p. 3.

[165] Décret n° 2009-1087 définissant les modalités d'application des obligations de vigilance et de déclaration relatives à la lutte contre le blanchiment des capitaux et le financement du terrorisme.

les risques de blanchiment dans le cadre des obligations de vigilance constante sur les relations d'affaires. La vigilance standard s'applique donc au client de manière constante, à l'entrée et au cours de la relation d'affaires.

i) L'entrée en relation d'affaires

D'après l'article 561-2-1 du CMF, une relation d'affaires est nouée lorsqu'une banque, engage une relation professionnelle ou commerciale qui est censée, au moment où le contact est établi, s'inscrire dans une certaine durée. La relation d'affaires peut être prévue par un contrat selon lequel plusieurs opérations successives seront réalisées entre les cocontractants ou qui crée à ceux-ci des obligations continues.

C'est par exemple le cas d'une convention de compte entre le banquier et son client. En consentant à ouvrir un compte à un client, le banquier s'oblige à mettre à sa disposition tout ou partie de ses services formant ce qu'on appelle le « service de caisse » : réception des fonds en dépôt, encaissements, paiements au profit de tiers, virements dont la nature est déterminée par la convention, les usages professionnels et la réglementation édictée par les autorités de contrôle. Avant d'entrer en relation d'affaires avec un client ou de l'assister dans la préparation ou la réalisation d'une transaction, le banquier doit l'identifier et, le cas échéant, le bénéficiaire effectif de la relation d'affaires nouée[166]. Il doit « vérifier » cette identification en se faisant présenter « tout document écrit probant » pour s'assurer de l'exactitude des éléments d'identification recueillis. Le banquier doit en outre obligatoirement recueillir les informations relatives à la nature et à l'objet de la relation et tout autre élément d'information pertinent sur le client[167]. Ainsi avant l'ouverture d'un compte, le banquier doit vérifier le domicile et l'identité du postulant, personne physique, qui est tenu de présenter un document officiel comportant sa photographie. Le banquier doit en plus recueillir et conserver les informations suivantes : noms, prénoms, date et lieu de naissance du postulant, nature, date et lieu de délivrance du document présenté ainsi que le nom de l'autorité ou de la personne qui l'a délivré ou authentifié.

---

[166] Art. L. 561-5, I, al. 1, du CMF.
[167] Art. L. 561-6, al. 1 nouveau du CMF.

Pour l'ouverture d'un compte au nom d'une personne morale, le banquier doit demander la présentation de l'original ou l'expédition ou la copie de tout acte ou extrait de registre officiel datant de moins de trois mois constatant la dénomination, la forme juridique, l'adresse du siège social et l'identité des dirigeants[168].

Dans ce sens, la Commission des sanctions de l'ACP a sanctionné la Banque Populaire des Alpes dans sa décision du 29 juin 2012[169]. Dans cette affaire, la Commission reprochait à la banque de n'avoir pas respecté ses obligations en matière d'identification de ses clients telles que prévues par les textes. Ceux-ci en effet, faut-il le rappeler, imposent aux banques de s'assurer de l'identité de ses clients par l'examen, s'agissant des personnes physiques, d'un « document officiel en cours de validité portant sa photographie » et, s'agissant des personnes morales, de l'original ou l'expédition de la copie certifiée conforme de tout acte ou extrait de registre officiel constatant la dénomination, la forme juridique et le siège social, ainsi que des pièces relatives à l'identité et aux pouvoirs de son ou ses représentants. La commission a donc relevé en 2008 et 2009, sur un échantillon de 435 et 497 dossiers d'ouvertures de comptes pour les personnes physiques, une absence de justificatif d'identité équivalent respectivement à 1,6% des dossiers en 2008 et 7,7% des dossiers en 2009. Il en est de même pour les personnes morales pour lesquelles le justificatif d'identité des représentants serait également absent dans 8,1% des cas en 2008 et dans 16 dossiers en 2009 et le Kbis était absent dans 5,6% des cas en 2008 et dans 7, 6% des cas en 2009 ou non conforme dans 21,5% des cas en 2008 et dans un tiers des cas en 2009. La Commission relève enfin que le justificatif de domicile serait absent ou non conforme dans plusieurs dossiers.

L'ancienne Commission bancaire rappelait elle aussi, dans l'exercice de sa mission de vérification du respect par les établissements bancaires de la réglementation anti-blanchiment, que *« les organismes financiers doivent se renseigner sur l'identité véritable des personnes au bénéfice desquelles un compte est ouvert ou une opération réalisée lorsqu'il leur apparaît que lesdites personnes pourraient ne pas agir*

---

168 Art. R. 312-2, al. 1 et 2 CMF.

169 http://www.acp.banque-france.fr/commission-des-sanctions/recueil-de-jurisprudence.html.

pour leur propre compte »[170]. Il en est de même des condamnations prononcées à l'égard de la Banque Populaire Côte d'Azur[171] et de la Banque Populaire[172] auxquelles il leur était reprochée la violation de l'obligation de vigilance. Il était fait grief à la première une *« proportion de non-conformité (qui) n'est pas admissible pour un établissement ayant une activité importante de tenue de comptes espèces de la clientèle »*. Autrement dit, la banque ne devait pas tenir de dossiers incomplets trop importants, compte tenu de son activité[173].

La procédure d'identification du client et de détermination de l'objet et de la nature de la relation d'affaires est un indispensable préalable, sauf les exceptions posées par le II de l'article L.561-5 du Code monétaire et financier à savoir en cas de faible risque de blanchiment et dans les conditions fixées par décret en Conseil d'Etat. Si l'identification du client échoue, l'article L. 561-8 du Code monétaire et financier pose une interdiction absolue de nouer une relation d'affaires, de la poursuivre et d'exécuter quelque opération. De même si le banquier est conduit, au fil de la relation d'affaires, à douter de l'exactitude de l'identité de son client ou de la pertinence des éléments d'identification obtenus avant de nouer la relation d'affaires, il doit aux termes de l'article R. 561-11 du Code monétaire et financier, procéder à une nouvelle identification.

L'obligation de connaissance du client suppose aussi pour les banques d'obtenir une documentation suffisante et complète des dossiers clients[174]. Cette exigence a été rappelée par la commission

---

[170] V. par ex. « Caisse régionale de crédit agricole mutuel Centre-Est, décision de la commission bancaire du 7 juin 2007 », Recueil des décisions juridictionnelles rendues en 2007 par la Commission bancaire, p. 3.

[171] En abrégé BPCA, la banque a été condamnée à un blâme et une sanction pécuniaire de 600 000 euros. Décision consultable in Bull. Comité des Etablissements de Crédit et des Entreprises d'Investissement et de la Commission bancaire, déc. 2009, pp. 4 et 5.

[172] En abrégé BRED, condamnée à un blâme et 200 000 euros de sanction pécuniaire. Décision consultable sur Bull. Comité des Etablissements de Crédit et des Entreprises d'Investissement et de la Commission bancaire, févr. 2010, p. 4 et s.

[173] F. BONNARD, Lutte contre le blanchiment : à propos de deux décisions de sanction de la Commission bancaire, JCP/ La Semaine Juridique-Edition Entreprise et Affaires n° 26, 1er juillet 2010, p. 18.

[174] A.-D. MERVILLE, Gel des avoirs, embargos, contrôle interne : l'ACP condamne la filiale d'une banque iranienne, Bulletin Joly Bourse, Mars 2013, p. 119.

nationale des sanctions le 24 novembre 2012[175] qui sanctionnait la Bank Tejarat Paris à raison de ces griefs : *« considérant qu'à la suite d'un précédent contrôle effectué en 2007 par la Commission bancaire, qui avait déjà souligné l'insuffisante documentation des dossiers clients, BTP a demandé au cabinet D1 de formaliser un cadre d'analyse des opérations au regard de la LCB-FT; que l'inspection a constaté que les procédures préconisées par ce cabinet (qui distinguent des cadres standard, allégé et renforcé) n'étaient pas respectées (...); qu'ainsi, les dossiers des clients ayant ouvert un compte à BTP ne comportaient ni les motifs ayant conduit le client à ouvrir un compte (dans cette banque pourtant dépourvue d'un réseau d'agences), ni la nature des opérations qu'il a l'intention d'effectuer, ni l'origine des fonds devant transiter par le compte, ni, pour les personnes morales, la description de leur situation financière ».*

L'identification du bénéficiaire effectif : Le GAFI définit le bénéficiaire effectif comme *« la ou les personnes physiques qui in fine possèdent ou contrôlent le client et/ ou la personne pour laquelle une transaction est effectuée. Ceci comprend également les personnes qui exercent en dernier ressort un contrôle effectif sur une personne morale ou une structure juridique »*[176].

La proposition de 4eme Directive européenne anti-blanchiment quant-à elle définit le « bénéficiaire effectif », comme *« toute personne physique qui, en dernier lieu, possède ou contrôle le client et/ou la personne physique pour laquelle une transaction est exécutée, ou une activité réalisée ».*

En droit interne français, l'article L. 561-2-2 du Code monétaire et financier définit le bénéficiaire effectif comme la personne physique qui contrôle, directement ou indirectement, le client ou celle pour laquelle une transaction est exécutée ou une activité réalisée. Si le législateur français a une définition du bénéficiaire effectif identique à celle du législateur communautaire, on note cependant une différence quant à la précision de cette définition. En effet, pour la proposition de directive, les bénéficiaires effectifs comprennent au moins : *« Dans le*

---

[175] Recueil de jurisprudence, Autorité de Contrôle Prudentiel http://www.acp.banque-france.fr/commission-des-sanctions/recueil-de-jurisprudence.html

[176] V. Bénéficiaire effectif, in « Thèmes clefs, les 40 recommandations : glossaire », consultable sur www. Fatf-gafi.org/glossary/o, 3414, fr_32250379.

cas des sociétés, la ou les personnes physiques qui, en dernier lieu, possèdent ou contrôlent une entité juridique, du fait qu'elles possèdent ou contrôlent directement ou indirectement un pourcentage suffisant d'actions ou de droits de vote dans cette entité juridique, y compris par le biais d'actions au porteur, autre qu'une société cotée sur un marché réglementé qui est soumise à des obligations de publicité conformes à la législation de l'Union européenne ou à des normes internationales équivalentes. Un pourcentage de 25 % des actions plus une est une preuve de propriété ou de contrôle par participation, qui s'applique à tout niveau de participation directe ou indirecte ; s'il n'est pas certain que les personnes visées au point i) soient les bénéficiaires effectifs, la ou les personnes physiques qui exercent le contrôle sur la direction de l'entité juridique par d'autres moyens. »

La Proposition de directive propose ainsi une amélioration de l'identification du bénéficiaire effectif. Elle prévoit d'étudier le bien-fondé d'une modification du pourcentage de 25%. Elle prévoit enfin d'introduire dans la nouvelle directive des mesures visant à promouvoir la transparence des personnes morales et des constructions juridiques[177].

En droit interne français, si le client est une société, le bénéficiaire effectif de l'opération est la ou les personnes physiques qui détiennent, directement ou indirectement, plus de 25 %. du capital ou des droits de vote de la société, soit exercent par tout autre moyen, un pouvoir de contrôle sur les organismes de gestion, d'administration ou de direction de la société ou sur l'assemblée générale des associés.

Si le client est un organisme de placement collectif, le bénéficiaire effectif est la ou les personnes détenant plus de 25% des parts ou actions de l'organisme ou exercent un pouvoir de contrôle sur les organes d'administration ou de direction de l'OPC, ou, le cas échéant, de la société de gestion ou de gestion de portefeuille qui le représente[178].

Enfin, si le client est une autre personne morale ou intervient dans le cadre d'une fiducie ou tout autre instrument juridique de droit

---

[177] C. CUTAJAR, Eclairage Lutte contre le blanchiment et le financement du terrorisme : vers une quatrième directive, Bulletin Joly Bourse, juillet-août 2012, p. 281.

[178] Art. R. 561-2 CMF.

étranger équivalent, le bénéficiaire effectif est la ou les personnes qui ont vocation à devenir en vertu d'un acte juridique, titulaires d'au moins 25% des droits de la construction juridique. Si les bénéficiaires des constructions juridiques n'ont pas été désignés au moment de leur constitution, les bénéficiaires effectifs sont les personnes appartenant à un groupe dans l'intérêt principal duquel la construction juridique a été constituée ou a produit ses effets. Sont considérés également comme des bénéficiaires effectifs, les personnes titulaires de droit portant sur 25% au moins des biens de la construction juridique et, s'agissant d'une fiducie, le constituant, le fiduciaire ou le bénéficiaire[179]. L'identification du bénéficiaire effectif est réalisée « par des moyens adaptés »[180]. Les banques doivent vérifier les éléments d'identification en recueillant tout document ou justificatif approprié au regard du risque de blanchiment tel qu'il a été analysé.

L'identification du client occasionnel : le client occasionnel est toute personne qui s'adresse à une personne assujettie dans le but exclusif de préparer ou de réaliser une opération ponctuelle ou d'être assisté dans la préparation ou la réalisation d'une telle opération ou de plusieurs opérations apparaissant comme liées entre elles[181].

L'identification doit intervenir systématiquement dès lors que le montant de l'opération ou des opérations liées excède 15 000 euros. Concernant ce seuil, la proposition de Directive propose de l'abaisser. En outre, l'identification est automatique au premier euro en présence d'une opération de transfert de fonds ou si les banques offrent des services de garde des avoirs. Enfin, l'identification doit intervenir également en cas de soupçon de blanchiment quel que soit le montant de l'opération sollicitée par le client occasionnel.

ii) La vigilance pendant la relation d'affaires

La vigilance de la banque pendant la relation d'affaires consiste en une double exigence de *« connaissance actualisée »* du client et d'*« examen attentif des opérations effectuées »*. Ce faisant, la banque doit toujours être en mesure d'évaluer la cohérence de ces opérations

---

[179] Art. R. 561-3 CMF.
[180] Art. R. 561-7 à R. 561-9 du CMF.
[181] Art. R. 561-10 CMF.

avec la connaissance qu'elle a du client. L'article L. 561-6 du Code monétaire et financier impose à cet effet aux banques d'exercer sur la relation d'affaires, dans la limite de leurs droits et obligations, *« une vigilance constante et (de pratiquer) un examen attentif des opérations effectuées en veillant à ce qu'elles soient cohérentes avec la connaissance actualisée qu'elles ont de leur client »*. En outre, la banque doit pendant toute la durée de la relation d'affaires, assurer une surveillance adaptée aux risques de blanchiment de capitaux en vue de conserver une connaissance adéquate de ses clients. De même, la banque doit pouvoir justifier, à tout moment, à l'ACP, *« l'adéquation »* des mesures de vigilance mises en œuvre aux risques présentés par chaque relation d'affaires.

Une bonne connaissance du client, de son environnement, lors de l'entrée en relation et pendant toute la durée de celle-ci est le préalable indispensable à la compréhension des mouvements financiers opérés par cette personne. Le législateur français a également prévu la possibilité d'alléger la vigilance.

b) La vigilance allégée

Encore appelée vigilance réduite, elle consiste pour les banques en une dispense d'identification de certains produits ou clients. En effet, la loi[182] définit quelques situations en présence desquelles les banquiers peuvent légitimement alléger leur vigilance, la condition étant qu'ils ne nourrissent aucun soupçon de blanchiment de capitaux. Le décret du 28 février 2013 est venu préciser les conditions de mise en œuvre de cette obligation. Dans un tel contexte, les banques se voient autorisées, lorsqu'elles effectuent des prestations de service de paiement en ligne, à *« ne pas vérifier l'identité de leur client et, le cas échéant, du bénéficiaire effectif de la relation d'affaires »*[183]. La mise en œuvre de l'obligation simplifiée est donc possible lorsque des conditions sont réunies. Celles-ci portent sur la nature des services de paiement : il doit obligatoirement s'agir d'opérations de prélèvements, de virements ou de paiement par cartes de paiement ; les exigences d'origine et de

---

[182] La loi n° 2012-387 du 22 mars 2012 (art. 72) relative à la simplification du droit et à l'allégement des démarches administratives a complété l'article L. 561-9 du Code monétaire et financier en instituant une obligation de vigilance simplifiée à la charge des banques.

[183] Article L. 561-9, III, nouveau CMF.

destination des fonds : les comptes du client et du bénéficiaire doivent être ouverts auprès d'une banque établie ou ayant son siège en France, dans un Etat membre de l'Union européenne, dans un Etat partie à l'accord sur l'Espace économique européen, ou dans un pays tiers imposant des obligations équivalentes en matière de lutte contre le blanchiment de capitaux ; enfin, les montants, par opération et cumulés, ne doivent pas dépasser certains seuils : l'opération ne doit pas dépasser le montant unitaire de 250 euros, tandis que le total des opérations exécutées pour un client particulier au cours des douze mois précédant l'opération ne doit pas dépasser le montant de 2500 euros[184]. Sont donc des clients *« sûrs »*, les organismes financiers mentionnés aux 1° à 6°de l'article L. 562-2, établis en France, dans un autre Etat membre de l'Union européenne ou dans un pays tiers imposant des obligations équivalentes de lutte contre le blanchiment des capitaux.

En outre, l'obligation d'identifier le bénéficiaire effectif est réputée satisfaite pour certains clients. Ainsi lorsque le client est un établissement bancaire établi en France, dans un Etat membre de l'Union européenne ou un Etat partie à l'accord sur EEE ou dans un pays figurant sur une liste établie par arrêté du ministre de l'Economie[185] ; une filiale d'un établissement bancaire située dans l'un des pays visés ci-dessus à condition que la société mère atteste qu'elle vérifie que sa filiale procède à l'identification du bénéficiaire effectif et qu'elle a accès aux éléments d'identification réunis par la filiale[186] ; un établissement bancaire non visé ci-dessus à condition que la banque s'assure qu'elle met en œuvre des mesures d'identification équivalentes à celles qui sont appliquées dans l'Union européenne et qu'elle a accès aux éléments d'identification des bénéficiaires effectifs, à condition que le client ne soit pas établi dans un pays identifié par la Commission européenne comme n'appliquant pas les standards européens ou a été mentionné par une instance internationale intervenant en matière de lutte contre le blanchiment parmi ceux dont la législation ou les pratiques font obstacle à celle-ci. Cependant, il nous semble, et allant dans le même sens que le rapport d'évaluation mutuelle de la France par le GAFI[187], que le législateur français devrait en cas de faible risque

---

[184] Décret n° 2013-183, 28 février 2013, JO 2 mars 2013.
[185] Article R. 561-8 crée, 1° du CMF.
[186] C. monét. fin., art. R.561-8 crée, 2°.
[187] http://www.fatfgafi.org/media/fatf/documents/reports/mer/MER%20France%20full.pdf

de blanchiment afférent à un produit ou un client, soumettre les banques à des mesures réduites de vigilance et non pas les exempter de toute obligation d'identification du client tel que prévu par le droit positif actuel. Des mesures de vigilance complémentaires ont également été prévues par le législateur français.

c) Les mesures de vigilance complémentaires

L'article R. 561-20, I du Code monétaire et financier définit les mesures de vigilance complémentaires parmi lesquelles la banque doit en retenir au moins une pertinente. Elles portent sur l'obtention de pièces justificatives supplémentaires permettant de confirmer l'identité du client, personne physique, sur la mise en œuvre de mesures de vérification et de certification de la copie du document officiel ou de l'extrait de registre officiel d'identification de la personne morale cliente, par *« un tiers indépendant de la personne à identifier »*, sur la confirmation de l'identité du client à obtenir d'une personne mentionnée du 1° au 6° de l'article L. 562-2 du Code monétaire et financier, établie dans un Etat membre de l'Union européenne ou dans un Etat partie à l'accord sur l'Espace économique européen, ou dans un pays tiers imposant des obligations équivalentes en matière de lutte contre le blanchiment des capitaux. En outre, pour l'ouverture d'un compte, les banques doivent exiger que le premier paiement des opérations soit effectué en provenance ou à destination d'un compte ouvert au nom du client auprès d'un établissement établi dans un Etat membre de l'Union européenne ou dans un Etat partie à l'accord sur l'Espace économique européen. Le législateur français a enfin prévu des situations où la vigilance devait être renforcée par les banques.

d) La vigilance renforcée

En vertu des dispositions de l'article L. 561- 10 du Code monétaire et financier, les banques doivent renforcer leur obligation de vigilance à l'égard de leur clientèle dans certaines situations :

- Le client n'est pas physiquement présent aux fins de l'identification ;
- Le client est une personne résidant dans un autre Etat membre de l'Union européenne ou un pays tiers et qui est

politiquement exposée ou un conjoint, un ascendant ou un descendant ;

- Le produit ou l'opération concernée favorise l'anonymat de celle-ci ;

- L'opération concernée est une opération pour compte propre ou pour compte de tiers effectuée avec des personnes physiques ou morales, y compris leurs filiales ou établissements, domiciliées, enregistrées ou établies dans un Etat ou un territoire mentionné au IV de l'article L. 561-15 du Code monétaire et financier. Cette opération devra atteindre un montant minimum.

En outre, l'article L. 561-10-1 du Code monétaire et financier précise que lorsqu'un établissement financier ou une entreprise d'investissement autre qu'une société de gestion de portefeuilles entretient avec un organisme financier situé dans un pays non-membre de l'Union européenne ou qui n'est pas partie à l'accord sur l'Espace économique européen, une relation transfrontalière de correspondant bancaire ou une relation en vue de distribution d'instruments financiers, la banque française exerce sur l'organisme financier étranger avec lequel elle est en relation, en plus des mesures prévues aux articles L. 561-5 et L. 561-6, des mesures de vigilance renforcée dont les modalités sont fixées par décret en Conseil d'Etat.

Enfin, l'article L. 561-10-2 du Code monétaire et financier indique clairement que lorsque le risque de blanchiment des capitaux présenté par un client, un produit ou une transaction paraît élevé, les banques doivent renforcer l'intensité des mesures prévues notamment lors de l'entrée en relation. Il nous semble, allant une fois de plus dans le même sens que le rapport d'évaluation mutuelle de la France[188], que le législateur français devrait compléter son dispositif afin d'imposer la mise en œuvre des mesures de vigilance renforcée lorsque le bénéficiaire effectif du client est une personne politiquement exposée ou qui tienne compte des risques de réputation similaires associés aux membres de sa proche famille ou aux personnes qui lui sont étroitement associées. Soucieux de ne pas entraver la vie des affaires, le législateur français a également prévu des aménagements dans la mise en œuvre de l'approche par les risques, comme l'y incitait la directive.

---

188 Op. Cit

B- Les aménagements

L'identification peut, à titre exceptionnel, si le risque de blanchiment paraît faible au banquier, être reportée *« pendant l'établissement de la relation d'affaires »*[189]. Les banques sont concernées au premier chef par les dispositions de l'article R. 561-6 du Code monétaire et financier. Pour l'ouverture d'un compte la vérification d'identité du client, et éventuellement du bénéficiaire effectif, peut être reportée jusqu'au moment de la réalisation de la première opération ; en cas de crédit-bail immobilier ou mobilier, elle peut n'intervenir qu'au moment du règlement du premier loyer ou de la première redevance. Dans la situation très générale de la conclusion d'un contrat, la vérification d'identité aura lieu au plus tard au moment de cette conclusion ou avant le début de l'opération qui est l'objet contractuel, sous la réserve expresse que le banquier soit en mesure de justifier à l'ACP sa décision par la nécessité de poursuivre la relation d'affaires déjà engagée et le faible risque de blanchiment de capitaux.

L'article R.561-13 du Code monétaire et financier prévoit la possibilité pour les banques, tout en demeurant responsables, de recourir à des prestataires pour identifier et vérifier l'identité de leur client pour certaines opérations. Ainsi, une banque peut donc déléguer à un tiers la mise en œuvre des obligations de vigilance. Le tiers doit mettre à la disposition de la banque, sans délai, les éléments d'information relatifs à l'identité du client et du bénéficiaire effectif et à l'objet et à la nature de la relation d'affaires. Le tiers doit transmettre à première demande copie des documents d'identification du client ainsi que tout document pertinent. Une convention peut être signée pour préciser les modalités de la tierce introduction[190].

Les banques peuvent recourir à des prestataires pour identifier et vérifier l'identité des clients pour réaliser des opérations de crédit ou de cautionnement, des opérations de location simple de biens mobiliers ou immobiliers dans le cadre du crédit-bail et toute opération de location assortie d'une option d'achat. Toutefois, les banques demeurent responsables de l'exécution des obligations d'identification. Cette

---

[189] C. monét. fin., art. L.561-5, II.

[190] Art. R. 561- 13 crée, I.

possibilité reconnue aux banques d'externaliser la mise en œuvre des obligations de vigilance présente plusieurs avantages :

En pratique cela permet d'éviter la répétition des procédures d'identification des clients, source potentielle de retard dans la réalisation des transactions ; cela autorise les banques à se reposer sur les procédures d'une autre banque qui apporterait un nouveau client, et qui ayant la maîtrise de la relation clientèle, est plus à même de recueillir les informations nécessaires à l'identification ou d'assurer un suivi régulier de la relation d'affaires ;

Les banques membres d'un conglomérat financier, ne disposant pas de moyens humains ou logistiques adéquats, pourront déléguer à une autre banque du groupe la réalisation des opérations de vigilance. Il nous semble cependant, et allant une fois encore dans le même sens que le rapport d'évaluation mutuelle de la France, que le législateur français devrait imposer aux banques de vérifier que les tiers introducteurs auxquels ils ont recours ont effectivement pris des mesures visant à se conformer aux mesures de vigilance relatives à la clientèle et de conservation des données telles que prévues. De plus, le législateur français devrait imposer aux banques de s'assurer que le tiers introducteur est soumis à une réglementation et fait l'objet d'une surveillance en matière de LAB. En outre, l'article L. 561-7 II du Code monétaire et financier, favorise la collaboration entre banques dans la réalisation des obligations de vigilance en les autorisant à communiquer les informations recueillies dans leur mise en œuvre, soit à une autre banque située ou ayant son siège social en France, soit sous certaines conditions, à certaines banques étrangères. Cette disposition pourra par exemple s'appliquer dans les opérations mettant en présence plusieurs banques, l'une d'entre elles, plutôt que chacune, s'assurant du respect des obligations de vigilance, et communiquant aux autres le résultat de ses investigations[191].

Bien que leur implication demeure inégale, les banques françaises ont bien intégré cette exigence dès l'ouverture des comptes. Par l'approche par les risques, le législateur français a ainsi abandonné la

---

[191] F. BONNARD, Lutte contre le blanchiment de capitaux et le financement du terrorisme : ce qui change pour le secteur bancaire et financier. JCP/ La Semaine Juridique- Edition Entreprise et Affaires N° 12, 19 mars 2009, p. 12.

plupart des seuils réglementaires de risques laissant aux banques le soin de procéder à un examen propre et individualisé des menaces et faiblesses auxquelles les expose leur activité. Les analyses « *in abstracto* »[192] faites par le législateur de façon uniformisée ont donc laissé la place à des analyses « *in concreto* » faite par chaque banque et de façon personnalisée. Cette approche présente plusieurs atouts pour les banques.

PARAGRAPHE II : LES CONSEQUENCES DE LA MISE EN ŒUVRE DE L' « APPROCHE PAR LE RISQUE »

La mise en œuvre de l'approche par les risques permet aux banques françaises non seulement d'adapter leur dispositif anti-blanchiment, mais surtout favorise la rapidité dans le traitement des opérations.

A- L'adaptation du dispositif anti-blanchiment

L'intérêt de l'application de la notion de risque à la lutte contre le blanchiment réside dans la possibilité d'appliquer des procédures de manière différenciée selon le risque encouru. Ainsi, lorsque le risque de blanchiment est minimum, des obligations simplifiées de vigilance à l'égard de la clientèle suffiront. En revanche, les situations comportant un plus grand risque de blanchiment nécessiteront des procédures d'identification et de vérification de l'identité particulièrement rigoureuses. De plus les banques se voient instaurer un *« principe de proportionnalité »* pour l'application des obligations de vigilance et qui se traduit par un dispositif plus souple.

En outre, l'approche fondée sur les risques met l'accent sur le souci de l'efficacité du dispositif anti-blanchiment mis en œuvre, veille à la qualité et à l'efficacité de la gestion des risques par les établissements bancaires. Cette approche permet en effet l'optimisation des moyens, parce qu'elle repose sur les analyses propres à chaque établissement et non plus sur une norme impliquant en principe une application uniforme pour tous. Les banques françaises ont donc adapté elles-mêmes le dispositif interne anti-blanchiment à leur activité, leur

---

[192] F. KEREBEL et D. DEDIEU op. Cit. p. 15.

clientèle, leurs opérations en fonction de leur analyse des risques inhérents aux caractéristiques particulières de leur activité.

Enfin, l'approche par les risques est un facteur de progrès avec la mise en œuvre de diligences adaptées au niveau de risque de la banque. En ce sens, elle a permis aux banques françaises d'engager des investissements en accord avec le niveau de risque. En effet, après analyse du coût et de la matérialité du risque, les banques ont investi dans un dispositif permettant d'assurer la conformité réglementaire sans aller plus loin. L'approche par les risques favorise la collaboration entre les banques dans la mise en œuvre de l'obligation de vigilance. Dès lors les procédures sont allégées pour les banques qui ont la possibilité de mutualiser les informations.

Parce que les banques n'ont pas toutes le même degré de risques, cette approche leur permet de mettre en œuvre des diligences adaptées à leur niveau de risque. De même, la mise en place d'une telle approche constitue au-delà de la simple mise en conformité avec la loi, un réel exercice à valeur ajoutée pour l'établissement bancaire : en connaissant ses risques, l'établissement pourra mieux les gérer. En outre, l'approche risque favorise le traitement rapide des opérations par les banques.

B- La favorisation de la rapidité dans le traitement des opérations

Les volumes traités par les banques ne permettent pas un contrôle exhaustif de toutes les opérations, ce qui oblige l'établissement bancaire à procéder par échantillonnage. Certaines personnes morales ou physiques présentent, par leurs caractéristiques inhérentes, des niveaux de risques élevés. Par conséquent, elles doivent faire l'objet d'un contrôle supplémentaire. Les efforts et l'énergie des collaborateurs et des *« outils »* doivent d'abord être dirigés vers ce qui est le plus risqué. Il est aussi nécessaire de pouvoir démontrer aux tiers qu'un établissement a une bonne visibilité sur les risques qu'il encourt. L'approche fondée sur les risques est privilégiée, étant la méthode permettant aux pays et aux intermédiaires financiers d'affecter leurs ressources plus efficacement. Correctement appliquée, cette approche renforce l'efficacité du système de blanchiment de capitaux et de financement du terrorisme et soutient les pays dans leurs efforts pour favoriser l'inclusion financière, comme l'a recommandé le G20. Concrètement, cette approche déjà évoquée dans la 3eme directive de lutte contre le blanchiment d'argent est préconisée de façon plus transversale et plus large. Si elle permet en réalité de cibler davantage les risques et d'adapter les contrôles et les dispositifs en conséquence, elle permet aussi de prendre un certain nombre de mesures efficaces pour éviter certains écueils. En effet, l'approche par les risques ne s'applique pas si des mesures de vigilance à l'égard de la clientèle sont nécessaires, mais peut être utilisée pour déterminer l'étendue de ces mesures. Ces risques doivent être régulièrement évalués et communiqués aux instances de contrôle. Des politiques nationales prenant en compte les risques identifiés sont préconisées par le GAFI en ces termes : *« les pays devraient identifier, évaluer et comprendre les risques de blanchiment de capitaux et de financement du terrorisme auxquels ils sont exposés et devraient prendre des mesures parmi lesquelles la désignation d'une autorité ou d'un mécanisme pour coordonner les actions d'évaluation des risques, et mobiliser des ressources afin de s'assurer que les risques sont efficacement atténués. Sur la base de cette évaluation, les pays devraient appliquer une approche fondée sur les risques pour s'assurer que les mesures de prévention et d'atténuation du blanchiment des capitaux et du financement du terrorisme sont à la mesure des risques identifiés. (...) Lorsque les pays identifient des risques plus élevés, ils devraient s'assurer que leur régime de LBC/FT fait face à ces risques de manière satisfaisante. Lorsque les pays identifient des risques plus faibles, ils peuvent décider d'autoriser sous certaines conditions des mesures simplifiées pour certaines recommandations du GAFI ».* L'approche française par les risques, conforme aux normes internationales présente donc plusieurs atouts ce qui nous amène à penser que le législateur camerounais pourrait s'en inspirer. En effet, le législateur français par l'approche par les risques, s'est éloigné d'une vision normative parfois inadaptée aux spécificités des banques telle que prônée par le droit camerounais.

SECTION II : L'APPROCHE RÉGLEMENTAIRE DES BANQUES CAMEROUNAISES

Contrairement au droit français, le législateur communautaire CEMAC impose aux banques une vigilance uniforme à tous les clients.

Pour ce faire, il a prévu deux méthodes d'identification[193]. Il s'agit d'une part des méthodes générales d'identification. Le principe de l'identification obligatoire est posé par les articles 9 à 11 du Règlement CEMAC de 2003 et 4 à 16 du Règlement COBAC de 2005. La réglementation CEMAC s'est largement inspirée sur la question, des Recommandations 5 à 9 du GAFI qui précisent les critères d'identification des clients, consistant dans l'identification des clients et de l'ayant droit économique de l'opération. Les obligations générales composant la vigilance financière sont l'obligation de connaissance de la clientèle et l'obligation de conservation des documents et pièces, identique en droit français.

PARAGRAPHE I : L'UNIFORMITÉ D'IDENTIFICATION DU CLIENT

Le contrôle d'identité des clients a été le premier instrument juridique mis en place dans le cadre de la lutte anti-blanchiment. Ceci puisque, ce contrôle aboutit à empêcher l'anonymat des financiers du crime, en bloquant ainsi leurs opérations. La réglementation CEMAC s'est largement inspirée sur la question, de la recommandation n° 10 du GAFI qui dispose que les institutions financières ne devraient pas tenir de comptes anonymes ni de comptes sous des noms manifestement fictifs. Elles devraient être tenues d'identifier, sur la base d'un document officiel ou d'une autre pièce d'identité fiable, leurs clients habituels ou occasionnels, et d'enregistrer cette identité, lorsqu'elles nouent des relations d'affaires ou effectuent des transactions.

L'obligation de connaissance de la clientèle est imposée par les articles 4 à 16 du règlement COBAC de 2005, dans les articles 9 à 11 du règlement CEMAC de 2003 et enfin aux articles 9 à 12 du règlement de 2010. Elle consiste dans l'identification des clients et de l'ayant droit économique de l'opération qui nous semble limitée. A côté de cette obligation, sont prévues les méthodes d'acceptation de nouveaux clients basées sur le risque.

[193] La seconde méthode, à savoir les méthodes particulières d'identification, fera l'objet du chapitre suivant.

A- Des modalités d'identification du client fortement lacunaires

Les dispositions relatives à l'identification des clients telles que prévues par les textes communautaires, nous semblent lacunaires à plus d'un titre. Tout d'abord, les modalités de vérification de l'identité du client sont inadaptées, les mesures d'identification du client occasionnel sont incomplètes. Ensuite, la définition de l'ayant droit économique nous paraît limitée. Enfin, en pratique, les banques rencontrent plusieurs difficultés dans la collecte des informations auprès des clients.

1- Des modalités de vérification de l'identité du client inadaptées

Comme en droit français, les établissements bancaires camerounais doivent s'assurer, avant de nouer une relation contractuelle ou d'assister un client habituel ou occasionnel dans la préparation ou la réalisation d'une transaction, de l'identité de leurs co-contractants. Cette vérification de l'identité se fait par l'exigence de la présentation d'un document officiel original en cours de validité et la conservation d'une copie dudit document[194]. Lorsqu'il s'agit d'une personne physique, le document doit comporter sa photographie[195]. Pour les personnes morales, le document doit comporter ses statuts ainsi que tout document établissant sa constitution régulière[196]. De plus, la personne morale cliente doit présenter l'original ou la copie certifiée conforme de tout acte ou extrait du registre officiel constatant sa dénomination, sa forme juridique, son siège social et les pouvoirs des personnes agissant en son nom.

Les articles 4 du règlement COBAC et 9 du règlement CEMAC qui traitent de l'identification des clients, il est vrai exigent des banques qu'elles requièrent l'adresse de leur cocontractant en exigeant la présentation d'un document original en cours de validité. Ces dispositions nous semblent inadaptées sur deux points : tout d'abord, les pièces d'identité camerounaises ne comportent pas l'adresse du détenteur. Donc par la présentation de sa carte nationale d'identité, le client ne renseigne pas la banque sur son adresse. Ensuite, de même

---

[194] Cf. Article 4-(1) du Règlement COBAC et article 9- (1) du Règlement CEMAC.
[195] Cf. Article 5-(2) du Règlement COBAC et article 11- (1) du Règlement CEMAC.
[196] Cf. Article 5-(2) du Règlement COBAC)

qu'en droit français, la vérification du domicile du client, pose en pratique, des difficultés. Pour pallier cela, la jurisprudence française admet que les banques adressent une *« lettre d'accueil »* au domicile du client[197]. Cette même jurisprudence va exiger, pour plus de fiabilité, l'envoi d'une lettre recommandée avec avis de réception[198]. Cependant, la vérification d'identité n'est pas satisfaite lorsque le banquier se contente d'une simple photocopie d'une carte d'identité[199]. Cette solution nous semble acceptable et transposable dans la pratique par les banques camerounaises pour une véritable vérification de l'identité de leurs clients. Les modalités d'identification des clients occasionnels présentent elles aussi des limites.

2- Une identification des clients occasionnels incomplète

Le règlement COBAC définit la clientèle occasionnelle comme *« une personne physique ou morale n'ayant pas de compte dans l'établissement assujetti auquel elle s'adresse »*. C'est un client qui ne passe à la banque que pour jouir d'un service précis ou effectuer une opération ponctuelle. Il n'a pas de liens durables avec la banque, il n'y a entre eux aucune relation établie. C'est le cas d'un client qui se rend à une banque juste pour toucher un chèque, pour effectuer une opération de change ou pour réaliser un transfert. Leur identification est exigée lorsque ceux-ci effectuent une transaction sur une somme supérieure au montant du seuil défini par le comité ministériel ou à défaut par l'Etat membre. Elle est également exigée lorsque la provenance licite des capitaux n'est pas certaine ou en cas de répétitions d'opérations distinctes, effectuées dans une période limitée et pour un montant individuel inférieur au seuil prévu[200].

Ce seuil n'a pas encore été fixé ni par le comité ministériel, ni par l'Etat camerounais ce qui constitue une entrave à la mise en œuvre des

---

[197] Cass. com., 6 avr. 1993 : RD bancaire et bourse 1993, p. 250) et même rendu nécessaire par les juges (CA Paris, 31 mai 1995 : RD bancaire et bourse 1995, p. 214, obs. Crédot et Gérard. – V. aussi, Cass. com., 12 mars 1996, préc.

[198] V. dans ce sens, CA Paris, 7 juill. 1980, préc. – V. aussi, Cass. com., 17 janv. 1968 : JCP G 1969, II, 15839, note Stoufflet. – CA Metz, 18 mars 1977, préc. – Rappr. Cass. com., 25 avr. 1967 : JCP G 1967, II, 19306, note Gavalda. – 26 mars 1973 : Bull. civ. IV, n° 132.

[199] CA Metz, 18 mai 1977, cité par Gavalda et Stoufflet, chronique droit bancaire : JCP CI 1979, 13122, n° 26.

[200] Cf. Article 4-(5) du Règlement COBAC.

dispositions anti-blanchiment par les banques camerounaises. Nous interpellons à ce titre le législateur camerounais à combler ce vide en fixant un montant à partir duquel les banques pourront identifier les clients occasionnels.

3- L'identification de l'ayant droit économique : des modalités limitées

La notion de bénéficiaire effectif a été introduite en droit camerounais par le règlement de 2010[201]. Cependant, à côté est maintenue la terminologie d'ayant droit économique. Les deux notions renvoyant à la même matière, il nous semble que le législateur communautaire devrait en retenir une seule pour une cohérence et une meilleure lisibilité. A notre sens, afin d'adopter une terminologie commune à celle utilisée par le GAFI et le droit français, la notion de « bénéficiaire effectif » devrait être retenue. Il s'agit des personnes au bénéfice desquelles un compte est ouvert ou une opération réalisée. Ainsi, les banques doivent se renseigner sur l'identité véritable des personnes au bénéfice desquelles un compte est ouvert ou une opération réalisée lorsqu'il leur apparaît que les personnes qui demandent l'ouverture du compte ou la réalisation de l'opération pourraient ne pas agir pour leur propre compte. C'est le cas d'un avocat qui se rend à la banque dans le but d'ouvrir un compte pour un client. La banque sollicitée se doit dans un premier temps, d'identifier l'avocat, en lui demandant de présenter soit sa pièce d'identité, soit son passeport ou tout document officiel original comportant une photographie. Ensuite, l'avocat doit produire les documents attestant de la délégation de pouvoir qui lui est accordée, ainsi que des documents attestant de l'identité de l'ayant droit économique[202].

Il en est de même en présence d'une technique de représentation ou de conventions de prête-nom, la banque doit procéder à l'identification des personnes représentées et de l'ayant droit économique de la transaction, en même temps qu'elle requiert l'identité et l'adresse du représentant, ainsi que les documents originaux attestant de la délégation de pouvoirs qui lui est accordée. En cas de problème

[201] Avant ce texte, l'article 10 du règlement CEMAC de 2003 utilisait les termes ayant droit économique.

[202] Cf. Article 11 al. 2 du Règlement CEMAC de 2003.

d'identification insoluble rencontré en cours de fonctionnement ou lorsqu'un client exige l'anonymat ou se présente sous un faux nom, la banque doit procéder à la clôture des comptes posant problème[203].

Cependant, ces dispositions sur l'ayant droit économique nous semblent limitées. Le législateur camerounais devrait compléter ces mesures d'identification de l'ayant droit économique. Ensuite, préciser les modalités d'identification des bénéficiaires effectifs, si cette terminologie est retenue, dans le cas où ceux-ci sont des personnes morales ou des constructions juridiques. Le législateur camerounais pourrait s'inspirer des dispositions françaises[204] sur la question, lesquelles, d'après nous, se rapprochent bien des recommandations du GAFI. En pratique, les banques camerounaises rencontrent plusieurs difficultés dans la mise en œuvre de l'obligation de vigilance.

4- La difficulté à collecter des informations

Les banques camerounaises rencontrent plusieurs difficultés dans l'application de l'obligation d'identification des clients qui leur est imposée en vue de la prévention du blanchiment des capitaux. Tout d'abord, le secteur informel étant le domaine d'activité le plus développé au sein du pays, les clients ont de la peine à produire les justificatifs de leurs revenus. Ensuite, la culture et la circulation du cash sont très développées, parfois, il est difficile d'exiger du client que l'ouverture de son compte soit faite par un virement provenant d'une autre banque. Le législateur communautaire a également prévu une approche risque qui ne s'applique qu'aux nouveaux clients.

B- Une approche risque limitée aux nouveaux clients

Le législateur communautaire impose aux banques, pour l'identification de nouveaux clients, une certaine « approche risque". Cette exigence est prévue à l'article 7 du règlement COBAC de 2005 qui dispose que : *« tout établissement assujetti doit définir les politiques et procédures claires d'acceptation des nouveaux clients, comprenant notamment la description des types de clientèle susceptibles de représenter un risque supérieur à la moyenne »*. Il prévoit en outre que,

---

[203] Cf. Article 14 du Règlement COBAC.
[204] Voir supra.

« dans le cadre de cette définition, devront en outre être pris en compte des facteurs tels que les antécédents des clients, leur pays d'origine, les liens entre les comptes, les activités professionnelles, le caractère public ou en vue des personnages sollicitant l'établissement de la relation d'affaires ». Le législateur communautaire exige également des banques d'assurer une surveillance renforcée et continue de la relation d'affaires lorsqu'elles ont comme client une Personne Politiquement Exposée.

Même si le législateur communautaire emploie ici le terme « risque », il ne s'agit pas d'une identification basée sur l'approche fondée sur les risques telle que prévue par le droit français conformément aux recommandations du GAFI. En effet, faut-il le rappeler, l'approche risque consiste à appliquer une vigilance proportionnelle au client ou à l'opération. Ainsi, si le client présente un risque élevé et non pas « supérieur à la moyenne », la banque devra appliquer des mesures de vigilance renforcées. Tel est le cas par exemple si le client n'est pas physiquement présent aux fins de l'identification ; le produit ou l'opération concernée favorise l'anonymat de celle-ci ; les opérations en provenance ou à destination d'établissements qui ne sont pas soumis à des obligations au moins équivalentes à celles prévues par les règlements communautaires en matière d'identification des clients ou de contrôle des transactions ou qui sont situés dans des pays non membres du GAFI ou dans des pays identifiés comme non coopératifs[205]. L'opération concernée est une opération pour compte propre ou pour compte de tiers effectuée avec des personnes physiques ou morales, y compris leurs filiales ou établissements, domiciliées, enregistrées ou établies dans un Etat ou un territoire identifié comme risqué.

Dans le cas contraire, si le client présente un risque faible de blanchiment, les banques devraient appliquer des mesures de vigilance simplifiées. Il en serait ainsi par exemple lorsque le client est un établissement bancaire établi au Cameroun, dans un Etat membre de la CEMAC ou sur une liste établie par arrêté du ministre de l'Economie ; une filiale d'un établissement bancaire située dans l'un des pays visés ci-dessus à condition que la société mère atteste qu'elle vérifie que sa

[205] L'article 12 al.4 du règlement CEMAC impose une surveillance particulière aux banques dans le même cas.

filiale procède à l'identification du bénéficiaire effectif et qu'elle a accès aux éléments d'identification réunis par la filiale ; un établissement bancaire non visé ci-dessus à condition que la banque s'assure qu'elle met en œuvre des mesures d'identification équivalentes à celles qui sont appliquées dans la CEMAC et qu'elle a accès aux éléments d'identification des bénéficiaires effectifs à condition que le client ne soit pas établi dans un pays identifié par la CEMAC comme n'appliquant pas les standards communautaires ou a été mentionné par une instance internationale intervenant en matière de lutte contre le blanchiment parmi ceux dont la législation ou les pratiques font obstacle à celle-ci. A côté de l'obligation de vigilance, le législateur camerounais tout comme celui français a aussi prévu une obligation de conservation des documents.

PARAGRAPHE II : L'OBLIGATION DE CONSERVATION DES PIECES ET DOCUMENTS

Il s'agit d'une obligation légale dont les délais nécessiteraient d'être revus par les législateurs français et camerounais.

A- Une obligation légale

En droit camerounais, l'obligation de conservation des documents et pièces est prévue aux articles 39 et 40 du Règlement COBAC et aux articles 13 à 15 du Règlement CEMAC. Ces différents textes mettent à la charge des banques, le devoir de consigner par écrit et de conserver les caractéristiques de toute opération et les informations concernant l'identité et le domicile des intéressés, ainsi que tous les documents et pièces qui s'y rattachent, qu'il s'agisse de clients habituels ou de clients occasionnels. Dans le cadre de la mise en œuvre de cette obligation, les banques sont tenues de tenir un *"fichier de centralisation des informations sur l'identité des clients, donneurs d'ordre, bénéficiaires et titulaires de procurations, ayants droits économiques et sur les transactions suspectes déclarées..."*[206].

Cette obligation est doublée d'une obligation au secret ou à la confidentialité. En effet, il ressort de la lecture de l'article 40 du

[206] Cf. Article 14- a du Règlement CEMAC.

Règlement COBAC que seules quelques entités ont le droit de se faire communiquer les documents et pièces conservés par les institutions assujetties. Il s'agit de l'Agence Nationale d'Investigation Financière, de l'autorité judiciaire, des fonctionnaires chargés de la détection et de la répression des infractions liées au blanchiment agissant dans le cadre d'une procédure pénale et de l'autorité de contrôle de la profession, soit la COBAC pour les établissements bancaires. Toute autre personne physique ou morale ne devrait donc pouvoir se faire communiquer ces documents et pièces[207].

En droit français, le décret n° 2012-1125 du 3 octobre 2012 modifiant l'article R. 561-12, précise, désormais, que pendant toute la durée de la relation, les personnes assujetties doivent recueillir, mettre à jour et analyser « les éléments d'information, parmi ceux figurant sur une liste dressée par arrêté du ministre chargé de l'économie, qui permettent de conserver une connaissance appropriée de leur client ». La collecte et la conservation de ces informations doivent alors être réalisées en adéquation avec les objectifs d'évaluation du risque de blanchiment de capitaux et de financement du terrorisme et de surveillance adptés à ce risque[208]

Tout comme en droit français, la conservation doit se faire pour une durée de 5 ans à compter de la cessation des relations avec les clients habituels ou de l'exécution de l'opération du client occasionnel. Ce délai que nous trouvons assez court devrait être revu par les législateurs camerounais et français.

B- La nécessité d'une extension des délais de conservation

A propos de la conservation des documents et pièces, il nous semble plus judicieux de rallonger la période de conservation. En effet,

[207] La Loi de 2003 sur le secret bancaire a cependant énuméré des fonctionnaires, services de l'Etat et institutions nationales et sous-régionales auxquelles le secret bancaire ne peut être opposé et qui par conséquent pourraient se faire communiquer les documents et pièces conservés. Ce sont : le Procureur de la République et toute autorité judiciaire, y compris l'officier de police judiciaire muni d'une commission rogatoire, les institutions supérieures de contrôle des finances publiques, les agents assermenté du trésor public, l'autorité monétaire (ministre chargé des finances), la COBAC, la BEAC, les agents de recouvrement et de poursuite de la CNPS, etc.

[208] Art. R. 561-12, 2° du Code Monétaire et Financier.

certains criminels s'appuient sur l'écoulement d'un certain temps et l'oubli pour réinvestir leurs capitaux. Ainsi, après le lavage, ils laissent passer même une dizaine d'années avant de procéder à l'essorage. La destruction des documents ou plutôt la cessation de l'obligation de les conserver au bout de cinq ans constitue ainsi un avantage pour les criminels patients. Les législateurs français et camerounais pourraient donc prolonger la période de conservation à dix ans au moins.

La première obligation à la charge des banques dans le dispositif préventif anti-blanchiment est une obligation de vigilance. Le banquier doit identifier son client avant d'entrer en relation d'affaires et le cas échéant, le bénéficiaire effectif ou l'ayant droit économique selon les terminologies retenues par les droits français et camerounais. Le banquier doit également conserver les informations recueillies à ce titre pendant 5 ans aux fins d'en assurer la traçabilité.

Cependant, le niveau de dangerosité des opérations n'est pas toujours le même, selon la nature des opérations réalisées ou leur auteur. Ceci a été pris en compte dans la troisième directive européenne qui énonce qu'*«il convient de reconnaître que le risque de blanchiment de capitaux et de financement du terrorisme n'est pas toujours le même »* ce qui justifie que *« des obligations simplifiées de vigilance à l'égard de la clientèle »* puissent être mises en œuvre *« dans des cas appropriés ».* Allant dans le même sens, un auteur[209] a affirmé : *« Plutôt que de mettre en place des systèmes qui pourraient être développés qu'ils mettent en cause les libertés individuelles, il faut instituer des procédures qui tirent leur efficacité de leur adaptation à la nature du risque au travers du profil de clientèle auquel ils s'appliquent ».* C'est ainsi qu'a été adoptée l'approche par les risques, recommandée par le GAFI et reprise en droit interne français.

Au contraire, le législateur camerounais est resté, à quelques exceptions près, sur l'approche réglementaire suivant laquelle les obligations de vigilance à l'égard de la clientèle s'appliquent de manière uniforme quels que soient le type et la nature du client, sa domiciliation géographique, son activité, ses opérations bancaires et le

---

[209] Jean-Louis FORT cité par O. DUFOUR, « Lutte contre le blanchiment », Banque et Droit n°88, mars-avril 2003.

fonctionnement de son compte. Nous l'incitons donc à rejoindre son homologue français.

La mise en œuvre du dispositif anti-blanchiment réclame donc de la part des établissements bancaires français et camerounais une plus grande vigilance lors de l'étape particulièrement sensible de l'identification du client et de façon plus générale en matière de connaissance du client. Cette vigilance doit également être déployée et est plus accrue en présence de certaines opérations ou d'opérations réalisées par certains clients, d'une inhabituelle complexité.

CHAPITRE II : LA MISE EN ŒUVRE D'UNE SURVEILLANCE PARTICULIÈRE PAR LES BANQUES

Le dispositif préventif anti-blanchiment ne repose pas uniquement sur la détection d'éventuels blanchisseurs via les obligations « Connais ton Client », mais aussi sur la détection des opérations de blanchiment via une obligation de vigilance face à des opérations particulièrement risquées. De nombreux signes permettent aux professionnels de détecter une opération de blanchiment. Tout d'abord ces opérations ne suivent pas de logique économique ou financière classique. Les blanchisseurs ne cherchent pas à réaliser des profits mais à opacifier l'origine de leurs capitaux. Ils vont donc, pour ce faire, recourir à des opérations relativement complexes. Cette complexité devra réclamer de la part des professionnels la plus grande vigilance. C'est pourquoi les législateurs français et camerounais ont renforcé leurs obligations en la matière. En droit camerounais, la surveillance particulière de certaines opérations est exigée par l'article 12 du Règlement CEMAC et par les articles 16 à 25 du Règlement COBAC. En droit français, elle est prévue par l'article L 561-10-2, II du Code Monétaire et Financier.

Ces dispositions énoncent des opérations dont les circonstances exceptionnelles entourant l'accomplissement inspirent le risque et appellent la méfiance. Les banques doivent donc se montrer méfiantes lorsqu'elles sont en présence d'opérations qui ne concordent pas avec la situation financière du client, de manière plus générale des opérations inhabituelles compte tenu des informations qu'elles détiennent de celui-ci. Ce sont : des opérations que le client n'a pas l'habitude d'accomplir, des opérations sans justification économique ou d'objet licite, les opérations sur des sommes dont le montant est supérieur au seuil, les opérations de paiement en espèces ou par titre au porteur de sommes dont le montant est supérieur au seuil, les opérations de transfert de fonds (électroniques, virements…), les opérations sur des sommes dont la provenance présente un risque[210]. Il en est de même pour certains

[210] L'établissement de crédit émetteur ou destinataire, le pays d'origine ou de destination, du fait de son défaut d'engagement ou de son engagement limité dans la lutte contre le blanchiment des capitaux.

clients *« privilégiés »* suivant leur fonction avec lesquels la banque entretient une certaine relation et aussi pour les relations qu'elle entretient avec les autres banques. Nous verrons donc qu'il est exigé des banques la surveillance particulière de certaines opérations ainsi que de certains clients.

SECTION I : LA SURVEILLANCE PARTICULIÈRE DE CERTAINES OPÉRATIONS

Conformément aux recommandations du GAFI, les banques camerounaises et françaises devraient porter une attention particulière à toutes les opérations complexes, inhabituelles, importantes, ainsi qu'à tous les types inhabituels de transactions lorsqu'elles n'ont pas de cause économique ou licite apparente. Cependant, ni le GAFI, ni les législateurs français et camerounais n'ont véritablement pris la peine de définir cette notion d'opération complexe, d'où la nécessité pour les banques de prendre en compte les décisions jurisprudentielles en matière de lutte anti-blanchiment. Même si ces législations ont spécifiquement identifié certaines opérations comme risquées[211], l'on peut dire que toute opération de banque[212] pourrait être concernée à partir du moment où elle se présente dans des conditions inhabituelles et n'a pas de justification économique. Sont donc concernées les opérations de réception de fonds à savoir la création des comptes et les opérations sur les espèces et les opérations de transfert de fonds que sont les virements et les chèques.

PARAGRAPHE I : LES OPÉRATIONS DE RÉCEPTION DE FONDS

Les banques dans la mise en œuvre des obligations de vigilance sont appelées à surveiller particulièrement certaines opérations. En plus de celles spécifiquement identifiées par les législateurs français et camerounais, il s'agira de tout service offert par l'établissement bancaire sollicité. Cependant, la détection de telles anomalies ne peut

---

[211] Il s'agit des opérations sur les chèques et les virements, des relations avec les PPE, les banques correspondantes, les clients non-résidents, les personnes listées et la clientèle recommandée.

[212] Ouverture de comptes, dépôts ou retraits d'espèces, opérations sur les chèques, virements…etc.

se faire que par le biais d'une connaissance parfaite des clients par les employés de la banque, ce qui en pratique est difficile. D'où la solution de se concentrer sur certaines opérations en particulier. Sont donc concernées, les opérations de réception de fonds du public à savoir celles portant sur les dépôts ou retraits d'espèces. Il en est de même des opérations sur les comptes bancaires.

A- La surveillance des espèces

Les banques doivent se montrer particulièrement vigilantes face aux opérations en espèces qui constituent toujours une des étapes importantes d'une opération de blanchiment de capitaux. En effet, par le placement[213], l'argent tiré directement d'une activité criminelle[214] est d'abord placé dans une banque. Pour ce faire, les blanchisseurs utilisent plusieurs techniques parmi lesquelles le *« stroumphage »*[215] et le *« raffinage »*[216]. En droit camerounais, les articles 12[217] du règlement CEMAC de 2003 et 17[218] du règlement COBAC imposent la

---

[213] Pour mémoire, il s'agit de la première étape du blanchiment. Pour plus de détails voir introduction.

[214] Par exemple la vente de stupéfiants.

[215] C'est une technique de blanchiment qui consiste à structurer les transactions de manière à éviter le déclenchement automatique du système. En effet, les *« stroumpfs »*, à savoir des opérateurs d'apparence inoffensive effectuent un grand nombre de petites transactions inférieurs à un seuil, dans divers établissements financiers. Ce qui permet l'injection de grosses quantités d'espèces dans le système bancaire sans attirer l'attention.

[216] C'est une méthode de blanchiment par laquelle les criminels embauchent un grand nombre de gens chargés de convertir des billets de banque de petits montants en grosses coupures.

[217] *« toute opération importante portant sur des sommes dont le montant unitaire ou total est supérieur à une somme fixée par le Comité Ministériel ou, à défaut, par des dispositions nationales et qui, sans pouvoir faire l'objet d'une déclaration de soupçon au sens de l'article 18, se présente dans des conditions inhabituelles de complexité et ne paraît pas avoir de justification économique ou d'objet licite, doit faire l'objet de la part de l'organisme financier et les autres personnes assujetties au titre de l'article 5, d'un examen particulier visant à obtenir du client des renseignements sur l'origine et la destination de ces sommes ainsi que sur l'objet de la transaction, l'identité et le domicile du donneur d'ordre ou de la personne qui en bénéficie. »*

[218] *« tout établissement assujetti doit surveiller particulièrement toute opération importante portant sur des sommes dont le montant unitaire ou total est supérieur à un seuil fixé par le Comité Ministériel ou, à défaut, par des dispositions nationales et qui, bien que ne pouvant pas faire l'objet d'une déclaration de soupçon, se présente*

surveillance particulière de toute opération importante portant sur des sommes dont le montant unitaire ou total est supérieur à une somme fixée soit par le Comité Ministériel, soit par les dispositions nationales se présentant dans des conditions inhabituelles de complexité et qui ne paraît pas avoir de justification économique et d'objet licite. Ce seuil a été fixé à 5 millions de Francs CFA par le ministère des finances. Ainsi pour tout paiement en espèces ou par titres au porteur dépassant ce seuil, les banques camerounaises doivent exercer une vigilance particulière. Elles doivent se renseigner auprès du client sur l'origine des fonds et leur destination ainsi que l'objet de l'opération, l'identité et le domicile des donneurs d'ordre et bénéficiaire.

De plus, le législateur communautaire précise que pour mieux identifier les opérations atypiques, les banques doivent avoir une bonne compréhension des activités normales et raisonnables sur les comptes de leur clientèle. De même, elles doivent disposer de systèmes permettant, pour tous les comptes, de déceler les activités à caractère inhabituel ou suspect, en recourant par exemple à des limites par classe ou par catégorie de comptes. Au terme de l'examen particulier de toute opération importante identifiée comme risquée par la banque, celle-ci se doit d'établir un rapport si l'opération est exécutée et si les justifications obtenues ne sont pas jugées suffisantes. Ce rapport indique les caractéristiques de l'opération, fait état des renseignements recueillis[219]et doit être conservé par la banque[220]. Il en est de même du législateur français qui impose aux banques *« un examen renforcé de toute opération particulièrement complexe ou d'un montant inhabituellement élevé ou ne paraissant pas avoir de justification économique ou d'objet licite. »*. Dans ces cas, les banques doivent également se renseigner auprès du client sur l'origine des fonds et la destination des sommes ainsi que sur l'objet de l'opération et l'identité du bénéficiaire[221].

---

dans des conditions inhabituelles de complexité et ne paraît pas avoir de justification économique ou d'objet licite. »

[219] Notamment l'origine et la destination des sommes ainsi que l'objet de la transaction ; l'identité du donneur d'ordre et du ou des bénéficiaires (nom, adresse, profession…) ; les caractéristiques de l'opération ; le cas échéant, les modalités et conditions de fonctionnement du compte, notamment la date et l'origine du compte, les noms des mandataires et les références des comptes sans mouvement.

[220] L'Anif, le Parquet et la COBAC peuvent obtenir communication du document ainsi que des pièces qui s'y attachent.

[221] Article L. 561-10-2, II du CMF.

Le législateur français est allé plus loin en limitant l'utilisation des espèces. En effet, l'article L 112-6[222], I du Code Monétaire et Financier prévoit une interdiction générale[223] de paiement en espèces au delà des montants qui ont été fixés par le décret n° 2010-662 du 16 juin 2010. Ces montants sont fixés à 3000 euros lorsque le débiteur a son domicile fiscal en France ou agit pour les besoins d'une activité professionnelle, et à 15 000 euros lorsque celui-ci justifie qu'il n'a pas son domicile fiscal en France et n'agit pas pour les besoins d'une activité professionnelle[224].

De même, les chargés de clientèle doivent faire preuve de vigilance à l'égard des dépôts et retraits en liquide. En effet, les retraits de sommes importantes en liquide doivent être examinés par les banques. Généralement, pour un retrait d'un montant supérieur à 1500 euros, les agences ont un délai de 24 ou 48 heures pour traiter la demande. Ce délai laisse un temps aux employés pour vérifier les mouvements antérieurs réalisés par le client. Ces mesures prises par le législateur français méritent d'être suivies par le législateur camerounais. En effet, le législateur met ici un accent sur les paiements importants, ceux-ci pour des raisons de traçabilité, devant être effectués par d'autres voies que la remise de la monnaie fiduciaire. Une limitation de l'utilisation des espèces constituerait ainsi une grosse entrave aux blanchisseurs particulièrement pour ceux qui utilisent le *« stroumphage »* et le *« raffinage »*. Une attention particulière a également été portée sur les comptes bancaires par les législateurs français et camerounais qui appellent eux aussi une vigilance accrue de la part des banques.

---

[222] *« Ne peut être effectué en espèces le paiement d'une dette supérieure à un montant fixé par décret, tenant compte du lieu du domicile fiscal du débiteur et de la finalité professionnelle ou non de l'opération. »*

[223] La violation de cette disposition est sanctionnée par une amende prévue à l'article L. 112-7 du CMF. L'article L. 112-6, III, prévoit néanmoins des dérogations à cette obligation, et permet un paiement en espèces de n'importe quelle somme, dans trois cas : s'il s'agit de paiements réalisés par des personnes incapables de s'obliger par chèque ou par un autre moyen de paiement (cette hypothèse vise essentiellement les interdits bancaires) ou ceux qui n'ont pas de compte de dépôt ; s'il s'agit d'un paiement entre personnes physiques n'agissant pas pour des besoins professionnels, enfin s'il s'agit d'une dépense de l'Etat ou d'autres personnes publiques.

[224] Article D. 112-3 du CMF.

B- La surveillance des comptes bancaires

Les banques camerounaises doivent exercer une vigilance particulière sur certains types de comptes désignés par le législateur. Il s'agit :

- Des comptes à haut risque[225] identifiables grâce à une gamme d'indicateurs comportant des informations générales sur le client, notamment son activité professionnelle, le pays d'origine et la source des fonds, le type de transaction et d'autres facteurs de risques[226]. Le règlement laisse aux banques la définition des modalités de surveillance de ces comptes, celles-ci devant être prévues dans leurs procédures et contrôles internes.
- Des comptes à numéro confidentiel : l'article 16 du règlement CEMAC recommande une vigilance accrue à l'égard des comptes affectés d'un numéro confidentiel lesquels sont soumis en tout état de cause, aux procédures de vigilance normales. Cette disposition suppose l'existence au sein des banques de comptes affectés d'un numéro confidentiel, ce qui est contraire à l'article 10 des recommandations du GAFI qui interdit de tenir des comptes anonymes et des comptes sous des noms manifestement fictifs.

Pour détecter de telles opérations, la banque doit avoir une bonne compréhension des activités normales et raisonnables sur les comptes de sa clientèle. Elle devra également disposer de systèmes permettant, pour tous les comptes, de déceler les activités à caractère inhabituel ou suspect, en recourant par exemple à des limites par classe ou par catégorie de comptes[227]. Face à l'une de ces opérations, les textes communautaires exigent, en plus des obligations générales, la recherche d'un certain nombre d'informations relatives :

- A l'origine et à la destination des sommes ainsi qu'à l'objet de la transaction ;
- Aux caractéristiques de l'opération ;

---

[225] Le règlement CEMAC les définit comme des comptes présentant un degré de risque élevé en raison de la qualité de son titulaire, de l'origine douteuse ou incertaine de ses ressources ou de la nature des opérations qui y sont accomplies, de son pays d'origine ou de celui des intermédiaires.
[226] Article 22 du Règlement COBAC.
[227] Article 18 du Règlement COBAC.

- Aux modalités et conditions de fonctionnement du compte, notamment la date et l'origine du compte, les noms des mandataires, et les références des comptes sans mouvement. Ces informations doivent être recueillies aussi bien dans le cas d'activités suspectes que de comptes à haut risque[228].

En droit français, comme mentionné plus haut, l'article L. 561-10-2 impose aux banques un *« examen renforcé de toute opération particulièrement complexe ou d'un montant inhabituellement élevé ou ne paraissant pas avoir de justification économique ou d'objet licite »*. Ce qui inclut bien évidement les opérations sur les comptes bancaires.

C'est ainsi que dans l'affaire Caisse Crédit Municipal de Toulon du 10 janvier 2011, il était reproché à la banque lors de la mission d'inspection, l'insuffisance des diligences devant être accomplies en termes de documentation à recueillir pour la connaissance de la clientèle, qu'ainsi les états financiers des personnes morales n'étaient pas collectés par les agences, qu'eu égard au peu de documents exigés pour l'ouverture d'un compte de particulier par les agences situées dans des centres commerciaux, la connaissance de leur clientèle restait superficielle ; que la capacité de l'établissement à exercer une vigilance sur les opérations inhabituelles s'en trouvait dès lors affectée ; que dans ces conditions, compte tenu de l'insuffisance de la collecte des documents et de la faiblesse des outils, l'établissement n'était pas en mesure d'exercer correctement ses obligations de vigilance à l'égard de la clientèle.

De même, lors de la vérification sur place, certains comptes faisaient apparaître des retraits d'espèces d'un montant inhabituellement élevé sans que l'établissement ait recueilli des éléments d'explication suffisants pour s'assurer de la justification économique et de l'objet licite de ces mouvements. La Commission précise en l'espèce qu' *« en l'absence de toute pièce justificative, la réalisation par un client de travaux à son domicile ou l'acquisition d'un véhicule d'occasion ne peuvent suffire à justifier qu'un retrait d'espèces d'un montant élevé et inhabituel au regard des opérations effectuées par le client (Mme PELLAT et Mme AMAROLLI) soit effectué ; que des retraits récurrents d'espèces par un client ne peuvent*

[228] Cf. Articles 21 et 22 du Règlement COBAC

se justifier par des explications orales, en outre non documentées concernant des voyages à l'étranger... ». De même, l'article L. 561-14 du CMF dispose : *« les personnes mentionnées aux 1° à 7° de l'article L. 561-2 ne tiennent pas de comptes ni de livrets d'épargne anonymes. »*.

En outre, l'Etat français a créé un registre de comptes bancaires ouverts par les particuliers et les entreprises qui permet d'accélérer les investigations dans le cadre de la lutte contre le blanchiment des capitaux. Ceci a été fait conformément au protocole à la Convention européenne relative à l'entraide judiciaire en matière pénale entre Etats membres de l'Union européenne du 16 octobre 2001[229] qui oblige chaque Etat membre, sollicité dans le cadre d'une commission rogatoire internationale, à prendre *« les mesures nécessaires pour déterminer en réponse à une demande envoyée par un autre Etat membre, si une personne physique ou morale faisant l'objet d'une enquête pénale, détient ou contrôle un ou plusieurs comptes, de quelque nature que ce soit, dans une quelconque banque située sur son territoire et si tel est le cas, il fournit tous les renseignements concernant les comptes répertoriés »*[230]. Si le texte n'oblige pas les Etats membres à créer un registre centralisé des comptes bancaires, il leur laisse néanmoins le soin de décider de la manière de se conformer de manière efficace à cette disposition. Le fichier informatisé des comptes bancaires (FICOBA) a donc vu le jour suite à un arrêté[231] du 19 mai 1980 commenté par une instruction du 18 août de la même année. Ce dispositif a une double utilité : tout d'abord, il facilite les investigations dans les cas d'une enquête et ensuite il facilite le travail d'expertise de Tracfin. Depuis l'arrêté du 29 décembre 2003, Tracfin peut interroger le FICOBA pour déterminer précisément les instruments financiers dont dispose une personne soupçonnée de blanchiment[232]. La France dispose donc d'une banque de données regroupant les renseignements relatifs à l'ouverture et la fermeture des comptes bancaires. Il s'agit

---

229 JOCE, L 326, 21/11/2001, p. 1.

230 Article 1er du Protocole.

231 Ce texte a été remplacé par un arrêté du 14 juin 1982 commenté par une instruction du 9 septembre 1982 qui fixe le régime du fichier. De nouveaux arrêtés du 23 octobre 1995, du 23 février 2000 et du 29 décembre 2003 sont venus modifier quelque peu ce texte.

232 H. ROBERT, Tracfin, *« clé de voûte »* de la lutte anti-blanchiment en France, Revue de droit bancaire et financier nov-déc 2007, p. 18.

d'une mesure utile qui sert non seulement à prévenir le blanchiment des capitaux, mais surtout permet d'accélérer considérablement les investigations en cas de poursuite, d'où la nécessité de penser à la mise sur pied d'un fichier semblable en droit camerounais. Parceque les opérations de transfert de fonds sont très souvent utilisées par les blanchisseurs, celles-ci font l'objet d'une surveillance particulière au sein des banques françaises et camerounaises.

PARAGRAPHE II : LES OPÉRATIONS DE TRANSFERT DE FONDS

Ayant été au cœur de récents scandales financiers, certaines opérations répondent elles aussi à une vigilance particulière de la part des établissements bancaires français et camerounais. Celles-ci ont même fait l'objet d'un encadrement spécifique de la part du législateur français. Il s'agit des opérations sur les chèques. D'autres, parce qu'elles sont facilitées par l'évolution technologique et électronique que connaît le monde aujourd'hui, font également l'objet d'une vigilance particulière. Il s'agit des virements. Aussi la vigilance particulière des opérations sur les chèques et des virements fera l'objet des développements qui vont suivre. Il en sera de même du règlement par carte.

A. Les opérations sur les chèques

L'affaire dite *« du sentier »*[233] dans laquelle la Société générale[234] a été interpelée sera le point de départ de certaines évolutions législatives en matière de lutte contre le blanchiment des capitaux en France. Les développements de cette affaire illustrent bien combien les risques de blanchiment sont importants dans les services bancaires, notamment les opérations sur les chèques. Une réglementation a dès

---

[233] Pour mémoire, il s'agissait dans cette affaire, d'un circuit de blanchiment de plusieurs dizaines de millions d'euros transitant, par le biais de chèques, entre la France et Israël, ayant conduit à la mise en examen de huit banques et trente-trois dirigeants dont le PDG de la Société générale. Il lui était reproché un défaut supposé de contrôle dans la compensation de milliers de chèques présentés à encaissement en Israël.

[234] J. FOLLOROU, Blanchiment : le parquet exonère la Société générale, Le monde 03 septembre 2003 ; du même auteur, Huit banques dont la Société générale renvoyées devant le tribunal par un juge, Le monde, 04 octobre 2003 ; Blanchiment, le parquet général exonère les banques, Le Monde, 31 mars 2004.

lors été prise en la matière afin de mieux encadrer le contrôle opéré par les établissements bancaires, une réglementation similaire est souhaitable en droit camerounais afin de faciliter le traitement particulier des chèques imposé aux banques en vue de la détection des opérations suspectes.

1- L'existence d'une réglementation spécifique aux chèques en droit français

Il s'agit du règlement n° 2002-01[235] relatif aux obligations de vigilance en matière de chèques aux fins de lutte contre le blanchiment des capitaux et le financement du terrorisme. Pour l'application des obligations de vigilance, les banques doivent établir et exécuter annuellement un programme de contrôle de chèques. Si besoin, ce programme peut être révisé. Ce programme comporte un certain nombre de critères définis par la banque selon le type d'activités menées, tout en tenant compte des évolutions en termes de blanchiment des capitaux. La banque devra ainsi définir les contrôles à effectuer sur les mentions figurant sur les chèques ou les allonges pouvant contenir des informations pertinentes. Sont donc concernés les chèques en provenance de l'étranger et les chèques reçus par l'établissement tiré. C'est notamment le cas pour ce qui concerne les chèques[236] en provenance de l'étranger que les établissements bancaires français sont

---

[235] Règlement n ° 2002-01 du Comité de la réglementation bancaire et financière (CRBF) du 18 avril 2002 relatif aux obligations de vigilance en matière de chèques aux fins de lutte contre le blanchiment de capitaux et le financement du terrorisme publié au Journal Officiel du 24 mars 2004 et modifié par les arrêtés du 18 juillet et du 20 décembre 2002, du 14 mars et 9 juillet 2003, du 15 mars 2004, du 23 septembre 2004, du 31 mai 2005 et du 29 octobre 2009,par le règlement n° 2003-01 du 16 mai 2003.

[236] Ces chèques ont été des endos non bancaires qui permettent une circulation beaucoup plus importante des chèques. Les chèques à endos multiples identifiés comme vecteurs possibles de financements illicites, en particulier du fait de la possibilité, interdite en France sont contrôlés plus ou moins fréquemment et strictement selon le pays de provenance. Les chèques qui proviennent :

- de pays figurant sur la liste noire du GAFI, font l'objet de contrôles systématiques (tous les chèques reçus sont examinés) ;
- non-membres du GAFI, mais qui ne figurent pas sur la liste noire, font l'objet de vérifications opérées par des sondages ciblés dont le taux est fixé à 25% ;
- quels qu'ils soient, sont susceptibles d'être vérifiés selon un échantillon déterminé en fonction de la connaissance de l'activité des correspondants et des précautions prises en amont.

soumis à des obligations de contrôle renforcées. En effet, la banque française qui offre à un établissement étranger un service d'encaissement ou d'escompte de chèques conclut, obligatoirement, une convention. Par cette convention, l'établissement étranger s'engage, tout d'abord, à effectuer avant transmission des chèques les vérifications de sa clientèle prévues par les conventions internationales, et à opérer des vérifications complémentaires si l'établissement français le souhaite, compte tenu des informations obtenues par ses propres contrôles. Ensuite à procéder à des remises distinctes pour les chèques[237] en provenance de pays de la liste noire. Enfin, à communiquer à la banque française, à sa demande, l'ensemble des éléments lui permettant de juger la conformité des procédures et contrôles mis en œuvre aux engagements contractuels.

Le règlement contraint donc les banques non seulement, à refuser les chèques encaissés à l'étranger qui leur sont transmis par les banques auxquelles elles ne sont pas liées contractuellement, mais aussi à imposer à leurs partenaires des obligations strictes, et en vérifier la mise en œuvre. En outre, par les conventions, les banques françaises doivent imposer à leurs banques correspondantes de se conformer aux recommandations du GAFI. Les banques correspondantes, y compris celles établies sur le territoire d'un Etat membre du GAFI, doivent favoriser l'identification des chèques qui auraient circulé dans des pays de la liste noire du GAFI avant de leur être remis par leurs partenaires, afin que le contrôle systématique préconisé soit opéré. Lorsque les contrôles décèlent des anomalies, un défaut d'exécution par l'établissement étranger de ses obligations contractuelles, la banque française demande des explications. Si elles ne sont pas satisfaisantes, à défaut de résilier la convention, elle contrôle tous les chèques émis par le correspondant étranger.

b) Les chèques reçus par l'établissement tiré

La banque tirée procède à l'examen aux fins de prévention du blanchiment des chèques qui lui sont transmis matériellement. L'examen individuel porte sur :

[237] Il s'agit des chèques qu'il aurait lui-même reçus des établissements situés dans ces Etats ou territoires et dont la législation est reconnue insuffisante ou dont les pratiques sont considérées comme faisant obstacle à la lutte contre le blanchiment.

- Les chèques tirés par les clients ayant fait l'objet d'une déclaration de soupçon ;

- Les chèques tirés par un client dont le compte fonctionne de façon inhabituelle ;

- Les chèques sélectionnés selon les critères définis par la banque elle-même, notamment en fonction de l'évolution des typologies du blanchiment ;

- Les chèques dont l'examen paraît nécessaire pour compléter l'analyse du fonctionnement du compte lorsque, à l'occasion du suivi du compte de son client, l'établissement remarque un fonctionnement inhabituel du compte ;

- Les chèques sur lesquels ne figure pas le barrement ou la mention limitant la transmission par voie d'endossement.

En outre, un dispositif préventif doit s'appliquer aux chèques dont l'examen paraît nécessaire pour compléter l'analyse du fonctionnement du compte lorsque la banque, à l'occasion du suivi du compte de son client bénéficiaire de chèques, détecte, le cas échéant par des moyens informatiques, un fonctionnement inhabituel.

L'examen des chèques est effectué par des personnes ayant reçu une formation adéquate en matière de lutte contre le blanchiment et ayant accès aux données nécessaires pour effectuer les contrôles qui leur incombent. Il s'agit pour ces personnes de déceler des anomalies matérielles manifestes au regard des règles françaises d'utilisation du chèque, de procéder à des contrôles des mentions figurant sur les chèques ou informations permettant de déceler des caractéristiques anormales ou inhabituelles de l'opération au regard de la connaissance qu'il a du bénéficiaire du chèque, de son activité économique et du profil de fonctionnement du compte.

Malgré cette réglementation spécifique aux chèques, des lacunes dans leur traitement ont été relevées au sein des banques françaises. En effet, la Commission des sanctions de l'ACP dans ses décisions rendues le 10 janvier 2013 et le 1er février 2010 reprochait à la BPCA ainsi qu'à la BRED de n'avoir pas respecté les règles formulées dans le règlement de 2002 sur le contrôle des chèques.

Dans la première décision rendue contre la BPCA, il ressort que : *« Considérant que l'article 4 du règlement du CRBF n°2002-01 impose aux établissements financiers d'établir et d'exécuter annuellement un programme de contrôle des chèques pour l'application des obligations de vigilance prévues par ce règlement ; que ce programme, révisé si nécessaire en cours d'exécution, doit comporter notamment des critères de sélection définis par l'établissement en fonction de ses activités propres et qui tiennent compte de l'évolution de la typologie des opérations de blanchiment et des informations publiquement disponibles, notamment celles diffusées par le GAFI ou par Tracfin; que par ailleurs, l'article 11, alinéa2, points a) et b) du même règlement n°2002-01 dispose que le programme visé à l'article 4 prévoit notamment l'examen individuel par l'établissement financier : a) des chèques tirés par les clients ayant fait l'objet d'une DS initiale sur la base de l' article L.562-2 ancien du COMOFI; b) des chèques dont l'examen paraît nécessaire pour compléter l'analyse du fonctionnement du compte lorsque, à l'occasion du suivi du compte de son client, l'établissement détecte, le cas échéant, par des moyens informatiques, un fonctionnement inhabituel ;*

Considérant que, selon le grief, le service LAB de la BPCA a réalisé des contrôles plus restreints que ceux prévus par son programme annuel; que les états hebdomadaires pour les opérations comprises entre 80 000 et 150 000 euros et les états mensuels n'étaient pas exploités tandis que les états pour les opérations de plus de 150 000euros n'étaient que partiellement traités; que le programme de contrôle des chèques ne prenait pas en compte l'évolution de la typologie des opérations de blanchiment; que les chèques des clients sous surveillance n'étaient pas isolés et que l'examen individuel des chèques tirés sur des clients ayant fait l'objet d'une DS à Tracfin n'était pas assuré pour des raisons de coût;

Considérant que les mesures de contrôle présentées comme en place au moment de l'inspection sont parcellaires; que si la BPCA soutient avoir à l'époque de la vérification disposé d'une procédure de contrôle des chèques, le présent grief porte sur les contrôles effectivement réalisés ; qu'au surplus la BPCA indique que sa procédure de contrôle des remises de chèques a été remodelée «pour être conforme au dispositif exigé par la réglementation précitée; qu'une procédure lacunaire ne pouvait permettre un contrôle de ces remises conforme aux exigences réglementaires; »

S'agissant de la décision rendue contre la BRED, il ressort que *« Considérant qu'en application des dispositions des articles 11 alinéa 2 point b) et 4 du règlement n° 2002-01 du 18 avril 2002 susvisé les établissements procèdent à l'examen individuel des chèques dont l'examen paraît nécessaire pour compléter l'analyse du fonctionnement du compte de leur client lorsque, à l'occasion du suivi du compte de celui-ci, ils détectent, le cas échéant par des moyens informatiques, un fonctionnement inhabituel et portent les résultats de l'exécution du programme de contrôle des chèques à la connaissance de l'organe délibérant ;*

Considérant qu'il ressort de l'instruction que l'analyse des chèques, dont l'examen paraissait nécessaire pour compléter l'analyse du fonctionnement du compte, était assurée, d'une part, par les agents de Direction de la Production des Services Bancaires qui n'avaient pas de connaissance de la clientèle et dont la BRED reconnaît que les contrôles étaient purement formels, et, d'autre part, en agence, sans que la BRED ne fournisse d'éléments attestant de leur mise en œuvre effective... que la BRED ne fournit aucun élément attestant de la mise en œuvre effective du dispositif de contrôle des chèques ; qu'il n'apparaît pas que les résultats de l'exécution du programme de contrôles des chèques de l'exercice 2006 ont été portés à la connaissance du conseil d'administration, organe délibérant de l'établissement, mais seulement du comité d'audit ; que l'infraction est donc établie ». Par cette réglementation spécifique, les banques françaises concourent à une lutte efficace contre le blanchiment des capitaux. Il s'agit là d'un exemple qui mérite d'être suivi par le législateur camerounais.

2- La nécessité d'une réglementation spécifique aux chèques en droit camerounais

Il est vrai, l'article 57 du règlement COBAC prévoit : qu'*« une instruction du Président de la Commission Bancaire précise les obligations incombant aux établissements assujettis en matière de chèques utilisés aux fins de blanchiment des capitaux. Toutefois, les procédures internes doivent décrire les diligences spécifiques à accomplir pour le contrôle des chèques aux fins de prévention du blanchiment des capitaux et de lutte contre le financement du terrorisme. »* Cependant, cette instruction reste toujours attendue. Il en va différemment des virements qui ont été bien encadrés par le législateur communautaire.

B- Les virements

Le virement est l'opération consistant, pour un titulaire de compte, à demander à sa banque un transfert des fonds de son propre compte vers un autre compte. Cette opération qui permet à des capitaux de passer d'un compte à un autre, d'un établissement à un autre ou même d'un pays à un autre, apparaît comme étant un instrument clé du processus de recyclage des fonds d'origine illicite. En effet, le virement est le moyen d'empilement le plus utilisé par les blanchisseurs. Le constat a également été fait par Savona et De Feo pour qui *« les virements sont probablement la méthode d'empilement la plus importante dont disposent les blanchisseurs de capitaux. Ils sont intéressants à plus d'un titre pour les criminels qui souhaitent couvrir leur trace. La vitesse, la distance, les traces comptables minimales et l'anonymat croissant qu'ils offrent du fait qu'ils se fondent dans l'énorme masse quotidienne de virements électroniques sont autant d'avantages qui n'ont pas de prix »*[238].

Le GAFI a réalisé un règlement nommé SR VII relatif aux virements transfrontaliers. Ce règlement prévoit le gel des avoirs et le blocage de virements de fonds qui ont pour but le financement du terrorisme ou le blanchiment des capitaux. De même, il ressort de sa recommandation 14 que *« Les pays devraient prendre des mesures afin de s'assurer que les personnes physiques ou morales qui fournissent des services de transfert de fonds ou de valeurs sont agréées ou enregistrées et qu'elles font l'objet de systèmes efficaces de surveillance garantissant qu'elles respectent les obligations applicables découlant des recommandations du GAFI. Les pays devraient prendre des mesures afin d'identifier les personnes physiques ou morales qui fournissent des services de transfert de fonds ou de valeurs sans être agréées ou enregistrées, afin de leur appliquer des sanctions appropriées. Toute personne physique ou morale qui opère en tant qu'agent devrait également être agréée ou enregistrée par une autorité compétente, ou le prestataire de services de transfert de fonds ou de valeurs devrait tenir à jour une liste de ses agents accessible aux autorités compétentes des pays dans lesquels le prestataire de services*

---

[238] E.U. SAVONA et M.A. DE FEO, Money Trails : International Money Laundering Trends and Prevention/Control Policies, rapport présenté à la conference de 1994, supra (note 2) (manuscript dactylographié), p. 84.

de transfert de fonds ou de valeurs et ses agents opèrent. Les pays devraient prendre des mesures afin de s'assurer que les prestataires de services de transfert de fonds ou de valeurs recourant à des agents les intègrent dans leurs programmes de LBC/FT et surveillent le respect par ces agents de ces programmes. » Les législateurs français et camerounais s'y sont conformés.

En droit camerounais, le transfert de fonds, de titres ou de valeurs dans la CEMAC est organisé tout d'abord par le règlement CEMAC n° 02/00/CEMAC/UMAC/CM portant harmonisation de la réglementation des changes dans les Etats membres de la CEMAC. En effet, l'article 25 du même texte ajoute que les transferts de fonds, de titres ou de valeur dans la CEMAC et entre un Etat de la CEMAC et un Etat tiers, doivent être exécutés dans le strict respect des dispositions du règlement CEMAC n° 02/00/CEMAC/UMAC/CM portant harmonisation de la réglementation des changes dans les Etats membres de la CEMAC.

Ensuite par le règlement COBAC[239] qui quant à lui précise qu'une vigilance particulière visant à établir l'origine des sommes en cause doit être établie à l'égard de tous les transferts de fonds quel que soit le support de réception ou d'exécution de l'ordre ou le procédé technique utilisé. Il en va de même de toutes les opérations en provenance ou à destination d'établissements qui ne sont pas soumis à des obligations au moins équivalentes à celles en vigueur dans la CEMAC en matière d'identification des clients ou de contrôle des transactions, ou qui sont situés dans des pays non membres du GAFI ou classés non coopératifs en matière de lutte contre le blanchiment des capitaux.

La même disposition est contenue dans l'article 12 alinéa 4 du règlement CEMAC qui dispose qu'*« une vigilance particulière doit être exercée à l'égard des transferts électroniques et plus généralement de tout type de transfert de fonds quel que soit le mode de réception ou d'exécution de l'ordre, ainsi qu'à l'égard des opérations en provenance ou à destination d'établissements ou institutions financières qui ne sont pas soumis à des obligations au moins équivalentes à celles du présent Règlement en matière d'identification des clients ou de contrôle des transactions ou qui sont situés dans des pays non membres du Groupe*

---

[239] Article 24 al. 1 et 2.

d'Action Financière (GAFI) ou dans des pays identifiés comme non coopératifs dans les matières objet du présent Règlement ». En droit français, la traçabilité des virements est régie par le règlement n°1781/2006 du Parlement européen et du Conseil du 15 novembre 2006 relatif aux informations concernant le donneur d'ordre accompagnant les virements de fonds[240]. Une proposition de règlement[241] a été élaborée le 05 février 2013 afin d'améliorer la traçabilité des paiements et de conformer le cadre de l'Union européenne aux normes internationales. Nous porterons une attention particulière aux risques de blanchiment liés au système SWIFT et aux virements effectués via internet.

1- Les risques liés aux virements et au système de télécommunication interbancaire SWIFT[242]

Le système Swift, utilisé par les banques pour effectuer les virements, offre aux délinquants, de par sa rapidité, la possibilité de multiplier les transferts : en quelques minutes des capitaux peuvent transiter par plusieurs dizaines d'établissements. Il est bien sûr théoriquement possible de suivre la trace de ces capitaux, mais, en pratique les donneurs d'ordre auront pris soin de faire appel à des banques implantées dans différents pays. En outre, le système Swift envoie des informations codées, ce qui contribue à opacifier les circuits financiers. Les virements effectués via internet présentent eux aussi des risques importants de blanchiment.

2- Les risques liés aux virements effectués via internet

Les dispositions relatives au virement électronique sont contenues dans la recommandation 16 du GAFI qui dispose que : *« Les pays devraient s'assurer que les institutions financières incluent les informations requises et exactes sur le donneur d'ordre ainsi que les*

---

[240] JOUE, L. 345/1 du 08/12/2006.

[241]http://eurlex.europa.eu/LexUriServ/LexUriServ.do?uri=CELEX:52013PC0044:FR:NOT

[242] La Society for Worldwide Interbank Financial Telecommunication est le système de telecommunication interbancaire mondial. Elle est une coopération de droit belge, basée à Hulpe près de Bruxelles détenue et contrôlée par l'industrie financière internationale. Elle répond aux besoins d'un échange sécurisé entre ses membres, évalués à plus de 7000 institutions financières situées dans 197 pays et territoires.

informations requises sur le bénéficiaire dans les virements électroniques et autres messages qui s'y rapportent, et que ces informations accompagnent le virement électronique ou le message qui s'y rapporte tout au long de la chaîne de paiement. Les pays devraient s'assurer que les institutions financières surveillent les virements électroniques afin de détecter ceux qui ne comportent pas les informations requises sur le donneur d'ordre et/ou le bénéficiaire et qu'elles prennent les mesures appropriées. Les pays devraient s'assurer que, dans le cadre du traitement des virements électroniques, les institutions financières prennent des mesures de gel et devraient interdire la conduite d'opérations avec les personnes et entités désignées, conformément aux obligations des résolutions du Conseil de sécurité des Nations Unies pertinentes, telles que la résolution 1267(1999) et les résolutions ultérieures et la résolution 1373 (2001), relatives à la prévention et la répression du terrorisme et du financement du terrorisme. »

Il s'agit ici des services offerts par la banque en ligne. Celle-ci en effet, recouvre de plus en plus la possibilité de réaliser certains types de transactions financières par le biais du site internet des banques qui proposent ce service[243]. Il s'agit de la vérification des soldes de comptes chèques et surtout des transferts de compte à compte au sein d'un même établissement. Le premier problème posé par ces transactions via internet est celui de l'identification des clients.

D'ailleurs le Comité de Bâle sur le contrôle bancaire en octobre 2001 l'avait déjà noté en ces termes : *« La nature de la banque électronique, qui n'implique aucun contact physique et se joue des frontières, combinée à la rapidité de la transaction, crée inévitablement des difficultés en matière d'identification du client et de vérification. »*

Les virements électroniques ne sont cependant pas les seuls à présenter des risques de blanchiment, ces risques sont également présents dans les transactions effectuées avec la monnaie électronique.

243 W.C GILMORE, L'argent sale : l'évolution des mesures internationales de lutte contre le blanchiment de capitaux et le financement du terrorisme, p. 49, Editions du Conseil de l'Europe 2005.

C- Le règlement par carte : les risques de blanchiment liés à la monnaie électronique

Aujourd'hui, les banques aussi bien françaises que camerounaises offrent, en marge des moyens de paiement classiques que sont la monnaie fiduciaire et la monnaie scripturale[244], de nouveaux moyens de paiement tels que la monnaie électronique. Avant d'étudier les risques de blanchiment liés à la monnaie électronique, il est important de revenir[245] sur une définition de la monnaie électronique.

1- Définition

Nous l'avons vu, les droits français et camerounais ont une définition quasi-similaire de la monnaie électronique. En effet, l'article premier du règlement n° 2002-13 du 21 novembre 2002 définit la monnaie électronique ainsi qu'il suit : *« la monnaie électronique est composée d'unités de valeur, dites unités de monnaie électronique. Chacune constitue un titre de créance incorporé dans un instrument électronique et accepté comme moyen de paiement, au sens de l'article L. 311-3 du code monétaire et financier, par des tiers autres que l'émetteur. La monnaie électronique est émise contre la remise de fonds. Elle ne peut être émise pour une valeur supérieure à celle des fonds reçus en contrepartie. »*

En droit camerounais, la monnaie électronique est régie par le règlement n°01/11-CEMAC/UMAC/CM du 18 septembre 2011 relatif à l'exercice de l'activité d'émission de monnaie électronique. Celui-ci la définit comme une *« valeur monétaire incorporée sous forme électronique contre remise de fonds de valeur égale, qui peut être utilisée pour effectuer des paiements à des personnes autres que l'émetteur, sans faire intervenir des comptes bancaires dans la transaction »*. La monnaie électronique fait donc partie d'un *« système de paiement »* composée d'un émetteur (l'établissement bancaire) d'un porteur (le consommateur) et de commerçants. A ce titre elle est considérée comme un nouveau moyen de paiement puisqu'elle permet

---

[244] La monnaie fiduciaire consiste en billets et pièces dont la valeur est déterminée impérativement par l'Etat ; la monnaie scripturale quant à elle est représentée par le solde des comptes de dépôts bancaires dont on peut disposer par voie de chèques ou de virements.

[245] La monnaie électronique a déjà fait l'objet d'une définition à la page 62.

avec un porte-monnaie électronique chargé d'unités électroniques de transférer des fonds et d'exécuter une obligation de somme d'argent. La monnaie électronique présente plusieurs risques de blanchiment.

2- Les risques de blanchiment liés à l'utilisation de la monnaie électronique

Les organisations criminelles sont constamment à la recherche de nouveaux moyens permettant de donner aux revenus qu'elles tirent de leurs activités une façade légitime. La monnaie électronique dès lors est intéressante pour eux et ce pour deux raisons.

D'une part, les opérations électroniques peuvent être effectuées de manière à ne pas laisser de traces, c'est-à-dire dans le plus grand anonymat. En effet, pour l'émetteur, les fonds reçus, contrairement aux opérations réalisées au moyen d'instruments de paiement classiques tels que les chèques ou les cartes bancaires, ne sont pas inscrits au nom du consommateur détenteur du porte-monnaie électronique. Ils ne sont pas dûs, non plus, à un bénéficiaire identifié.

D'autre part, pour les modes de paiement classiques, la remise au commerçant d'un chèque ou le paiement par carte bancaire ne permet pas de créditer immédiatement le compte du bénéficiaire du paiement, puisque seule la présentation de l'instrument de paiement au banquier du débiteur entraîne un crédit sur le compte du bénéficiaire. Le paiement par monnaie électronique entraîne une modification instantanée des soldes des portes-monnaies électroniques, sans qu'il y ait besoin du concours de l'émetteur pour réaliser cette opération. Cette particularité a pour conséquence de ne pas laisser la possibilité d'établir une piste de vérification traditionnelle de la légitimité des opérations réalisées. Par ailleurs, la monnaie électronique offre une grande mobilité permettant d'effectuer instantanément, au moyen par exemple de paiements sur Internet avec un porte-monnaie virtuel, des virements de fonds d'un pays à un autre sans aucune restriction imposée par les autorités des pays visés. L'entrée en relation avec certains clients fait également l'objet d'application de mesures particulières par les banques camerounaises et françaises.

SECTION II : LE TRAITEMENT DES OPÉRATIONS DE CERTAINS CLIENTS

L'entrée en affaires et la relation d'affaires avec certaines personnes présentant des caractéristiques particulières sont gérées différemment par rapport aux opérations habituelles. A la suite des législations internationales, les droits français et camerounais ont intégré ces spécificités en identifiant précisément ces clients dont les opérations nécessitent une surveillance particulière. Ainsi, l'entrée en affaires avec une *« personne politiquement exposée »* (P.P.E.) [246] est fortement réglementée et soumise à de nombreuses exigences[247]. Il en est de même des relations de correspondance avec d'autres établissements bancaires. D'autres personnes enfin font également l'objet d'une surveillance particulière en droit camerounais.

PARAGRAPHE I : LES PERSONNES POLITIQUEMENT EXPOSÉES

La question des Personnes Politiquement Exposées est une innovation des recommandations du GAFI de 2003. En effet, la corruption devenant une des principales sources de profits illicites déposés dans les établissements bancaires de ses Etats membres, le GAFI entreprit d'avancer sur le sujet. De même une grande partie des avoirs illégaux détenus dans certaines banques des centres financiers internationaux provient de l'accumulation de richesses par des dignitaires peu scrupuleux. Il était donc devenu impératif de stopper ces agissements qui ont pour conséquence d'une part d'un point de vue moral, la prédation des finances publiques de pays au bord de la faillite par des personnalités dont certains ont parfois réussi à accumuler des fortunes équivalentes à la dette extérieure de leurs propres pays, ce qui est moralement inacceptable et d'autre part, d'un point de vue économique, un obstacle au développement économique de ces pays. En outre, ces PPE font obstacle à l'impératif de moralisation de la vie publique et à l'exigence accrue de transparence vis-à-vis d'une société

---

[246] Aux termes de l'article 3 alinéa w du Règlement COBAC, une P.P.E est une personne exerçant ou ayant exercé d'importantes fonctions publiques (chef d'Etat ou de gouvernement, haut fonctionnaire de l'administration, cadre de sociétés publiques ou parapubliques) de même que toute personne physique ou morale lui étant clairement liée ou associée.

[247] Ces exigences sont contenues dans l'article 8 du Règlement COBAC.

civile devenue d'autant plus vigilante que ces hommes politiques prêchent la rigueur économique et fiscale. Avant de développer les mesures de vigilance spéciales que les banques appliquent aux PPE, une compréhension de la notion de PPE est nécessaire.

A- La notion de PPE

Après avoir défini la notion de PPE, nous marquerons un temps d'arrêt sur quelques exemples d'affaires les impliquant.

1- Définitions

En droit camerounais, les Personnes Politiquement Exposées sont définies comme des personnes exerçant ou ayant exercé d'importantes fonctions publiques, à l'instar notamment des chefs d'Etat ou de gouvernement, des figures politiques, hauts fonctionnaires de l'administration, de la magistrature ou de l'armée, cadres dirigeants de sociétés publiques et parapubliques et responsables de grands partis politiques. Il en est de même de toutes les personnes physiques ou morales qui leur sont clairement liées.[248] L'article 8 du règlement CEMAC précise en outre que les établissements bancaires doivent, avant l'admission des PPE, se renseigner sur l'origine de ces fonds, qu'elles soient ressortissantes d'un des Etats de la CEMAC ou d'un Etat ou territoire étranger.

En droit français, la Personne Politiquement Exposée est une personne résidant dans un autre Etat membre de l'Union européenne ou un pays tiers qui est exposée à des risques particuliers en raison des fonctions politiques, juridiques ou administratives qu'elle exerce ou a exercées pour le compte d'un autre Etat ou de celles qu'exercent ou ont exercées des membres directs de sa famille ou des personnes connues pour lui être étroitement associées[249]. Une liste de fonctions[250] a été établie en droit français pour permettre aux banques de déterminer si leur client est une PPE.

---

[248] Règlement COBAC de 2005.

[249] C. CUTAJAR, Blanchiment d'argent et financement du terrorisme : prévention et répression, Editions Francis Lefebvre.

[250] Ces fonctions politiques, administratives et juridictionnelles sont listées à l'article R. 561-18 du Code monétaire et financier.

Les dernières modifications des recommandations du GAFI de février 2012 sont venues élargir la notion de PPE. En effet, l'obligation d'appliquer des mesures de vigilance renforcées à l'égard des PPE est étendue aux PPE nationales et celles liées aux organisations internationales ainsi qu'à leurs familles et aux personnes qui leur sont étroitement associées[251]. Cette extension a pour but de prendre en compte les méthodes utilisées par les officiels et chefs d'Etats corrompus pour blanchir les produits de la corruption.

Le droit camerounais a bien inclus la notion de PPE nationale dans sa définition des PPE. Le droit français, espérons-le et tel que vivement souhaité par la doctrine, devra bientôt se mettre au pas des recommandations du GAFI et surtout de la Proposition de 4è Directive européenne. Cette dernière en effet définit les *« PPE étrangères »* comme *« des personnes physiques qui sont ou ont été chargées de fonctions publiques importantes par un pays tiers »*. La distinction est bien faite avec les *« PPE nationales »* définies comme *« les personnes physiques qui sont ou ont été chargées de fonctions publiques importantes par un Etat membre »*. Il est vrai, la Commission bancaire[252] avait déjà inclus les personnes de nationalité française parmi les PPE. Néanmoins, le dispositif français devrait le prévoir expressément afin de répondre à ces nouvelles exigences. Certaines affaires illustrent bien le blanchiment d'argent opéré par des PPE via les banques.

2- Quelques exemples d'affaires impliquant les PPE

Plusieurs banques ont été impliquées dans des affaires de blanchiment en rapport avec les PPE. Ce fut le cas par exemple de la banque Riggs qui s'est retrouvée à deux reprises mêlée à des affaires de blanchiment par les PPE. La banque a eu à aider le général Pinochet et le chef d'Etat de la Guinée équatoriale Teodoro Obiang Nguema, à gérer et cacher des dizaines de millions de dollars dans des opérations suspectes. En effet, des comptes avaient été ouverts au nom de Pinochet entre 1994 et 2002 alors qu'il était détenu en Angleterre et que des

[251] A-D. MERVILLE, Les nouvelles recommandations du GAFI : leur impact en droit français, Revue de droit bancaire et financier n° 5, septembre 2012, p. 20.

[252] Lignes directrices de la Commission bancaire relatives aux personnes politiquement exposées et aux notions de pays tiers et de gestion de fortune. Bulletin officiel du CECEI et de la Commission bancaire, N° 23, janvier 2010.

procédures étaient en cours pour geler ses avoirs. Entre 4 à 8 millions de dollars avaient été déposés à la banque Riggs. Ses dirigeants avaient d'ailleurs pris des dispositions pour aider Pinochet à dissimuler ces fonds au travers de la mise en place des sociétés écrans offshore, en altérant le nom de Pinochet (notamment en ne retenant qu'une partie de son nom ou le nom de jeune fille de sa femme) et en dissimulant sciemment aux autorités de tutelle l'existence de comptes.

Les mêmes agissements ont été relevés à l'occasion de l'ouverture de 60 comptes au profit du gouvernement de Guinée Equatoriale qui ont enregistré entre 400 et 700 millions de dollars. D'autres ont également été ouverts au nom de Teodoro Nguema, de sa femme et de ses proches.

Là encore, la Riggs bank a mis en place des structures offshore pour le dictateur et ses fils ; 13 millions de dollars ont été ainsi versés entre 2000 et 2002 sur leurs comptes dont 3 millions en une seule fois à l'occasion de l'ouverture du compte d'une des structures.[253] Un autre exemple de PPE est celui du général Abacha qui, pendant plusieurs années, a *« organisé avec des membres de sa famille et de son entourage, un "pillage" systématique des ressources de son pays »*[254]. En effet, après avoir détourné d'énormes fonds de son pays, Sani Abacha a eu recours à plusieurs membres de sa famille pour introduire ces fonds publics dans différents établissements bancaires notamment en Suisse et en Grande Bretagne. Pour introduire ces capitaux au sein d'établissements bancaires réputés, la famille Abacha s'est notamment appuyée sur les recommandations que lui ont fournies plusieurs clients de ces banques. Ainsi en 1996 un client britannique de longue date et de bonne réputation d'une banque suisse *« a introduit auprès de la banque une société dont les ayants droits économiques étaient, outre lui-même, deux de ses partenaires d'affaires nigérians. Ceux-ci faisaient partie de l'entourage de Sani Abacha. »*[255]. Ces affaires ont

---

[253] Exemple cité par R. d'ESTAINTOT, Les personnes politiquement exposées (PPE) : réflexions sur une obligation renforcée de vigilance. Revue de droit bancaire et financier n° 3, Mai 2009, p. 97.

[254] H. HAENEL, Utilisation du système financier aux fins du blanchiment de capitaux (texte E 2734), réunion de la délégation pour l'Union européenne du mercredi 1er décembre 2004, Justice et affaires intérieures.

[255] Rapport de la Commission des banques suisses, « Fonds « Abacha » auprès des banques suisses » du 30 aout 2000, p. 2.

donc amené le GAFI à prendre des mesures spéciales concernant les PPE.

B- La mise en œuvre de mesures spéciales

La recommandation 12 du GAFI prévoit des mesures de vigilance particulières vis-à-vis des PPE en ces termes : *« A l'égard des personnes politiquement exposées (PPE) étrangères (qu'elles soient des clients ou des bénéficiaires effectifs), les institutions financières devraient être obligées, en plus des mesures de vigilance normales relatives à la clientèle, de :*

- Disposer de systèmes appropriés de gestion des risques permettant de déterminer si le client ou le bénéficiaire effectif est une personne politiquement exposée ;
- Obtenir l'autorisation de la haute direction d'établir (ou de poursuivre, s'il s'agit d'un client existant) de telles relations d'affaires ;
- Prendre des mesures raisonnables pour établir l'origine du patrimoine et l'origine des fonds ;
- Assurer une surveillance continue à l'égard de la relation d'affaires.

Les institutions financières devraient être obligées de prendre des mesures raisonnables pour déterminer si un client ou un bénéficiaire effectif est une PPE nationale ou une personne qui exerce ou a exercé une fonction importante au sein de ou pour le compte d'une organisation internationale. Lorsque les relations d'affaires avec de telles personnes présentent un risque plus élevé, les institutions financières devraient être obligées d'appliquer les mesures des points (b), (c) et (d). Les obligations applicables à tous les types de PPE devraient également s'appliquer aux membres de la famille de ces PPE et aux personnes qui leur sont étroitement associées. ».

Conformément à cette recommandation, les législateurs français et camerounais ont pris des mesures spéciales à l'encontre des PPE. En droit camerounais, l'entrée en affaires et la relation d'affaires avec certaines personnes présentant des caractéristiques particulières sont gérées différemment par rapport aux opérations habituelles. Ainsi, l'entrée en affaires avec une *« personne politiquement exposée »*

(P.P.E.)[256] est fortement réglementée et soumise à de nombreuses exigences[257], en plus des mesures de vigilance normales : détermination si le client relève de la catégorie de PPE, nécessité de l'autorisation de la haute direction, l'identification de l'origine du patrimoine et des fonds, la surveillance renforcée et continue de la relation d'affaires. La vigilance renforcée imposée aux banques à l'égard des PPE consiste à disposer de systèmes de gestion des risques adéquats afin de déterminer si le client est une PPE, d'obtenir l'autorisation de la haute direction avant de nouer une relation d'affaires avec de tels clients, de prendre toutes mesures raisonnables pour identifier l'origine du patrimoine et des fonds impliqués dans la relation d'affaires, d'assurer une surveillance renforcée et continue de la relation d'affaires.

En droit français, les banques appliquent en outre des mesures de vigilance complémentaires concernant les PPE telles que prévues par l'article R. 561-20.-III du décret du 2 septembre 2009. En effet, dans un premier temps, elles définissent et mettent en œuvre des procédures adaptées au risque de blanchiment des capitaux permettant de déterminer si leur client est une PPE. Ensuite, la décision de nouer une relation d'affaires avec une PPE ne peut être prise que par un membre de l'organe exécutif ou toute personne habilitée à cet effet par l'organe exécutif. Enfin, les banques doivent rechercher, pour l'appréciation des risques de blanchiment de capitaux, l'origine du patrimoine et des fonds impliqués dans la relation d'affaires ou la transaction.

En outre, les banques peuvent aussi exiger pour l'ouverture d'un compte, par exemple, que le premier paiement des opérations soit effectué en provenance ou à destination d'un compte ouvert au nom du client auprès d'un organisme financier établi dans un Etat membre de l'Union européenne ou dans un Etat partie à l'accord sur l'Espace économique européen. Cependant, à cause de leur rang social, l'identification des PPE n'est cependant pas aisée pour les banques. Il s'agit là de l'une des multiples difficultés que posent les PPE.

---

[256] Aux termes de l'article 3 alinéa w du Règlement COBAC, une P.P.E est une personne exerçant ou ayant exercé d'importantes fonctions publiques (chef d'Etat ou de gouvernement, haut fonctionnaire de l'administration, cadre de sociétés publiques ou parapubliques) de même que toute personne physique ou morale lui étant clairement liée ou associée.

[257] Ces exigences sont contenues dans l'article 8 du Règlement COBAC.

C- Les difficultés d'identification des PPE

Tout d'abord, la liste des PPE prévue par le législateur français n'a pas intégré d'autres fonctions dont la vulnérabilité à la corruption et au blanchiment est aussi importante. Il s'agit entre autres des maires, des responsables de gouvernements régionaux, des dirigeants religieux et des fonctionnaires de l'urbanisme[258].

Ensuite, au cours de nos entretiens la plupart des compliance officers nous ont affirmé la réticence qu'ils avaient face à une PPE, à lui poser certaines questions. En effet, certaines banques camerounaises nous ont affirmé, parmi les difficultés rencontrées que, le détournement des fonds Publics étant le mode le plus en vue, les banques ont parfois de la peine à demander à un ministre ou haut fonctionnaire l'origine de ses fonds. Enfin, *« Il peut être très difficile de détecter qu'un client est politiquement exposé, en particulier lorsque les clients taisent des informations importantes ou apportent même des indications erronées. Dans la plupart des cas examinés, les titulaires des comptes ou les ayants droits économiques ne se sont pas identifiés comme étant politiquement exposés mais ont affirmé être des hommes d'affaires fortunés et dont l'activité est couronnée de succès. »*[259]. Comme les PPE, les relations avec les banques correspondantes font elles aussi l'objet d'une surveillance particulière de la part des banques françaises et camerounaises.

<u>PARAGRAPHE II</u> : LES BANQUES CORRESPONDANTES

La banque correspondante a été utilisée dans de nombreux circuits de recyclage dont le plus célèbre en France n'est autre que l'affaire du *« Sentier 2 »*, ce qui a amené le GAFI à prendre des mesures particulières les concernant. Dans sa recommandation 13 en effet, le GAFI dispose que : *« En ce qui concerne les relations de correspondance bancaire transfrontalière et les autres relations similaires, les institutions financières devraient être obligées, en plus des mesures de vigilance normales relatives à la clientèle, de :*

---

[258] R. de RUIG, Mauvaise influence, in Dossier : Blanchiment et terrorisme, Revue Banque, n° 695, oct. 2007, p. 42.

[259] Rapport de la Commission des banques suisses, Fonds « Abacha » auprès des banques suisses du 30 aout 2000, p. 12.

- *Rassembler suffisamment d'informations sur le correspondant afin de pleinement comprendre la nature de ses activités et d'évaluer, sur la base d'informations publiquement disponibles, sa réputation et la qualité du contrôle dont il est l'objet, ce qui implique notamment de savoir si le correspondant a fait l'objet d'une enquête ou de mesure de la part d'une autorité de contrôle en matière de blanchiment de capitaux ou de financement du terrorisme ;*
- *Evaluer les contrôles mis en place par le correspondant en matière de LBC/FT ;*
- *Obtenir l'autorisation de la haute direction avant d'établir de nouvelles relations de correspondance bancaire ;*
- *Comprendre clairement les responsabilités respectives de chaque institution ;*
- *En ce qui concerne les comptes de passage, avoir l'assurance que le correspondant a appliqué des mesures de vigilance aux clients ayant un accès direct aux comptes de la banque correspondante et qu'il est en mesure de fournir les informations pertinentes s'y rapportant sur demande de la banque correspondante.*
- *Interdire aux institutions financières d'établir ou de poursuivre une relation de correspondance bancaire avec des banques fictives. Les institutions financières devraient être obligées de s'assurer que les correspondants n'autorisent pas les banques fictives à utiliser leurs comptes ».*

Suite à cette recommandation, des dispositions ont été prises par les législateurs français et camerounais. Cependant avant de prendre connaissance de ces dispositions, il est important de comprendre dans un premier temps l'activité des banques correspondantes.

A- L'activité des banques correspondantes ou Correspondent banking

L'activité de Correspondent banking peut se définir comme une relation unissant des banques pour l'exécution de services bancaires s'effectuant à partir d'un compte courant pour répondre à des besoins de compensation des flux internationaux, de gestion de trésorerie ou encore d'investissement[260]. Il s'agit d'une démarche commerciale puisque les banques doivent développer à l'étranger un réseau de correspondants bancaires en sélectionnant les établissements selon les critères liés à leur réseau national et international, à leur honorabilité, à leur capacité de traitement en termes de volumes des différents moyens de paiement ou encore à l'étendue et à la diversité de leur participation dans les circuits d'échanges.

La banque cliente ouvre ainsi un compte en devises au sein de la banque étrangère devenue banque correspondante appelé compte Nostro (« notre compte chez eux »), symétriquement, la banque correspondante ouvre un compte miroir au sein de la banque cliente appelé compte Loro (« leur compte chez nous »). L'ensemble des flux internationaux transitera en conséquence par le biais de ces comptes qui présenteront par effet de mimétisme comptable la même position comptable mais de manière inversée : un crédit sur le compte Nostro équivaut à un débit sur le compte miroir et inversement.

La banque correspondante a ainsi un rôle particulier et original puisque la mission confiée est celle d'un intermédiaire. Elle traite les virements internationaux pour le compte de la banque cliente ; elle peut également traiter d'autres moyens de paiement comme la remise de chèques, de lettres de change, de warrants ou encore de billets à ordre. Cependant, en vue de lutter contre le blanchiment des capitaux, les législations des pays appartenant au GAFI exigent des banques correspondantes d'effectuer un double contrôle, tant sur la conformité du document présenté au regard de la présence des mentions qualificatives obligatoires[261] que sur la cohérence du document et de la chaîne des endos. La loi applicable[262] est bien entendu locale ainsi que ses contraintes en termes de secret bancaire, de protection des données personnelles ou encore en matière de lutte contre le blanchiment des capitaux.

---

[260] G. HUCHET, Eléments de présentation de l'activité de Correspondent banking, RTDF N° 3- 2008- Doctrine/ Guillaume HUCHET, p. 47.

[261] Dans le cadre de ce contrôle de conformité, il s'agit de s'assurer que le document présenté à l'encaissement peut recevoir, selon la législation locale, la qualification de chèque, de lettre de change ou de billet à ordre.

[262] La formalisation de la correspondance par la rédaction d'un contrat d'ouverture de compte courant et des services l'accompagnant est souvent délicate car la loi applicable est nécessairement la loi de la banque correspondante, l'obligeant ainsi à faire un réel effort de pédagogie dans la présentation de sa réglementation bancaire.

Le Correspondent banking est par nature une activité à risques. En effet, le correspondant n'a pas la relation client ; il ne possède aucune information pertinente sur le donneur d'ordre concernant son activité, les raisons détaillées de ce virement ou de cette remise, l'étendue de son patrimoine, le caractère habituel ou non de ce type d'opérations. En outre, le correspondant bancaire doit traiter plusieurs ordres ou remises de manière régulière provenant de la banque cliente l'empêchant d'effectuer une quelconque individualisation pour chacun des clients de la banque. En effet, la banque cliente peut envoyer à son correspondant de quelques à plusieurs centaines d'unités à traiter par jour rendant ainsi impossible un contrôle ordre par ordre avec des rapprochements selon le donneur d'ordre. Le contrôle doit donc en principe être fait en amont par la banque cliente sous la condition logique que le donneur d'ordre soit son client, à défaut le contrôle aura été effectué par la banque du donneur d'ordre.

Le correspondant doit donc s'assurer que son client effectue des contrôles suffisants en matière de connaissance du donneur d'ordre mais doit aussi avoir confiance en son client qui peut être amené à lui transmettre des ordres pour lesquels il était lui-même correspondant signifiant qu'il doit s'assurer que son client a un certain niveau d'exigence dans le choix de ses propres partenaires. Avant d'entrer en relation d'affaires avec la banque correspondante, la banque sollicitée doit apprécier les risques extérieurs[263] et internes[264] auxquels elle

[263] Lors de la négociation du contrat, les futurs partenaires doivent prendre mutuellement connaissance de la réglementation nationale applicable en matière de LAB. Une des premières questions est de déterminer à quelle liste, grise ou blanche, élaborée par le GAFI appartient son futur partenaire. Ensuite la connaissance de la position officielle des autorités régulatrices sur la problématique du blanchiment ou encore l'éventuelle existence d'une convention bilatérale de coopération entre les deux pays.

[264] L'analyse de l'environnement juridique dans lequel va s'insérer la relation de Correspondent banking impose aux partenaires dans un second temps, d'analyser mutuellement leur structure interne en portant leur attention sur un certain nombre d'éléments susceptibles de favoriser des risques dans le cadre de la lutte contre le blanchiment des capitaux. Ces normes de vigilance portent d'une part sur la connaissance de la structure sociale de son partenaire (connaissance de son client-banque cliente et banque correspondante) et d'autre part sur la connaissance de la clientèle et des activités de son partenaire (connaissance du type de clientèle et d'activités).

s'expose. Elle doit avoir une connaissance de la structure sociale[265] de son partenaire ainsi que de ses activités et sa clientèle[266]. Parce qu'elles représentent un risque de blanchiment, les banques correspondantes font l'objet de mesures spéciales.

B- La mise en œuvre de mesures spéciales

Face à tous les risques que présentent l'activité de Correspondent banking, le GAFI va exiger des opérateurs, outre les mesures de vigilance usuelles, une bonne connaissance de l'établissement correspondant, de sa réputation, des résultats d'éventuelles enquêtes menées sur son activité par les autorités de tutelle, mais aussi une évaluation du dispositif adopté par cet établissement en matière de recyclage des capitaux et de financement du terrorisme. Cette évaluation passe alors, notamment, par l'examen des systèmes de contrôle[267]. En droit camerounais, lorsque leurs correspondants dans

---

[265] Il s'agit de connaître la structure sociale de l'établissement, la composition de son capital, de son conseil d'administration (sa forme sociale ainsi que les liens capitalistiques existants).

[266] Le Correspondent banking est un véritable réseau interbancaire reposant avant tout sur la confiance qu'ont les établissements entre eux dans leur démarche de connaissance de leurs clients. Par conséquent, l'activité porte sur la vérification de l'existence d'un KYC sérieux effectué par chacun des partenaires et de l'exigence de ces derniers de ce même contrôle vis- à- vis de leurs autres correspondants. En outre, le correspondant prendra soin d'obtenir des informations sur le type et la localisation géographique des marchés desservis par la banque cliente, lui permettant ainsi de mesurer les risques auxquels il s'expose en nouant une relation de Correspondent banking.

Le correspondant devra ainsi vérifier quelle est la part du chiffre d'affaires réalisé dans des activités ou dans des pays reconnus pour faciliter le blanchiment d'argent ou le financement du terrorisme. En ce sens, le correspondant devra s'assurer que la banque cliente ne souhaite pas nouer via l'activité de Correspondent banking des relations avec des banques fictives[266] Sans toutefois présumer d'une illicéité systématique de ces structures, le correspondant devrait prudemment insérer dans le contrat mettant en place l'activité de Correspondent banking, une clause selon laquelle la banque cliente s'engage à n'entretenir aucune relation avec des banques fictives. En effet, toute négligence sur ce point crée un risque substantiel de blanchiment et des sanctions professionnelles ou pénales pour l'établissement en cause.

[267] Ces vérifications sont notamment nécessaires en présence de comptes « de passage » (« payable-through accounts »). L'établissement doit vérifier que la banque cliente a contrôlé l'identité des clients et respecté toutes les mesures de due diligence concernant les clients qui bénéficient d'un accès direct aux comptes de la banque correspondante. La banque cliente doit, bien sûr, être en mesure de produire toutes les

leurs relations d'affaires sont des établissements de crédit, les institutions assujetties sont tenues de se renseigner suffisamment sur la nature de leurs activités, leurs procédures de prévention et de détection du blanchiment, la finalité de l'opération sollicitée, l'état de la réglementation et du contrôle bancaire dans leur pays d'implantation ; ceux-ci doivent être au moins équivalents à ceux appliqués aux institutions assujetties.[268] Les institutions assujetties doivent également procéder à une révision périodique de l'identité de la clientèle et à la réactualisation de leurs données à propos de leurs clients.

En droit français, les banques appliquent des mesures de vigilance renforcées lorsqu'elles ont des relations d'affaires avec des correspondants bancaires. Dans ces cas :

- Elles recueillent sur l'établissement cocontractant des informations suffisantes pour connaître la nature de ses activités et pour apprécier, sur la base d'informations accessibles au public et exploitables, sa réputation et la qualité de la surveillance dont il fait l'objet ;
- Elles évaluent le dispositif de lutte contre le blanchiment de capitaux et le financement du terrorisme mis en place par l'établissement cocontractant ;
- Elles s'assurent que la décision de nouer une relation d'affaires avec l'établissement cocontractant est prise par un membre de l'organe exécutif ou toute personne habilitée à cet effet par l'organe exécutif ;
- Elles prévoient dans la convention de correspondant bancaire ou de distribution des instruments financiers les modalités de transmission des informations à la demande de l'établissement assujetti ;
- Elles s'assurent enfin lorsqu'elles accueillent, dans le cadre des services de correspondance bancaire, des comptes de correspondant qui sont utilisés directement par des tiers indépendants pour l'exécution d'opérations pour leur propre compte, que l'établissement de crédit cocontractant a vérifié l'identité des clients ayant un accès direct à ses comptes de correspondant et a mis en œuvre à l'égard de ces client des

---

données d'identification utiles concernant ces clients sur simple demande de la banque correspondante.

268 Cf. Article 11- (1) et (2) Règlement COBAC.

mesures de vigilance conformes à celles prévues aux articles L 561-5 et L 561-6.

D'autres clients aussi font l'objet d'une surveillance particulière de la part des banques camerounaises.

<u>PARAGRAPHE III</u> : LES AUTRES CLIENTS « EXCEPTIONNELS »

En droit camerounais, *« les clients non-résidents »*[269] sont soumis à une surveillance particulière de la part des banques qui peuvent recourir à un tiers de réputation confirmée pour vérifier l'identité du client ou exiger que les documents habituellement requis soient soumis à d'autres formalités (authentification, complément par des pièces jointes…), etc. De plus, l'entrée en affaires est contrôlée et conditionnée par l'approbation d'une personne habilitée et faute d'approbation par cette dernière, l'établissement assujetti doit renoncer à entrer en affaires avec le client[270].

La *« clientèle recommandée »*[271] est elle aussi soumise à une surveillance particulière. Ici, l'article 10 du Règlement COBAC impose que la personne assujettie évalue soigneusement la compétence et l'honorabilité des intermédiaires ayant recommandé le client et vérifie qu'ils accomplissent normalement leur devoir de diligence, en procédant si nécessaire à des examens périodiques de conformité et de fiabilité.

Les *« personnes listées »*[272] font également l'objet d'un traitement spécial. L'établissement assujetti doit déclarer à l'Anif, les

---

[269] Le client non-résident est, aux termes de l'article 3 du Règlement COBAC, une personne physique ou morale implantée dans un Etat non-membre et sollicitant l'ouverture d'un compte ou la réalisation d'une opération dans un établissement assujetti dans un Etat membre.

[270] La réglementation de la surveillance particulière des clients non-résidents est contenue dans l'article 8 du règlement COBAC de 2005.

[271] Le règlement COBAC la définit comme la clientèle dont la relation d'affaires avec un établissement assujetti procède de l'invitation d'un tiers, intermédiaire pouvant être un établissement de crédit ou toute autre personne physique ou morale.

[272] Selon l'article 3 alinéa V du Règlement COBAC, une personne listée est une personne physique ou morale ou une organisation figurant sur la liste établie par le comité des sanctions conformément aux résolutions des Nations Unies relatives à la

opérations et avoirs des personnes listées qu'il examine de façon particulière[273]. Le parquet pourra ainsi, une fois saisi par l'Anif, ordonner la suspension provisoire d'exécution de l'opération et l'interdiction de mettre à la disposition de la personne listée, les fonds et biens saisis et gelés[274].

La surveillance particulière de certaines opérations telle que recommandée par le GAFI est exigée par le droit français ainsi que les règlements communautaires CEMAC et COBAC. Ces textes encadrent plus strictement certaines opérations et clients qui inspirent et appellent la méfiance. Ce sont des opérations inhabituelles ou que le client n'a pas l'habitude d'accomplir, des opérations sans justification économique ou d'objets illicites, les opérations sur des sommes dont le montant est supérieur au seuil, les opérations de paiement en espèces ou par titre au porteur de sommes dont le montant est supérieur au seuil, les opérations de transfert de fonds (électroniques, virements,...), les opérations sur des sommes dont la provenance présente un risque (l'établissement de crédit émetteur ou destinataire, le pays d'origine ou de destination, du fait de son défaut d'engagement ou de son engagement limité dans la lutte contre le blanchiment des capitaux).

Parce que les opérations sur les chèques présentent des risques importants de blanchiment, le législateur français a pris une réglementation spécifique en la matière afin de mieux encadrer le contrôle opéré par les banques. Nous incitons le législateur camerounais à faire de même. En outre, s'agissant du traitement spécial réservé aux biens et transactions de certains clients *"exceptionnels"*, nous pensons que les catégories de personnes devant faire l'objet d'une surveillance particulière sont très réduites. En effet, les dispositions communautaires n'envisagent que certains clients particuliers, parmi lesquels les personnes listées, le législateur entendant par personnes listées les personnes reconnues comme impliquées dans les actes terroristes ou leur financement. Il serait plus adéquat à notre avis de revoir la notion de personne listée en l'étendant à toute personne condamnée ou suspectée d'être l'auteur ou le complice d'une infraction génératrice de

---

prévention et à la répression du financement du terrorisme. Ces personnes doivent faire l'objet de mesures restrictives.

273 Articles 35 et 36 du Règlement COBAC.

274 Articles 37 et 38 du Règlement COBAC.

revenus ou d'une violation des Droits de l'Homme. Les opérations effectuées par ceux-ci feraient alors l'objet de traitement spécial.

L'approche « Connais ton client » prônée par le Comité de Bâle s'inscrit, au-delà de la lutte contre le blanchiment, dans une perspective prudentielle plus vaste. De saines procédures à cet égard doivent être considérées comme un aspect essentiel d'une gestion efficace des risques bancaires. Les mesures de protection dépassent le cadre d'une simple opération d'ouverture et de tenue de compte ; elles exigent de la part des banques la mise au point d'une politique d'acceptation de la clientèle et d'un programme d'identification à plusieurs niveaux impliquant un devoir de diligence plus rigoureux à l'égard des comptes à hauts risques et une surveillance vigilante des activités suspectes.

La mise en œuvre du dispositif anti-blanchiment réclame donc de la part des établissements bancaires français et camerounais une plus grande vigilance lors de l'étape particulièrement sensible de l'identification du client et de façon plus générale en matière de connaissance du client. En droit français, cette vigilance s'applique tout au long de la relation d'affaires et dans le respect du principe de proportionnalité, c'est-à-dire que la "*collecte et la conservation de ces informations doivent être réalisées en adéquation avec les objectifs d'évaluation du risque de blanchiment des capitaux et de financement du terrorisme et de surveillance adaptée à ce risque*"[275].

Cette vigilance doit également être déployée en présence de certaines opérations d'une inhabituelle complexité. Il en est de même des relations avec certaines personnes dites *« privilégiées »* auxquelles les banques se doivent d'appliquer une vigilance accrue.

En pratique, le dispositif préventif anti-blanchiment a conduit les établissements bancaires camerounais et français, à hausser sensiblement leurs niveaux de vigilance tant du point de vue de la connaissance des clients que de l'analyse des opérations effectuées pour le compte de ces clients. Mais les exigences des législateurs ne se sont pas arrêtées à cette seule vigilance qui finalement pourrait se

---

[275] Article R. 561-12 du Code monétaire et financier modifié par le décret n° 2012-1125 du 3 octobre 2012.

comprendre comme une simple amélioration des pratiques bancaires. Les établissements bancaires en outre ont dû apporter des modifications concrètes à leurs organisations avec la création des services « compliance » et à leurs pratiques avec la mise en place des programmes de formation spécifiques et l'informatisation des outils anti-blanchiment presque obligatoires. Des procédures internes ont aussi été définies et mises en œuvre pour le contrôle des risques, le respect des obligations de vigilance, la conservation des pièces, la détection des opérations inhabituelles ou suspectes. Enfin les banques ont été obligées de mettre en œuvre des procédures de contrôle des risques périodiques et permanents. En effet, les opérations imposées dans le cadre des opérations de clientèle ne peuvent être effectivement respectées par les banquiers que si ceux-ci disposent des moyens et des procédures internes permettant d'assurer leur bonne exécution.

L'intérêt du Comité de Bâle pour des normes CC saines est lié à son souci d'intégrité du marché et a été avivé par les pertes, directes et indirectes, encourues par des banques à cause de leur manque de diligence dans l'application de procédures appropriées. Ces pertes auraient probablement pu être évitées et auraient nettement moins affecté la réputation des établissements si ceux-ci avaient disposé de programmes CC efficaces.

DEUXIÈME PARTIE : UN DISPOSITIF PORTANT ATTEINTE AUX PRINCIPES BANCAIRES

Dans son rapport 1996-1997, le GAFI faisait le constat suivant : « la tendance la plus remarquable réside dans le recours croissant et persistant des professionnels du blanchiment de capitaux aux institutions financières non bancaires et aux entreprises non financières par rapport aux établissements bancaires. On peut penser que cela traduit le respect plus rigoureux, par les banques, des mesures anti-blanchiment… ». De même, aussi bien en France qu'au Cameroun le plus grand nombre de déclarations de soupçon provient des établissements bancaires. Il est donc vrai, que du côté des banques, la réaction a indéniablement bien eu lieu. Les établissements ont bien pris conscience du rôle qu'ils devaient remplir.

Malgré cet engagement des banques dans la prévention du blanchiment des capitaux, elles demeurent en tête de liste des entreprises sanctionnées pour non-respect de la mise en œuvre du dispositif anti-blanchiment[276]. Ceci pourrait s'expliquer par le fait que le dispositif anti-blanchiment les met dans une situation embarrassante. En effet, sa mise en oeuvre a provoqué un *« bouleversement »* des techniques et mentalités bancaires, manifesté par une double mutation : de la banque opaque, guidée par une culture du secret, à la banque transparente et sollicitée pour participer à la recherche des infractions pénales ; de la banque victime du dévoiement de ses services à la banque responsable, considérée comme auteur d'infractions pénales.

Le premier aspect a vocation à changer en profondeur le métier même de banquier et le rôle que celui-ci est appelé à jouer dans la lutte contre les infractions pénales. Le dispositif anti-blanchiment repose en effet, pour une large part, sur la coopération des établissements bancaires. Le secret bancaire s'en ressent évidemment considérablement : là où jusqu'à présent les atteintes qui lui étaient portées restaient passives, le banquier se contentant le plus souvent de répondre aux demandes judiciaires pouvant lui être adressées, elles sont désormais actives, puisque dépendant de réactions spontanées des

[276] Voir les décisions citées dans la thèse.

banques. Le second aspect est tout aussi tangible. Alors que durant longtemps, les banques ont pu être considérées comme les victimes des pratiques du blanchiment, elles sont aujourd'hui considérées comme pouvant être responsables de blanchiment.

En outre, il en est résulté un infléchissement notable des relations entre les banques et leurs clients : le devoir de non-ingérence qui était au cœur de cette relation s'est transformé, pour les besoins de la lutte contre le blanchiment, en un « devoir d'ingérence » et le secret bancaire s'en est trouvé lui aussi sensiblement amoindri. Aussi, nous verrons que les banques sont soumises à l'obligation de déclaration de soupçon dont la mise en œuvre bouleverse considérablement les principes et pratiques bancaires.

TITRE I : L'OBLIGATION DE DÉCLARATION DE SOUPÇON

Afin de rendre le dispositif de détection des opérations de blanchiment de capitaux le plus efficace possible, il a été décidé par les législateurs français et camerounais d'instaurer une véritable collaboration entre les pouvoirs publics et le secteur bancaire. En effet, pour rendre l'action répressive efficace, il convenait d'intervenir le plus en amont possible. Cette volonté allait notamment se traduire dans la loi française du 12 juillet 1990 par la création de la cellule Tracfin et l'obligation pour les établissements bancaires de procéder à des déclarations de soupçons de blanchiment. Les établissements bancaires camerounais sont eux aussi soumis à la déclaration de soupçon auprès de l'Agence Nationale d'Investigation Financière277 créée par décret278 pris le 31 mai 2005.

L'obligation de déclaration de soupçon est à cet égard caractéristique de la nouvelle mission qui incombe désormais aux banques. Ce dispositif, parfois présenté comme procédant d'une logique « d'éthique sociale », oblige en effet les établissements bancaires à s'immiscer dans les affaires de leurs clients pour vérifier si les opérations que ceux-ci effectuent sont en adéquation avec ce qu'ils savent d'eux, et notamment de leur patrimoine, de leurs revenus et de leurs activités.

Les dispositifs français et camerounais de lutte contre le blanchiment des capitaux ne sont pas des dispositifs systématiques de déclaration basés exclusivement sur des critères objectifs définis a priori. Ils reposent sur une analyse au cas par cas des opérations et sommes. C'est donc par une démarche pragmatique et graduée fondée sur son appréciation nourrie de son expertise et de son expérience que la banque est tenue de détecter les opérations suspectes et de saisir le service compétent pour une déclaration. La déclaration faite par les banques camerounaises et françaises est donc fondée sur le soupçon et sa mise en œuvre fait l'objet d'un encadrement particulier.

---

[277] En abrégé ANIF.

[278] Décret n° 2005/187 du 31 mai 2005 portant organisation et fonctionnement de l'Agence Nationale d'Investigation Financière au Cameroun.

CHAPITRE I : LE FONDEMENT DE L'OBLIGATION DE DÉCLARATION DE SOUPCON

La déclaration de soupçon est entrée dans les droits positifs français et camerounais dès lors qu'il est apparu nécessaire d'associer certains acteurs de la société civile à la lutte contre les opérations de blanchiment. En effet, dans leurs législations anti-blanchiment, il a été fait obligation aux banques de déclarer à une autorité publique[279], les soupçons de possibles blanchiments.

La déclaration de soupçon a été créée en droit français par les lois du 12 juillet 1990 relatives à la participation des organismes financiers à la lutte contre le blanchiment des capitaux provenant du trafic des stupéfiants et la loi de 1993 relative à la prévention de l'utilisation du système financier aux fins de blanchiment. En droit camerounais, elle a été introduite par les textes communautaires CEMAC de 2003 et COBAC de 2005, dans un premier temps puis par le décret[280] de 2005 instituant l'Anif.

Les législations camerounaises et françaises se sont ainsi conformées à la recommandation 13 du GAFI, aux termes de laquelle *« si une institution financière soupçonne ou a des raisons suffisantes de soupçonner que des fonds proviennent d'une activité criminelle, ou sont liés au financement du terrorisme, elles devraient être tenues, directement en vertu d'une loi ou d'une réglementation, de faire sans délai une déclaration d'opérations* suspectes *auprès de la cellule de renseignements financiers (CRF) ».*

Le blanchiment consistant à faire passer des volumes considérables à travers des circuits financiers compliqués à dessein, les banquiers en contact avec les diverses opérations de recyclage n'ont qu'une vue partielle du crime. Ils ne peuvent avoir que des soupçons. Aussi, la lutte contre le blanchiment s'est organisée à partir de ces soupçons. Le fondement des systèmes français et camerounais de déclaration demeure l'analyse fine des opérations conduites avec le

---

279 Notamment le Tracfin et l'Anif.

280 Décret n° 2005/187 du 31 mai 2005 portant organisation et fonctionnement de l'Agence Nationale d'Investigation Financière au Cameroun.

concours des banques. Elle s'avère indispensable car nul n'est mieux placé que le professionnel pour déterminer si une transaction d'un client est anormale. Il s'agit d'une conception « subjective[281] » du soupçon. Cette approche repose sur « l'intelligence » car elle laisse aux banques une marge d'appréciation[282]. Les législations françaises et camerounaises ont opté pour une conception élargie de la déclaration de soupçon telle qu'imposée à l'échelle internationale en vue d'une lutte plus efficace contre le blanchiment des capitaux. Aussi, nous verrons que les banques françaises et camerounaises sont non seulement soumises à une définition élargie de la notion de soupçon, mais aussi à une extension considérable du champ des infractions principales.

SECTION I : LA NAISSANCE DU SOUPCON

La définition du soupçon est le premier aspect[283] de l'obligation de déclaration d'opérations suspectes. Elle permet en effet de définir le « degré de conviction » qui doit exister pour que les faits qui entourent une opération déterminée constituent un « soupçon » susceptible d'être déclaré. La notion de soupçon n'a cependant été définie ni par le GAFI, ni par les textes français et camerounais, ce qui est déplorable et devrait être revu au regard du rôle déterminant que joue le soupçon dans la prévention du blanchiment des capitaux. Nous pouvons cependant retenir cette définition : le soupçon s'analyse comme *« une opinion défavorable à l'égard de quelqu'un, de son comportement, fondée sur des indices, des intuitions, mais sans preuves précises »*[284].

Selon les lignes directrices de l'Autorité de contrôle prudentiel, *« dans le nouveau cadre législatif et réglementaire issu de la transposition de la troisième directive, les organismes financiers soumis au contrôle de l'Autorité de contrôle prudentiel au titre du dispositif de lutte contre le blanchiment et le financement du terrorisme*

---

[281] C. CUTAJAR, L'extension de la déclaration de soupçons et ses conséquences, Revue de Droit bancaire et financier n° 3, mai 2009, p. 109.

[282] P. WERNER in Le soupçon en question pour une lutte efficace contre le blanchiment, sous la direction de J-L. GUILLOT, A. BAC, E. JOUFFIN, D. HOTTE. Revue Banque Edition 2008.

[283] Le second aspect qui est la définition de l'éventail des activités criminelles suspectes déclencheur de la déclaration de soupçon, est étudié à la section II.

[284] G. GUITTON In Banque et Droit 2003, n° 88 p. 8.

doivent, comme précédemment, une fois complétée leur analyse de la situation de leurs clients en fonction d'informations qu'ils doivent tenir à jour, procéder à un examen de chaque opération suspecte avant d'adresser, le cas échéant, une déclaration à Tracfin »[285]. De même, dans les lignes directrices, Tracfin approfondit en la renforçant, l'interprétation du Conseil d'Etat[286] en indiquant qu'« *une déclaration de soupçons s'effectue (...) sur la base d'arguments démontrant l'effectivité de la vigilance renforcée et l'impossibilité, in fine pour le professionnel, de lever le doute et de conclure à la licéité de l'opération en cause* ».

Ces différentes dispositions, communautaires et nationales qui traitent de l'obligation de déclaration de soupçon énumèrent les transactions devant faire l'objet d'une déclaration. A côté de cette énumération, d'autres critères d'alerte destinés à attirer l'attention et la surveillance particulière de certaines opérations ou sur certaines personnes ont été prévus. Le principe est que les faits conduisant au soupçon font l'objet d'une analyse. Cependant, il existe des cas de déclaration systématique.

<u>PARAGRAPHE I</u> : L'ANALYSE DES FAITS CONDUISANT AU SOUPCON

Les législations françaises et camerounaises ont fondé leur système de déclaration sur le soupçon. Leurs banques sont soumises à une analyse des opérations laquelle leur permet de faire émerger le soupçon. Le soupçon qui conduit à la déclaration est la conclusion naturelle d'une analyse approfondie. En effet, le banquier français ou camerounais doit détecter non seulement le caractère atypique de l'opération, mais déterminer en quoi, au vu de la connaissance qu'il a du client, l'opération est suspecte. Ainsi parmi les opérations inhabituelles, seules celles considérées comme suspectes devront faire

[285] V. Bull. Comité des Etablissements de Crédit et des Entreprises d'Investissemnt et de la Commission bancaire, déc. 2009, p. 108.

[286] Dans un arrêt du 31 mars 2004, le Conseil d'Etat avait considéré que la déclaration de soupçon s'impose dès lors qu'après avoir exercé son devoir de vigilance et recueilli les informations prévues par les textes (vérification sur l'identité du client, nature de l'opération, etc.) l'assujetti ne peut pas exclure que les sommes ne proviennent pas d'un délit.

l'objet de déclaration. Ces opérations ont été précisées par les législateurs français et camerounais.

A- L'objet des faits conduisant au soupçon en droit français

Le législateur français est allé plus loin encore dans la marge d'appréciation laissée aux banques en matière de déclaration de soupçon. Tracfin précise d'ailleurs en ce sens : « *il incombe aux opérateurs et à eux seuls de décider de déclarer ou non leur suspiscion de blanchiment face à une transaction. L'aide de Tracfin sous forme d'actions de sensibilisation ou de formation des responsables et des personnels concernés, ne peut se substituer à la décision exclusive qui est la leur : un soupçon est par essence une manifestation subjective, qui se nourrit de l'expérience acquise et de la vigilance quotidienne, ainsi que de l'appréhension des caractéristiques intrinsèques de l'opération* »[287]. Aussi, l'élément déclenchant la déclaration va de la certitude « savent » au soupçon raisonnable « bonnes raisons de soupçonner » que les sommes ou les opérations proviennent d'une infraction passible d'une peine privative de liberté supérieure à un an ou celles provenant de la fraude fiscale. La Commission bancaire a elle aussi précisé des critères de déclenchement de la déclaration de soupçon. Il existe enfin d'autres situations pouvant donner lieu à déclaration.

1. Les sommes ou opérations provenant d'une infraction punie d'une peine privative de liberté supérieure à un an

L'une des nouveautés[288] apportées par l'ordonnance de 2009 est contenue dans l'article L. 561-15.-I du CMF qui dispose : *« les personnes mentionnées à l'article L. 561-2 sont tenues, dans les conditions fixées par le présent chapitre, de déclarer au service*

[287] Cf. Les déclarations de soupçon (évolution, rôle, ambiguïtés, statistiques), Banque et Droit 2004, n° 88, p. 29).

[288] Avant le nouveau texte, les établissements de crédit étaient tenus de déclarer à Tracfin « les sommes inscrites dans leurs livres qui pourraient provenir du trafic de stupéfiants, de la fraude aux intérêts financiers des Communautés européennes, de la corruption ou d'activités criminelles organisées ou qui pourraient participer au financement du terrorisme » ainsi que les opérations qui portent sur de telles sommes. Dès lors, la révélation ne pouvait intervenir, en définitive, que dans des cas relativement précis.

mentionné à l'article L. 561-23 les sommes inscrites dans leurs livres ou les opérations portant sur des sommes dont elles savent, soupçonnent ou ont de bonnes raisons de soupçonner qu'elles proviennent d'une infraction passible d'une peine privative de liberté supérieure à un an ou participent au financement du terrorisme. »

Ainsi, la banque sollicitée procède elle-même à l'analyse, sur la base de tous les éléments à sa disposition ou qu'elle peut raisonnablement rechercher (recherche du bénéficiaire effectif, fonctionnement des comptes…), qui la conduisent à constater et motiver le soupçon sur la base duquel elle doit effectuer la déclaration. Les compliance officer dans les banques doivent donc rassembler les informations permettant de confirmer ou d'infirmer les éventuels doutes qu'ils nourrissent à l'égard d'un client. En effet, le doute passe par un raisonnement intellectuel qui confirmera ou infirmera le soupçon[289].

Le législateur français n'ayant pas défini la notion de soupçon, pour comprendre les termes « soupçonnent » ou « ont de bonnes raisons de soupçonner », on pourra se reporter à l'interprétation donnée par le Conseil d'Etat dans son arrêt du 31 mars 2004[290], rendu sous l'empire de l'ancienne réglementation[291] selon laquelle, si les informations recueillies par une banque, conformément aux diligences prévues par la réglementation applicable, ne lui permettent pas d'écarter tout soupçon sur la licéité de l'opération ou l'origine des sommes, et donc d'exclure que ces sommes puissent provenir d'une infraction sous-jacente, elle doit effectuer une déclaration à Tracfin. L'expression « ont de bonnes raisons de soupçonner » vient compléter et élargir la notion de soupçon. En effet, les banques n'ont pas plus qu'avant à préciser l'infraction sous-jacente. L'obligation de mise en œuvre du dispositif et des procédures internes de prévention du blanchiment qui leur incombe devient un élément déterminant : la mise en place efficace de ce

---

289 G. HUCHET, A l'épreuve de la troisième directive : du doute au soupçon dans le cadre de l'activité de correspondent banking, La semaine juridique entreprise et affaires n° 44, 30 octobre 2008, p. 10.

290 CE, 31 mars 2004, n° 256355 : JurisData n° 2004-066899.

291 L'ancien art L.562-2 du Code monétaire et financier imposait aux banques de déclarer à Tracfin les sommes ou les opérations portant sur des sommes qui « pourraient provenir » de certaines infractions.

dispositif permet aux banques d'avoir de bonnes raisons de soupçonner des opérations devant donner lieu à déclaration[292].

Pour la Commission bancaire, un établissement doit procéder à la déclaration de soupçon lorsque l'analyse d'un dossier, justifiée par la présence d'un élément inhabituel, ne révèle rien permettant d'exclure l'origine illicite des sommes en cause. Elle détaille dans la décision sanctionnant la BRED les éléments sur lesquels doit se porter l'analyse de l'établissement : le soupçon s'apprécie au regard de l'objet, l'origine ou la destination de l'opération. Elle rappelle ainsi la chronologie des actions à mener face à une opération inhabituelle. Un ensemble de faits doit éveiller l'attention de l'établissement qui doit mener les investigations nécessaires pour s'assurer de la licéité de l'opération, puis, le cas échéant, effectuer une déclaration de soupçon[293].

Ainsi, pour les dépôts d'espèces par exemple, la répétition et la fréquence de ces dépôts, leur caractère inhabituel et insolite pour une personne donnée, le fait qu'ils ne soient pas en rapport avec l'activité ou l'environnement personnel du déposant, ou encore que les sommes inscrites en compte soient rapidement virées à l'étranger ou tout simplement converties en un chèque de banque, un titre au porteur, des devises étrangères… pourront justifier le soupçon[294]. Les sommes provenant de la fraude fiscale conduisent elles aussi à la déclaration de soupçon.

2- Les sommes ou opérations provenant d'une fraude fiscale

La fraude fiscale[295] est le fait pour toute personne de se soustraire frauduleusement ou de tenter de se soustraire frauduleusement à l'établissement ou au paiement total ou partiel des impôts, soit qu'elle ait volontairement omis de faire sa déclaration dans les délais prescrits, soit qu'elle ait volontairement dissimulé une part des sommes sujettes à l'impôt, soit qu'elle ait organisé son insolvabilité ou mis obstacle par

---

[292] Lignes directrices conjointes de l'Autorité de contrôle prudentiel et de Tracfin sur la déclaration de soupçon.

[293] F. BONNARD, Lutte contre le blanchiment : à propos de deux décisions de sanction de la Commission bancaire, JCP E n° 26, 1er juillet 2010, p. 17.

[294] Les déclarations de soupçons (évolution, rôle, ambigüités, statistiques…), Banque et droit n° 88, mars-avril 2003, p. 31.

[295] Article 1741 du Code général des impôts.

d'autres manœuvres au recouvrement de l'impôt, soit en agissant de toute autre manière frauduleuse…

En étendant les sommes ou opérations à déclarer à ceux provenant d'une infraction punie d'une peine privative de liberté supérieure à un an, le législateur français a fait rentrer la fraude fiscale comme déclencheur du soupçon. Cependant, par dérogation à l'article L 561-15 I du Code Monétaire et Financier, l'article L 561-15, II du même code prévoit que les personnes assujetties ne déclarent à Tracfin les sommes ou les opérations dont elles savent, soupçonnent ou ont de bonnes raisons de soupçonner qu'elles proviennent d'une fraude fiscale qu'en présence d'au moins un critère défini par le décret n° 2009-874 du 16 juillet 2009.

Le législateur français en effet, a conditionné la déclaration de soupçon provenant d'une fraude fiscale en fixant par décret[296] des critères devant alerter le banquier. Il s'agit de 16 critères alternatifs, les banques étant tenues de déclarer à Tracfin toute opération répondant à l'un au moins d'entre eux[297]. Les banques doivent donc procéder à une analyse préalable de chaque opération anormale détectée, afin de déterminer si l'un des critères au moins est satisfait. Ces critères visent les techniques d'organisation de l'opacité, les opérations anormales des personnes morales et différentes autres pratiques anormales[298].

Il s'agit en effet, entre autres[299], de l'utilisation de sociétés écran[300], soit si celles-ci ont une activité qui n'est pas cohérente avec l'objet social ou si ces sociétés ont leur siège social dans un Etat ou un territoire n'ayant pas conclu avec la France une convention fiscale permettant l'accès aux informations bancaires, identifié à partir d'une liste publiée par l'administration fiscale, ou à l'adresse privée d'un des bénéficiaires de l'opération suspecte ou chez un domiciliataire au sens de l'article L 123-11 du Code de Commerce.

---

[296] Décret n° 2009-874 du 16 juillet 2009.

[297] Lignes directrices conjointes de l'Autorité de contrôle prudentiel et de Tracfin sur la déclaration de soupçon.

[298] C. CUTAJAR, Déclaration de soupçon du blanchiment de la fraude fiscale, A propos du décret n° 2009-874 du 16 juillet 2009. JCP G n° 36, 31 août 2009, p. 10.

[299] Pour une liste exhaustive des critères voir le décret n° 2009-874 du 16 juillet 2009 in D. n° 2009-874

[300] Pour une définition de la notion voir C. CUTAJAR, La société écran- Essai sur sa notion et son régime juridique : LGDJ, 1998.

Il s'agit aussi du recours à l'interposition de personnes physiques n'intervenant qu'en apparence pour le compte de sociétés ou de particuliers impliqués dans des opérations financières. Il en est de même de la réalisation d'opérations financières incohérentes au regard des activités habituelles de l'entreprise ou d'opérations suspectes dans des secteurs sensibles aux fraudes à la TVA de type carrousel, tels que les secteurs de l'informatique, de la téléphonie, du matériel électronique, du matériel électroménager, de la hi-fi et de la vidéo. Cette extension constitue une avancée importante dans la lutte contre le blanchiment des capitaux et le financement du terrorisme puisqu'elle vise à associer davantage les personnes soumises à cette réglementation et organiser une transmission, sans doute plus fréquente, de leurs soupçons[301]. La jurisprudence française[302] a elle aussi fixé des critères de déclenchement du soupçon.

3- Quelques critères de déclenchement du soupçon précisés par la Commission bancaire

Il s'agit du soupçon à raison des montants, du soupçon à raison des modalités de fonctionnement du compte et du soupçon à raison de la justification économique des opérations.

a) Soupçon en raison des montants

Dans sa décision du 20 janvier 2005, la Commission bancaire considère que *« l'importance des montants versés en espèces, tant au regard de la valeur attestée des biens immobiliers vendus que par rapport aux revenus »* du client, *« sans que l'invocation de la volonté de ne pas attirer l'attention de l'administration fiscale italienne comme explication au mouvement d'espèces permette d'écarter ce soupçon ».* Elle estime aussi qu'il ya matière à déclaration lorsque *« le montant*

[301] G. HUCHET, A l'épreuve de la troisième directive : du doute au soupçon dans le cadre de l'activité de correspondent banking, La semaine juridique entreprise et affaires n° 44, 30 octobre 2008, p. 9.

[302] Cités par E. JOUFFIN et D. HOTTE, La déclaration de soupçon, état des lieux et questions in Le soupçon en question, pour une lutte efficace contre le blanchiment, sous la direction de J-L. GUILLOT, A. BAC, E. JOUFFIN, D. HOTTE. Revue Banque Edition 2008, pp. 105-106.

unitaire et la fréquence des retraits effectués au guichet apparaissent en décalage avec les besoins personnels de la famille du client », bien que le client puisse par ailleurs justifier ses revenus par une activité de location des villas sécurisées[303]. De même, il ya lieu à déclaration en présence d'un écart entre les sommes déposées en espèces et les revenus du client, bien que ce client ait justifié les dépôts d'espèces par une vente d'œuvres d'art[304].

b) Soupçon en raison des modalités de fonctionnement du compte

La Commission bancaire va rechercher des critères de déclenchement du soupçon dans les opérations subséquentes. Elle estime ainsi que des soupçons doivent naître lorsqu'un client ouvre *« un compte dans la succursale pour y déposer un chèque de notaire qui correspondrait à la vente de son appartement ; que le compte a ensuite enregistré de nombreux retraits en espèces pour un total de près de 120 000 euros, qui ont conduit à vider le compte en 8 mois »*[305].

De même, il ya lieu à déclaration de soupçon lorsqu'après la réception d'une somme de 16,14 millions d'euros sur une période d'environ deux ans, s'ensuivent des retraits et virements multiples sur différents comptes, sans que les documents communiqués puissent justifier ces mouvements de fonds. Elle souligne *« ... par ailleurs, l'établissement ne dispose pas d'informations sur l'origine des fonds autres que le nom du donneur d'ordre et n'a présenté aucun élément susceptible d'étayer la justification économique des virements reçus »*[306].

La Commission bancaire estime enfin que *« l'interrogation sur la provenance des fonds ne se limite pas à l'origine des fonds déposés sur le compte mais s'étend à l'origine et à la justification des ordres de débit du compte pour déterminer s'ils ne révèlent pas l'existence d'une activité criminelle qui serait à l'origine des opérations en cours, de sorte que le soupçon peut aussi bien concerner des opérations de sorties que des opérations d'entrée de fonds »*[307].

---

[303] Décision CB, 26 mars 2004, Banque Belgolaise.
[304] Décision CB, 20 janvier 2005 op. Cit
[305] Décision CB, 31 aout 2004, Arab Bank PLC.
[306] Décision CB, 26 mars 2004, Banque Belgolaise
[307] Décision CB, 16 avril 2002, Banque de l'Ile-de-France.

c) Soupçon en raison de la justification économique des opérations

L'Autorité de contrôle prudentiel fait obligation aux banques de déclarer les opérations sans justification économique effectuées par leurs clients. C'est ainsi que la commission nationale des sanctions a constaté l'absence d'informations sur la justification économique des mouvements sur le compte d'une cliente qui n'étaient pas cohérents au regard des informations dont la Banque Populaire Côte d'Azur disposait sur elle[308].

La Commission bancaire[309] elle aussi obligeait les banques à déclarer le compte d'une société enregistrant des opérations effectuées avec une personne physique octroyant de manière illégale des prêts à taux usuraires et à laquelle la société titulaire du compte a emprunté de l'argent, emprunts remboursés au moyen de chèques sans mention de bénéficiaire[310].

En outre, elle exige la déclaration de soupçon lorsqu'un dirigeant présentant à l'encaissement des chèques émis par la société dont il est dirigeant, mais dont les montants sont plus élevés que les sommes normalement destinées à lui revenir. La commission décide, *« à la lumière des comptes de cette société », de sanctionner l'établissement qui s'est abstenu d'effectuer une déclaration de soupçon »*[311]. D'autres situations donnent également lieu à déclaration.

4- Autres situations donnant lieu à déclaration

Les banques sont tenues de faire une déclaration à Tracfin lorsqu'elles mettent un terme à une relation d'affaires en application de l'article L. 561-8 du CMF. Dans ce cas, elles doivent analyser la

---

308 Décision de la Commission des sanctions, 10 janvier 2013, Banque Populaire Côte d'Azur.

309 Cités par E. JOUFFIN et D. HOTTE, La déclaration de soupçon, état des lieux et questions in Le soupçon en questions, pour une lutte efficace contre le blanchiment, sous la direction de J-L. GUILLOT, A. BAC, E. JOUFFIN, D. HOTTE. Revue Banque Edition 2008, pp. 106-107.

310 Décision CB, 18 mars 2003, Bank Tejarat.

311 Décision CB, 17 février 2004, Dubus SA.

situation et décider s'il y a lieu de procéder à une déclaration de soupçon[312]. De même, à l'issue de l'examen renforcé, notamment lorsque le risque de blanchiment de capitaux présenté par un client, un produit ou une transaction leur paraît élevé[313], la déclaration doit être faite le « cas échéant ». Dans ce cas, la déclaration doit être faite si l'examen renforcé n'a pas permis d'avoir la certitude de la licéité des sommes ou des opérations portant sur ces sommes[314].

Les banques sont également tenues à des déclarations complémentaires. En effet, toute information de nature à infirmer, conforter ou modifier les éléments contenus dans une déclaration doit être portée sans délai à la connaissance de Tracfin[315]. Dès lors, les informations de nature à infirmer le soupçon ou celles qui ont trait aux caractéristiques des opérations déclarées ou bien encore celles qui portent sur la connaissance de la relation d'affaires doivent être portées sans délai, quel que soit le montant des opérations concernées, à la connaissance de Tracfin. Enfin, les opérations inexécutées font aussi l'objet de déclaration de la part des banques. Les lignes directrices précisent que les tentatives d'exécution d'opérations doivent également être déclarées. L'objet de la déclaration en droit français ainsi présenté, qu'en est-il en droit camerounais ?

B- L'objet de la déclaration de soupçon en droit camerounais

Le législateur camerounais est resté sur les dispositions de la loi française du 15 mai 2001 qui consacrait la déclaration des sommes qui « pourraient provenir d'une infraction ». Même s'il s'agit d'une conception élargie de l'objet de l'obligation de déclaration en ceci que le simple doute sur la provenance des sommes doit conduire à déclaration, il serait bien que le législateur camerounais étende davantage l'objet de la déclaration de soupçon. Ainsi, aux termes de l'article 14 du Décret de 2005, les banques sont tenues de déclarer :

- Les sommes et biens qui sont en leur possession et qui pourraient être liés à un crime ou à un délit ou s'inscrire dans un processus de blanchiment des capitaux ;

---

312 Article R. 561-14 du CMF.
313 Article L. 561-10-2 du CMF.
314 Article L. 561-15, III du CMF.
315 Article L. 561-15, V du CMF.

- Les opérations qui portent sur des sommes ou biens qui pourraient provenir d'un crime ou d'un délit ou s'inscrire dans un processus de blanchiment des capitaux.

La déclaration à laquelle sont soumises les banques camerounaises repose sur une appréciation que la banque porte sur l'opération ou les biens dont elle a connaissance, en fonction de leur nature intrinsèque et des renseignements qu'elle détient sur ses clients. En pratique en effet, le banquier fait un profilage du client au moment de l'entrée en relation et pendant la relation. Au départ, les personnes physiques doivent donner leur identité, affaires, revenus prévisionnels, etc. Les personnes morales donnent leur identité, statut, associés, localisation, partenaires d'affaires, chiffre d'affaires prévisionnels, etc. C'est donc quand une action sort du profil établi au départ que le soupçon naît chez le responsable de la conformité et le chargé de la clientèle[316].

Les expressions « lorsqu'ils pourraient être liés à... » ou « lorsqu'ils pourraient provenir de ... » témoignent de ce large pouvoir d'appréciation laissé au banquier. Le verbe « pouvoir » utilisé ici signifie que la certitude de la nature frauduleuse de l'opération ou des capitaux n'est pas exigée pour faire la déclaration[317]. Ainsi, le simple doute sur la provenance des sommes doit conduire à la déclaration sans qu'il soit nécessaire d'étayer le doute par des indices concrets[318]. Même si le droit camerounais prévoit une conception extensive de la déclaration de soupçon, elle nous semble tout de même limitée au regard du droit français qui paraît plus conforme aux dispositions du GAFI en la matière. Aussi, les termes « pourraient provenir » qui sont plus vagues et lointains[319] devraient être remplacés par « dont ils

---

[316] Propos recueillis au cours de l'entretien avec le représentant du directeur de l'Anif.

[317] L'utilisation des verbes paraître et apparaître dans la loi de 1997 comme dans le Code monétaire et financier français dans sa rédaction d'avant 2001 conduisait certains professionnels à soumettre la déclaration de soupçon au constat d'indices et de faits concrets de nature à rendre vraisemblable la provenance illicite des sommes. En 2001, la Loi française relative aux Nouvelles Régulations Economiques dite Loi NRE (Loi n°2001/420) modifie certaines dispositions du code monétaire et financier et introduit le verbe pouvoir à la place du verbe apparaître.

[318] C. CUTAJAR, L'extension du champ de la déclaration de soupçons et ses conséquences, Revue de Droit bancaire et financier n° 3, mai 2009, p. 109.

[319] B. BOULOC, La prévention du blanchiment d'argent, Revue de Droit Bancaire et Financier novembre-décembre 2002 p. 360.

savent » ou « ont de bonnes raisons de soupçonner » qui supposent que les banquiers aient une sorte d'évidence. De plus, la formulation du droit français rend déterminante l'obligation de mise en œuvre de dispositifs et procédures internes de prévention anti-blanchiment au sein de chaque banque. En effet, si les dispositifs et procédures internes adéquats[320]sont en place et fonctionnent de manière efficace, les banques seront donc en mesure d'avoir de bonnes raisons de soupçonner les opérations devant donner lieu à déclaration.

Ceci serait conforme à la disposition 13 du GAFI selon laquelle *« si une institution financière soupçonne ou a des raisons suffisantes de soupçonner que des fonds proviennent d'une activité criminelle, ou sont liés au financement du terrorisme, elles devraient être tenues, directement en vertu d'une loi ou d'une réglementation, de faire sans délai une déclaration d'opérations suspectes auprès de la cellule de renseignements financiers »*. L'approche fondée sur le « soupçon » adoptée par les législateurs français et camerounais a été complétée par des dispositifs spécifiques s'appuyant sur des critères objectifs, permettant ainsi une meilleure couverture du risque de blanchiment par les banques.

PARAGRAPHE II : L'EXISTENCE DE CAS DE DÉCLARATIONS SYSTEMATIQUES IDENTIQUES

En ce qui concerne la déclaration de soupçon, les législateurs français et camerounais ont incité les banques à s'interroger sur l'intégrité des opérations en leur laissant la responsabilité de l'opportunité d'une déclaration. Les banques sont ainsi en principe, les seules à déterminer l'illicéité d'une opération après analyse, et à en faire la déclaration le cas échéant. Il s'agit là d'une approche « subjective » de déclaration de soupçon à l'inverse d'une approche déclarative systématique retenue par d'autres pays. Aux Etats- Unis et en Australie par exemple, toutes les opérations recensées comme étant des vecteurs de blanchiment doivent être déclarées systématiquement respectivement aux services Fincen et à Austrac. Avec ce second mécanisme, toutes les opérations répondant à des critères prédéfinis (certains types de transactions, en fonction du seuil ou de l'origine

---

[320] Tels qu'étudiés dans la première partie.

géographique des fonds…) sont automatiquement transmises au service anti-blanchiment.

Néanmoins, dans la perspective d'un dispositif plus efficace pour lutter contre le blanchiment des capitaux, les législateurs français et camerounais ont complété le champ des déclarations de soupçon par une systématisation de quelques indicateurs d'alerte. En effet, en complément de la déclaration basée sur une analyse de l'opération déclarable, il existe un régime de déclarations systématiques s'appuyant uniquement sur des critères objectifs. Ceux-ci sont relatifs notamment à l'identification du donneur d'ordre ou du bénéficiaire effectif d'une part, et de certaines opérations d'autre part.

A- Déclaration systématique en cas d'échec d'identification du donneur d'ordre ou du bénéficiaire effectif

En droit français, depuis l'entrée en vigueur[321] de la loi du 15 mai 2001[322] relative aux nouvelles régulations économiques, les banques doivent déclarer systématiquement les opérations pour lesquelles l'identité du donneur d'ordre ou du bénéficiaire reste douteuse malgré l'accomplissement des diligences de vigilance et toutes celles impliquant un fonds fiduciaire ou tout autre instrument de gestion d'un patrimoine d'affectation. L'article L. 561-15, IV du Code monétaire et financier a repris cette disposition en ces termes : doit être déclarée à Tracfin toute opération pour laquelle l'identité du donneur d'ordre ou du bénéficiaire effectif ou du constituant d'un fonds fiduciaire ou de tout autre instrument de gestion d'un patrimoine d'affectation reste douteuse à l'issue de l'échec de la mise en œuvre, dans des conditions satisfaisantes, des diligences prévues aux articles R. 561-5 à R. 561-10 du Code monétaire et financier.

En droit camerounais, d'après l'article 15 du décret de 2005 instituant l'ANIF, les banques sont tenues de déclarer à l'ANIF toute opération dont l'identité du donneur d'ordre ou du bénéficiaire reste douteuse malgré les diligences effectuées conformément aux

---

[321] Jusqu'à cette loi, le dispositif français de lutte contre le blanchiment reposait exclusivement sur la déclaration de soupçon.

[322] Loi n°2001-420 du 15 mai 2001 relative aux nouvelles régulations économiques, J.O., 16 mai 2001, p. 7776.

dispositions du règlement. Dans ce cas, la liberté d'appréciation laissée aux banques est exclue, celles-ci se limitant à constater que les critères légaux sont remplis pour déclarer son soupçon. A une obligation de moyens de vérifier l'identité du client, la loi substitue une obligation de résultat et la banque qui ne sera pas parvenue à contrôler cette identité devra faire la déclaration de soupçon[323] ». Il en est de même de la déclaration systématique relative à certaines opérations.

B- Déclaration systématique de certaines opérations

En droit français, l'article L. 561-15, VI du CMF précise la possibilité d'étendre, par décret, l'obligation de déclaration des organismes financiers, y compris les changeurs manuels, aux opérations pour compte propre ou pour compte de tiers effectuées avec des personnes physiques ou morales, y compris leurs filiales et établissements secondaires, établis dans l'ensemble des États ou territoires dont les insuffisances de la législation ou les pratiques font obstacle à la lutte contre le blanchiment des capitaux et le financement du terrorisme. Les lignes directrices de l'ACP précisent qu'il *« en résulte qu'en principe, par dérogation à la déclaration de soupçon du I de l'article L. 561-15, la déclaration prévue au VI est systématique dès lors que les conditions mentionnées à ce paragraphe et précisées au décret sont réunies. Elle ne donne donc pas lieu à une analyse préalable. En revanche, un dispositif de détection des opérations soumises à déclaration, doit être mis en place, compte tenu du caractère systématique de celle-ci »*.

En droit camerounais, font également l'objet de déclarations systématiques, les opérations effectuées par les organismes financiers pour compte propre ou pour compte de tiers avec des personnes morales y compris leurs filiales ou établissements, agissant sous forme ou pour le compte de fonds fiduciaires ou de tout autre instrument de gestion d'un patrimoine d'affectation dont l'identité des constituants ou des bénéficiaires n'est pas connue[324]. Le règlement de 2010 en son article 18 alinéa 2 ajoute la déclaration systématique de *« toute opération de paiement dont la valeur ou*

[323] C. CUTAJAR, Blanchiment des profits illicites et financement du terrorisme, éd. Francis Lefebvre, coll. Thèmexpress, n° 21, 2006, p. 43.
[324] Article 18 du règlement CEMAC.

l'identité du bénéficiaire effectif suscite suspicion ou dont le donneur d'ordre a effectué une opération antérieure ayant donné lieu à déclaration de soupçon ». Il s'agit là d'une disposition qui mérite d'être suivie par le législateur français. Il en est de même du champ d'application des soupçons dont ceratins aspects devraient être revus.

SECTION II : L'ETENDUE DU CHAMP D'APPLICATION DES SOUPÇONS

Le blanchiment des capitaux, bien qu'étant une infraction autonome[325] demeure une infraction de conséquence. Ce qui signifie que tout comme le recel[326], elle est la conséquence d'une première infraction. Les nouvelles recommandations du GAFI[327] précisent la nature des infractions sous-jacentes en ces termes : *« (...) les pays devraient appliquer l'infraction de blanchiment de capitaux à toutes les infractions graves afin de couvrir la gamme la plus large d'infractions sous-jacentes. »* Conformément aux recommandations du GAFI, le Cameroun et la France ont dressé un éventail des infractions sous-jacentes suivant la méthode du seuil[328]. En droit français, les infractions sous-jacentes sont définies par rapport à un seuil lié à la peine privative de liberté dont est passible l'infraction sous-jacente tandis qu'en droit camerounais, elles sont définies par rapport à une catégorie d'infractions graves. Le champ des infractions sous-jacentes tel que prévu par les législateurs français et camerounais nous paraît limité,

---

[325] Le blanchiment des capitaux est une infraction autonome par rapport à l'infraction génératrice des revenus illicites. V. H. ROBERT, Réflexion sur la nature de l'infraction de blanchiment, La semaine juridique édition générale, 28 mai 2008.

[326] Le délit de blanchiment est souvent mis en parallèle avec le recel pour deux raisons : la première tient au fait que matériellement, l'acte frauduleux consiste à détenir, en connaissance de cause, le produit du crime. La seconde raison réside dans le fait que les deux délits sont l'un et l'autre des délits de conséquence, c'est-à-dire qu'ils impliquent l'existence d'un délit préalable. Ces analogies conduisent à ce que se posent des problèmes de conflit de qualification et de cumul possible.

[327] Normes internationales sur la lutte contre le blanchiment de capitaux et le financement du terrorisme et de la prolifération, les recommandations du GAFI février 2012, disponible sur www.fatf-gafi.org

[328] Dans ses notes interprétatives, le GAFI précise que pour les pays qui adoptent la méthode du seuil, les infractions sous-jacentes devraient au minimum comprendre toutes les infractions relevant de la catégorie des infractions graves en vertu de leur droit interne ou inclure les infractions passibles d'une peine maximale de plus d'un an d'emprisonnement…

d'où la nécessité de l'étendre en vue non seulement de se conformer aux recommandations du GAFI, mais surtout de couvrir toutes les infractions même les plus minimes. Ainsi après une étude du champ de déclaration de soupçon commun aux banques françaises et camerounaises, sera mise en exergue la nécessité d'une extension du champ des infractions sous-jacentes.

PARAGRAPHE I : UN LARGE CHAMP DE DÉCLARATION DE SOUPÇON

Aux termes de sa recommandation 1, le GAFI invite les Etats à étendre leur définition du blanchiment : *« au minimum (...) toutes les infractions relevant de la catégorie des infractions graves » ou les infractions qui sont passibles d'une peine maximale de plus d'un an d'emprisonnement ou, pour les pays qui ont un seuil minimum pour les infractions dans leur système juridique, les infractions sous-jacentes devraient englober toutes les infractions passibles d'une peine minimale de plus de six mois d'emprisonnement ».*

Introduite au niveau européen par la directive 2001/97/CE du Parlement européen et du Conseil qui visait tout type de participation criminelle à une infraction grave, la notion d'infraction grave a été définie par la directive du 26 octobre 2005 comme englobant toutes les infractions punies d'une peine privative de liberté d'une durée maximale supérieure à un an. Le droit français a connu une évolution considérable des infractions sous-jacentes au blanchiment des capitaux. En effet, l'obligation faite au banquier de déclarer les soupçons d'opérations de blanchiment découle de la loi du 12 juillet 1990[329]. Très restrictive, car elle limitait les infractions sous-jacentes au seul trafic de stupéfiants, elle fut étendue par la loi du 29 janvier 1993[330] aux cas d'organisations criminelles.

[329] Loi n°90-614 du 12 juillet 1990 relative à la participation des organismes financiers à la lutte contre le blanchiment des capitaux provenant du trafic des stupéfiants, J.O., 14 juillet 1990, p. 2242 ; J.C.P., 1990, III, n°64043.

[330] Loi n°93-122 du 29 janvier 1993 relative à la prévention de la corruption et à la transparence de la vie économique et des procédures publiques, J.O., 30 janvier 1993, p. 1588 ; J.C.P., 1993, éd. III, 65957.

Ainsi, en vertu de l'article L. 562-2 ancien du Code monétaire et financier, les banques étaient tenues de déclarer à Tracfin, *« les sommes inscrites dans leurs livres qui pourraient provenir du trafic de stupéfiants, de la fraude aux intérêts financiers des Communautés européennes, de la corruption ou d'activités criminelles organisées ou qui pourraient participer au financement du terrorisme »* ainsi que *« les opérations qui portent sur des sommes qui pourraient provenir du trafic de stupéfiants, de la corruption ou d'activités criminelles organisées ou qui pourraient participer au financement du terrorisme ».* Ce champ des infractions sous-jacentes connaîtra une nouvelle extension en droit français en 2009 avec l'ordonnance du 30 janvier. Transposant la directive de 2005 sus-évoquée, ces dispositions contenues dans l'article L. 561-15. I du Code monétaire et financier, obligent les banques à déclarer désormais, les sommes ou les opérations portant sur des sommes dont elles *« savent, soupçonnent ou ont de bonnes raisons de soupçonner qu'elles proviennent d'une infraction passible d'une peine privative de liberté supérieure à un an ou participent au financement du terrorisme ».*

Le Cameroun lui aussi a connu une évolution des infractions sous-jacentes. La loi n° 97/019 du 07 Août 1997, restrictive, limitait les infractions sous-jacentes au trafic des stupéfiants[331]. Les textes communautaires de 2003[332] et de 2005[333] repris dans le décret de 2005[334] viendront étendre le champ des infractions sous-jacentes à tout crime ou délit. Il ressort en effet de l'article 14 du décret, l'obligation faite aux banques de déclarer à l'Anif : *« les sommes ou tous autres biens qui sont en leur possession lorsqu'ils pourraient être liés à un crime ou à un délit ou s'inscrire dans un processus de blanchiment de capitaux »* ainsi que *« les opérations qui portent sur des sommes ou biens qui pourraient provenir d'un crime ou d'un délit ou s'inscrire dans un processus de blanchiment de capitaux ».*

---

[331] Les infractions principales génératrices de revenus envisagées par la Loi camerounaise sont la culture, la production et la fabrication de stupéfiants et de substances psychotropes (article 91), leur trafic (articles 92 et 93), la facilitation de leur usage (article 94), leur offre ou cession en vue d'une consommation personnelle (article 95), la fourniture de précurseurs, équipements et matériels utilisés dans et pour leur culture, production ou fabrication (article 97)

[332] Règlement CEMAC de 2003.

[333] Règlement COBAC de 2005.

[334] Décret créant l'Anif.

Les banques françaises doivent donc déclarer toutes les infractions punies d'une peine privative de liberté d'une durée maximale supérieure à un an, tandis que les banques camerounaises sont soumises à déclaration lorsqu'elles ont en leur possession des sommes ou traitent des opérations qui pourraient être liés à un crime ou un délit.

A- Des sommes ou opérations provenant d'une infraction passible d'une peine privative de liberté supérieure à un an pour les banques françaises

En droit français, l'article L.561-15 I du CMF impose aux banques de déclarer à Tracfin les sommes ou opérations portant sur des sommes dont ils *« savent, soupçonnent ou ont de bonnes raisons de soupçonner qu'elles proviennent d'une infraction passible d'une peine privative de liberté supérieure à un an ou participent au financement du terrorisme »*. En droit français, la quasi-totalité des délits générateurs de profits sont sanctionnés par une peine privative de liberté supérieure à un an[335]. Entrent dès lors dans le champ de la déclaration de soupçon les sommes provenant de la quasi-totalité des infractions susceptibles de générer un profit[336]. En droit français, le champ de l'obligation de déclaration de soupçon introduite par l'ordonnance du 30 janvier 2009, s'est élargi à la quasi-totalité des formes d'activités délictuelles génératrices de profits. Celles- ci sont désormais appréciées par référence à la gravité des délits mesurée en fonction du quantum de la peine encourue. Toute activité criminelle ou délictuelle génératrice de profits, systématiquement sanctionnée en droit par une peine privative de liberté supérieure à un an (abus de confiance, abus de biens sociaux, abus de faiblesse, escroquerie, contrefaçon, délit d'initié, le délit de manipulation de cours etc.) est concernée.

Le droit français, contrairement au droit camerounais, a opéré une distinction quant à la nature des infractions sous-jacentes donnant lieu à déclaration et celles constituant le blanchiment des capitaux. L'article 324-1 du code pénal français définit le blanchiment comme le fait *« de faciliter, par tout moyen, la justification mensongère de l'origine des*

[335] Lignes directrices conjointes de l'Autorité de contrôle prudentiel et de Tracfin sur la déclaration de soupçon.

[336] C. CUTAJAR, L'extension du champ de la déclaration de soupçons et ses conséquences, Revue de Droit bancaire et financier n° 3, Mai 2009.

biens ou des revenus de l'auteur d'un crime ou d'un délit ayant procuré à celui-ci un profit direct ou indirect »[337] Ainsi que d *« apporter un concours à une opération de placement, de dissimulation ou de conversion du produit direct ou indirect d'un crime ou d'un délit »*[338]. Ainsi le domaine des infractions sous-jacentes n'est pas le même aussi bien en matière de prévention que de répression.

Il serait bien que le législateur français revoie cette différence susceptible de provoquer une confusion dans l'esprit des assujettis en général et des banques en particulier. L'infraction générale n'est donc consacrée en droit français que pour la répression du blanchiment des capitaux contrairement au droit camerounais. En droit camerounais en effet, le blanchiment est défini comme *« la conversion ou le transfert de biens provenant d'un crime ou d'un délit (...) »* ainsi que *« la dissimulation ou le déguisement de la nature, de l'origine, de l'emplacement, de la disposition, du mouvement ou de la propriété de biens provenant d'un crime ou d'un délit (...) »*[339]. De même, les banques doivent déclarer à l'Anif les sommes ou opérations qui pourraient être liées à un crime ou un délit.

B- Des sommes ou opérations provenant d'un crime ou d'un délit pour les banques camerounaises

Les règles communautaires CEMAC en matière de blanchiment des capitaux sont presque complètes. La législation pénale camerounaise n'est cependant pas inutile. Elle est simplement relayée au second plan, appelée à se mettre au service de la législation communautaire. Ainsi les textes communautaires sont complétés dans leur interprétation ou leur mise en application par les textes nationaux. Par exemple, l'article 1er du règlement CEMAC 01/03 et l'article 3 alinéa a du règlement COBAC R 2005/01 définissent le blanchiment comme *« la conversion ou le transfert de biens provenant d'un crime ou d'un délit au sens des textes applicables dans l'Etat membre... »*. La détermination des crimes et délits préalables au blanchiment se fera alors au regard des dispositions pénales internes. On fera ainsi appel à

---

337 Article 324-1, alinéa 1 du Code pénal français.

338 Article 324-1, alinéa 2 du Code pénal français.

339 Article 1er du règlement CEMAC de 2003.

l'article 21 du Code pénal camerounais et aux différentes dispositions pénales qui incriminent les crimes et les délits en droit camerounais.

Aux termes de l'article 21 du code pénal Camerounais, intitulé *« Classification des Infractions »*, *« les infractions sont classées en crimes, délits et contraventions selon les peines principales qui les sanctionnent :*

Sont qualifiés crimes, les infractions punies de la peine de mort ou d'une peine privative de liberté dont le maximum est supérieur à dix ans.

Sont qualifiés délits, les infractions punies d'une peine privative de liberté ou d'une amende lorsque la peine privative de liberté encourue est supérieure à dix jours et n'excède pas dix ans ou que le maximum de l'amende est supérieur à 25.000francs.

Sont qualifiés contraventions, les infractions punies d'un emprisonnement qui ne peut excéder dix jours ou d'une amende qui ne peut excéder 25.000francs. ».

Ainsi, pour parler de blanchiment, il faut par exemple que l'infraction préalable soit passible d'une peine privative de liberté supérieure à 10 jours et d'une amende supérieure à 25.000 francs. On devrait donc pouvoir parler de blanchiment des produits de la corruption – articles 134 et 134 bis du Code pénal – du détournement – article 184 du Code pénal - de l'abus de confiance, du vol ou de l'escroquerie – article 318 du Code pénal - de l'abus de biens sociaux – articles 9 et 22 de la Loi n° 2003/008 du 10 Juillet 2003 etc. Les infractions sous-jacentes telles que prévues par les législateurs français et camerounais nous semblent limitées. Nous les incitons donc à envisager leur extension.

PARAGRAPHE II : LA NECESSITE D'UNE EXTENSION DES INFRACTIONS SOUS-JACENTES EN DROITS FRANÇAIS ET CAMEROUNAIS

Pour une appréhension plus large du phénomène de blanchiment, les législateurs camerounais et français devraient d'une part, inclure la contravention dans le champ des infractions sous-jacentes. D'autre part, et conformément aux Recommandations du GAFI, le législateur camerounais doit procéder à l'internationalisation de l'infraction sous-jacente.

A- L'inclusion de la contravention comme infraction sous-jacente

Le législateur camerounais, concernant les infractions sous jacentes, a fait le choix de la généralité : tous les crimes et délits sans distinction sont susceptibles d'être constitutifs de l'infraction principale. Le législateur français est allé encore plus loin en touchant les sommes ou opérations provenant d'une infraction passible d'une peine privative de liberté supérieure à un an. Cependant, les contraventions n'ont pas été comprises parmi les infractions sous-jacentes. Les contraventions ne peuvent pas donner lieu à la caractérisation du délit de blanchiment en droit français et camerounais. En effet, il ressort des dispositions camerounaises incriminant le blanchiment des capitaux que les infractions passibles d'une peine privative de liberté pour une période inférieure ou égale à 10 jours et/ou d'une amende dont le montant est inférieur ou égal à 25.000 francs ne sont pas concernées par l'infraction de blanchiment.

En droit français[340], seules sont concernées les infractions passibles d'une peine d'emprisonnement. Il s'agit par exemple de l'emprisonnement délictuel. L'article 131-1 du code pénal définit l'échelle des peines criminelles comme suit : (1) la réclusion/détention criminelle de 15 ans ; (2) la réclusion / détention criminelle de 20 ans ; (3) la réclusion/ détention/criminelle de 30 ans ; et (4) la réclusion/détention à perpétuité. Si le principe est la privation de liberté, la peine d'amende peut être prévue pour certaines infractions.

D'une part, pour une incrimination plus large du blanchiment, nous incitons les législateurs français et camerounais à une extension des infractions sous-jacentes à la contravention. D'autre part, sur un plan pratique, pour systématiser les investigations financières, dans la

[340] La détermination des contraventions ne relève pas –à l'inverse des crimes et délits –du législateur. Seul le pouvoir exécutif décide des contraventions par décret en conseil d'État (article 53 de la Constitution de 1958). Toutefois, les grands principes généraux, comme l'échelle de peines, sont définis par le pouvoir législatif. Depuis l'entrée en vigueur du nouveau code pénal en 1994, les contraventions ne sont plus punies que de peines d'amende.

mesure où la détection d'une contravention entraînerait des vérifications. Il en va de même de leur internalisation.

B- L'internationalisation de l'infraction sous-jacente en droit camerounais

Pour le GAFI, les infractions sous-jacentes au blanchiment des capitaux devraient s'étendre aux actes commis dans un autre pays, qui constituent une infraction dans ce pays, et qui auraient constitué une infraction sous-jacente s'ils avaient été commis sur le territoire national.

Les pays peuvent prévoir que la seule condition requise est que l'acte aurait constitué une infraction sous-jacente s'il avait été commis sur le territoire national. C'est ainsi que la recommandation 1 du Groupe d'action financière offre aux États la possibilité de prévoir que, pour qualifier le blanchiment au regard de l'infraction principale, « la seule condition requise est que les actes auraient été qualifiés d'infractions sous-jacentes s'ils avaient été commis sur le territoire national ».

La Convention du Conseil de l'Europe relative au blanchiment, au dépistage, à la saisie et à la confiscation des produits du crime et au financement du terrorisme (Varsovie, 16 mai 2005), non encore signée par la France, va encore plus loin lorsqu'à l'article 9, § 6, elle prévoit que *« chaque partie s'assure qu'une condamnation pour blanchiment au sens du présent article est possible dès lors qu'il est prouvé que les biens objet de l'un des actes énumérés au § 1.a ou b de cet article, proviennent d'une infraction principale, sans qu'il soit nécessaire de prouver de quelle infraction précise il s'agit ».*

Cette recommandation a été mise en œuvre par la jurisprudence française. En effet, pour la chambre criminelle[341], « le délit de blanchiment n'impose ni que l'infraction ayant permis d'obtenir les sommes blanchies ait eu lieu sur le territoire national ni que les juridictions françaises soient compétentes pour la poursuivre ». C'est pourquoi l'article 432-11 du Code pénal a permis de qualifier les

---

[341]Chantal CUTAJAR, Autonomie du blanchiment dans un contexte international, Note ss Cass. crim., 24 févr. 2010, n° 09-82.857, FS P+F : Jurisdata n° 2010-000779, La Semaine Juridique Edition Générale n° 23, 7 Juin 2010.

comportements du prévenu. Qu'il ne permette pas de les poursuivre n'a pas de conséquence sur la qualification du blanchiment si par ailleurs, les éléments constitutifs du délit sont réunis. Déjà dans un arrêt de la cour d'appel de Montpellier, les juges ont considéré que, dès lors que l'existence de l'infraction principale est constatée, il importe peu qu'elle ait été ou non effectivement punie, le fait qu'elle ait été commise à l'étranger ou par un étranger, ou même par un auteur inconnu, est sans incidence sur le blanchiment qui est un délit distinct punissable par la loi française *(CA Montpellier, 3e ch. corr., 30 avr. 2002 :).* La même cour *(CA Montpellier, 3e ch. corr., 20 janv. 2005 :),* avait condamné un prévenu, un ressortissant italien, pour blanchiment du produit d'un travail dissimulé en déduisant l'existence de l'infraction principale de ce que l'enquête avait permis d'établir de nombreux versements en espèces sur différents comptes bancaires alors qu'il n'avait jamais établi de déclaration d'impôts en Italie, qu'il n'était pas connu de la chambre de commerce, que l'immeuble constituant à la fois son domicile et son siège social n'avait aucun bureau laissant supposer une activité commerciale, et qu'il n'était pas connu comme exerçant l'activité d'agent de voyages en Italie. La cour en déduit que le prévenu n'exerçait aucune activité déclarée. Le législateur camerounais n'a pas introduit ces infractions dans sa définition des infractions sous-jacentes. Nous l'incitons donc à penser à le faire.

La déclaration de soupçon est le « centre nerveux »[342] de la lutte contre le blanchiment des capitaux en France et au Cameroun. En effet, les régimes déclaratifs français et camerounais n'ont rien d'automatique. Ils supposent au contraire un engagement de la part des banques qui ont été obligées de se doter à cet effet, d'un dispositif interne de remontée et de traitement des informations concernant leurs activités. Les banquiers français et camerounais disposent donc d'une large marge d'appréciation des opérations à déclarer. Dès lors, ce n'est qu'à l'issue d'une démarche intellectuelle, d'une analyse, d'investigations et de recoupements d'informations[343], qu'ils décideront ou non de faire la déclaration. Il s'agit d'une approche « subjective » de déclaration de soupçon.

---

[342] E. JOUFFIN et D. HOTTE, La déclaration de soupçon, état des lieux et questions in Le soupçon en question pour une lutte efficace contre le blanchiment Op. Cit p. 134.

[343] Notamment par le biais d'entretiens commerciaux avec les clients.

A côté de ces déclarations « classiques », les législateurs français et camerounais ont également prévu des déclarations systématiques qui viennent compléter leurs dispositifs préventifs. En outre, les droits français et camerounais ont retenu une conception élargie de l'infraction d'origine permettant de dégager les capitaux illicites. Le droit français s'est montré encore plus précis en étendant ces infractions préalables aux infractions passibles « d'une peine privative de liberté supérieure à un an ou participant au financement du terrorisme ». Cette extension permet de faciliter les déclarations de soupçon dans la mesure où les banques ne sont plus obligées de se livrer à un exercice de qualification pour lequel elles ne disposaient d'aucune compétence.

Une telle solution mérite d'être suivie par le législateur camerounais. En effet, bien que prévoyant elles aussi une conception extensive des infractions préalables au blanchiment à savoir les sommes ou opérations portant sur des sommes qui pourraient être liées à tout crime ou délit, les législations communautaires et nationales sont moins précises. Le législateur camerounais devrait donc circonscrire le champ des infractions préalables au blanchiment des capitaux.

De même, les législations françaises et camerounaises devraient étendre le champ des infractions sous-jacentes aux contraventions. De même, le législateur camerounais devrait les étendre aux actes commis dans un autre pays, qui constituent une infraction dans ce pays, et qui auraient constitué une infraction sous-jacente s'ils avaient été commis sur le territoire national tel que prévu par le GAFI. Les recommandations du GAFI transposées en droit interne français et camerounais ont également bien encadré la déclaration de soupçon dont la mise en œuvre au sein des banques françaises et camerounaises fait l'objet d'un régime particulier.

CHAPITRE II : LA MISE EN ŒUVRE DE LA DÉCLARATION DE SOUPÇON

De tout le dispositif préventif anti-blanchiment, c'est précisément cette phase qui a provoqué une forte réaction de la place bancaire mondiale. Les banquiers français et camerounais ont eu beaucoup de mal à intégrer le rôle qui leur était attribué en vue d'une lutte plus efficace contre le blanchiment des capitaux. Certains auteurs sont même allés jusqu'à les qualifier d'« auxiliaires de police ». En effet, le banquier se voyait mal trahir cette confiance qui naissait entre son client et lui dès l'ouverture de la relation d'affaires. Néanmoins ces réticences ne feront pas long feu car très vite les banquiers prendront conscience de l'intérêt de se protéger des blanchisseurs. De plus, il est important de noter que si le banquier déclare ses soupçons, il ne s'agit pas de délation, il ne dénonce pas l'infraction d'un client dont il trahit la confiance, mais *« il dénonce un acte par lequel celui-ci veut l'impliquer dans son crime comme receleur, de celui qui veut, contre le gré du banquier, lui faire commettre une infraction »*[344].

Tout de même, parce que délicate, la déclaration de soupçon a été très encadrée et mise en œuvre dans des conditions particulières. Ainsi, si l'ensemble du personnel bancaire est concerné par la mise en œuvre du dispositif anti-blanchiment notamment en assurant une vigilance constante sur les opérations et sommes qu'il traite, seules certaines personnes spécialement désignées peuvent effectuer des déclarations au service indiqué. Un service a ainsi été créé en vue de recevoir et traiter les déclarations de soupçon.

En outre, parce que la déclaration de soupçon n'était pas sans conséquence, en contrepartie de l'obligation de déclaration et en vue de préserver les banquiers d'éventuelles poursuites de la part de leurs clients, les législations françaises et camerounaises, conformément au GAFI ont assuré leur protection. La mise en œuvre de la déclaration de soupçon se fait suivant le respect de certaines conditions et produit certains effets.

---

[344] E. SCHAEFFER, Blanchiment de l'argent de la drogue, R.I.P.C n°2, avril-août 1993, p.250-251.

SECTION I : LES CONDITIONS DE MISE EN ŒUVRE DE LA DÉCLARATION DE SOUPÇON

La procédure de déclaration de soupçon à laquelle sont soumises par principe les banques françaises et camerounaises leur confère la responsabilité d'analyser les transactions qu'elles gèrent et de décider si elles risquent de recouvrir des agissements suspects. Ce dispositif suppose un engagement des banques qui sont tenues de se doter d'un mécanisme interne de remontée et de décantation de l'information, et donc de désigner un « correspondant » habilité à nouer une relation avec le service réceptionnaire de la déclaration.

La masse de renseignements est donc sélectionnée par les banques elles-mêmes lesquelles, en cas de soupçon, les transmettent pour traitement à leurs cellules de renseignement financier que sont l'Anif pour les banques camerounaises et le Tracfin pour les banques françaises.

La déclaration de soupçon est donc déclenchée par des personnes désignées au sein des banques, notamment des déclarants et correspondants des établissements bancaires et transmise à des centres de recueil et de traitement des déclarations de soupçon que sont l'Anif pour les banques camerounaises et le Tracfin pour les banques françaises.

PARAGRAPHE I : LA DÉSIGNATION DES DÉCLARANTS ET CORRESPONDANTS DES ETABLISSEMENTS BANCAIRES

La déclaration des opérations suspectes ne se fait pas dans le désordre et par n'importe qui. Selon le règlement COBAC de 2005 et l'ordonnance française de 2009, les banques doivent désigner en leur sein des agents responsables de cette mission. Il s'agit en effet, de responsabiliser leur personnel et d'instaurer une discipline qui tienne compte de l'enjeu de l'acte à poser, car la déclaration ne doit pas être une fantaisie. Conformément à ces dispositions, les banques françaises et camerounaises ont désigné des déclarants qui se distinguent clairement des correspondants.

A- Les déclarants et correspondants de Tracfin et et L'Anif

Les banques françaises et camerounaises ont mis en place un système de remontée de l'information et de la déclaration de soupçon potentielle depuis un guichet d'agence jusqu'à une cellule spécialisée. Aussi, le déclarant s'identifie à la banque elle-même tandis que le correspondant est le représentant de la banque au titre de la lutte anti-blanchiment.

1- Les déclarants

Le principe ainsi que l'exception qui lui sont apportés sont les mêmes en droit français et en droit camerounais. En droit camerounais, l'article 41 du règlement COBAC prévoit que *« tout établissement assujetti communique à l'ANIF et à la COBAC l'identité de ses dirigeants et préposés normalement habilités à faire la déclaration »*. Cependant, tout dirigeant ou préposé d'un établissement assujetti, même s'il n'est pas normalement habilité, peut prendre l'initiative de déclarer lui-même à l'Anif, dans des cas exceptionnels et en raison notamment de l'urgence, une opération suspecte. Il en rend compte dans les meilleurs délais à l'une des personnes normalement habilitées. En droit français, l'article R. 561-23, III du CMF prévoit que les banques doivent habiliter une personne, seule compétente, pour procéder aux déclarations à Tracfin. De même, tout changement concernant cette personne doit être porté sans délai à la connaissance de Tracfin.

Cependant, en cas d'urgence, toute personne, dirigeant ou préposé de la banque, peut procéder à la déclaration. L'article R. 561-23, I, al.1 du CMF précise en outre que les banques doivent communiquer à Tracfin ainsi qu'à l'Autorité de Contrôle Prudentiel l'identité de leurs dirigeants ou préposés habilités à procéder aux déclarations de soupçons. Conformément à ces dispositions, les banques camerounaises et françaises ont bien désigné en leur sein des déclarants. Il en est de même des correspondants.

2- Les correspondants et le droit de communication

En droit camerounais, les établissements bancaires doivent communiquer à l'Anif et à la COBAC l'identité de leurs dirigeants ou préposés chargés de répondre à toute demande émanant de l'Anif ou de la COBAC, de recevoir les accusés de réception des déclarations faites par l'organisme, et d'assurer la diffusion aux membres concernés du personnel des informations, avis ou recommandations de caractère général en provenance de l'Anif ou de la COBAC[345].

Il en est de même en droit français. Les banques doivent communiquer à Tracfin ainsi qu'à l'Autorité de Contrôle Prudentiel, l'identité de leurs dirigeants ou préposés qui sont chargés de répondre à leurs demandes et d'assurer la diffusion aux membres concernés du personnel des avis, recommandations de caractère général qui en émanent[346]. De même, tout changement concernant les personnes désignées comme correspondants doit être porté sans délai à la connaissance de Tracfin et de l'ACP. Les législateurs français et camerounais ont aussi opéré une distinction entre le déclarant et le correspondant.

B- Distinction déclarant-correspondant

Les législations françaises et camerounaises distinguent clairement au sein des banques les missions de déclarant de celles de correspondant. Ainsi elles doivent désigner au service Tracfin pour les banques françaises et l'Anif pour les banques camerounaises ainsi qu'à leur autorité de contrôle, notamment, l'Autorité de Contrôle Prudentiel et la Commission Bancaire, d'une part la ou les personne(s), dirigeants ou préposés, normalement habilitée(s) à faire la déclaration prévue aux articles L. 561-15 du CMF (art. R. 561-23, I CMF) et 26 et 28 du Règlement Cobac, d'autre part celle(s) chargées d'en recevoir l'accusé de réception, de répondre aux demandes des deux organismes et d'assurer la diffusion aux personnels intéressés des informations, avis ou recommandations de caractère général (art. R. 562-1, al. 1 et R. 562-2, al.1 CMF) et articles 41 et 42 du Règlement Cobac.

Particularité du droit français : la même personne peut cumuler les deux fonctions. Les fonctions de déclarant et correspondant doivent être assurées de manière continue pour être en mesure de répondre dans les délais impartis aux demandes de Tracfin.

---

[345] Article 42 du règlement COBAC de 2005.

[346] Article R. 561-24, al. 1 du CMF.

Tout remplacement du déclarant ou du correspondant doit donner lieu à une information de la cellule de renseignement financier sans délai, et le cas échéant de l'autorité de contrôle (art. R. 561-23, II, R. 561-24, al.3). De même, lorsqu'une même banque désigne un déclarant et un correspondant, ceux-ci doivent se communiquer les informations portées à leur connaissance par Tracfin et se tenir informés des demandes qui en émanent[347].

Désignation des correspondants et déclarants au sein des réseaux d'établissements du secteur bancaire : les banques affiliées à un organe central peuvent désigner une ou plusieurs personnes spécialement habilitées dans un autre établissement assujetti appartenant au même réseau, à condition qu'elles exercent en France[348]. En cas de soupçon ou de détection d'une opération de blanchiment, le déclarant alerte l'Anif ou le Tracfin.

PARAGRAPHE II : LES CENTRES DE RECUEIL ET DE TRAITEMENT DES DÉCLARATIONS DE SOUPÇON

La mise en œuvre d'un système nécessitant la déclaration des opérations suspectes par les banques rendait nécessaire la création d'un bureau ou d'un organisme central pour l'évaluation et le traitement de ces déclarations[349]. La cellule de renseignement financier française dénommée Tracfin est comptée parmi les premières[350] à avoir été créées, en raison de la nécessité d'un organisme central pour la réception, l'analyse et la diffusion d'informations financières en vue de lutter contre le blanchiment des capitaux.

Au Cameroun, c'est en 2005 que sera créée la cellule de renseignement financier dénommée Anif. Les banques françaises et camerounaises, par la déclaration de soupçons auprès de leurs CRF

[347] Article R. 561-27 du CMF.
[348] Article R. 561-30 du CMF.
[349] Groupe EGMONT 1995, The First International Meeting of Organizations Devoted to Anti-Money Laundering (Bruxelles) p. 1.
[350] Dans son ouvrage intitulé Les cellules de renseignement financier, tour d'horizon, version révisée de 2004 http://www.imf.org/external/pubs/ft/fiu/fra/fiuf.pdf, Le Fonds Monétaire International précise que les toutes premières cellules de renseignement financier ont été créées au début des années 1990 année de création de Tracfin.

respectives à savoir l'Anif pour les banques camerounaises et le Tracfin pour les banques françaises, mettent en mouvement la procédure d'alerte. Une fois qu'elle est faite, la déclaration reçoit un traitement particulier dont les modalités sont quasi-identiques en droit français et camerounais.

A- L'Agence Nationale d'Investigation Financière et le Traitement du Renseignement et Action contre les Circuits Financiers Clandestins : des missions identiques mais une organisation un peu différente

Les textes français et camerounais organisant la prévention et la répression du blanchiment des capitaux désignent comme créanciers de l'obligation de déclaration de soupçons, respectivement le Tracfin et l'Agence Nationale d'Investigation Financière. Ces deux services relèvent toutes deux du ministère des finances[351] et ont des missions identiques. Il existe enfin une relation bilatérale entre les deux services.

1- L'organisation de Tracfin et de l'Anif

a) Le Tracfin

Créé en 1989 et institutionnalisé au sein du ministère de l'économie et des finances par décret du 9 mai 1990[352], Tracfin est passé de « service institué » à la « cellule de renseignement financier nationale » tel que recommandé par le GAFI et au niveau européen par la directive du 26 octobre 2005. Cette dernière dispose en son article 22 en effet : *« Chaque Etat membre établit une CRF, afin de combattre efficacement le blanchiment de capitaux et le financement du terrorisme. Celle-ci doit être créée sous la forme d'une cellule nationale centrale... ».* Initialement créé au sein du ministère de l'Economie, des Finances et du Budget, Tracfin est devenu un service à compétence nationale par décret pris le 6 décembre 2006, rattaché au

---

[351] Selon les Etats, ce service peut être soit totalement autonome, soit rattaché à la Banque centrale, soit partie intégrante du système judiciaire (cas du Luxembourg où c'est le Tribunal d'arrondissement de Luxembourg qui est chargé du traitement de ce type d'affaires, sous la direction du Procureur d'Etat adjoint.) ou d'un service de police (cas du Portugal où la D.C.I.T.E./B.I.B. est placée sous l'autorité du directeur de la Police judiciaire portugaise ; en Suisse, le M.R.O.S. est dirigé par le directeur de l'Office fédéral de police de la Confédération helvétique).

[352] Rapport Tracfin 2006, disponible sur www.economie.gouv.fr

ministre de l'Economie, de l'Industrie et de l'Emploi et au ministre chargé du Budget, des comptes publics de la Fonction publique et de la Réforme de l'Etat[353]. Il est déploré l'absence de réglementation de son statut juridique tout comme celui des autres cellules de renseignement financier européennes.

La croissance continue des déclarations de soupçon reçues et la diversification des missions introduites par l'ordonnance de 2009 ont nécessité de revoir la précédente organisation résultant des textes de décembre 2006. L'action opérationnelle du service s'organise désormais autour de deux départements et d'une cellule spécialisée :

- Un département de l'analyse, du renseignement et de l'information (DARI) chargé du recueil des déclarations de soupçon, de leur orientation, de l'analyse du renseignement financier et des relations avec les professionnels déclarants ainsi que les relations internationales ;
- Un département des enquêtes (DE) qui assure les investigations approfondies nécessaires au traitement des affaires le justifiant.
- Une cellule spécifique dédiée au traitement des affaires de financement du terrorisme.

Les fonctions support sont assurées par un département des affaires administratives et financières (DAAF) qui se substitue à la cellule « affaires générales ». Le service à compétence nationale Tracfin est dirigé par un directeur et un directeur adjoint désignés par arrêté conjoint du ministre chargé de l'Économie et du ministre chargé du Budget.[354] Il est composé d'un département d'enquêtes, d'un département institutionnel et d'un service chargé des affaires générales[355]. Depuis 2006, Tracfin a augmenté ses effectifs de 50 %, portant ainsi le nombre d'agents affecté à 84. Ce renforcement des moyens humains s'explique par la nécessité de mettre à niveau les effectifs du service au regard de la croissance continue de l'activité. Il a été accompagné de la réorganisation administrative mise en place en 2006 et finalisée en 2011. 42 % des agents sont affectés au département des enquêtes, 31 % au département de l'analyse et du renseignement.

---

[353] Art R. 561-33 al 1er du CMF.
[354] Article R. 561-34 du CMF.
[355] Plus de détails sur http://www.tracfin.bercy.gouv.fr/pdf/organigramme.pdf

Les fonctions support et de direction représentent 27 % des effectifs du service (personnels de direction, informaticiens, magistrats, chargés de mission et officiers de liaison). 57 % des agents sont originaires de l'administration des douanes. Cependant Tracfin a engagé depuis l'année 2009 un processus de diversification de ses recrutements, à la fois au sein du ministère, mais aussi à l'extérieur (recrutement d'un contractuel).

Ainsi au 31 décembre 2011 les agents de la DGFIP représentent 20 % de l'effectif. L'administration centrale et la DGCCRF ont également pourvu aux emplois du service. Les agents de catégorie A et A+ représentent 73 % de l'effectif, ce qui s'explique par la nature des missions du service. Il emploie des agents spécialement habilités par le ministre chargé de l'Économie[356]. Les agents affectés au service Tracfin ou travaillant sous l'autorité de ce service sont habilités au secret défense[357].

b) L'Agence Nationale d'Investigation Financière

Selon les articles 26 et 28 du Règlement COBAC de 2005, puis 18 et 26 du Règlement CEMAC de 2003, les banques sont tenues de faire leurs déclarations auprès de l'Anif. Cette structure qui a été instituée dans chaque Etat membre de la communauté par l'article 25 du Règlement CEMAC est régie par les articles 26 à 35 du Règlement de 2003 et au Cameroun par le Décret n° 2005/187 du 31 Mai 2005 portant organisation et fonctionnement de l'Anif.

L'article 2 du décret de 2005 présente l'Anif comme un service public de renseignement financier rattaché au ministre en charge des finances, mais doté de l'autonomie financière et d'un pouvoir de décision sur les matières relevant de sa compétence. L'Anif est composée des membres statutaires et des services d'appui. Les membres statutaires comprennent le directeur et trois chargés d'études. Le directeur, un haut fonctionnaire détaché du ministère en charge des finances, est nommé par décret du premier ministre, chef du gouvernement. Les chargés d'études sont également de hauts cadres,

---

356 Article L. 561-23, al. 1er du CMF.

357 Article R. 561-35 du CMF.

nommés par un arrêté du ministre des finances sur proposition de leur administration d'origine. Il s'agit :

- D'un fonctionnaire provenant du Ministère des finances, expert en questions douanières ou écritures bancaires ;
- D'un officier de police judiciaire, spécialisé dans les questions financières, provenant du Ministère de la défense ou de la Délégation générale à la Sûreté nationale ;
- D'un magistrat doté d'une expertise dans les questions financières.

L'Anif dispose enfin de divers services, notamment des unités opérationnelles chargées d'assister les membres statutaires et d'apporter un appui technique approprié à la réalisation des missions qui sont assignées à l'agence. L'Anif est indépendante. Elle ne reçoit pas d'ordre et pas d'interférence externe en dehors de son lien de subordination hiérarchique au ministère des finances. C'est vrai que les membres de l'Anif sont subordonnés à un gouvernement qui les nomme après approbation du président de la république, mais ils n'ont pas de pression. Après tout, l'Anif n'a pas besoin de l'accord du Minfi pour saisir le procureur ; il lui transmet les dossiers plus à titre d'information. L'Anif ne condamne personne. Elle saisit le procureur, qui saisit le ministère de la justice, qui saisit le président de la république, qui décide en ultime ressort du sort à réserver au dossier.

2) Les missions de Tracfin et de l'Anif

Tracfin est chargé de plusieurs missions énumérées à l'article R.561- 33 du CMF. Il s'agit de :

- Recevoir et traiter les déclarations de soupçons et les informations transmises et collectées dans le cadre de ses attributions ;
- Recueillir, traiter et diffuser le renseignement relatif aux infractions punies d'une peine d'emprisonnement supérieure à un an ;
- Animer et coordonner au niveau national et international les moyens d'investigation dont disposent les administrations ou les services relevant du ministre chargé de l'Économie et du ministre chargé du Budget ainsi que les organismes qui y sont rattachés ;

- Participer à l'étude des mesures à mettre en œuvre pour faire échec aux circuits financiers clandestins, au blanchiment de capitaux et au financement du terrorisme ;

- Développer en relation avec les directions concernées relevant du ministère chargé de l'Économie et du ministre du Budget l'action internationale de lutte contre les circuits financiers clandestins, le blanchiment de capitaux et le financement du terrorisme.

Ces missions sont résumées à l'article L. 561-23 du Code monétaire et financier qui énonce que : *« ce service recueille, analyse, enrichit et exploite tout renseignement propre à établir l'origine ou la destination des sommes ou la nature des opérations ayant fait l'objet d'une déclaration mentionnée à l'article. L. 561-15 ou d'une information reçue au titre des articles L. 561-26, L. 561-27, L. 561-30 ou L. 561-31. »* De plus, avec l'ordonnance de 2009, une nouvelle mission est attribuée à Tracfin[358] : celle de diffuser aux professionnels et à leurs autorités de contrôle *« les informations dont il dispose sur les mécanismes de blanchiment de capitaux ou de financement du terrorisme »*[359].

L'Anif quant à elle remplit deux missions essentielles : elle est tout d'abord une institution investigatrice chargée de recueillir, de rassembler, de traiter et de transmettre aux autorités judiciaires les informations concernant la commission d'infractions principales ou de blanchiment. Elle est ensuite une centrale de renseignements, une banque de données auprès de laquelle personnes assujetties et autorités judiciaires peuvent recueillir des informations.

Sur la période allant du 27 juin au 1er juillet 2010, une délégation de l'Anif conduite par son Directeur a pris part aux travaux de la plénière du Groupe Egmont à Carthagène en Colombie, à l'issue desquels l'Anif a été élue membre dudit Groupe sous le parrainage des Cellules de Renseignement Financier (CRF) de la France, du Sénégal et de l'Ile Maurice.

---

358 H. ROBERT, Tracfin après l'ordonnance n° 2009-104 du 30 janvier 2009, Revue de droit bancaire et financier mai-juin 2009, p. 101.

359 C. monét. fin. art. L. 561-35.

3) Relation bilatérale entre Tracfin et l'Anif

Tous deux font partie du groupe EGMONT[360] et Tracfin y a d'ailleurs parrainé l'Anif lors de sa session plénière de juillet 2010.

B- Des modalités de déclaration de soupçon quasi-identiques

Nous étudierons successivement la forme de la déclaration de soupçon, son contenu, le moment de la déclaration et l'activité déclarative des banques françaises et camerounaises.

1- Forme de la déclaration

En droit français tout comme en droit camerounais, la déclaration est en principe établie par écrit. Les déclarations à l'ANIF peuvent être aussi verbales. Dans ce cas, elles sont recueillies par Tracfin en présence du ou des déclarants. Les déclarations faites par voie de téléphone peuvent être confirmées par télécopie ou tout autre moyen écrit. En droit camerounais, les déclarations peuvent être verbales ou écrites. Elles peuvent aussi être faites par voie de téléphone et dans ces cas, une confirmation doit être faite soit par télécopie ou tout autre moyen écrit.

Le principe est le même en droit français, la déclaration est établie par écrit mais elle peut être recueillie verbalement par Tracfin. Dans ce cas, elle est recueillie par Tracfin en présence du ou des déclarants. Elle doit être accompagnée de la remise de toute pièce ou document justificatif utile. La déclaration écrite doit être signée. Tracfin accuse réception de la déclaration sauf si la personne

---

[360] Le Groupe Egmont est une organisation internationale qui regroupe en son sein, les CRF à travers le monde. Il compte en 2010, 120 pays membres et comprend entre autres le Secrétariat exécutif, le Comité et 05 groupes de travail que sont, le Outreach working group, le Legal working group, le Training working group, l'Operational working group et le IT working group. L'Afrique y compte à cette date, huit Pays membres à savoir le Sénégal, l'Ile Maurice, la République sud africaine, l'Egypte, le Nigéria, le Malawi la Côte-d'Ivoire et le Cameroun qui est le seul représentant de l'Afrique centrale.

assujettie a indiqué expressément ne pas vouloir en être destinataire[361].

Les modèles de déclaration de soupçon sont mis à la disposition des banques françaises ce qui permet de s'assurer que ces dernières indiqueront les informations précises et détaillées nécessaires aux investigations. De même, la déclaration au moyen du formulaire est indispensable à une exploitation rapide et automatisée des déclarations écrites[362]. Ainsi, lorsqu'elle est écrite, la déclaration de soupçon doit être effectuée sur le formulaire[363]de déclaration à Tracfin.

Le formulaire prévoit en particulier, deux lignes distinctes, selon que la déclaration est faite au titre « des sommes inscrites dans leurs livres ou les opérations portant sur des sommes dont elles savent, soupçonnent ou ont de bonnes raisons de soupçonner qu'elles proviennent d'une infraction passible d'une peine privative de liberté supérieure à un an ou participent au financement du terrorisme. » ou « des sommes ou opérations dont ils savent, soupçonnent ou ont de bonnes raisons de soupçonner qu'elles proviennent d'une fraude fiscale lorsqu'il y a présence d'au moins un critère défini par décret. ».

Une troisième ligne est également prévue, permettant à la banque de signaler à Tracfin, qu'outre la fraude fiscale au titre d'au moins un des critères mentionnés au décret du 16 juillet 2009, elle soupçonne que les opérations déclarées relèvent aussi du champ déclaratif prévu au paragraphe I du même article. Le formulaire prévoit enfin la possibilité de déclarer l'identité du donneur d'ordre, du bénéficiaire effectif, du constituant d'un fonds fiduciaire ou de tout autre instrument de gestion d'un patrimoine d'affectation dont l'identité reste douteuse malgré les diligences effectuées. En outre, les banques françaises, depuis 2006, ont un système de télédéclaration. Ce système améliore la qualité des échanges entre les professionnels et Tracfin. Sécurité, rationalisation et rapidité sont ainsi garanties pour l'ensemble de la chaîne anti-blanchiment. 679 en

---

361 Article L. 561-18, al. 2 du CMF.

362 Lignes directrices conjointes de l'Autorité de contrôle prudentiel et de Tracfin sur la déclaration de soupçon.

363 Voir annexe pp. 438-439.

2006, 1407 en 2007, 1771 en 2008, 3702 en 2009, 5413 en 2010, 7526 en 2011.

Les professionnels du secteur bancaire y montrent un très grand intérêt depuis sa création. Tracfin a donc engagé en 2011 un processus de refonte de son système de déclaration en ligne face à l'accroissement continu de déclarations de soupçons. Ainsi, depuis janvier 2013, un nouveau système de télédéclaration appelée Ermes (Echanges de Renseignements par Messages Sécurisés) est rendu obligatoire pour les banques. Ce système est avantageux à plus d'un titre : tout d'abord, il permet une sécurisation accrue des transferts de données et une confidentialité renforcée des informations transmises[364]. Ensuite, il propose aux banques de nouvelles fonctionnalités, notamment un formulaire de saisie en ligne et un mode de saisie assistée, un mode « brouillon », une possibilité de suivi de l'activité déclarative pour chaque télé-déclarant. Enfin, il permet des gains de productivité notamment par la possibilité d'envois de déclarations par lot et de pièces jointes sous format XML. Il convient également de noter que contrairement à la télécopie, le système Ermès renforce la confidentialité et la sécurité du dispositif grâce à l'envoi d'un accusé de réception, sur demande du déclarant, signé numériquement par Tracfin, directement à l'adresse électronique utilisée par le déclarant.

2- Contenu de la déclaration de soupçon

Le contenu de la déclaration de soupçon est presque le même en droit français et camerounais. La déclaration faite par les banques camerounaises et doit contenir :

- Une description de l'opération suspecte : il s'agit d'une synthèse retraçant les éléments clé de la déclaration, notamment la motivation du soupçon et l'analyse détaillée des faits.
- Toute indication utile sur les personnes y participant : il s'agit notamment des éléments d'identification des parties prenantes à l'opération.
- Les raisons pour lesquelles l'opération a déjà été ou doit être exécutée.

[364] Chiffrage des flux, signature électronique des documents…

- Le délai dans lequel l'opération suspecte doit être exécutée. Elles précisent les délais dans lesquels l'opération suspecte doit être exécutée ou le cas échéant, les raisons pour lesquelles elle a déjà été exécutée.

En droit français, l'article R. 561-31-1 du CMF indique que : « La déclaration mentionne les éléments d'identification et de connaissance du client et, le cas échéant, du bénéficiaire effectif, l'objet et la nature de la relation d'affaires, le descriptif des opérations concernées, ainsi que les éléments d'analyse qui ont conduit la personne mentionnée à l'article L. 561-2 à nouer cette relation. Elle est accompagnée de toute pièce ou document justificatif utile à son exploitation par le service mentionné à l'article R. 561-33. Lorsque la déclaration effectuée en application de l'article L. 561-15 porte sur une opération qui n'a pas encore été exécutée, elle indique le cas échéant son délai d'exécution. Lorsqu'elle porte sur une tentative de blanchiment, la déclaration comporte l'identité du client ainsi que les autres informations qui ont pu être recueillies ».

La Commission bancaire a elle aussi apporté des précisions sur le contenu des déclarations de soupçon. Ainsi, dans une décision du 26 mars 2004, elle avait jugé que *« les déclarations de soupçon, lorsqu'elles sont faites auprès de Tracfin, comportent des éléments de nature à faire apparaître les motifs qui ont conduit l'établissement à effectuer la déclaration »*[365]. De même, la Commission avait jugé insuffisante la déclaration faite par une banque. En l'espèce la banque communiquait automatiquement à Tracfin un listing trimestriel recensant tous les transferts de fonds d'un montant de 150 000 euros, ce qui incluait des opérations pour lesquelles la banque n'avait pas de soupçon. Pour la Commission une telle déclaration n'était pas suffisante, puisque « une déclaration de soupçon doit être présentée comme telle et contenir toutes les informations, relatives tant au client qu'à ses opérations, qui sont en possession de l'établissement et ont fait naître ses soupçons »[366]. Enfin, dans une décision du 7 juin 2007, la Commission bancaire précisait que « les déclarations de soupçon comportent tous les éléments recueillis par l'établissement permettant de comprendre le

[365] Bull. Banque de France 2004, n° 68-69, p. 35.
[366] Bull. Banque de France 2004, n° 70, p. 15.

motif du soupçon qui l'ont conduit à effectuer une déclaration ». Une bonne déclaration de soupçon, en plus de tout ce qui précède, doit être précise et factuelle, la plus complète possible afin de limiter les échanges ultérieurs avec Tracfin ou l'Anif. Elle doit aussi être explicite quant à l'origine du doute ou du soupçon[367] et surtout la banque déclarante ne doit pas omettre de mentionner les éventuels droits de communication ou réquisitions judiciaires concernant le même client. Elle peut enfin mentionner le fait que son attention a été attirée par l'échange d'informations entre professionnels autorisé par l'article L. 561-21 du CMF[368]. Cependant, dans la pratique, les banques déclarantes n'ont pas une conception homogène[369] de ce que doit recouvrir une déclaration de soupçon. A partir du 1er janvier 2013, l'absence d'un des éléments mentionnés à l'article R. 561-31 I. du code monétaire et financier conduira à rendre la déclaration de soupçon irrecevable en la forme et ne sera pas traitée par Tracfin[370]. Il est difficile pour la banque d'objectiver les éléments qui conduisent à faire une déclaration, puisque celle-ci découle de l'absence de réponse à certaines interrogations, et donc d'un raisonnement a contrario.

3- Moment de la déclaration

Le principe est le même en droits français et camerounais, la déclaration de soupçon doit être faite préalablement à l'exécution de la transaction afin, le cas échéant, de permettre à Tracfin et à l'Anif d'exercer leur droit d'opposition. Ainsi, la banque doit s'abstenir d'effectuer toute opération suspecte. Par dérogation à ce principe, il

---

367 M. BEAUSSIER et H. QUINTARD, Blanchiment de capitaux et financement du terrorisme, Analyse et mise en œuvre pratique de la troisième directive européenne, Revue Banque Edition 2010. P. 152.

368 « Par dérogation à l'article L. 561-19, les personnes mentionnées aux 1° à 7° et aux 12° et 13° de l'article L. 561-2 peuvent, lorsqu'elles interviennent pour un même client et dans une même transaction ou lorsqu'elles en ont connaissance, pour un même client, d'une même opération, s'informer mutuellement, et par tout moyen sécurisé, de l'existence et du contenu de la déclaration prévue à l'article L. 561-15 »

369 Cour des comptes, rapport public annuel 2012- février 2012. www. Ccomptes. Fr/ content/download/1821/18266/version/2/file/Tracfin_lutte_contre_blanchiment_arge nt.

370 Lettre d'information de Tracfin aux professionnels, numéro spécial novembre 2012, disponible sur www.economie.gouv.fr/files/Lettre Tracfin Hors serie recevabilite_0.pdf

est admis que la déclaration puisse porter sur des opérations déjà exécutées lorsqu'il a été impossible de surseoir à leur exécution, ou quand leur report aurait pu nuire au déroulement d'investigations en cours, ou si le soupçon est apparu postérieurement à la réalisation de l'opération en cause.

La défunte Commission bancaire française et le Conseil d'Etat avaient considéré comme tardive la déclaration intervenue après plusieurs mois « après la parution d'un article de presse faisant allusion à d'éventuels soupçons de détournements de fonds publics » ou après le début d'une mission d'inspection »[371]. Le Conseil d'Etat français quant à lui décide que seule la bonne foi pouvait permettre d'exonérer la banque de sa responsabilité professionnelle[372].

4- L'activité déclarative des banques camerounaises et françaises

Le secteur bancaire français, auquel le dispositif de prévention du blanchiment a été imposé dès l'origine en 1990 demeure dans une situation hégémonique. En effet, le secteur bancaire contribue majoritairement aux déclarations de soupçon. Une large diversité d'établissements a effectué des déclarations au cours de l'année 2011. Elle déplore néanmoins le fait que l'activité déclarative reste concentrée autour de quelques établissements, notamment ceux occupant les principales positions sur le marché. Les banques demeurent donc avec les établissements de crédit « les premiers contributeurs en valeur absolue » avec 15 582 signalements en 2011. Il s'agit d'une progression par rapport à l'année précédente de plus de 18 pourcent. La part relative des banques et établissements de crédit s'est stabilisée à 74 % en 2011 contre 73 % en 2010, après une baisse continue de 90 à 73% du total des déclarations transmises à Tracfin de 2007 à 2010[373]. 11 511 déclarations en 2008, 12 254 déclarations en 2009, 13 206 déclarations en 2010, 15 582 déclarations en 2011.

L'année 2011 confirme la montée en puissance du dispositif de lutte anti-blanchiment issu de l'ordonnance de 2009. La participation

---

[371] Commission bancaire, 31 aout 2004, Arab Bank plc, succursale de Paris : BO Banque de France, n° 70, oct. 2004.
[372] CE, 6e et 4e ss-sect., 3 déc. 2003, n° 244084, Banque SBA.
[373] Rapport Tracfin 2011 disponible sur www.

du secteur bancaire au dispositif traduit en outre une participation grandissante des établissements au dispositif. Le nombre des déclarants ayant effectué au moins une déclaration, est en effet, en progression en 2011 : 408 contre 346 en 2010. Il semble néanmoins que les nouveaux déclarants aient encore une faible activité déclarative. La participation des établissements bancaires et de crédit en 2011 est établie ainsi qu'il suit :

10 déclarants en 2011 (contre 13 en 2010) ont effectué plus de 200 déclarations de soupçon ;
163 déclarants en 2011 (comme en 2010) ont effectué entre 10 et 199 déclarations ;
235 déclarants en 2011 (contre 170 en 2010) ont effectué moins de 10 déclarations.

Au Cameroun depuis sa création en 2005 et jusqu'en 2010, l'ANIF a reçu au total 605[374] déclarations de soupçon réparties ainsi qu'il suit : 181 en 2006 dont 26 transmises à la justice, 95 en 2007 dont 34, 83 transmises à la justice en 2008 dont 27 transmises à la justice, 119 en 2009 dont 29 transmises à la justice et 124 en 2010 dont 35 transmises à la justice. 80 % des déclarations viennent des banques, 11% des notaires, avocats et experts comptables et 09% des microfinances.

C - Le traitement de la déclaration de soupçon par l'Anif et Tracfin

L'Anif et Tracfin jouent un rôle d'enquêteur ici. Les agences procèdent à une analyse des déclarations. Dans le cadre de cette analyse, celles-ci disposent de prérogatives importantes.

1- Analyse de la déclaration et expertise de l'Anif

a) Analyse

Une fois qu'elle reçoit la déclaration de soupçon, l'Anif établit un accusé de réception et l'adresse à la banque déclarante, ce qui permet

[374] Disponibles sur www. anif.cm

de dégager sa responsabilité[375]. La banque peut toutefois demander à l'Anif de ne pas accuser réception de la déclaration. Dès la réception, l'Anif doit procéder à l'analyse de la déclaration. L'analyse de la déclaration consiste à transformer un simple soupçon en une présomption sérieuse de blanchiment. L'Anif intervient donc dans une phase qui se situe entre la suspicion et la connaissance qui, elle, conduira à la saisine de la justice. Les informations transmises à l'agence font l'objet d'un enregistrement.

b) Expertise

La mission d'expertise de l'agence se matérialise par la collecte et l'exploitation de toutes les informations utiles concernant les personnes mises en cause et les opérations suspectes. Ici, l'agence fouille dans les bases de données personnelles et dans les différentes bases de données auxquelles elle est connectée, sur Internet et auprès des autres services de l'Etat ou des services sous régionaux, internationaux ou d'autres Etats. Il est question pour elle d'établir l'origine des sommes ou la nature des opérations faisant l'objet de déclaration, par un procédé d'enrichissement méthodique des informations recueillies. Ceci suppose une formation et un recyclage continu des agents, à mesure que le nombre et la complexité des dossiers s'accroissent.

2- Analyse de la déclaration et enquête de Tracfin

a) Analyse de la déclaration

Tracfin analyse, enrichit et exploite tout renseignement propre à établir l'origine ou la destination des sommes ou la nature des opérations qui ont fait l'objet d'une déclaration[376]. L'analyse approfondie consistera notamment à rapprocher les informations nouvelles avec toutes celles qui ont déjà été portées à la connaissance de Tracfin par les banques. Seront analysées de manière approfondie les documents sollicités en vertu du droit de communication, auprès des administrations, des personnes chargées d'une mission de service public et des professionnels assujettis. Tracfin pourra consulter

---

[375] Cf. Article 20 du Règlement CEMAC et article 18 du Décret de 2005.
[376] Article L. 561-23, II, al. 1er du CMF.

également les bases d'information des administrations et les bases ouvertes sur Internet, gratuites ou payantes.

Il pourra également disposer des informations échangées avec les cellules de renseignement financier étrangères. Les investigations effectuées par Tracfin s'effectuent dans un cadre administratif et non judiciaire. Elles sont donc confidentielles et non contradictoires. Elles ne peuvent à elles seules suffire à fonder une poursuite mais peuvent justifier une enquête judiciaire. Elles peuvent également servir dans le cadre des investigations conduites par l'autorité judiciaire saisie dans le cadre d'une affaire.

S'agisssant du traitement de la déclaration de soupçon de blanchiment de fraude fiscale. Le législateur français n'est pas très explicite sur le traitement de la déclaration de soupçon de fraude fiscale. Pour certains auteurs, il est probable que cette déclaration répondant aux critères figurant à l'article D. 561-32-1 du CMF *« suivra le cheminement des informations transmises par Tracfin à l'Administration fiscale au visa de l'article L. 561-29, II, alinéa 3 du CMF. En tout état de cause, l'avis de la Commission des infractions fiscales n'a pas à être sollicité si, après la transmission au procureur de la République, l'infraction sous-jacente au blanchiment se révèle être une fraude fiscale (C. monét. fin., art. L. 561-29, II, al. 4. »*[377]

b) Enquête documentaire de Tracfin

Le service discrimine, après une saisie exhaustive des données communiquées dans sa base informatique, et à l'issue d'un travail initial de pré-enquête mené par sa division d'analyse du renseignement et de la documentation (DARD), les déclarations ou informations destinées à être approfondies.

Cette première phase commence par une étape de recoupements au sein de la documentation propre au service pour déterminer d'éventuelles connexions individuelles ou opérationnelles entre les multiples dossiers. Elle se poursuit par une consultation des bases pertinentes disponibles sur Internet. Par l'entremise de l'Office central de répression de la grande délinquance financière (OCRGDF), Tracfin

---

[377] C. CUTAJAR, Op. Cit.

accède aux informations nominatives conservées dans les fichiers de la Police nationale. Il obtient de l'administration des douanes les éléments documentaires qu'elle maîtrise. Il peut aussi interroger le fichier des comptes bancaires (FICOBA) pour déterminer précisément les instruments dont dispose la personne suspectée.

Tracfin échange avec les autorités de contrôle, les ordres professionnels et les instances représentatives nationales mentionnées à l'article L. 561-36 du CMF toute information utile à l'accomplissement de leurs missions respectives dans le cadre de la lutte contre le blanchiment et le financement du terrorisme[378]. Si ces organismes découvrent, dans le cadre de leurs missions des faits susceptibles d'être liés au blanchiment des capitaux ou au financement du terrorisme, ils en informent Tracfin qui accuse réception et peut, sur leur demande, les tenir informés des suites qui ont été réservées à ces informations[379].

Tracfin peut communiquer, sur leur demande ou d'initiative, aux CRF étrangères les renseignements qu'il détient sur des sommes ou des opérations qui auraient pour objet le blanchiment du produit d'une infraction punie d'une peine d'emprisonnement supérieure à un an ou le financement du terrorisme[380]. La transmission a lieu sous réserve de réciprocité et à condition que :

- Les autorités étrangères soient soumises à des obligations de confidentialité équivalentes ;
- Le traitement des informations garantisse un niveau de protection de la vie privée et des droits fondamentaux équivalent ;
- Une procédure pénale n'ait pas été engagée en France sur le fondement des mêmes faits ;
- La communication ne porte pas atteinte à la souveraineté ou aux intérêts nationaux, à la sécurité ou à l'ordre public.

378 Article L. 561-30 du CMF.
379 Article L. 561-30, II du CMF.
380 Article L. 561-33 du CMF.

Si à la suite de l'analyse effectuée, les investigations mettent en évidence des faits susceptibles de relever du blanchiment du produit d'une infraction punie d'une peine privative de liberté supérieure à un an ou du financement du terrorisme, Tracfin saisit le procureur de la République par note d'information "réserve faite de l'hypothèse où la seule infraction est la fraude fiscale"[381]. La déclaration ou l'information transmise en application des articles L. 561-26, L. 561-27, L.561-30 ou L. 561-31 du CMF ne figurent pas au dossier de la procédure pour préserver l'anonymat du déclarant ou du correspondant Tracfin ou de la personne assujettie qui procède à la déclaration ou transmet l'information. Le procureur de la République ou le procureur général informe Tracfin de la décision qu'il prend, engagement d'une procédure judiciaire, classement sans suite. Il l'informe également des décisions qui sont prononcées par les juridictions répressives dans les affaires ayant fait l'objet d'une note d'information. Tracfin doit informer par écrit et par tout moyen le déclarant de la transmission au procureur de la République de la note d'information, dans un délai de 15 jours à compter de cette transmission[382].

En principe, les informations détenues par Tracfin ne peuvent être utilisées à d'autres fins que la lutte contre le blanchiment et le financement du terrorisme. Cependant, cette disposition ne fait pas obstacle à la mise en œuvre de l'article 40 du Code de procédure pénale qui fait obligation à toute autorité constituée, tout officier public ou fonctionnaire qui, dans l'exercice de ses fonctions, acquiert la connaissance d'un crime ou d'un délit d'en donner avis sans délai au procureur de la République et de transmettre à ce magistrat tous les renseignements, procès-verbaux et actes qui y sont relatifs[383].

La divulgation des informations est donc en principe interdite[384] sous réserve du droit de communication prévu par l'article 44 de la loi informatique et liberté en matière de contrôle de

---

[381] Article L. 561-23, II, al.2 du CMF.

[382] Article L. 561- 28, I, al. 1er, Article R. 561- 37, I du CMF.

[383] Article L. 561-29, I du CMF.

[384] Est puni des peines prévues à l'article 226-13 du Code pénal, soit un an d'emprisonnement et 15 000 € d'amende, le fait, pour toute personne, de méconnaître l'interdiction de divulgation sous réserve des dispositions de l'article 226-14 du même code (article L. 574-2).

la mise en œuvre des traitements [385]. Tracfin peut communiquer à l'administration des Douanes et aux OPJ les informations qu'il détient et qui sont en relation avec les faits susceptibles de constituer des infractions sous-jacentes du blanchiment, à l'exclusion de la fraude fiscale.

Tracfin peut encore transmettre aux services de renseignement spécialisés des informations relatives à des faits qui sont susceptibles de révéler une menace contre les intérêts fondamentaux de la nation en matière de sécurité publique et de sûreté de l'État[386]. Tracfin peut transmettre à l'administration fiscale des informations sur des faits susceptibles de relever de la fraude fiscale définie à l'article 1741 du CGI ou du blanchiment du produit de la fraude fiscale. Celle-ci peut utiliser ces informations pour l'exercice de ses missions. Si les faits sont susceptibles de relever du blanchiment de la fraude fiscale, le ministre du Budget les transmet au procureur de la République sur avis conforme de la Commission des infractions fiscales rendu dans les conditions prévues par l'article L. 228 A du Livre des procédures fiscales[387].

Pour mener à bien leur mission, Tracfin et l'Anif disposent de pouvoirs spécifiques et importants : pouvoir d'opposition, droit de communication très large auprès de tout organisme financier, pour obtenir toute pièce et documents relatifs à une opération suspecte, objet d'une déclaration de soupçon, ou pour renseigner, dans les conditions prévues par la loi, les services étrangers exerçant des compétences analogues. Droit d'information des CRF.

a) Le droit de communication de Tracfin et de l'Anif

Le droit de communication a pour but de *« reconstituer l'ensemble des transactions faites par une personne physique ou morale liées à une opération ayant fait l'objet d'une déclaration mentionnée à l'article L. 561-15, ou à une information reçue au titre des articles L. 561-27, L. 561-30 ou L. 561-31 »*. Le droit de communication de Tracfin auprès des assujettis a été renforcé par

[385] Article L. 561-29, II, al. 1er du CMF.
[386] Article L. 561-29, II, al. 2 du CMF.
[387] Article L. 561-29, II, al. 3 du CMF.

l'article L. 561-26 du Code monétaire et financier. Le service peut demander que les pièces conservées en application des diverses obligations légales de vigilance lui soient communiquées quel que soit le support de conservation.

Tracfin a ainsi la faculté de fixer un délai à la transmission des pièces sollicitées et d'accéder aux éléments documentaires détenus par les organismes financiers en se transportant dans leurs locaux[388]. Tracfin a également le droit de réclamer des administrations étatiques ou territoriales, et des personnes chargées d'une mission de service public, la mise à disposition des « informations nécessaires à l'accomplissement de sa mission » qu'elles détiennent. Tracfin va pouvoir conduire ses investigations au moyen du droit de communication qu'il détient vis-à-vis des personnes assujetties [389]. Il peut demander communication des pièces conservées par les personnes assujetties[390] dans les délais qu'il fixe. Ce droit de communication s'exerce sur pièces et sur place pour les organismes financiers[391] et uniquement sur pièces pour les autres assujettis. Le droit de communication ne peut être exercé que dans le but de reconstituer l'ensemble des opérations faites par une personne physique ou morale liées à la déclaration ou à une information reçue au titre des articles L. 561-27, L. 561-30 ou L. 561-31 du CMF, ou pour renseigner les cellules de renseignement financier étrangères dans les conditions prévues par l'article L. 561-31. Les administrations de l'État, des collectivités territoriales, les établissements publics et organismes de sécurité sociale ainsi que toute autre personne chargée d'une mission de service public, doivent transmettre d'initiative ou à la demande de Tracfin, toutes les informations nécessaires à l'accomplissement de sa mission[392]. L'autorité judiciaire, les juridictions financières et les officiers de police judiciaire peuvent le rendre destinataire de toute information aux mêmes fins[393]. Tracfin peut, uniquement, "si les circonstances l'exigent", informer ces organismes qu'il a saisi le procureur de la République sur la base des informations communiquées[394].

---

[388] Article L. 561-26 du CMF.
[389] Article L. 561-26, I du CMF.
[390] Article L. 561-10-2, L. 561-12, L. 561-13 du CMF.
[391] Article L. 561-2, 1° à 7° du CMF.
[392] Article L. 561-27, al. 1er du CMF.
[393] Article L. 561-27, al. 2 du CMF.
[394] Article L. 561-28, II du CMF.

L'Anif dispose elle aussi d'un droit de communication pendant le traitement de la déclaration de soupçon. Tout d'abord, l'article 31 du règlement CEMAC reconnaît à l'Anif le droit de se faire communiquer les documents et informations qu'elle requiert dans le cadre d'une investigation entreprise à la suite d'une déclaration de soupçon. Celle-ci dispose en ce sens que : *« l'Anif peut, sur sa demande, obtenir de toute autorité publique, des personnes assujetties au titre de l'article 5 ou de toute personne physique ou morale, la communication des informations et documents, dans le cadre des investigations qu'elle entreprend à la suite d'une déclaration de soupçon »*. Ce droit est opposable à toute personne, physique ou morale, privée ou publique, assujettie ou non et le secret professionnel ne peut être opposé à l'agence[395]. En contrepartie, cette dernière est tenue au secret des informations recueillies dans le cadre de ses fonctions et missions, même après la cessation de celles-ci[396]. Il est également précisé que le secret professionnel ne peut pas lui être opposé[397].

b) Le droit d'opposition de Tracfin et de l'Anif

Depuis sa création en 1990, Tracfin détient la prérogative de reporter l'exécution d'une opération qui lui a été déclarée a priori pendant un délai de 12 heures. Ce droit a été conforté par l'ordonnance de 2009. En effet, l'article L. 561-25 du Code monétaire et financier porte le délai à deux jours ouvrables. En outre, il précise que Tracfin dispose d'un jour ouvrable à compter de la réception de la déclaration pour faire connaître à l'émetteur de celle-ci, son opposition. Il est également prévu la possibilité d'une prorogation par décision judiciaire rendue par le président du tribunal de grande instance de Paris sur requête du service après avis du procureur de la République. Le président du TGI peut, dans les mêmes circonstances, ordonner le séquestre provisoire des fonds, comptes ou titres concernés par la déclaration. Le procureur de la République peut également présenter une requête ayant le même objet. En droit camerounais, l'article 33 du Règlement CEMAC donne la possibilité à l'ANIF de former opposition à l'exécution de l'opération objet de la déclaration. De même, l'article

---

395 Article 31 paragraphe 2 du règlement CEMAC.
396 Article 31 paragraphe 4 du règlement CEMAC.
397 Article 31 al. 2 du règlement CEMAC.

21 alinéa 2 du décret instituant l'Anif prévoit que *« lorsque le traitement de la déclaration de soupçon met en évidence des faits susceptibles de relever du trafic de stupéfiants, de l'activité d'organisations criminelles, du blanchiment ou de toute autre infraction prévue par le règlement, l'ANIF peut, avant expiration du délai d'exécution mentionné par le déclarant, former opposition à l'exécution de l'opération. Cette opposition est notifiée au déclarant par tout moyen laissant trace écrite par le Directeur de l'ANIF ».*

Ainsi, l'agence notifie au déclarant, par télécopie ou tout autre moyen laissant trace écrite, l'acte d'opposition. L'opposition fait obstacle à l'exécution de l'opération pendant une durée qui ne peut excéder 48 heures. L'exécution de l'opération est reportée pour cette durée[398]. L'exécution de l'opération est de plein droit après cette période, sauf intervention d'une décision d'une autorité judiciaire (juge de jugement, juge d'instruction, Procureur de la République). Le délai d'opposition peut être prorogé mais il n'excèdera pas 8 jours. Cette mesure se présente comme une mesure conservatoire de la phase pré-judiciaire de la répression du blanchiment des capitaux. Elle permet de geler les opérations douteuses pour les garder en l'état et les analyser minutieusement afin d'établir leur nature frauduleuse ou non.

c) Le droit d'information des cellules de renseignement financier

Tracfin dispose de la faculté d'interroger ses homologues étrangers sur toutes sommes ou opérations *« qui paraissent avoir pour objet le blanchiment du produit d'une infraction punie d'une peine privative de liberté supérieure à un an ou le financement du terrorisme »*[399].

SECTION II : LES EFFETS DE LA DÉCLARATION DE SOUPÇON

La règle est la même en droit français et en droit camerounais : l'établissement bancaire français ou camerounais qui a fait une

[398] Article 33 al. 2 du règlement CEMAC de 2003.
[399] Article L. 561-31 du Code Monétaire et Financier.

déclaration ne saurait se voir reprocher une faute. L'article L. 562-8, alinéa 1er, du Code monétaire et financier dispose qu'aucune poursuite pour violation du secret professionnel (article 226-13 et 226-14 du Code pénal) ne peut être intentée contre les dirigeants et préposés de l'organisme financier qui, de bonne foi, ont effectué la déclaration. En droit camerounais, cette disposition est prévue dans l'article 30 du règlement COBAC. Cependant, si le banquier a, malgré la déclaration, agi « en concertation frauduleuse » avec le propriétaire des sommes (provenant de fraudes douanières), il est pénalement responsable au titre de blanchiment[400]. Aussi, verrons-nous que les législateurs français et camerounais assurent la protection des banques déclarantes, ce qui n'est pas le cas de la relation contractuelle dont le régime juridique demeure imprécis.

PARAGRAPHE I : LA PROTECTION DES BANQUES DÉCLARANTES

Il ressort de l'article 21 des nouvelles recommandations du GAFI que : *« les institutions financières, leurs dirigeants et employés devraient être protégés par la loi contre toute responsabilité pénale ou civile pour violation de toute règle encadrant la divulgation d'informations imposée par contrat ou par toute disposition législative, réglementaire ou administrative, lorsqu'ils déclarent de bonne foi leurs soupçons à la CRF, même s'ils ne savaient pas précisément quelle était l'activité criminelle sous-jacente ou si l'activité illégale ayant fait l'objet du soupçon ne s'est pas effectivement produite ; soumis à une interdiction par la loi de divulguer le fait qu'une déclaration d'opération suspecte (DOS) ou une information s'y rapportant est communiquée à la CRF. »* Cette recommandation a été suivie d'effets en droit camerounais où les textes instituent des exemptions de responsabilité en cas de déclaration de soupçon ou de dénonciation de l'infraction de blanchiment[401]. Il en est de même en droit français[402] qui protège et prévoit des immunités pénales et civiles pour les banques déclarantes.

---

400 Cass. Crim., 3 décembre 2003, Bull. crim. N° 234.

401 Cf. Articles 8-para. 3, 22 et 23 du Règlement CEMAC, 30 à 32 du Règlement COBAC, 6 alinéa d de la Loi de 2003, 129 alinéa 2 de la Loi n°97/019.

402 Article L. 561-22 du CMF.

A- Immunité pénale de la banque déclarante

Celle-ci a été prévue par les législateurs français et camerounais. En droit français, l'immunité pénale n'est accordée que pour certaines infractions. Elle s'applique cependant, même si la preuve du caractère délictueux des faits à l'origine de la déclaration, de l'information transmise ou de l'exercice du droit de communication n'est pas rapportée ou si les poursuites engagées à raison de ces faits ont été closes par une décision de non-lieu, de relaxe ou d'acquittement[403]. Il ressort de l'article L. 561-22, I du Code monétaire et financier en effet qu'aucune poursuite pour dénonciation calomnieuse[404] ou violation du secret professionnel[405] ne peut être intentée contre la banque déclarante ou ses dirigeants ou préposés, lorsqu'ils ont, de bonne foi, procédé à la déclaration de soupçon ou communiqué des informations à Tracfin au visa de l'article L. 561-26.

En droit camerounais, l'immunité pénale est prévue par l'article 30 du règlement COBAC qui dispose que *« pour les sommes et opérations ayant fait l'objet de la déclaration et des diligences prescrites, aucune poursuite pénale ne peut être intentée contre l'établissement assujetti, ses dirigeants et ses préposés qui ont agi de bonne foi. »*. Ainsi, la banque qui procède à la déclaration de soupçon de bonne foi ne peut être poursuivie ni pour violation du secret professionnel, ni sous toute autre qualification, notamment de diffamation, et ce quelle que soit l'issue de l'investigation menée après la déclaration. Grâce à ces exemptions, les déclarants de bonne foi ne risquent aucune sanction, ni civile, ni pénale, ni professionnelle. Dans ce sens, l'article 129 alinéa 2 de la Loi de 1997 met à la charge exclusive de l'Etat, l'indemnisation du préjudice éventuellement subi par les personnes concernées par la déclaration. La déclaration de soupçon est donc assortie d'un principe d'irresponsabilité civile et pénale de la personne assujettie, avec la réserve que la déclaration soit faite de bonne foi. Dans tous les cas, il y a un fait justificatif qui consiste dans l'accomplissement d'un devoir, notamment l'exécution de la loi.

---

[403] Article L. 561-22, III du CMF.

[404] Article 226-10 du Code Pénal.

[405] Articles 226-13 et 226-14 du Code Pénal.

B- Immunités civile et professionnelle absolues

En droit français, l'article L. 561-22 du CMF crée une immunité civile, administrative et disciplinaire absolue. Aussi, aucune action en responsabilité civile ne peut être intentée ni aucune sanction professionnelle prononcée contre les mêmes personnes et dans des circonstances identiques[406]. En cas de préjudice résultant directement de la déclaration ou de la communication d'information, l'État répond du préjudice subi. Aucune responsabilité civile ou professionnelle ne peut être engagée contre la personne assujettie qui a effectué l'opération au visa des articles L. 561-16 et L. 561-25, sauf concertation frauduleuse avec le propriétaire des sommes ou l'auteur de l'opération[407].

En droit camerounais, lorsque l'opération ayant fait l'objet de la déclaration a été exécutée dans les conditions prévues par les textes en vigueur, sauf concertation frauduleuse avec le propriétaire des sommes ou l'auteur de l'opération, la banque déclarante est dégagée de toute responsabilité et aucune poursuite ne peut être engagée de ce fait contre ses dirigeants ou ses préposés au titre des infractions prévues par les textes relatifs à la lutte contre le blanchiment des capitaux ou par des dispositions non contraires en vigueur en matière de blanchiment des capitaux[408]. Aucune action en responsabilité civile ne peut être intentée, ni aucune sanction professionnelle prononcée pour violation du secret bancaire ou professionnel ou à un quelconque autre titre contre une banque, ses dirigeants ou ses préposés qui ont effectué de bonne foi la déclaration et les autres diligences prescrites par les textes en vigueur ou procédé au blocage d'une opération dans le cadre desdits textes[409]. Cette immunité demeure même si les enquêtes n'ont donné lieu ni à des poursuites, ni à une condamnation, ou même si la preuve du caractère délictueux des faits à l'origine de la déclaration n'est pas rapportée ou encore si ces faits ont fait l'objet d'une décision de non-lieu, de relaxe ou d'acquittement[410]. Quand il fait une déclaration de bonne foi, le déclarant est protégé par la loi et ne peut donc pas être poursuivi par la suite pour déclaration calomnieuse. Il existe d'autres moyens de le

---

[406] Article L. 561-22, II du CMF.
[407] Article L. 561-22, IV du CMF.
[408] Article 32 du règlement COBAC.
[409] Article 31 al. 1 du règlement COBAC.
[410] Article 31 al. 2 du règlement COBAC.

protéger. Par exemple, on ne joint jamais la déclaration de soupçon au dossier qui va au parquet, pour que le dénoncé ne sache pas qui a déposé la déclaration de soupçon. Il faut en outre qu'il y ait trois sources d'informations différentes pour étayer le soupçon.

Lorsque l'Anif notifie la banque, elle lui donne une couverture légale lors de la suspension des opérations dans tel compte. Cependant même si le banquier a un très fort soupçon, si son soupçon n'est pas confirmé à la fin, il n'aura aucune couverture légale lorsque le client va se rendre compte qu'on enquête sur lui et qu'on le fait sans raison. Bloquer un compte sans autorisation préalable de l'Anif est un couteau à double tranchant. C'est une mesure exceptionnelle que l'Anif a ordonnée 6 fois sur 100 requêtes de banques à cet effet. Les législateurs camerounais et français ont donc bien assuré la protection des banques déclarantes. Il n'en est pas de même du sort de la relation contractuelle qui demeurt imprécis.

PARAGRAPHE II : L'IMPRÉCISION SUR LE SORT DE LA RELATION CONTRACTUELLE

Les banques françaises et camerounaises ont des comportements variables quant à la poursuite ou l'interruption de la relation commerciale après une ou plusieurs déclarations de soupçon concernant un même client. Rompre la relation client pour celui-ci est un indice qu'on le soupçonne ; ne pas rompre la relation, c'est s'exposer à se rendre complice du délit de blanchiment en réalisant l'opération sollicitée ou des opérations postérieures. Tracfin de même que l'Anif ne donne pas de consigne claire sur la conduite à tenir avant et après la déclaration de soupçon, faute de fondement dans un texte.

A- Avant la déclaration de soupçon

En droit français comme en droit camerounais, le principe est le même : interdiction d'effectuer une opération suspecte. Les banques doivent s'abstenir d'effectuer toute opération dont elles soupçonnent qu'elle est liée au blanchiment des capitaux jusqu'à ce qu'elles aient fait la déclaration auprès de Tracfin[411] ou de l'Anif. Cependant, dans certaines circonstances l'opération suspecte sera réalisée soit parce qu'il est impossible de surseoir à son exécution, soit parce que son report peut faire obstacle aux investigations, soit parce que la situation nécessitant la déclaration n'apparaît que postérieurement. La banque déclarante doit alors informer Tracfin ou l'Anif de son exécution sans délai[412].

B- Après la déclaration de soupçon

En droit français et sous l'empire de la législation antérieure, aucune disposition ne précisait la conduite à tenir vis-à-vis du client après qu'il ait été procédé à la déclaration de soupçon. Dans le silence de la loi, certains établissements bancaires décidaient d'effectuer l'opération, d'autres au contraire, de rompre la relation commerciale. La Cour de cassation a ainsi jugé qu'un établissement financier ne pouvait pas refuser de rembourser des bons de capitalisation au seul motif que le porteur n'agissait pas pour son compte et refusait de fournir les renseignements exigés pourtant par la loi, faisant naître une suspicion de blanchiment[413]. Dans une autre affaire qui a donné lieu à un arrêt de la cour d'appel de Paris du 9 avril 2004[414], une banque a refusé un virement "pour non-conformité à ses obligations de vigilance", les deux ordres de virement ne satisfaisaient pas à ses obligations découlant de la législation sur le blanchiment d'argent. La cour d'appel infirme le jugement du TGI de Paris du 17 décembre 2002 déclarant mal fondée la demande formée par la banque émettrice du virement. La cour d'appel considère en effet que si les dispositions du Code monétaire et financier concernant la prévention du blanchiment "donnent à Tracfin le pouvoir de s'opposer à l'opération pendant douze heures au plus, (...) elles ne prévoient nullement que l'établissement bancaire puisse, de sa propre initiative, refuser l'opération". Cette interprétation du dispositif par le juge commercial avait créé une insécurité juridique grave. En effet, dans

---

411 Article L. 561-16, al. 1er du CMF.

412 Article L.561-16, al. 2.

413 Cass. com., 21 janv. 2004, n° 01-10.928, 01-10.930 et 01-10.929 : JurisData n° 2004-022; Bull. civ. 2004, IV, n° 16, p. 17. – C. Cutajar, Le juge et le blanchiment, in Le juge et la décision de gestion, A. Lyon-Caen et de Q. Urban (ss dir.) : Dalloz, Actes et commentaires, Actes 2006, p. 123 s.

414 CA Paris, 15e ch., sect. B, 9 avr. 2004, n° 2003/03522, inédit.

ces deux affaires, les refus des organismes d'effectuer les opérations litigieuses étaient motivés par le refus de participer à une opération de blanchiment pénalement sanctionnée. Or, si en théorie, les dispositifs préventif et répressif sont étanches, en ce sens que les violations aux obligations prévues par le premier n'exposent leurs auteurs qu'à des sanctions de nature administratives et disciplinaires, si ces mêmes manquements revêtent une qualification pénale, des poursuites pénales auraient pu alors être diligentées. Dans la mesure où il est clairement fait obligation aux personnes assujetties de s'abstenir d'effectuer l'opération en cas de suspicion de blanchiment ou de financement du terrorisme, les juridictions commerciales ne devront plus sanctionner les établissements qui n'auront pas exécuté l'opération litigieuse.

A l'issue de la déclaration, l'opération qui a fait l'objet de la déclaration peut être effectuée si Tracfin n'a pas notifié d'opposition dans le délai d'un jour ouvrable à compter de la réception de la déclaration (C. monét. fin., art. L. 561-25, al. 4). L'opération peut être exécutée si, au terme du délai ouvert par la notification de l'opposition, aucune décision du président du TGI de Paris n'est parvenue à la personne assujettie (C. monét. fin., art. L. 561-25, al.). Le client de la banque dénoncée peut ne pas être inquiété, voire bénéficier d'un non-lieu. Qu'advient-il dès lors de la relation contractuelle ? Le client peut-il se plaindre de cette dénonciation intempestive ? L'article L. 562-8, alinéa 2 du Code monétaire et financier précise qu'en cas de préjudice résultant directement d'une déclaration, l'Etat répond du dommage subi. Ces solutions du droit français méritent d'être suivies par le législateur camerounais.

La mise en œuvre de la déclaration de soupçon a fait l'objet d'un encadrement particulier par les législateurs français et camerounais. Ces législations conformément aux normes du GAFI apportent des précisions sur son régime juridique. C'est ainsi que le déclenchement de la déclaration de soupçon au sein des banques françaises et camerounaises se fait par des personnes expressément désignées. De même, il est fait obligation aux banques françaises et camerounaises de désigner en leur sein une personne chargée de répondre à toute question sur la déclaration de soupçon. En outre, des services spécialisés ont été créés pour réceptionner et traiter les déclarations de soupçon : il s'agit du Tracfin et de l'Anif. Il s'agit d'organes administratifs.

Cependant, la mise en œuvre de la déclaration de soupçon soulève certaines interrogations pour les banques françaises et camerounaises. Tout d'abord, les banques ont des comportements variables quant à la poursuite ou l'interruption de la relation commerciale après une ou plusieurs déclarations de soupçon concernant un même client. Rompre la relation client est un indice pour celui-ci qu'on soupçonne ; ne pas rompre la relation, c'est s'exposer à se rendre complice du délit de blanchiment en réalisant l'opération sollicitée ou des opérations postérieures. Tracfin tout comme l'Anif ne donnent pas de consigne claire sur la conduite à tenir après la déclaration de soupçon. Parce qu'il est possible que les fonds blanchis passent par les circuits financiers légaux notamment les banques, la nécessité de disposer d'un système de détection s'est imposée. Un tel système repose sur l'adhésion de la communauté bancaire : c'est le principe de la déclaration de soupçon qui a été instauré en France par la loi de 1990. Au Cameroun, ce principe est contenu dans les règlements communautaires[415] de 2003 et 2005, puis dans le décret de 2005 instituant l'Anif. Le mécanisme de la déclaration de soupçon[416] est ainsi un des fondements de la lutte contre le blanchiment des capitaux en France et au Cameroun. Les dispositifs français et camerounais de lutte contre le blanchiment des capitaux ne sont pas des dispositifs systématiques de déclaration basés exclusivement sur des critères objectifs définis a priori. Ils reposent sur une analyse au cas par cas des opérations et sommes. C'est donc par une démarche pragmatique et graduée fondée sur son appréciation nourrie de son expertise et de son expérience que la banque est tenue de détecter les opérations suspectes et de saisir le service compétent pour une déclaration.

Si l'élément déclencheur de la déclaration, à savoir le soupçon n'a pas été défini par les législations françaises et camerounaises, sa déclaration a cependant été strictement encadrée. La déclaration de soupçon est une véritable entorse au secret bancaire auquel sont tenues les banques françaises et camerounaises. Ainsi, en échange de

---

415 Lesquels, rappelons-le, sont d'application immédiate au Cameroun.

416 La France et le Cameroun ont fait le choix de la déclaration de soupçon, à l'inverse d'autres pays qui ont retenu le principe d'une déclaration automatique. D'après ce dernier, toute opération financière, toute transaction supérieure à un montant de x milliers d'euros ou x centaines d'euros, est transmise à une cellule de renseignements financiers au risque de l'engorger.

cette entorse au secret professionnel, les banques ont par exemple la garantie que les informations transmises à Tracfin ou l'Anif ne seront utilisées à des fins autres que la lutte contre le blanchiment des capitaux. De même, la déclaration faite par les banques françaises et camerounaises, conformément au dispositif légal, emporte dispense de toute responsabilité.

TITRE II : LE BOULEVERSEMENT DES PRINCIPES ET PRATIQUES BANCAIRES

Nous l'avons vu les banquiers du monde entier y compris les banquiers français et camerounais s'étaient montrés réticents quant à la mise en œuvre du dispositif préventif anti-blanchiment. La raison est que ces obligations imposées aux banques françaises et camerounaises en vue de la prévention du blanchiment des capitaux bouleversaient profondément les principes bancaires. En effet, l'obligation de déclaration de soupçon a fait évoluer les rapports entre les banques et l'administration d'une part, et transformé les rapports des banques avec leurs clients d'autre part. Le droit de communication de l'administration à l'égard des banques s'est étendu, ces dernières devant déclarer tout soupçon de blanchiment à Tracfin ou l'Anif.

Concernant les rapports des banques avec leurs clients, il convient de rappeler que la relation entre banquier et client est par excellence une relation contractuelle, reposant sur la confiance. Les banques ont un devoir de discrétion aussi bien à l'égard des tiers que des clients eux-mêmes : il s'agit du droit au secret bancaire et du droit à la non-ingérence du banquier. Cependant, l'obligation de vigilance imposée aux banquiers français et camerounais en vue de la prévention du blanchiment des capitaux remet en cause ces principes. Les banques sont de plus en plus incitées à se mêler des affaires de leurs clients[417]. Cette intrusion dans les affaires de leurs clients a fait penser à la naissance d'une nouvelle obligation imposée aux banques, notamment « le devoir d'ingérence » laquelle viendrait s'ajouter à celles qui leur sont déjà imposées par le dispositif anti-blanchiment. En outre, le non respect de ces obligations pourrait être sanctionné disciplinairement par les organes de contrôle de l'activité bancaire respectivement l'ACPR pour les banques françaises et la COBAC pour les banques camerounaises.

---

[417] En témoigne une abondante jurisprudence française que nous auront l'occasion de dépouiller tout au long des développements qui vont suivre.

Les législateurs français et camerounais ont également prévu des sanctions pénales en cas de non respect de l'interdiction de divulguer une déclaration de soupçon. Il se pose cependant la question de savoir si la violation par les banques françaises et camerounaises des obligations préventives anti-blanchiment peut être sanctionnée pénalement. De même, une sanction civile des banques pour réparation d'un préjudice subi du fait du non respect de leurs obligations en matière de prévention du blanchiment des capitaux, a-t-elle été envisagée par les législateurs français et camerounais ? Aussi, verrons-nous que le dispositif préventif anti-blanchiment a donné lieu à la création de nouvelles obligations aux banques ainsi que de nouvelles responsabilités.

CHAPITRE I : LA CRÉATION DE NOUVELLES OBLIGATIONS A LA CHARGE DES BANQUES

La traditionnelle relation de confiance à la base des relations unissant le banquier à son client a profondément souffert des lois anti-blanchiment. L'obligation de communication à l'administration imposée par la déclaration de soupçon a considérablement affecté cette relation. En effet, avant ces lois, les clients d'une banque disposaient d'un droit à la discrétion de la banque d'une part à l'égard des tiers y compris de l'administration : le banquier ne devait rien révéler du client et des opérations qu'il a accomplies à des tiers. D'autre part, les clients disposaient également d'un droit à la discrétion du banquier à l'égard d'eux-mêmes : le banquier ne devait s'ingérer ni dans leur vie personnelle, ni dans leurs activités et encore moins dans leurs affaires. Il s'agit respectivement du droit au secret bancaire et du droit à la non-ingérence du banquier qui ont été profondément remis en question. En outre, l'étude de la jurisprudence française pourrait nous amener à penser que de la mise en œuvre du dispositif préventif anti-blanchiment a généré une nouvelle obligation aux banques, à savoir le « devoir d'ingérence ».

SECTION I : LA REMISE EN CAUSE DES PRINCIPES BANCAIRES

L'obligation de communication née de la mise en œuvre par les banques de leurs obligations au titre de la prévention du blanchiment des capitaux a eu un impact considérable sur les principes bancaires. En effet, l'obligation de déclaration de soupçon constitue une dérogation au secret bancaire qui conférait un droit du client au silence du banquier : ce dernier ne devant rien révéler du client et de ses opérations à des tiers y compris l'administration. Il a également le droit à la discrétion du banquier à l'égard de lui-même : c'est le droit du client à la non-ingérence du banquier dans sa vie personnelle, ses activités et ses affaires. Seront donc étudiées la remise en question du secret bancaire et du devoir de non-ingérence.

PARAGRAPHE I : LA REMISE EN QUESTION DU SECRET BANCAIRE

Le secret bancaire, c'est la condition du métier. Tout employé de la banque est tenu au secret professionnel. De tout temps, la qualité première attendue du banquier est celle de la discrétion, de la confidentialité. Un auteur le précisait d'ailleurs en ce sens : *« la première chose que doit observer un agent de banque est (...) le secret qui consiste en un seul point qui est de tout voir, tout entendre et ne rien dire (...) »*, parce qu'*«un agent de banque d'une seule parole qu'il dira mal à propos, est capable d'ôter tout leur crédit, par conséquent leur faire banqueroute, de sorte qu'un agent de banque a entre les mains la fortune de ceux qui se servent de son entremise en leurs affaires »*[418].

En outre, le banquier est un « confident nécessaire » « c'est-à-dire une personne dont le bon exercice de la profession nécessite le partage de secrets de certains usagers »[419]. La discrétion bancaire au-delà d'une exigence éthique, était un véritable contrat de confiance entre le client et son banquier. Le secret est donc le corollaire indispensable à toute confiance accordée à un établissement bancaire. Par essence, tout secret n'a de sens que par rapport à ceux qui ne sont pas dans la confidence et auxquels il est opposé. Son existence oblige à concilier deux séries d'impératifs antagonistes que sont, d'une part, ceux qui ont conduit à l'adoption de ce secret et, d'autre part ceux que le tiers à qui il est opposé représentent et qui sont plus ou moins dignes de protection.[420] Pour la jurisprudence, *« ce n'est pas seulement la confidence que l'on reçoit qui est protégée par le secret, c'est aussi toute information reçue dans le cadre d'une profession, d'un état, d'une fonction ou d'une mission, pourvu qu'elle ait un caractère secret. »*[421]. Ce secret fait donc l'objet d'un encadrement par les législateurs français et camerounais. En droit français, le secret bancaire est prévu par l'article L. 511-33 du

[418] J. SAVARY, Le parfait Négociant, 2è partie, livre 3, chapitre VII, p. 285,1676 cité par J.-L. CAPDEVILLE (Le secret bancaire : étude de droit comparé France- Suisse-Luxembourg), PU d'Aix- Marseille, p. 36.

[419] J.-L. CAPDEVILLE, Le secret bancaire, étude de droit comparé (France-Suisse-Luxembourg), PU d'Aix-Marseille, 2006.

[420] F. DURAND, Le secret bancaire face à l'Administration fiscale en droit français, Revue Lamy Droit des Affaires, n° 49, mai 2010, p. 71.

[421] C. COHEN, Le secret professionnel, article n° 65 du Bulletin du Barreau d'Aix en Provence.

CMF qui dispose : « *tout membre d'un conseil d'administration et, selon le cas, d'un conseil de surveillance et toute personne qui à un titre quelconque participe à la direction ou à la gestion d'un établissement de crédit ou d'un organisme mentionné au 5 de l'article L. 511-6 ou qui est employée par l'un de ceux-ci est tenue au secret professionnel. Outre les cas où la loi le prévoit, le secret professionnel ne peut être opposé ni à l'Autorité de contrôle prudentiel ni à la Banque de France ni à l'autorité judiciaire agissant dans le cadre d'une procédure pénale (...)* ».

En droit camerounais, l'article 4 de la loi n° 2003/004 du 21 avril 2003 relative au secret bancaire dispose : « *toute personne qui, à quelque titre que ce soit, et quelle qu'en soit la durée ou la modalité, participe à la direction, à la gestion, au contrôle ou à la liquidation d'un établissement de crédit ou est employée par celui-ci, est tenue au secret bancaire* ». En outre, l'article 3 du même texte dispose : « *le secret bancaire consiste en l'obligation de confidentialité à laquelle sont tenus les établissements de crédit par rapport aux actes, faits et informations concernant leurs clients, et dont ils ont connaissance dans l'exercice de leur profession* ». Le principe de secret bancaire est donc bien consacré en droit français et camerounais et les banques y sont bel et bien tenues. Cependant, l'impératif de lutte contre le blanchiment des capitaux a amené les législateurs français et camerounais à y déroger.

A- Le principe de secret bancaire en droit français et camerounais

Le secret bancaire revêt deux acceptions : une acception civile, le devoir de discrétion sanctionné par les règles de la responsabilité civile, contractuelle ou délictuelle et une acception pénale, le secret professionnel. Le secret bancaire est l'une des applications du « secret professionnel » pénalement sanctionné par les droits français et camerounais. Il s'agit de l'obligation pour les banquiers français et camerounais de taire, sous la menace de diverses sanctions, les informations de nature confidentielle qu'ils détiennent sur leurs clients et sur des tiers. Cette obligation a été reconnue légalement en droit français par la loi « bancaire » du 24 janvier 1984[422]. En droit français en effet, l'obligation de secret bancaire remonte en 1984 avec l'article

[422] Loi n° 84-46, du 24 janvier 1984 relative à l'activité et au contrôle des établissements de crédit.

57 de la loi du 24 janvier 1984 qui disposait : *« tout membre d'un conseil d'administration et, selon le cas, d'un conseil de surveillance et toute personne qui à un titre quelconque participe à la direction ou à la gestion d'un établissement de crédit ou qui est employée par celui-ci, est tenue au secret professionnel dans les conditions et sous les peines prévues à l'article 378 du code pénal »*. Cet article a été remplacé par l'article 226-13 du Code pénal qui dispose : *« la révélation d'une information à caractère secret par une personne qui en est dépositaire soit par état ou profession, soit en raison d'une fonction ou d'une mission temporaire, est punie d'un an d'emprisonnement et de 15 000 euros d'amende »*.

En droit camerounais, l'obligation de respect du secret bancaire était également prévue par la loi de 1985 qui régit les activités bancaires et sa violation est sanctionnée par l'article 26 de la loi du 21 avril 2003 qui dispose : *« Est puni d'un emprisonnement de trois mois à trois ans et d'une amende de 1.000.000 à 10.000.000 francs ou de l'une de ces deux peines seulement, celui qui viole le secret bancaire »*. Cependant, des dérogations ont été apportées dans le cadre d'une procédure pénale.

Ainsi en droit français, l'article L. 511-33 al. 2 du CMF prévoit : *« Outre les cas où la loi le prévoit, le secret professionnel ne peut être opposé ni à l'Autorité de contrôle prudentiel*[423] *ni à la Banque de France ni à l'autorité judiciaire agissant dans le cadre d'une procédure pénale »*. En droit français donc, le secret bancaire n'est pas opposable au juge pénal ainsi qu'à l'ensemble des institutions dont la fonction est de faire appliquer la loi en tranchant les litiges[424] que constitue l'autorité judiciaire.

En droit camerounais, l'article 6 d de la loi du 21 avril 2003 dispose : *« Ne constitue pas une violation au secret bancaire la déclaration faite au procureur de la République ou à l'autorité monétaire par les dirigeants d'un établissement de crédit d'opérations ou d'informations portant sur des sommes d'argent dont ils savent ou qui paraissent provenir du trafic de stupéfiants, de l'activité d'organisations criminelles ou du blanchiment des capitaux »*. Des

[423] Par Ord. N° 2010-76, 21 janv. 2010 portant fusion des autorités d'agrément et de contrôle de la banque et de l'assurance, la Commission bancaire a été remplacée par l'Autorité de contrôle prudentiel.

[424] Juge d'instruction, parquet, etc.

dérogations au principe de secret bancaire ont donc été prévues par les législateurs français et camerounais, il en est de même en matière de lutte contre le blanchiment des capitaux. En effet, par l'obligation de déclaration de soupçon, les législateurs français et camerounais entament largement la sphère du secret bancaire.

B- Les exceptions en matière de lutte contre le blanchiment des capitaux

« *L'époque où le secret bancaire existait, et où les contribuables cherchaient à échapper à l'impôt national en transférant leurs fonds dans des pays couverts par le secret bancaire, n'existe plus. C'est aussi simple que cela* » (Woerth E., France- Soir, 20 mai 2009). Cette acception se vérifie en matière de LAB. En effet, par la déclaration de soupçon, les banques françaises et camerounaises ont été appelées à coopérer avec leurs autorités nationales en vue de barrer la voie au blanchiment des capitaux.

Le principe du secret bancaire tel que consacré par les législateurs français et camerounais, se révélait comme étant un obstacle à la lutte contre le blanchiment des capitaux, une dérogation était donc nécessaire. Instituée par le droit international, puis par le droit communautaire, cette dérogation a été intégrée dans les dispositifs français et camerounais. En effet, dans sa 9è recommandation, le GAFI précise : « *Les pays devraient s'assurer que les lois sur le secret professionnel des institutions financières n'entravent pas la mise en œuvre des recommandations du GAFI.* ». Cette recommandation a donc été suivie par les législateurs français et camerounais. Par la déclaration de soupçon, la levée du secret bancaire est faite en amont des poursuites. A ce stade, la déclaration est faite à TRACFIN ou à l'ANIF et ne vise que les délits dont découlent les fonds blanchis. Le secret bancaire est donc inexistant en matière de LAB. Il en est de même du principe de non-ingérence du banquier.

<u>PARAGRAPHE II</u> : LA REMISE EN QUESTION DU DEVOIR DE NON-INGÉRENCE DU BANQUIER

Nous l'avons vu, le droit du client à la discrétion du banquier se traduit conceptuellement de deux façons : d'une part, par le refus du client de révéler son identité au banquier, et d'autre part, par le droit du client que son banquier ne se mêle pas de ses affaires. Dans la pratique, les banques se défendent fréquemment en invoquant le principe de non-ingérence dans les affaires de leurs clients.

Les juges ne reçoivent pas cet argument car ils estiment que la banque aurait dû avoir connaissance de l'affaire en question, c'est-à-dire si les anomalies dans les comportements de leurs clients et opérations financières étaient manifestes même si la notion d'anomalie manifeste n'est pas toujours facile à prouver. Aussi, en matière de LAB et par l'obligation de vigilance, le devoir de non-ingérence est devenu inopérant.

A- Le devoir de non-ingérence du banquier

Encore dénommé principe de non-immixtion[425], voire devoir de discrétion[426], le principe de non-ingérence impose aux établissements de crédit de ne pas intervenir dans les affaires de leurs clients, soit en s'informant sur leurs affaires, soit en réalisant de leur propre chef des opérations pour le compte des clients. Dégagé par un arrêt de la Cour de cassation française du 28 janvier 1930[427], ce principe interdit au banquier d'interférer dans la gestion de ses clients. Celui-ci n'a pas à vérifier ni le bien-fondé ni l'opportunité des opérations réalisées par ces derniers. Le devoir de non-ingérence a une double finalité : d'une part, la protection du client contre les ingérences du banquier dans ses propres affaires et, d'autre part, la préservation de la banque contre les actions en responsabilité qui pourraient être engagées contre elle dans les hypothèses où l'opération effectuée se révélerait préjudiciable pour le client ou les tiers.

Plusieurs auteurs français s'opposent quant au fondement du devoir de non-ingérence. Pour certains, le devoir d'ingérence est le

---

[425] F. –J. CREDOT, Le principe de non-ingérence et le devoir de vigilance, état de la jurisprudence avant la loi nouvelle, in colloque Blanchiment des capitaux, Banque et droit, n° spécial, 1991. P. 17 ; J. Lacotte, Quelles limites au devoir de non-ingérence de la banque ?, Banque et droit, 1999, n° 63, p. 10.

[426] J.-L. RIVES-LANGE et M. CONTAMINE-RAYNAUD, Droit bancaire, éd. Dalloz, 1995, Paris, 6è éd., n° 171, p. 155.

[427] J. LASSERRE CAPDEVILLE, Que reste-til au XXIè Siècle du devoir de non-ingérence du banquier ? Banque et Droit n°100- mars-avril 2005, p. 11.

prolongement du secret des affaires[428] et du secret bancaire. D'autres y voient plutôt un rapprochement avec le respect de la vie privée[429]. Pour d'autres encore il s'agit d'une illustration du devoir de loyauté du banquier. D'autres enfin pensent que le principe de non-ingérence trouverait son fondement dans le droit commun de la responsabilité. Pour J. LASSERRE CAPDEVILLE, le devoir de non-ingérence doit être perçu *« comme une norme de comportement tenant compte des conditions particulières de l'exercice de la profession de banquier »* Ce principe connaît cependant des dérogations jurisprudentielles[430], et légales, en vue de la protection des intérêts privés[431] et aussi de la préservation de l'intérêt général. Pour ce dernier cas, lequel concerne principalement la prévention du blanchiment des capitaux, les banques sont contraintes à une obligation de vigilance portant aussi bien sur les personnes avec lesquelles elles entrent en relation d'affaires que sur les opérations qu'elles traitent.

B- Les exceptions en matière de lutte contre le blanchiment

Les textes français et camerounais, en associant les banques à la lutte contre le blanchiment des capitaux, exigent d'elles une certaine ingérence dans les affaires de leurs clients. Celles-ci en effet, procèdent à un examen de toute opération importante qui se présente dans des conditions inhabituelles de complexité et ne paraît pas avoir de justification économique ou d'objet licite. A cette fin, la banque doit s'informer auprès du client sur l'origine et la destination de ces sommes, sur l'objet de la transaction et l'identité de la personne qui en bénéficie. Cette intrusion du banquier dans les affaires de ses clients a amené à penser à la naissance d'un devoir d'ingérence dont la violation est de plus en plus sanctionnée par la jurisprudence française.

[428] GAVALDA et STOUFFLET, note sous cass. Com., 7 janv. 1976 : JCP 1976, II, 18327-CABRILLAC et TEYSSIE, obs. sur cass. Com., 11 févr. 1983., RTD com. 1983, 592.- RIVES-LANGE, obs.sur cass. Com., 30 cot. 1984 : Banque 1985, 644.- VEZAN.

[429] T. BONNEAU, Droit bancaire, 8è éd., Montchrestien, 2009, n° 407, p. 318.

[430] En présence d'une anomalie apparente et d'une affectation spéciale des fonds.

[431] Les opérations de banque peuvent permettre la réalisation de fraudes au détriment d'un client.

SECTION II : LA CONSÉCRATION DU DEVOIR D'INGÉRENCE DU BANQUIER ?

S'ingérer signifie *« se mêler d'une chose sans en avoir le droit, l'autorisation » ; « s'ingérer dans les affaires d'autrui »*[432]. Par le devoir de vigilance, la position de « neutralité »[433] dans laquelle le principe de non-ingérence mettait les banquiers est remise en cause. Aussi, pour la jurisprudence française, ce principe cède devant une opération présentant une anomalie apparente devant attirer l'attention d'un banquier normalement vigilant[434]. Un courant doctrinal français penche lui aussi pour la naissance d'un devoir d'ingérence aux banquiers en matière de LAB.

PARAGRAPHE I : LA CONSÉCRATION JURISPRUDENTIELLE DU DEVOIR D'INGÉRENCE

La jurisprudence est traditionnellement considérée comme l'interprète de la loi. Elle éclaire le contenu d'un texte obscur ou ambigu[435] et permet ainsi aux banques de mieux appréhender le contenu de leurs obligations. Il en est ainsi s'agissant de l'obligation de vigilance. Les juges français autorisent les banques à s'ingérer dans les affaires de leurs clients dans deux cas : en présence d'une anomalie apparent et en cas de disproportion entre les revenus d'un client et les opérations sur son compte.

A- En présence d'une anomalie apparente

L'analyse de la jurisprudence permet de dégager deux types d'anomalies apparentes :

- Les anomalies matérielles. On pense notamment dans ce cas à des ratures ou surcharges sur les documents bancaires ;

---

[432] Le petit Larousse illustré, 2006.

[433] J. LASSERRE CAPDEVILLE, Que reste-t-il au XXIè siècle du devoir de non-ingérence ? Banque et droit 2005, p. 13.

[434] Com. 11 mai 2010, pourvoi n° 09-66552., com. 16 mars 2010, pourvoi n° 08-21091.

[435] V. L. BACH, V° Jursiprudence, Rép. Civ. Dalloz, (2009), n° 105 et s.

- Les anomalies d'ordre intellectuel, lorsque certains éléments laissent penser à une opération illicite ;

La doctrine française[436] distingue deux sortes d'anomalies : les anomalies matérielles et les anomalies intellectuelles. Les anomalies matérielles qui affectent la régularité même du titre (falsification, imitation grossière d'une signature, grattage, etc.) permettraient d'engager facilement la faute du banquier, dans la mesure où l'altération est révélée par un simple examen du titre.

Les anomalies intellectuelles qui résultent des circonstances dans lesquelles l'opération se présente (montant très élevé par rapport aux revenus habituels du titulaire du compte, nombre important de chèques remis à l'encaissement, etc.), ne pourraient être soupçonnées qu'à partir de certains éléments objectifs du contexte.

C'est ainsi que dans un arrêt[437], le juge retient la responsabilité de l'établissement présentateur du chèque au paiement en raison du préjudice subi par le tireur. Pour J. LASSERRE CAPDEVILLE, cette solution est justifiée *« dès lors que cet établissement constate que, sur le chèque émis à l'ordre de la société en question, la mention d'ordre falsifiée porte sur plusieurs lettres des traces d'effacement très visibles et retient que toutes ces anomalies sont apparentes et aisément décelables par l'examen sommaire d'un employé normalement diligent »*[438]. La même solution a été retenue dans cet autre arrêt[439] dans lequel en l'espèce, un chèque avait été émis à l'ordre de plusieurs

---

[436] T. BONNEAU, Droit bancaire, éd. Montchrétien, Paris, 2013, 10è éd., n°517 ; p. 368.

[437] Cass. Com., 10 décembre 2003, BRDA, 2004, n° 13, Banque et droit, 2004, n° 95, p. 50, obs. Bonneau.

[438] J.- L. CAPDEVILLE, Que reste-t-il au XXIè siècle du devoir de non-ingérence du banquier ? Banque et Droit n° 100, mars-avril 2005, p. 14.

[439] Cass. Com., 3 décembre 2002, RJDA, 2003, n° 534, RTD Com., 2003, p. 340, obs. Cabrillac, Banque et droit, 2003, n° 89, obs. Bonneau, D., 2003, aff., juris., p. 1756, note Djoudi. V. aussi Cour d'appel de Lyon, 25 février 2000, JCP, 2001, éd. E., p. 56. Cass. com., 10 octobre 2000, RJDA, 2001, n° 66. Cour d'appel de Paris, 21 mai 2002, Banque et droit, 2003, n° 92, p. 60, obs. BONNEAU. Cass. com., 25 mars 2003, Juris-Data, n° 2003-018689, RJDA, 2003, n° 989. Cour d'appel de Paris, 14 mai 2003, Revue de droit bancaire et financier, 2004, n° 1, p. 13, obs. Credot et Gerard. Cour d'appel d'Aix-en-Provence, 19 mai 2004, Juris-Data, n° 2004-244647.

bénéficiaires et la banque avait traité le titre sans s'assurer des consentements requis. En présence d'une anomalie, le banquier doit interférer dans les affaires du client. Il devra, selon les circonstances, soit refuser d'exécuter l'opération qu'il sait illicite, soit informer son client ou le mettre en garde si l'opération présente un risque sans être illicite. Il en est de même en cas de disproportion entre les revenus d'un client et les opérations sur son compte.

B- En cas de disproportion entre les revenus d'un client et les opérations sur son compte

La jurisprudence française une fois de plus incite les banques à s'ingérer dans les affaires de leurs clients. C'est ce qui ressort de l'arrêt de la commission bancaire du 1er février 2010 qui condamne la Banque Populaire (BRED) à un blâme et 200 000 euros de sanction pécuniaire[440]. Dans cette décision, la Commission bancaire reprochait à la BRED de s'être satisfaite des déclarations des clients alors que celles-ci n'étaient corroborées par aucun justificatif de nature à exclure le soupçon que les sommes puissent provenir d'une infraction visée par l'ancien article L. 562-2 du Code monétaire et financier. En l'espèce, elle estime que, concernant le compte d'un gardien de la paix ayant enregistré des mouvements créditeurs en disproportion avec son salaire, la banque *« aurait dû examiner les opérations compte tenu du profil de risque du client, et s'interroger sur les activités de négoce de pièces d'antiquités sur internet ainsi que sur les mises de paris en ligne »*. De même, relevant une fois de plus une disproportion entre les revenus déclarés d'un professeur et les opérations de son compte, la Commission bancaire a reproché à la BRED de s'être contentée des explications de son client. En effet, en réponse à la banque qui *« indique avoir obtenu des informations apportant des explications sur les diverses opérations du compte »*, la Commission bancaire estime que *« ces explications, basées sur les seuls dires du client, ne peuvent tenir lieu de justificatif pour des opérations, dont l'établissement admet la disproportion par rapport aux revenus déclarés de ce client »*. Le devoir d'ingérence du banquier en matière de LAB a donc été clairement posé par la jurisprudence française. Celle-ci est soutenue par la doctrine française.

---

[440] Bulletin Comité des Etablissements de Crédit et des Entreprises d'Investissement et de la Commission bancaire, févr. 2010, p. 4 et s.

PARAGRAPHE II : LE RENFORCEMENT DOCTRINAL DU DEVOIR D'INGÉRENCE DU BANQUIER

Pour Chantal CUTAJAR[441], la mise en œuvre des obligations préventives anti-blanchiment imposées aux banques françaises et camerounaises a engendré une nouvelle obligation à savoir le devoir d'ingérence. Nous partageons cet avis étant donné que le respect à la lettre des obligations anti-blanchiment passe nécessairement par cette nouvelle obligation. En effet, les banques ont besoin de plus de détails sur leurs clients lorsqu'elles doivent élaborer une déclaration de soupçon. Il en est de même avant d'entrer en relation d'affaires avec un client, ou de réaliser une opération à la demande d'un client, la banque se doit de recueillir tous les éléments qui lui certifieront de la licéité de l'opération avant de l'effectuer.

A- La nécessité de renseigner et circonstancier les déclarations de soupçon

Nous l'avons vu, les banques françaises et camerounaises se doivent d'être vigilantes quant aux opérations de leurs clients et en cas de suspicion, de faire une déclaration auprès de Tracfin ou l'Anif. Parce que pouvant servir d'éléments de preuve en cas de poursuites, si le soupçon est confirmé, un certain formalisme est imposé aux banques quant à l'établissement de la déclaration de soupçon. Les éléments contenus dans la déclaration ont donc été précisés par les législations camerounaises et françaises et les banques ont obligation de les respecter à la lettre. Les banques doivent par exemple décrire l'opération suspecte, c'est-à-dire établir une synthèse retraçant les éléments clés de la déclaration, notamment la motivation du soupçon et l'analyse détaillée des faits. Toute indication utile sur les personnes y participant : il s'agit notamment des éléments d'identification des parties prenantes à l'opération. La jurisprudence française a elle aussi apporté des précisions sur le contenu des déclarations de soupçon. Ainsi, dans une décision du 26 mars 2004, la Commission bancaire avait jugé que *« les déclarations de soupçon, lorsqu'elles sont faites auprès de Tracfin, comportent des éléments de nature à faire apparaître les motifs qui ont conduit*

---

[441] C.CUTAJAR, Lutte contre le blanchiment et « devoir d'ingérence » du banquier, La Semaine Juridique Entreprise et Affaires n° 18, 6 mai 2010, p. 14.

l'établissement à effectuer la déclaration »[442]. Pour ce faire, les banques sont obligées de s'ingérer dans les affaires de leurs clients. Enfin, dans une décision du 7 juin 2007, la Commission bancaire précisait que *« les déclarations de soupçon comportent tous les éléments recueillis par l'établissement permettant de comprendre le motif du soupçon qui l'ont conduit à effectuer une déclaration »*.

Une bonne déclaration de soupçon, en plus de tout ce qui précède, doit être précise et factuelle, la plus complète possible afin de limiter les échanges ultérieurs avec Tracfin ou l'Anif. Elle doit aussi être explicite quant à l'origine du doute ou du soupçon[443] et surtout la banque déclarante ne doit pas omettre de mentionner les éventuels droits de communication ou réquisitions judiciaires concernant le même client.

Elle peut enfin mentionner le fait que son attention a été attirée par l'échange d'informations entre professionnels autorisé par l'article L. 561-21 du CMF[444]. Ainsi les banques doivent désormais, afin de se prémunir d'éventuelles sanctions, « fouiller » dans la vie privée, professionnelle de leurs clients. Elles doivent s'ingérer dans leurs affaires afin de recueillir toutes les informations nécessaires pour étayer l'éventuelle déclaration de soupçon qu'elles seraient amenées à faire. En le faisant, elles auront une connaissance parfaite et licite de l'opération à exécuter.

B- La nécessité d'acquérir la certitude de la licéité de l'opération avant de l'effectuer

L'article L. 561-6 du CMF impose aux établissements bancaires d'exercer, pendant toute la durée de la relation d'affaire *« dans la limite de leurs droits et obligations, une vigilance constante et (...) un examen*

---

[442] Bull. Banque de France 2004, n° 68-69, p. 35.

[443] M. BEAUSSIER et H. QUINTARD, Blanchiment de capitaux et financement du terrorisme, Analyse et mise en œuvre pratique de la troisième directive européenne, Revue Banque Edition 2010. P. 152.

[444] « Par dérogation à l'article L. 561-19, les personnes mentionnées aux 1° à 7° et aux 12° et 13° de l'article L. 561-2 peuvent, lorsqu'elles interviennent pour un même client et dans une même transaction ou lorsqu'elles ont connaissance, pour un même client, d'une même opération, s'informer mutuellement, et par tout moyen sécurisé, de l'existence et du contenu de la déclaration prévue à l'article L. 561-15 ».

attentif des opérations effectuées en veillant à ce qu'elles soient cohérentes avec la connaissance actualisée qu'ils ont de leur client ». Les banques doivent avoir à l'entrée de la relation d'affaires une connaissance « historique » du client : il s'agit à l'ouverture du compte de dresser un bilan historique de ses affaires, leurs volumes, les secteurs d'activités dans lesquels il est impliqué ou l'évolution de sa solvabilité. En outre, les banques doivent aussi avoir une connaissance transversale des affaires de leurs clients. Enfin, les banques doivent maîtriser l'environnement personnel et professionnel du client.

Par l'approche par les risques recommandée par le GAFI, les banques doivent appliquer une vigilance renforcée lorsqu'elles sont en présence d'opérations inhabituelles et suspectes présentant un risque plus élevé. Dans ces cas, elles doivent obtenir des informations supplémentaires sur le client, par exemple sur sa profession, les informations disponibles dans des bases de données publiques, sur internet. Elles doivent également obtenir des informations sur l'origine des fonds ou du patrimoine du client, sur les raisons des opérations envisagées ou réalisées et enfin des informations supplémentaires sur la nature envisagée de la relation d'affaires.

Le dispositif préventif de lutte contre le blanchiment des capitaux n'a pas été le bienvenu au sein de la profession bancaire française et camerounaise, non seulement parce qu'il a fait naître de nouvelles obligations aux banques, mais surtout parce que ces obligations remettaient grandement en cause les principes régissant la profession.

D'une part, les banques sont devenues des « collaboratrices » de l'administration faisant ainsi naître une obligation de communication à leur charge, notamment l'obligation de déclaration de soupçon. La mise en œuvre de cette obligation constitue une atteinte au secret bancaire. Obligation au secret et obligation de dénonciation ne sont cependant pas incompatibles. Elles sont au cœur d'un conflit entre deux intérêts contradictoires : d'une part, l'impératif de sécurité[445] et d'autre part, la préservation des droits et libertés fondamentales de l'individu par le respect de sa sphère individuelle. Ainsi, le premier impératif commande d'associer au dispositif de lutte contre le blanchiment, les

[445] Qui exige de la société qu'elle lutte contre le crime organisé par tous les moyens, préventifs ou répressifs.

professionnels dont les activités sont particulièrement susceptibles d'être utilisées à des fins de blanchiment des capitaux. Le second impératif quant à lui exige la préservation du secret professionnel absolu ou très rigide. En outre, cette obligation, imposée aux banques françaises et camerounaises au titre de la prévention du blanchiment des capitaux constitue une grave entorse au principe de non-ingérence propre à l'activité bancaire.

D'autre part, la jurisprudence française s'est montrée encore plus exigeante quant à la mise en œuvre des obligations de vigilance. En effet, une analyse de cette jurisprudence nous a amené à nous interroger sur la naissance d'une nouvelle obligation pour les banques françaises et camerounaises dans la mise en œuvre des obligations préventives anti-blanchiment : il s'agit du « devoir d'ingérence » du banquier. Le dispositif anti-blanchiment ainsi mis en place constitue une dérogation importante au principe de non-immixtion mais aussi au secret bancaire. Il impose aux banques des obligations contraignantes dont la violation peut être sanctionnée.

CHAPITRE II : LA CRÉATION DE NOUVELLES RESPONSABILITÉS

La mise en œuvre effective du dispositif préventif anti-blanchiment par les banques n'est assurée, au Cameroun et en France, que dans la mesure où les législateurs prévoient des sanctions efficaces de nature à en assurer le respect. Le GAFI dispose d'ailleurs en ce sens dans sa recommandation 35 que : *« les pays devraient s'assurer qu'une gamme de sanctions efficaces, proportionnées et dissuasives, pénales, civiles ou administratives, est applicable aux personnes physiques ou morales (...) qui ne respectent pas les obligations en matière de LBC/FT. Les sanctions devraient être applicables non seulement aux institutions financières (...) mais également à leurs dirigeants ».*

La sanction de principe en cas de violation des obligations préventives anti-blanchiment est disciplinaire. Ainsi, la banque française ou camerounaise qui manque à une obligation se verrait appliquer une sanction disciplinaire. Celle-ci est du ressort de l'autorité de contrôle de la profession, respectivement la Commission bancaire pour le Cameroun et l'Autorité de contrôle prudentiel et de Résolution pour la France. Exceptionnellement et dans des cas bien précis, le manquement à une obligation professionnelle en matière de lutte contre le blanchiment par une banque aussi bien française que camerounaise pourrait être sanctionné pénalement. Cette sanction pénale étant cumulable avec la sanction disciplinaire. La question a été posée de savoir si le banquier qui manquait à son obligation professionnelle pouvait être sanctionné civilement. Le dispositif préventif anti-blanchiment fait donc peser sur les banques françaises et camerounaises de nouvelles responsabilités. Il s'agit respectivement de la responsabilité disciplinaire et de la responsabilité pénale. Nous nous interrogerons enfin sur la possibilité d'une responsabilité civile des banques.

SECTION I : UNE RESPONSABILITÉ DISCIPLINAIRE DES BANQUES

La responsabilité disciplinaire est celle qui pèse sur les membres d'une profession, lorsqu'ils enfreignent les règles régissant cette dernière[446]. Cette responsabilité tend à assurer l'intégrité collective d'une profession, à protéger son honneur et à exclure ce qui a détérioré ses valeurs communes[447]. Les sanctions qui en découlent n'affectent donc, ni la personne du contrevenant, ni son patrimoine, mais plutôt son activité professionnelle. Les obligations professionnelles du banquier en matière de lutte contre le blanchiment des capitaux trouvent leur sanction naturelle sur le terrain disciplinaire, devant la Commission bancaire pour les banques camerounaises et l'Autorité de Contrôle Prudentielle et de Résolution pour les banques françaises, en cas de violation par l'établissement ou ses dirigeants desdites obligations. Ainsi, le manquement par le banquier à l'une des obligations professionnelles imposées au titre de la lutte contre le blanchiment des capitaux, constituant une infraction disciplinaire en France et au Cameroun, des sanctions professionnelles peuvent être prononcées.

PARAGRAPHE I- LES ORGANES CHARGES DU PRONONCE DES SANCTIONS DISCIPLINAIRES EN FRANCE ET AU CAMEROUN : l'ACPR ET LA COBAC

Les législateurs français et camerounais reconnaissent respectivement à l'ACPR[448] et à la COBAC le droit de prononcer certaines sanctions disciplinaires contre l'établissement bancaire qui viendrait à enfreindre les dispositions législatives ou réglementaires afférentes à la profession.

---

446 J.-.L. CAPDEVILLE, Le secret bancaire, Etude de droit comparé (France- Suisse-Luxembourg), Presses Universitaires D'Aix-Marseille 2006.

447 A.-M. FRISON-ROCHE, Secret et profession, in Secrets professionnels, éd. Autrement, Paris, 1999, p. 84.

448 La défunte Commission bancaire avait pour mission première de « contrôler le respect par les établissements de crédit des dispositions législatives et réglementaires qui leur sont applicables et de sanctionner les manquements constatés », elle est également investie d'une mission de sanction des manquements par les banques aux dispositions législatives ou réglementaires afférentes à leur activité : elle agit alors en qualité de juridiction administrative. Contrairement à la Commission bancaire qui exerçait donc un pouvoir disciplinaire à côté de ses autres fonctions, l'ACP observe une séparation entre l'organe de poursuite et de jugement. Cette nouvelle procédure a été jugée conforme à l'exigence d'un procès équitable édictée par l'article 6, Para 1 de la Convention européenne des droits de l'Homme (CEDH, 5è sect., 11 juin 2009, n° 5242/04, Sté Dubus SA c/France : RD bancaire fin. 2009, comm. 111, obs. F.-J. Crédot et Th. Samin.).

Aux termes de l'article L. 561-36 du CMF, *« le contrôle des obligations prévues aux chapitres Ier et II du présent titre et, le cas échéant, le pouvoir de sanction en cas de non-respect sont assurés »* par l'Autorité de contrôle prudentiel sur les organismes et personnes qui lui sont soumis. Ainsi, le non-respect des obligations préventives par les banques est en principe sanctionné disciplinairement. L'article 45[449] du Règlement CEMAC quant à lui dispose que : *« lorsque, par suite soit d'un grave défaut de vigilance, soit d'une carence dans l'organisation des procédures internes de contrôle, un organisme financier ou toute autre personne physique ou morale assujettie au titre de l'article 5 ci-dessus, aura méconnu l'une des obligations qui lui sont assignées par le présent Règlement, l'autorité de contrôle ayant pouvoir disciplinaire peut agir d'office et prononcer des sanctions disciplinaires dans les conditions prévues par les textes en vigueur. Pour l'application du présent Règlement, la COBAC exerce le contrôle et le pouvoir disciplinaire sur les établissements de crédit y compris les succursales d'établissements de crédit ayant leur siège dans un Etat tiers. »*. Il rentre ainsi dans les missions de l'ACPR et de la COBAC de veiller au respect par les banques des règles de bonne conduite de la profession. Les banques françaises et camerounaises ont d'ailleurs pris des mesures internes pour assurer le respect des dispositions préventives en matière de prévention du blanchiment des capitaux. La nomination des compliance officer répond à cet objectif. Le titulaire de cette fonction s'assure du respect de la mise en œuvre de ces obligations afin d'éviter une interpellation de sa banque soit par l'ACPR pour une banque française, soit par la COBAC s'agissant d'une banque camerounaise.

A- L'Autorité de Contrôle Prudentiel et de Résolution, un organe de supervision bancaire national

L'activité de supervision bancaire est une mission de service public dévolue à chaque Etat[450]. La France a conservé cette tradition, l'Autorité de Contrôle Prudentiel et de Résolution est donc un organe de supervision bancaire national.

---

[449] Article 60 du Règlement COBAC.

[450] Elle répond au souci des pouvoirs publics de conserver la maîtrise de la création, de la crédibilité et de la circulation de la monnaie, et au souci d'assurer la sécurité des déposants et autres créanciers. Elle fait partie de la fonction d'encadrement de l'épargne et même de police économique.

Statut : autorité administrative indépendante[451], ses critères reposeraient sur le pouvoir de prendre des actes administratifs décisoires, l'absence de personnalité juridique propre et la soustraction de tout contrôle hiérarchique ou de tutelle[452]. Cependant, cette absence de personnalité morale n'empêche pas son président d'agir devant toute juridiction pour l'accomplissement des missions qui lui sont confiées[453].

Indépendance de l'ACPR : bien que non dotée de la personnalité morale, l'ACPR est une autorité administrative indépendante, elle n'est soumise à aucun pouvoir hiérarchique ou aucune tutelle. Adossée à la banque de France, elle bénéficie d'une indépendance fonctionnelle.

Composition : l'ACPR est constitué d'organes collectifs[454] d'une part, à savoir le collège plénier, et la Commission des sanctions[455], et d'autre part, d'organes individuels que sont le président de l'ACPR, le gouverneur de la Banque de France, le vice-président et les secrétaires généraux.

Missions : l'ACPR a pour mission de veiller à la préservation de la stabilité du système financier et à la protection des clients, assurés, adhérents et bénéficiaires des personnes soumises à son contrôle.

Pouvoirs : l'ordonnance du 21 janvier 2010[456] a doté l'ACPR de pouvoirs importants. Il s'agit, entre autres[457], du pouvoir de police administrative, du pouvoir d'agrément, du pouvoir de contrôle : il s'exerce par son organe exécutif à savoir le secrétaire général. Celui-ci

---

[451] Article L.612-1 du CMF.

[452] Y. GAUDEMET, Droit administratif général, Traité de droit administratif : LGDJ 2001, t. 1, n° 138.

[453] Article L. 612-16 du CMF.

[454] H. CAUSSE, L'Autorité de contrôle prudentiel. - Commentaire de l'ordonnance du 21 janvier 2010 portant fusion des autorités d'agrément et de contrôle de la banque et de l'assurance. Revue de Droit bancaire et financier n° 3, Mai 2010, p. 13.

[455] La Commission des sanctions comprend six membres : Deux conseillers d'Etat, un conseiller à la cour de cassation et trois membres nommés par le ministre de l'Economie, en raison de leurs compétences relatives au secteur.

[456] Ordonnance N° 2010-76 du 21 janvier 2010

[457] L'ACPR a également un pouvoir d'injonction ainsi que celui d'information du public.

organise des contrôles sur pièces et sur place. Il peut décider d'étendre le contrôle sur place à d'autres entités liées aux personnes soumises au contrôle. Ce pouvoir est complété d'un pouvoir d'astreinte à l'encontre des personnes refusant de donner les informations demandées. Pouvoir de sanctions : il appartient à la commission des sanctions. En cas de manquement constaté à la suite d'un contrôle, la commission peut prononcer des sanctions pécuniaires pouvant aller jusqu'à 50 millions d'euros sous astreinte assorties d'une publication. Au contraire de l'ACPR, l'organe chargé de veiller au respect par les banques des dispositions législatives et réglementaires et de sanctionner les manquements constatés au Cameroun est un organe communautaire : il s'agit de la COBAC.

B- La Commission bancaire d'Afrique Centrale : un organe de supervision bancaire communautaire

Au Cameroun, avant 1990, le service public de supervision était de la compétence du Conseil National de Crédit. A partir de 1993, ce service public a été transféré à une entité commune, la Commission Bancaire d'Afrique Centrale. L'activité de surveillance bancaire est donc devenue un service public communautaire. La COBAC a été mise en place en 1990[458].

Organisation : la COBAC, dont les membres ont officiellement été installés le 22 janvier 1993, est présidée par le Gouverneur de la BEAC, assisté par le Vice-Gouverneur. Un Secrétariat Général, dirigé par un Secrétaire Général, assisté d'un Secrétaire Général Adjoint, assure la permanence administrative. Outre le Président, la Commission compte onze membres, dont :

- Sept membres ou leurs suppléants désignés ès qualité, à raison d'un commissaire par État, le septième membre étant tournant entre les États de la CEMAC. Ils sont nommés pour un mandat de trois ans, renouvelable deux fois, sur proposition du gouverneur de la BEAC, par le Conseil d'Administration de la BEAC ;

[458] Cf. Convention du 16 octobre 1990 portant création d'une Commission bancaire de l'Afrique centrale et annexe à la Convention portant création d'une Commission bancaire de l'Afrique centrale.

- Trois commissaires ou leurs suppléants nommés ès qualité de censeur de la BEAC ; - un commissaire ou son suppléant représentant la Commission Bancaire française, désignés par le gouverneur de la Banque de France.

Fonctionnement : la Commission se réunit au moins deux fois par an, et autant que nécessaire, à l'initiative du président. Pendant les réunions, les décisions sont arrêtées à la majorité des deux tiers des voies exprimées. Libreville a officiellement été désigné pour abriter le siège de la COBAC par la Conférence de Chefs d'Etat de la CEMAC ; mais les travaux d'aménagement de l'immeuble-siège n'étant pas encore achevés, son Secrétariat Général est toujours établi dans les locaux de la BEAC à Yaoundé.

Pouvoirs : La COBAC dispose de compétences et de pouvoirs divers en matière de réglementation et d'organisation de l'activité bancaire, dont les plus importants sont :

- Le pouvoir administratif : la COBAC est chargée de délivrer des avis conformes dans les procédures d'agrément et d'autorisation individuelles qui restent la prérogative des autorités monétaires nationales ;
- Le pouvoir réglementaire : La COBAC dispose de toutes les compétences pour définir le plan et les procédures comptables applicables aux établissements de crédit.
- Le pouvoir de contrôle : la COBAC veille à ce que la réglementation bancaire soit respectée par les établissements de crédit. Pour ce faire, elle organise et exerce, par l'intermédiaire de son Secrétariat Général, des contrôles sur place et sur pièces de ces établissements. Elle est habilitée à diligenter toutes les vérifications commandées par l'urgence et elle rend simplement compte aux autorités monétaires nationales des résultats des enquêtes. Les membres de la COBAC et les personnes habilitées à agir en son nom son tenus au secret professionnel.
- Le pouvoir de sanction : la COBAC est également un organe juridictionnel et peut intervenir à titre disciplinaire, sans préjudice des sanctions que pourront prendre les autorités judiciaires nationales. Les sanctions prévues sont : l'avertissement, le blâme, l'interdiction d'effectuer certaines opérations ou toute

autre limitation dans l'exercice de l'activité bancaire, la suspension ou la révocation des commissaires aux comptes, la suspension ou la démission d'office des dirigeants responsables et enfin, le retrait d'agrément de l'établissement.

En cas de défaillance par une banque dans l'accomplissement des diligences imposées en matière de lutte anti-blanchiment, la COBAC et l'ACPR peuvent donc exercer leur pouvoir disciplinaire.

PARAGRAPHE II : L'INFRACTION DISCIPLINAIRE DE MANQUEMENT A UNE OBLIGATION EN MATIÈRE DE PRÉVENTION DU BLANCHIMENT

En droit français, lorsque par suite soit d'un grave défaut de vigilance, soit d'une carence dans l'organisation de ses procédures internes de contrôle, un organisme financier ou une personne visée à l'article L. 562-1 a omis de faire les obligations découlant du présent titre, l'autorité ayant pouvoir disciplinaire engage une procédure sur le fondement des règlements professionnels ou administratifs et en avise le procureur de la République[459].

Le principe est le même en droit camerounais et l'article 45[460] du Règlement CEMAC prévoit à cet effet : *« Lorsque, par suite soit d'un grave défaut de vigilance, soit d'une carence dans l'organisation des procédures internes de contrôle, un organisme financier ou toute autre personne physique ou morale assujettie au titre de l'article 5 ci-dessus, aura méconnu l'une des obligations qui lui sont assignées par le présent Règlement, l'autorité de contrôle ayant pouvoir disciplinaire peut agir d'office et prononcer des sanctions disciplinaires dans les conditions prévues par les textes en vigueur. Pour l'application du présent Règlement, la COBAC exerce le contrôle et le pouvoir disciplinaire sur les établissements de crédit y compris les succursales d'établissements de crédit ayant leur siège dans un Etat tiers. »*

En droit camerounais, l'article 21 du règlement CEMAC prévoit : *« lorsque, par suite soit d'un défaut de vigilance, soit d'une carence dans l'organisation de ses procédures internes de contrôle, un*

[459] Article L. 561-36 du Code monétaire et financier.
[460] Article 60 du Règlement COBAC.

organisme financier a omis de faire la déclaration prévue à l'article 18 ci-dessus, l'autorité ayant pouvoir disciplinaire est habilitée à engager une procédure sur le fondement des règlements professionnels ou administratifs et à en aviser le Procureur de la République. ». La constitution de l'infraction disciplinaire de manquement à une obligation en matière de lutte contre le blanchiment des capitaux en droit français et camerounais passe par la constatation d'un élément matériel et d'un élément moral. Une fois l'infraction établie, des sanctions sont prononcées.

A- Les conditions de caractérisation de l'infraction disciplinaire

Comme pour toute infraction, la caractérisation de l'infraction disciplinaire exige que soient réunis l'élément matériel et l'élément moral.

1- L'élément matériel

Les banques françaises et camerounaises sont soumises à des obligations préventives en matière de prévention du blanchiment des capitaux. Il s'agit, pour mémoire, des obligations de vigilance, de formation du personnel, de mise en place de procédures internes et de déclaration de soupçon. Dès lors, le manquement à l'une de ces obligations par les banques pourrait constituer une faute faisant ainsi l'objet d'une sanction disciplinaire.

2- L'élément moral

En droit français tout comme en droit camerounais, à la différence de l'infraction pénale, l'infraction disciplinaire peut être caractérisée que l'infraction soit commise intentionnellement ou pas. Cependant, la bonne ou la mauvaise foi sera prise en considération pour apprécier la gravité de la faute commise. Aussi, la banque mise en cause verra prononcer à son encontre des sanctions disciplinaires.

B- Les sanctions disciplinaires prononcées en cas de manquement à une obligation par les banques

En droit français, si l'ouverture d'une procédure de sanction est à l'initiative des formations du collège de l'ACPR, le pouvoir de sanction est lui confié à la commission des sanctions. L'article L. 612-39 du Code monétaire et financier confère à celle-ci des compétences étendues. La commission des sanctions peut donc prendre des sanctions disciplinaires si l'établissement bancaire a enfreint une disposition législative ou réglementaire au respect de laquelle l'ACPR a pour mission de veiller. Ainsi en cas de manquement par la banque à une des obligations qui lui sont imposées au titre de la lutte contre le blanchiment des capitaux, des sanctions disciplinaires peuvent être prononcées.

Les sanctions sont l'avertissement, le blâme, l'interdiction d'effectuer certaines opérations et toutes autres limitations dans l'exercice de l'activité, la suspension temporaire[461] d'un ou de plusieurs dirigeants, la démission d'office d'un ou de plusieurs dirigeants, le retrait partiel d'agrément, la radiation de la liste des personnes agréées et la prononciation d'une sanction pécuniaire allant jusqu'à 50 millions d'euros assortie d'une astreinte[462]. En outre, la commission peut décider que les sanctions qu'elle inflige feront l'objet d'une publication aux frais de la personne sanctionnée dans les journaux ou publications qu'elle désigne. Elle peut aussi décider de mettre à la charge de la personne sanctionnée tout ou partie des frais occasionnés par les mesures de contrôle ayant permis la constatation des faits sanctionnés. En pratique, la méconnaissance des obligations professionnelles est disciplinairement sanctionnée par la Commission nationale des sanctions de l'ACPR, le plus souvent par un blâme, une sanction pécuniaire et une information publique. En effet, l'importance de la sanction dépend du nombre de griefs, de manquements retenus à l'encontre de la banque.

C'est ce qui ressort des décisions récentes de la commission de sanction de l'ACPR notamment le 1er mars 2013, un blâme et une sanction pécuniaire de 700 000 euros suivis d'une publicité de la

---

[461] La sanction de l'interdiction temporaire d'exercice peut être assortie du sursis. Si, dans le délai de cinq ans à compter du prononcé de la sanction, la personne sanctionnée commet une infraction ou une faute entraînant le prononcé d'une nouvelle sanction, celle-ci entraîne, sauf décision motivée, l'exécution de la première sanction sans confusion possible avec la seconde.

[462] Article L ; 612-39 du CMF.

décision à l'encontre de la Tunisian Foreign Bank[463]. De même, le 10 janvier 2013, la Banque Populaire Côte D'azur [464]fut elle aussi condamnée par la commission des sanctions de l'ACPR à un blâme et une sanction pécuniaire de 500 000 euros suivis d'une publication de la décision au registre de l'ACPR et consultable au secrétariat de la commission. En outre, le 30 janvier 2013, un arrêt du Conseil d'Etat[465] confirme la décision rendue le 10 janvier 2011 par la Commission nationale des sanctions qui avait prononcé à l'encontre de la Caisse de Crédit Municipal de Toulon un blâme et une sanction pécuniaire de 150 000 euros, suivis d'une publication. Un blâme et une sanction pécuniaire de 300 000 euros ont également été prononcés par la commission de sanction de l'ACPR à l'encontre de la Bank Tejarat Paris[466] le 27 novembre 2012. Il en est de même du blâme et de la sanction pécuniaire de 200 000 euros à l'encontre de la Banque Populaire Des Alpes[467] rendue le 29 juin 2012. Le 24 octobre 2012, la Commission des sanctions punit l'Etablissement de Crédit A[468] d'un avertissement assorti d'une sanction pécuniaire de 500 000 euros.

En droit camerounais, l'article 55 du règlement COBAC dispose qu'*« en cas de non-respect avéré des procédures internes et exigences réglementaires par un établissement assujetti, la Commission bancaire prend des mesures appropriées, sévères et publiques si les circonstances l'exigent »*. Cette disposition est renforcée et précisée par l'article 60 pour lequel lorsque par suite soit d'un grave défaut de vigilance, soit d'une carence dans l'organisation de ses procédures

[463] Décision de la Commission des sanctions – procédure n2012-06, disponible sur http://www.acp.banque-france.fr/commission-des-sanctions/recueil-de-jurisprudence.html.

[464] Décision de la Commission des sanctions –procédures nos2012-04 et 2012-04 bis, disponible sur http://www.acp.banque-france.fr/commission-des-sanctions/recueil-de-jurisprudence.html.

[465]http://www.acp.banque-france.fr/commission-des-sanctions/recueil-de-jurisprudence.html.

[466]Décision de la commission des sanctions de l'ACP, procédure n° 2011-03, disponible sur http://www.acp.banque-france.fr/commission-des-sanctions/recueil-de-jurisprudence.html.

[467]http://www.acp.banque-france.fr/commission-des-sanctions/recueil-de-jurisprudence.html.

[468] Décision de la commission des sanctions de l'ACP, procédure n° 2011-02, disponible sur http://www.acp.banque-france.fr/commission-des-sanctions/recueil-de-jurisprudence.html.

internes de contrôle, un établissement assujetti a omis d'accomplir les obligations mises à sa charge, la COBAC peut engager une procédure disciplinaire sur le fondement des textes régissant la profession.

Aussi si on se réfère à l'article 13 de l'Annexe à la Convention portant création d'une Commission bancaire de l'Afrique Centrale, on constatera que la COBAC peut elle aussi prononcer plusieurs sanctions. Il ressort de cet article en effet que : *« si un établissement de crédit n'a pas déféré à une injonction ou n'a pas tenu compte d'une mise en garde, ou a enfreint gravement la réglementation, la Commission bancaire peut prononcer une ou plusieurs des sanctions disciplinaires suivantes : l'avertissement, le blâme, l'interdiction d'effectuer certaines opérations ou toutes autres limitations dans l'exercice de ses activités, la révocation du ou des commissaires aux comptes, la suspension ou la démission d'office du ou des dirigeants responsables, le retrait d'agrément. ».*

Toutefois, ces décisions doivent être motivées, et ne pourront être prononcées qu'après que les responsables de la banque en cause, qui peuvent requérir l'assistance d'un représentant de leur association professionnelle ou même d'un avocat, aient été invités à formuler leurs observations soit par écrit, soit lors d'une audition[469]. Contrairement à l'ACPR, la COBAC n'a encore prononcé aucune sanction contre un établissement bancaire camerounais. De plus, le législateur communautaire n'a pas prévu de sanction pécuniaire, ce qui constitue un manquement étant donné l'importance d'une telle sanction. Il en est de même de la publication de la décision. Il nous semble donc qu'il devrait y remédier.

Cependant, le manquement par les banquiers à leurs obligations préventives en matière de LAB peut-il aussi être sanctionné pénalement ? La réponse est a priori négative étant donné qu'il n'existe aucune disposition aussi bien en droit français qu'en droit camerounais qui prévoit expressément une telle sanction. Nous verrons dans les lignes qui vont suivre que, même si la violation des obligations préventives n'est pas incriminée pénalement, les banques demeurent tout de même exposées, indirectement, à des sanctions répressives.

---

[469] Il s'agit ici de constater que les responsables de banques jouissent devant la COBAC, des mêmes droits de défense que devant une juridiction ordinaire.

SECTION II : LA CRÉATION DE NOUVEAUX RISQUES PÉNAUX POUR LE BANQUIER ET LA BANQUE

Nous ne traiterons pas de l'infraction de divulgation des informations recueillies par le biais des obligations de vigilance [470]: Cette infraction concerne particulièrement ceux qui, par fonction, ont reçu communication des informations collectées grâce aux différentes obligations de vigilance. Il s'agit par exemple des membres de Tracfin ou de l'ANIF. Par conséquent, on peut penser que les banques ne sont pas concernées, leur interdiction de divulgation faisant déjà l'objet d'une incrimination aux articles L. 574-2 du CMF et 48 al. 1 du Règlement CEMAC. En principe, le manquement du banquier à une obligation préventive en matière de lutte contre le blanchiment des capitaux n'est pas pénalement sanctionné. Cependant, si la violation de ces obligations n'est pas incriminée pénalement ni par le droit français, ni par le droit camerounais, il n'en demeure pas moins que son auteur s'expose, indirectement, à une sanction répressive pour blanchiment. Seront donc étudiées l'infraction pénale de divulgation d'une déclaration et ses suites ainsi que la sanction pénale in extensio de la banque pour blanchiment aggravé.

PARAGRAPHE I : L'INFRACTION PÉNALE DE DIVULGATION D'UNE DÉCLARATION DE SOUPÇON ET SES SUITES

L'interdiction de révéler l'existence de la déclaration de soupçon relève de la recommandation 14 du GAFI. Cette interdiction de

---

[470] En droit français, l'article L. 574-2 du CMF dispose : « Est puni des peines prévues à l'article 226-13 du Code pénal (« La révélation d'une information à caractère secret par une personne qui en est dépositaire soit par état ou par profession, soit en raison d'une fonction ou d'une mission temporaire, est punie d'un an d'emprisonnement et de 15 000 euros d'amende. »), le fait, pour toute personne, de méconnaître l'interdiction prescrite au deuxième alinéa de l'article L. 561-29(interdiction de divulguer les informations détenues par Tracfin, sans qu'il soit fait obstacle à l'application des dispositions de l'article 44 de la loi n° 78-17 du 6 janvier 1978) sous réserve des dispositions de l'article 226-14 du Code pénal. ». En droit camerounais, l'article 48 al. 2 du règlement CEMAC dispose : « Est punie des peines prévues pour l'infraction de blanchiment des capitaux, toute personne qui méconnaît les règles relatives au secret des informations recueillies au titre des dispositions du présent Règlement, à l'interdiction de les divulguer ou communiquer hors les cas prévus audit règlement à d'autres fins que celles dudit Règlement.

divulgation vise à permettre la conduite des investigations par les autorités pénales en évitant que les personnes soupçonnées, informées par un employé de la banque, ne se soustraient à celles-ci[471]. En droit camerounais, cette infraction est prévue parmi les infractions liées au blanchiment et imputables à toute personne dont les dirigeants ou salariés de banques. Elle est incriminée et sanctionnée à l'article 48 du règlement CEMAC de 2003[472].

En droit français, cette infraction est incriminée à l'article L.561-26, III du CMF. Les législateurs français et camerounais[473] sanctionnent ici les agissements tendant à prévenir le blanchisseur ou l'auteur de l'infraction principale de ce que sa personne et son activité font l'objet d'un contrôle. Seront donc étudiées successivement les sources de l'infraction de divulgation, les conditions de sa caractérisation et les sanctions prévues par les législateurs français et camerounais.

---

471 J. LASSERRE CAPDEVILLE, La lutte contre le blanchiment d'argent, l'Harmattan, 2006, p. 36.

472 Aux termes de cette disposition, *« est puni des peines prévues pour l'infraction de blanchiment des capitaux le fait, pour les dirigeants ou les agents des organismes financiers ou toute personne assujettie au titre de l'article 5, de porter à la connaissance du propriétaire des sommes ou de l'auteur des opérations mentionnées aux articles 18 et 36 du présent règlement, l'existence de la déclaration faite auprès de l'agence nationale d'investigation financière ou de donner des informations sur les suites qui lui ont été réservées.*

Est punie des peines prévues pour l'infraction de blanchiment de capitaux, toute personne qui :

- méconnaît les règles relatives au secret des informations recueillies au titre des dispositions du présent règlement, à l'interdiction de les divulguer ou communiquer hors les cas prévus audit règlement ou à d'autres fins que celles dudit règlement ;

- détruit, falsifie ou soustrait des registres ou documents dont la conservation est prévue par le présent règlement ;

- réalise ou tente de réaliser sous une fausse identité l'une des opérations pour lesquelles la vérification de l'identité ou une surveillance particulière est prescrite par le présent règlement ;

- ayant eu connaissance, en raison de sa profession, d'une enquête pour des faits de blanchiment, en a sciemment informé par tous moyens, la ou les personnes visées par l'enquête ;

- communique aux autorités judiciaires ou aux fonctionnaires compétents pour constater les infractions d'origine et subséquentes des actes ou documents qu'elle sait tronqués ou erronés.

473 Article 48 para. 1 et para 2-(1) et (4).

A- Les sources légales de l'infraction de divulgation d'une Déclaration de soupçon et ses suites

La déclaration de soupçon est soumise au principe de la confidentialité qui connaît néanmoins quelques exceptions en droit français.

1- Le principe de la confidentialité

En France tout comme au Cameroun, les banques sont astreintes à une obligation de confidentialité[474] concernant la déclaration de soupçon. Dès lors, il leur est interdit toute révélation concernant une déclaration effectuée auprès de Tracfin ou de l'ANIF. A cet effet, l'article L.561-26, III du CMF dispose qu'il est interdit aux banques de porter à la connaissance du propriétaire des sommes ou de l'auteur de l'une des opérations déclarées ou à des tiers autres que les autorités de contrôle, ordres professionnels et instances représentatives nationales visées à l'article L. 561-36 du CMF, l'existence et le contenu d'une déclaration faite auprès de Tracfin. Il est également interdit de donner des renseignements sur les suites qui ont été réservées à cette déclaration.

En droit camerounais, l'article 48 du règlement CEMAC dispose quant à lui: « *est puni des peines prévues pour l'infraction de blanchiment des capitaux le fait, pour les dirigeants ou les agents d'organismes financiers ou de toute personne assujettie au titre de l'article 5, de porter à la connaissance du propriétaire des sommes ou de l'auteur de l'une des opérations mentionnées aux articles 18 et 36 du présent Règlement l'existence de la déclaration faite auprès de l'Agence Nationale d'Investigation Financière ou de donner les informations sur les suites qui lui ont été réservées.* » Il s'agit d'un délit pouvant être imputé aussi bien aux dirigeants qu'à tout agent des établissements bancaires. L'interdiction vise aussi en droit français, les oppositions de Tracfin ou celles du TGI[475], les informations obtenues en application du droit de communication

---

474 Des exceptions sont cependant prévues notamment la possibilité d'informer l'autorité judiciaire, dans le cadre des réquisitions judiciaires.

475 Article L. 561-24 du CMF.

reconnu à Tracfin[476] et la décision de saisir le procureur de la République[477]. De même, le législateur français a prévu quelques cas d'exception au principe de confidentialité de la déclaration de soupçon.

2- Exceptions du droit français au principe de la confidentialité

Le droit français, notamment en son article L. 561-20 du CMF, autorise les banques qui appartiennent au même groupe à s'informer mutuellement de l'existence et du contenu de la déclaration de soupçon. Cependant, certaines conditions doivent être remplies et sont cumulatives :

- Les informations sont échangées entre des personnes assujetties à l'intérieur d'un même groupe, d'un même réseau ou d'une même structure d'exercice professionnel ;
- Les informations communiquées sont nécessaires à la mise en œuvre de la vigilance en matière de blanchiment et de financement du terrorisme et sont utilisées à cette seule fin ;
- Les informations sont communiquées à un établissement établi ou ayant son siège en France, dans un autre Etat membre de l'Union européenne ou dans un pays équivalent si le traitement des informations effectué dans le pays tiers équivalent garantit un niveau suffisant de protection de la vie privée et des libertés et droits fondamentaux ;

En outre, l'article L. 561-21 du CMF prévoit un partage facultatif d'informations. En effet, les organismes financiers, y compris les banques, peuvent s'informer mutuellement de l'existence et du contenu de la déclaration lorsqu'elles interviennent pour un même client et dans une même transaction.

Cependant, les échanges ne peuvent être faits qu'entre professionnels d'une même catégorie et certaines conditions doivent être réunies :

---

[476] Article L. 561-26 du CMF.
[477] Article L. 561-28 du CMF.

- Les personnes concernées ont un établissement en France ou dans un autre Etat membre de l'Union européenne ou dans un pays tiers équivalent[478] ;

- Les personnes concernées sont soumises à des obligations équivalentes en matière de secret professionnel ;

- Les informations doivent être échangées uniquement à des fins de prévention du blanchiment et du financement du terrorisme ;

- Lorsque les informations sont échangées avec un pays tiers, le traitement de ces informations doit garantir un niveau de protection suffisant de la vie privée et des libertés et droits fondamentaux ;

Enfin, concernant les banques, la mise en œuvre des échanges d'informations doit être formalisée dans le cadre d'une procédure spéciale pour laquelle la banque doit habiliter spécialement certains préposés. De même, les banques peuvent révéler à l'autorité judiciaire ou aux OPJ agissant sur délégation que des informations ont été transmises dans le cadre d'une déclaration de soupçon. L'autorité judiciaire[479] peut en demander confirmation à Tracfin[480].

B-Les conditions de caractérisation de l'infraction de divulgation d'une déclaration de soupçon

Pour être caractérisée, l'infraction de divulgation d'une déclaration de soupçon exige elle aussi que soient réunis un élément matériel et un élément moral.

1- L'élément matériel

En droit français tout comme en droit camerounais, l'infraction est de commission. Elle peut consister en deux comportements : porter à la connaissance du propriétaire des sommes ou de l'auteur de l'existence même de la déclaration faite à Tracfin ou l'Anif ; porter à sa connaissance les suites qui lui ont été réservées. Dès lors, un dirigeant,

---

478 Article L. 561-9, II, 2° du CMF.

479 L'autorité judiciaire peut accéder à une déclaration sur réquisition auprès de Tracfin. Il faudra néanmoins que la banque soit elle-même suspectée d'être impliquée dans le mécanisme de blanchiment des capitaux.

480 Article L. 561-19, II du CMF.

par exemple, ne serait pas coupable s'il ne s'opposait pas à l'acte de divulgation d'un employé.

2- L'élément moral

En droit français tout comme en droit camerounais, les délits sont intentionnels sauf précision contraire du texte d'incrimination. L'article 121-3 du code pénal français dispose d'ailleurs à cet effet qu'*« il n'ya point de crime ou de délit sans intention de le commettre »*. En droit camerounais, cette disposition est prévue à l'article 74 alinéa 2 du Code pénal d'après lequel : *« est pénalement responsable celui qui volontairement commet les faits caractérisant les éléments constitutifs d'une infraction avec l'intention que ces faits aient pour conséquence la réalisation de l'infraction. »*. L'élément intentionnel permet ainsi avec l'élément matériel, la qualification de l'infraction de divulgation de la déclaration de soupçon et la sanction dès lors peut être prononcée.

C- La sanction de l'infraction de divulgation d'une déclaration de soupçon

En droit camerounais, l'article 48 al. 1 du Règlement CEMAC punit la divulgation d'une déclaration de soupçon des mêmes peines que le blanchiment des capitaux. Aussi, les mêmes peines que celles prévues pour l'infraction de blanchiment des capitaux, à savoir une peine d'emprisonnement de 5 à 10 ans et d'une amende pouvant aller jusqu'à cinq fois le montant des sommes blanchies sans être inférieure à 10 000 000 de FCFA[481], s'il s'agit d'un employé ou dirigeant de la banque.

En outre, la loi de 1997 fixe à 1.250.000 le montant de l'amende pour le manquement aux obligations de confidentialité de la procédure de déclaration de soupçon. Enfin, la loi de 2003 fixe une amende allant de 1.000.000 de franc CFA à 20.000.000 de francs CFA. Des amendes sont également prévues, notamment par la Loi de 1997 qui fixe le montant de l'amende à 1.250.000 de francs CFA pour le manquement aux obligations de confidentialité de la procédure de déclaration de soupçon. Pour cette dernière infraction, la loi de 2003 fixe une amende allant de 1.000.000 de francs CFA à 20.000.000 de francs CFA. Enfin,

[481] Article 46 al. 1 du règlement CEMAC.

le règlement CEMAC de 2003[482] fixe le minimum de l'amende à 10.000.000 de francs CFA. En droit français, est puni d'une amende de 22 500 euros le fait de méconnaître l'interdiction de divulgation. Est puni des peines prévues à l'article 226-13(la révélation d'une information à caractère secret par une personne qui en est dépositaire soit par état ou par profession, soit en raison d'une fonction ou d'une mission temporaire, est punie d'un an d'emprisonnement et de 15 000 euros d'amende) du code pénal, le fait pour toute personne, de méconnaître l'interdiction prescrite au deuxième alinéa de l'article L. 561-29 sous réserve des dispositions de l'article 226-14 (exemption de responsabilité en cas d'information de l'autorité judiciaire) du code pénal. La sanction prévue par le législateur français nous semble plus légère, celle-ci devrait être renforcée comme c'est le cas en droit camerounais qui n'a pas fait de distinction en la matière entre l'infraction de blanchiment proprement dite et les infractions assimilées parmi lesquelles l'infraction de divulgation d'une déclaration de soupçon.

PARAGRAPHE II : UNE RESPONSABILITÉ PÉNALE IN EXTENSIO DU BANQUIER POUR BLANCHIMENT AGGRAVE ?

En principe, c'est la procédure disciplinaire qui sanctionne le manquement aux obligations professionnelles relatives à la lutte contre le blanchiment par les banques aussi bien au Cameroun qu'en France. Cependant, la sanction administrative n'empêche pas leur répression pénale. Dès lors, le banquier qui participe à une opération de blanchiment pourra très bien être condamné pour l'infraction de blanchiment aggravé, soit comme complice ou co-auteur si sa culpabilité est prouvée. Si la réponse est claire en ce qui concerne la répression de l'infraction de blanchiment causée par un banquier, il n'en est pas de même concernant sa prévention. En effet, la question se pose de savoir si la violation des obligations préventives anti-blanchiment imposées aux banques est constitutive de l'infraction de blanchiment aggravé. Une réponse positive conditionnée sera apportée à cette question. Cependant, des cas de sanctions pénales des banques ont été prévus expressément par les législateurs français et camerounais.

---

[482] Nous l'avons vu, ce texte prévoit la même sanction que celle appliquée en cas de blanchiment, aux infractions assimilées parmi lesquelles la divulgation d'une déclaration de soupçon.

A- La sanction pénale pour blanchiment aggravé : la violation des obligations professionnelles par les banques est-elle constitutive de blanchiment ?

En droit français, la méconnaissance des obligations de vigilance et de déclaration ne peut donner lieu à des poursuites pour blanchiment que pour autant que les éléments constitutifs de l'infraction, c'est-à-dire principalement l'article 324-1 du code pénal (art L574-4 du CMF) sont réunis. Il en est de même en droit camerounais.

Le sujet est délicat en ceci que les opérations de banque sont par nature constitutives de l'élément matériel du blanchiment, faisant ainsi de l'infraction de blanchiment une infraction de commission. La forte connexité qui existe entre les opérations de banque et les actes de blanchiment pourrait laisser penser que le banquier qui manquerait à une de ses obligations professionnelles en matière de prévention du blanchiment est susceptible d'être sanctionné pour blanchiment.

Ceci est d'autant plus vrai s'il est démontré que cette inaction cachait une volonté d'aider le blanchisseur. Aussi, la responsabilité pénale du banquier n'est susceptible d'être engagée sur le fondement du blanchiment des capitaux que s'il est démontré qu'il a posé cet acte avec l'intention d'aider le blanchisseur. Dès lors, l'infraction de blanchiment peut être établie et les sanctions prononcées.

1- Des opérations de banque constitutives de l'élément matériel du blanchiment

Les banques en effet, sont par définition, en rapport avec les opérations frauduleuses ou soupçonnées de l'être. En effet, les opérations de banque, que sont la réception de fonds du public, les opérations de crédit et la mise à la disposition de la clientèle ou la gestion de moyens de paiement, sont quasi-identiques aux phases du blanchiment.

Dans un premier temps, la banque pourrait faciliter le prélavage par la réception des fonds : le potentiel blanchisseur qui a en sa possession de l'argent en liquide provenant du trafic de drogue par exemple, se rend dans une banque pour le déposer. Dans un deuxième temps, la banque pourrait faciliter le lavage par les moyens de paiement qu'elle met à la disposition des clients. Ainsi, une fois le dépôt d'espèces effectué, le blanchisseur peut solliciter la banque à nouveau pour ses services de transfert de fonds. Il s'agit là d'un moyen utilisé par les blanchisseurs pour camoufler l'origine frauduleuse de leur argent. Il existe donc une forte connexité entre les opérations de banque et les actes de blanchiment qui consistent essentiellement en des actions.

2- Un élément matériel du blanchiment consistant en une infraction de commission

En droit français, L'article 324-1 al. 1 du Code pénal français[483] dispose : *« le blanchiment est le fait de faciliter, par tout moyen, la justification mensongère de l'origine des biens ou des revenus de l'auteur d'un crime ou d'un délit ayant procuré à celui-ci un profit direct ou indirect »*. L'al. 2 du même texte[484] dispose que *: « constitue également un blanchiment le fait d'apporter un concours à une opération de placement, de dissimulation ou de conversion du produit direct ou indirect d'un crime ou d'un délit. »* Ainsi, l'article 324-1 du code pénal distingue deux éléments matériels du délit de blanchiment : le premier consiste selon le premier alinéa du texte, *« à faciliter par tout moyen, la justification mensongère de l'origine des biens ou des*

[483] Cette même infraction est incriminée en droit français par l'article 222-38 du Code pénal et dans ce cas, la justification mensongère porte sur des biens ou des revenus provenant d'un trafic de stupéfiants. On a ainsi une incrimination générale du blanchiment prévue par l'article 324-1, al. 1 et une incrimination spéciale du blanchiment par cet article 222-38.

[484] Cette même infraction est incriminée en droit français par les articles 222-38 du Code pénal et 415 du Code des douanes. Il s'agit ici des incriminations spéciales du blanchiment des capitaux consistant en le fait d'apporter son concours à une opération de placement, de dissimulation ou de conversion du produit de l'une des infractions mentionnées aux articles 222-34 à 222-37 du Code pénal pour le premier article, et dans ce cas, la peine est de 10 ans d'emprisonnement et de 750 000 euros d'amende. Pour ce qui est du second article, le Code des douanes punit d'un emprisonnement de deux à dix ans, de la confiscation des sommes en infraction ou d'une somme en tenant lieu lorsque la saisie n'a pas pu être prononcée « , de la confiscation des biens et avoirs qui sont le produit direct ou indirect de l'infraction » et d'une amende comprise entre une et cinq fois la somme sur laquelle a porté l'infraction ou la tentative d'infraction … »

revenus de l'auteur d'un crime ou d'un délit ayant procuré à celui-ci un profit direct ou indirect ».

Il s'agit ici de permettre à une personne de justifier l'origine de ses biens ou de ses revenus et ce « par tout moyen ». L'acte de facilitation doit être un acte positif et non une simple omission ou abstention. Il pourrait dès lors s'agir d'une fausse reconnaissance de dette, d'une fausse facture[485], d'un bulletin de salaire relatif à un emploi fictif. Pour le banquier, il s'agira de se livrer à des jeux d'écritures fictifs sur les comptes bancaires du délinquant, pour déguiser l'origine ou la nature véritable des fonds ou valeurs inscrits sur les comptes du délinquant : un dépôt d'espèces serait fictivement présenté comme le dépôt d'un chèque ou un virement bancaire par exemple. De même, le compte d'où proviennent les fonds serait artificiellement désigné ou renommé[486].

L'article 324-1 alinéa 2 du Code pénal français précise le second élément matériel du blanchiment qui est le « fait d'apporter son concours ». Apporter son concours c'est fournir une aide ou une collaboration. Cette notion de concours suppose donc une action de la part de son auteur et est ainsi incompatible avec une simple abstention. Il s'agit essentiellement d'une action positive. La passivité du banquier ne pourrait-elle s'assimiler à un concours, si elle s'inscrivait en méconnaissance de ses obligations professionnelles ? Si la réponse est affirmative pour ce qui est de la complicité qui en droit français, pourrait être constituée par une simple abstention, il n'en est pas de même en cas de manquement par le banquier à une des obligations prévues dans le dispositif anti-blanchiment. Ainsi, nous pensons comme une partie de la doctrine française[487], que le délit de blanchiment puni à ces articles est une infraction de commission dont l'élément matériel consiste nécessairement en une action. Pourtant, le manquement du banquier à ses obligations professionnelles en matière

---

[485] Cour d'appel de Paris, 30 janvier 2002, Juris-Data, n° 2002-181300.

[486] Exemples cités par E. DEZEUZE, La responsabilité pénale in La banque face au blanchiment des capitaux, Revue de Droit Bancaire et Financier novembre-décembre 2007 p. 22.

[487] D. REBUT, Manquement du banquier à ses obligations professionnelles et commission du délit de blanchiment, Banque et Droit n°88, mars-avril 2003. B. BOULOC, De quelques aspects du délit de blanchiment : Revue de Droit Bancaire et Financier 2002, p. 151.

de blanchiment se rapproche plus d'une qualification pénale pour omission. Il ya là une « opposition avec la définition positive de l'élément matériel du délit de blanchiment »[488].

Cependant, certains auteurs français ont estimé que le placement est un emploi d'argent et non pas le simple rangement[489]. A ce stade, le blanchiment peut se limiter à un conseil et n'être qu'une opération intellectuelle[490]. En droit camerounais, la définition du blanchiment des capitaux telle qu'esquissée par le législateur national diffère de celle donnée par le législateur communautaire[491]. Ce dernier définit le blanchiment en énonçant un certain nombre d'opérations matérielles visant la dissimulation de l'origine illicite des revenus, alors que le premier le définit comme un concours aux dites opérations comme en droit français. Dans tous les cas, l'élément matériel consiste en un acte positif comme en droit français. Il s'agit en effet, de : *«la conversion ou le transfert de biens provenant d'un crime ou d'un délit ; la dissimulation ou le déguisement de la nature, de l'origine, de l'emplacement, de la disposition, du mouvement ou de la propriété de biens provenant d'un crime ou d'un délit ; l'acquisition, la détention ou l'utilisation de biens provenant d'un crime ou d'un délit ; la participation à l'un des actes visés au présent article, l'association pour commettre ledit acte, les tentatives de le perpétrer, le fait d'aider, d'inciter ou de conseiller quelqu'un à le faire ou le fait d'en faciliter l'exécution. ».* Ainsi par la conversion, le banquier peut transformer de l'argent en chèques.

La dissimulation peut consister en le fait d'ouvrir un compte bancaire au nom d'une personne fictive [492]; il s'agit donc d'un ensemble de malversations et de tromperies visant à dissimuler l'origine frauduleuse des revenus ou l'identité de leur propriétaire réel[493].

---

488 D. REBUT, op. Cit.

489 J.-H. ROBERT et H. MATSOPOULOU, Traité de droit pénal des affaires, PUF, 2004, p. 162.

490 J. LASSERRE CAPDEVILLE, La lutte contre le blanchiment d'argent, éd. L'Harmattan 2006, p.55.

491 Voir la définition du blanchiment par l'article 1er du règlement CEMAC à l'introduction.

492 Crim. 19 févr. 1998, n° 97-80451.

493 Ainsi, dans un arrêt rendu en date du 23 octobre 1997, la chambre criminelle de la Cour de cassation a décidé que constitue l'infraction de blanchiment *« le fait de bénéficier, (...) en connaissance de cause, de partie du produit d'un trafic de*

Le blanchiment consiste également dans l'acquisition, la détention ou l'utilisation de biens provenant d'un crime ou d'un délit[494]. Cet autre aspect du blanchiment est contenu non seulement dans les textes communautaires, mais aussi dans la Loi n°97/019 qui n'utilise pas ici l'expression *« concours »*.

Enfin, le législateur communautaire a classé sous la qualification de blanchiment, *« la participation à l'un des actes visés au présent article, l'association pour commettre ledit acte, (...) le fait d'aider, d'inciter ou de conseiller quelqu'un à le faire ou le fait d'en faciliter l'exécution »*[495] En effet, aux termes de l'article 98 alinéas 1 et 2 de la Loi n° 97/019, le blanchiment est le fait d'apporter un concours à des actes matériels tendant à dissimuler l'origine frauduleuse de capitaux. Le droit camerounais s'inspire ici de la typologie du blanchiment dégagée par la Convention de Vienne[496]. Seul est envisagé ici, le *« concours »* à la conversion des biens ou à la dissimulation de leur origine c'est-à-dire le fait de *« se joindre à une action commune »*[497]. Et *« le professeur CULIOLI le note très justement, ce ne sont pas les opérations en question sur lesquelles portent le concours qui sont incriminées, mais la participation de leur auteur au processus de blanchiment »*[498]. Le blanchiment consiste donc dans l'ensemble des actes positifs qui de près ou de loin ont favorisé la dissimulation de l'origine frauduleuse des biens, la conversion ou le transfert de ces

---

stupéfiants réalisé par un tiers », d'alimenter un compte bancaire ouvert à son nom au moyens de versements en espèces ou en chèques dont certains sont obtenus dudit tiers en échange de sommes en numéraires et de transférer des fonds en Tunisie sous le couvert de mandats postaux adressés à sa sœur . Il s'agit dans ce cas d'actes matériels d'acquisition, de conversion et de transfert des biens.

494 Ce volet du blanchiment rapproche cette infraction du recel qui est défini matériellement à l'article 324 du code pénal comme la détention ou la disposition de choses obtenues à l'aide d'un délit ou d'un crime. Il ne faut cependant pas confondre ces deux infractions qui diffèrent notamment au niveau de leur finalité première. En effet, alors que le recel vise la dissimulation du biens acquis de manière illicite, le blanchiment tend plutôt à camoufler son origine illicite ou l'identité de son véritable propriétaire, sans forcément avoir à dissimuler le bien lui-même.

495 Cf. Article 1er –alinéa d du règlement de 2003 et article 3 –alinéa b-4 du règlement de 2005

496 Cette même définition est donnée au blanchiment de capitaux par le législateur pénal français (Recours à la notion de concours). Cf. Article 222-38 et 324-1 du code pénal français.

497 Dictionnaire méthodique du français actuel ; V. *« concourir »* P. 289

498 LEBAILLY (B) op. cit. Page 128.

derniers. En d'autres termes, il y a blanchiment en présence de toute aide ou collaboration apportée aux opérations de dissimulation et de conversion[499]. L'emploi du terme *« concours »* par les législateurs français et camerounais confère une telle extension au domaine du blanchiment qu'il rend quasiment impossible l'hypothèse d'une complicité de blanchiment. L'aide et l'assistance qui habituellement constituent la complicité devront être analysées comme des cas de concours et seront réprimés à titre principal, comme blanchiment et non comme complicité[500]. Toutefois, pour qualifier le manquement du banquier à ses obligations professionnelles d'infraction de blanchiment, il faut nécessairement que celui-ci ait agit intentionnellement.

3- Un élément intentionnel déterminant

Le blanchiment de capitaux est une infraction intentionnelle. Textes internationaux et communautaires européens et CEMAC exigent expressément que les actes matériels aient été *« commis intentionnellement »*[501]. En droit français tout comme en droit

---

[499] V. dans ce sens : Cass. crim. 07 décembre 1995, n°6905 PF, M. Ici, a été déclaré coupable de blanchiment, le notaire qui a régularisé un acte de vente au profit de la concubine d'un trafiquant et lui a fourni des conseils sur les moyens de paiement les mieux adaptés à l'opération alors qu'il avait été informé de l'arrestation de l'auteur de l'infraction principale, des motifs de son arrestation et de sa véritable identité. De même, L'Assemblée Plénière de la Cour de cassation dans un arrêt rendu en date du 04 Octobre 2002, (n°490 P) a, pour retenir la qualification de blanchiment des capitaux, relevé la participation ou le concours des prévenus aux opérations de transfert, et de conversion des biens, de même que l'acquisition, la détention et l'utilisation par ceux-ci de biens qu'ils savaient d'origine frauduleuse. Dans cette affaire, les prévenus entretenaient des relations familiales et d'affaires étroites avec une personne qu'ils savaient trafiquant de drogue. Pendant la période du trafic, ceux-ci se sont trouvés en possession d'importantes sommes d'argent qu'ils ont, d'une part utilisées pour acquérir des biens immobiliers, et d'autre part faites déposer sur de nombreux comptes bancaires, à leur demande, par des membres de leur famille. L'essentiel des mouvements effectués sur ces comptes ne constituaient qu'un montage destiné à rendre impossible toute investigation cohérente et leur patrimoine, jugé supérieur aux revenus qu'ils déclaraient avoir perçu à l'époque des faits, ne pouvait provenir de leurs activités professionnelles déclarées à l'administration.

[500] Il y a là un nouvel élément de distinction entre le blanchiment et le recel car en matière de recel, il est possible d'aider ou d'assister celui qui détient ou dispose de la chose. Le régime ici sera celui de la complicité.

[501] Cf. Article 23 alinéa 1er de la Convention contre la corruption ; article 6 alinéa 1er de la Convention de Palerme ; Recommandation du GAFI n°2 ; article 1er du Règlement CEMAC ; article 3 alinéa b du Règlement COBAC.

camerounais, le principe est le même, l'élément intentionnel est déterminant pour caractériser une infraction. L'article 121-3 du Code pénal français dispose d'ailleurs à cet effet, *« il n'y a point de crime ou délit sans intention de le commettre. Toutefois lorsque la loi pénale le prévoit, il y a délit (...) en cas de faute d'imprudence, de négligence ou de manquement à une obligation de prudence ou de sécurité prévue par la loi ou le règlement (...) »*.

En droit camerounais, conformément à l'article 74 du Code pénal, tous les crimes et les délits sont intentionnels, sauf dérogation expresse de la loi qui exigerait pour certains délits une simple faute d'imprudence ou une faute contraventionnelle pour la constatation de l'infraction. Il en est de même de la Loi n° 97 /019 qui n'exige pas expressément l'intention ; elle ne consacre pas non plus solennellement une faute d'imprudence ou une faute contraventionnelle. L'intention est donc requise pour la constatation de l'infraction.

Il découle de ces dispositions que les législateurs français et camerounais n'ont pas prévu la possibilité de caractériser le blanchiment en cas d'imprudence ou de négligence, le délit de blanchiment est donc nécessairement intentionnel. Le blanchiment des capitaux est une infraction volontaire, qui suppose que son auteur ait eu une conscience claire d'apporter son concours au recyclage ou à la dissimulation du produit d'une infraction. L'intention suppose que l'auteur ait eu conscience de l'origine frauduleuse des biens, doublée de la volonté de faciliter leur recyclage.

L'élément intentionnel consiste donc pour le dirigeant ou le salarié d'une banque d'avoir connaissance de l'origine délictueuse ou criminelle des biens d'une part, et, d'autre part conscience d'aider l'auteur d'un crime ou d'un délit. Pour prononcer une condamnation, il faudra préalablement établir qu'un client, disposant de l'argent d'origine délictueuse, a été aidé par une banque française ou camerounaise en connaissance de cause. Il pourrait s'agir d'un agent ayant été corrompu. Une telle action pourrait emporter la responsabilité civile de la banque puisque l'acte aurait été accompli dans ou à l'occasion de l'exercice de ses fonctions. En revanche, la responsabilité pénale de la banque serait certainement exclue puisque l'action n'aurait pas été accomplie par un organe ou un représentant de la banque agissant pour le compte de cette dernière[502].

La constatation de l'infraction de blanchiment est donc subordonnée d'une part, à la démonstration que le responsable de la banque ou le salarié savaient que les biens recyclés provenaient d'une infraction. En effet, *« la preuve de la culpabilité du blanchisseur repose sur la connaissance qu'il avait de l'origine des biens ou des fonds ayant fait l'objet de son concours. »*[503]. Cette connaissance que l'auteur a de l'origine illicite des revenus renforce sa volonté criminelle ; ainsi, sa mauvaise foi sera déduite non seulement de la conscience de son acte mais aussi de la connaissance qu'il avait de l'activité illicite génératrice. Cette exigence complique quelque peu la constatation de l'infraction de blanchiment et le travail du parquet. Il s'agit en fait d'une exigence commune à toutes les infractions de conséquence. Ainsi la même exigence a été consacrée en matière de recel tant par la loi que par la jurisprudence.

Cette exigence est d'ailleurs contenue dans les différents textes qui incriminent le blanchiment des capitaux. En effet, on ne peut pas accomplir des actes sur des biens *« dans le but soit de dissimuler ou de déguiser l'origine illicite desdits biens ou ressources, soit d'aider toute personne impliquée dans la commission de l'une de ces infractions à échapper aux conséquences juridiques de ses actes »*[504] et prétendre n'avoir pas été au courant de l'origine illicite de ces biens. L'intention de dissimuler ou de déguiser l'origine illicite des biens laisse donc supposer l'exigence de la connaissance préalable de cette origine délictueuse. De plus, la troisième catégorie des actes matériels de blanchiment consiste dans l'acquisition, la détention ou l'utilisation des biens ou fonds qu'on sait de provenance ou d'origine frauduleuse. La loi exige donc la connaissance de l'origine frauduleuse des capitaux. Cette connaissance doit être antérieure ou concomitante à l'accomplissement des actes matériels de blanchiment. En effet, un agent qui recycle des biens dont il ignore l'origine et qui n'apprend qu'après coup que ces biens étaient d'origine frauduleuse ne peut en principe pas faire l'objet de poursuites pour blanchiment.

---

502 H. MATSOPOULOU, L'obligation de déclaration : du secret à la révélation, Gazette du Palais, mai-juin 2004, p. 1828.
503 Mme RIFFAULT, citée par LEBAILLY (B) Op. cit ; Page 136.
504 Article 98 –alinéas 1er et 2 de la loi de 1997.

L'exigence de la connaissance de l'origine illicite des revenus s'atténue cependant en présence de professionnels tenus à la vigilance financière et à la déclaration de soupçon. La connaissance est ainsi substituée par le simple soupçon de l'origine illicite des revenus et la déclaration peut se fonder sur des simples soupçons à propos de l'origine des biens. La participation passive au blanchiment est donc sanctionnée même en cas de simples soupçons de l'origine délictueuse des revenus alors que la participation active est subordonnée à la connaissance effective de l'origine illicite des revenus. Il n'est cependant pas nécessaire dans l'un ou l'autre cas d'établir que l'agent connaissait la nature exacte de l'infraction génératrice.

Cependant, l'élément intentionnel pourrait être facilement constaté dès lors qu'il existe un doute sur la provenance des fonds. Comme en matière de recel, il n'est pas nécessaire de prouver que l'auteur du blanchiment connaissait la nature précise ou la qualification juridique de l'infraction d'origine. En principe, la simple conscience de l'origine délictueuse des biens blanchis suffit à caractériser l'intention frauduleuse du blanchisseur. Il n'est pas nécessaire que celui-ci connaisse avec exactitude la nature de l'infraction principale.

Nous l'avons vu plus haut, la nature exacte de l'infraction principale importe peu dans la constatation matérielle du blanchiment. Il suffit d'établir qu'une infraction a été commise préalablement pour que la qualification de blanchiment soit retenue.

Au plan moral, il n'est pas non plus exigé que le blanchisseur ait eu connaissance de la nature exacte de l'infraction génératrice des capitaux qu'il recycle. La cour de cassation française a ainsi constaté la connaissance par le prévenu de l'origine illicite des fonds blanchis dans une espèce où un conseiller financier croyait convertir des fonds provenant de fraudes fiscales et douanières alors qu'en réalité il s'agissait de fonds provenant du vol de matériels informatiques[505]. Il s'agit là de la caractérisation de l'élément intentionnel dans l'infraction générale de blanchiment posée par les textes de la CEMAC.

---

[505] Cass. crim. 03 Décembre 2003 ; n°6345 FS- PF.

4- La sanction pour blanchiment aggravé

En droit français comme en droit camerounais, le blanchiment commis par un banquier dans le cadre de sa profession est nécessairement un délit aggravé. En effet, les articles 324-2 du Code pénal français et 47 du règlement CEMAC prévoient une aggravation des sanctions lorsque cette infraction est commise habituellement, ou en utilisant les facilités que procure l'exercice d'une activité professionnelle, ou en bande organisée.

Ainsi, contrairement au blanchiment simple qui est puni respectivement de cinq ans d'emprisonnement et de 375 000 euros d'amende en droit français et de cinq à dix ans d'emprisonnement et d'une amende pouvant aller jusqu'à cinq fois le montant des sommes blanchies sans être inférieure à 10 000 000 francs CFA en droit camerounais, les peines sont doublées pour le blanchiment aggravé, soit 10 ans d'emprisonnement et une amende de 750 000 euros en droit français, soit dix à vingt ans d'emprisonnement en droit camerounais et une amende pouvant aller jusqu'à dix fois le montant des sommes blanchies sans être inférieure à 20 000 000 francs CFA.

a) Une sanction du droit camerounais plus sévère

Les sanctions du blanchiment sont contenues aux articles 46 et suivants du règlement CEMAC de 2003, aux articles 98 et 130 de la loi de 1997, et 27 de la loi de 2003 sur le secret bancaire. Les sanctions énoncées par ces textes sont toutes différentes. Certaines de ces dispositions consacrent le simple délit de blanchiment alors que d'autres énoncent un crime de blanchiment. La loi de 2003 relative au secret bancaire et le Règlement CEMAC font du blanchiment et des infractions liées, des délits. En effet, ces différents textes sanctionnent le blanchiment de peines d'emprisonnement inférieures ou égales à dix ans. Ainsi, pour l'infraction de blanchiment proprement dit, l'article 46 du règlement CEMAC énonce une peine d'emprisonnement de 5 à 10 ans.

Le blanchiment de l'argent issu du trafic de stupéfiant ou de toute infraction à la législation sur les stupéfiants est un crime. En effet, l'article 98 de la loi de 1997 qui réprime cette infraction la sanctionne d'un emprisonnement de 10 à 20 ans. Le blanchiment des produits du trafic de stupéfiants apparaît donc comme un crime si l'on s'en réfère à la classification de l'article 21 du Code pénal. Cette peine nous semble plus adéquate car non seulement elle nous paraît à la mesure de la gravité de l'infraction, mais aussi parce qu'elle est plus apte à avoir une influence dissuasive dans la collectivité et sur un criminel déjà condamné. Cependant, malgré qu'elles soient aussi élevées, ces peines sont toujours insuffisantes. En effet, en tant que peines privatives de liberté, elles ne s'appliquent qu'aux personnes physiques. Quel est donc le sort des personnes morales puisque celles-ci ne peuvent pas être emprisonnées ? Il faut également trouver des peines qui leur seront applicables. Le législateur a alors prévu des amendes.

Les peines d'amende sont dans certains cas alternatives aux peines d'emprisonnement et dans d'autres, elles sont cumulatives. Dans le cadre de la répression du blanchiment des capitaux, les peines d'amendes se présentent comme les sanctions les plus réalistes pour au moins deux raisons. Tout d'abord, elles frappent tous les participants à l'infraction, sans tenir compte de la qualité de la personne. En effet, la peine d'amende s'applique aussi bien aux personnes morales qu'aux personnes physiques. Ainsi, l'obstacle soulevé pour les peines d'emprisonnement est inopérant ici et la banque peut être condamnée à payer une amende pour s'être rendue coupable de blanchiment. Dans ce cas, le paiement de l'amende sera poursuivi sur les biens de la personne morale et, s'il s'agit d'une société de personnes (société en non collectif par exemple), sur les biens personnels des associées.

Ensuite, leur montant est assez consistant. En effet, le montant des amendes fixé par différents textes qui sanctionnent le blanchiment des capitaux est assez signifiant. Ainsi, la loi de 1997 fixe leur maximum à 125.000.000 de francs pour le blanchiment proprement dit. De tous ces textes, c'est le règlement CEMAC qui nous paraît le plus réaliste. Une sanction générale a également été prévue pour le blanchiment et à l'article 46. Cet article est original : son premier paragraphe fixe le minimum de l'amende à 10.000.000 de francs. Mais il ne fixe pas avec exactitude le maximum. En effet, cette disposition institue un plafond d'amende variable en énonçant simplement un multiplicateur devant servir pour son calcul. Le montant de l'amende variera alors en fonction des sommes blanchies et pourra aller jusqu'à cinq fois le montant de celle-ci. Cette sanction nous paraît donc réaliste en ce sens que non seulement elle est assez sévère pour décourager les éventuels blanchisseurs, mais aussi elle n'est pas figée et varie selon les masses d'argent blanchies. Ainsi, plus les capitaux blanchis sont colossaux, plus le montant de l'amende est élevé. Mais il existe une difficulté dans l'application de cette disposition : comment déterminer avec exactitude le montant des sommes blanchies ?

Le paragraphe 4 du même article 46 du règlement CEMAC dispose que *« les personnes morales autres que l'Etat, pour le compte ou au bénéfice desquelles le blanchiment des capitaux a été commis par l'un de leurs organes ou représentants, sont punis d'une amende d'un taux égal au quintuple des amendes spécifiées pour les personnes physiques, sans préjudices de la condamnation de ces dernières comme auteurs ou complices de l'infraction »*. Deux peines d'amende peuvent donc être prononcées à l'encontre des personnes morales au bénéfice desquelles le blanchiment à été opéré. L'amende en tant que bénéficiaire de l'opération et l'amende éventuellement comme auteur ou complice du blanchiment. La qualité de personne morale bénéficiaire se présente ainsi comme une circonstance aggravante.

Lorsqu'une circonstance aggravante est établie, les peines du blanchiment sont doublées. Ainsi, l'infraction générale est passible d'un emprisonnement allant de 10 à 20 ans (devient un crime) et d'une amende supérieure à 20.000.000 de francs et pouvant atteindre 10 fois le montant des sommes blanchies. L'infraction spéciale de blanchiment quant à elle devient passible d'un emprisonnement de 20 à 40 ans et d'une amende comprise entre 500.000 et 250.000.000 de francs. Des sanctions complémentaires sont également prévues à l'article 53 du règlement CEMAC qui dispose que : *« les personnes morales condamnées pour les infractions prévues par le présent règlement sont passibles des peines complémentaires suivantes :*

- *Interdiction à titre définitif ou pour une durée de cinq ans au moins d'exercer directement ou indirectement certaines activités professionnelles ;*
- *Fermeture définitive ou pour une durée de cinq ans au moins de leurs établissements ayant servi à commettre l'infraction ;*
- *Dissolution lorsqu'elles ont été créées pour commettre les faits incriminés ;*

> ➢ *Diffusion de la décision par la presse écrite ou par tout autre moyen de communication audiovisuelle.* »

b) Une sanction du droit français plus souple

En France, la banque qui commet l'infraction de blanchiment, parce qu'elle utilise les facilités que lui procure l'exercice de la profession, est punie pour blanchiment aggravé, de dix ans d'emprisonnement et de 750 000 euros d'amende[506]. Article 121-2 du Code pénal : *« les personnes morales, à l'exclusion de l'Etat, sont responsables pénalement, (...) et dans les cas prévus par la loi ou le règlement, des infractions commises, pour leur compte, par leurs organes ou représentants. »*. L'alinéa 3 du même article ajoute que *« la responsabilité pénale des personnes morales n'exclut pas celle des personnes physiques auteurs ou complices des mêmes faits (...) »*.

La commission nationale des sanctions de l'ACPR a eu à sanctionner le dirigeant de la Bank Tejarat Paris, considérant sa responsabilité directe et personnelle dans plusieurs des manquements relevés dans le fonctionnement de l'établissement dont il co-assume la direction générale. En l'espèce, M. FAZELI a été suspendu de ses fonctions de direction générale pour une durée de trois mois. Il s'agissait là, pour la première fois, depuis plus de 10 ans d'une sanction prononcée par le superviseur bancaire à l'encontre d'un dirigeant[507]. Des peines complémentaires sont également prévues à l'encontre des personnes physiques par l'article 324-7 du Code pénal français, à savoir diverses interdictions de séjour ou du territoire de la République, différentes confiscations[508] ou encore des privations de droits et incapacités. Ainsi, le banquier condamné pour blanchiment pourrait se voir interdire l'exercice de son activité professionnelle à titre définitif, ou pendant une durée de cinq ans au plus[509]. En outre, à l'encontre de tout étranger employé ou dirigeant d'une banque coupable de blanchiment aggravé, l'article 324-8 du Code pénal prévoit une

[506] Article 324-2 al. 1 du Code pénal.

[507] G. DEANAZ, Répression financière, La sanction par l'ACP de Bank Tejarat Paris : une décision novatrice, Revue Banque, février 2013, n° 757, p. 50.

[508] Confiscations du corps du produit ou de l'instrument du délit, confiscation de certains biens meubles ou immeubles sans rapport direct avec le blanchiment.

[509] Article 324-7, 1°.

interdiction du territoire français. Elle peut être définitive ou pour une durée de dix ans au plus. Prévue par l'article 324-9 du Code pénal, la responsabilité pénale des personnes morales a été généralisée en droit français par la loi dite Perben II du 9 mars 2004. Ces textes prévoient en effet que les êtres moraux sont pénalement responsables des délits de blanchiment commis pour leur compte par leurs organes ou représentants[510]. Le blanchiment dans ce cas est commis pour le compte de la banque par l'un des organes ou représentant, facilité par l'exercice de la profession bancaire. La banque est donc susceptible de blanchiment aggravé, aux côtés de ses dirigeants ou de salariés ayant qualité pour la représenter. Elle encourt une peine d'amende pouvant atteindre 3 750 000€[511]. Cette amende peut théoriquement s'élever jusqu'à deux fois et demie la valeur des biens ou des fonds sur lesquels ont porté les opérations de blanchiment[512].

En outre, la banque pourrait être condamnée à la dissolution, si la personne morale a été créée ou détournée de son objet pour commettre les faits incriminés ; elle serait également exposée à l'interdiction judiciaire d'exercer directement ou indirectement son activité professionnelle, ou pourrait se voir imposer un placement sous surveillance judiciaire ou la fermeture des établissements ayant servi à commettre les faits incriminés. La loi prévoit également la possibilité pour le juge condamnant la banque de lui interdire de faire appel public à l'épargne, ou encore d'émettre des chèques, ou également de prononcer la confiscation de la chose qui a servi ou était destinée à commettre l'infraction ou la chose qui en est le produit ; l'affichage ou la diffusion de la décision prononcée sont également prévues, et sont de nature à largement affecter la réputation de la banque condamnée, mais aussi d'assurer l'information de ses clients actuels ou potentiels sur les opérations illicites accomplies par l'établissement[513]. Dans l'affaire précitée, la Bank Tejarat Paris, succursale française de Bank Tejarat Téhéran, a été sanctionnée à un blâme et une sanction pécuniaire de 300 000 euros. De même, la décision a fait l'objet d'une publication au Registre de l'Autorité de Contrôle Prudentiel.

---

[510] Article 121-2 du Code pénal français.

[511] Articles 131-38, 324-2 et 324-9, 1° du Code pénal français.

[512] Supplément posé par l'Article 324-3 du Code pénal français et en vertu du principe proportionnel posé par l'article 131-38 du Code pénal français.

[513] E. DEZEUZE, La responsabilité pénale, Revue de Droit Bancaire et Financier, novembre-décembre 2007, p. 28.

De même, l'article 131-39 du Code pénal prévoit à l'encontre de la banque : *« 1° La dissolution, lorsque la personne morale a été créée ou, lorsqu'il s'agit d'un crime ou d'un délit puni en ce qui concerne les personnes physiques d'une peine d'emprisonnement supérieure ou égale à trois ans ou détournée de son objet pour commettre les faits incriminés ; 2° L'interdiction, à titre définitif ou pour une durée de cinq ans au plus, d'exercer directement ou indirectement une ou plusieurs activités professionnelles ou sociales ; 3° Le placement, pour une durée de cinq ans au plus, sous surveillance judiciaire ; 4° La fermeture définitive ou pour une durée de cinq ans au plus des établissements ou de l'un ou de plusieurs des établissements de l'entreprise ayant servi à commettre les faits incriminés ; 5° L'exclusion des marchés publics à titre définitif ou pour une durée de cinq ans au plus ; 6° L'interdiction, à titre définitif ou pour une durée de cinq ans au plus, de procéder à une offre au public de titres financiers ou de faire admettre ses titres financiers aux négociations sur un marché réglementé ; 7° L'interdiction, pour une durée de cinq ans au plus, d'émettre des chèques autres que ceux qui permettent le retrait de fonds par le tireur auprès du tiré ou ceux qui sont certifiés ou d'utiliser des cartes de paiement ; 8° La peine de confiscation, dans les conditions et selon les modalités prévues à l'article 131-21 ; 9° L'affichage de la décision prononcée ou la diffusion de celle-ci soit par la presse écrite, soit par tout moyen de communication au public par voie électronique ;*

(...) ; 11° (...) La peine complémentaire de confiscation est également encourue de plein droit pour les crimes et pour les délits punis d'une peine d'emprisonnement d'une durée supérieure à un an, à l'exception des délits de presse. »

B- Les autres cas de sanction pénale des banques

Il s'agit respectivement de la sanction pénale pour non respect des obligations de dénonciation en droit français et des infractions assimilées au blanchiment en droit camerounais.

1- La sanction pénale indirecte du non respect des obligations de dénonciation en droit français

En droit français, l'article L. 574-3 du CMF dispose que : *« est puni des peines prévues au 1 de l'article 459 du code des douanes le fait, pour les dirigeants ou les préposés des organismes financiers (...) de se soustraire aux obligations en résultant ou de faire obstacle à sa mise en œuvre*[514].

2- Les infractions assimilées au blanchiment des capitaux en droit camerounais

Le législateur camerounais a voulu incriminer ici des formes particulières d'aides apportées par une personne au recyclage des revenus illicites. Il s'agit donc d'hypothèses spéciales de concours. Parmi ces différents cas, le manquement aux obligations de diligences qui pèsent sur certains professionnels se distingue des autres infractions assimilées qui peuvent être constatées pour toute personne. En droit camerounais, les autres infractions liées au blanchiment et imputables à toute personne sont incriminées et sanctionnées à l'article 48 du règlement CEMAC de 2000. Trois constats se dégagent de la lecture de cet article. Tout d'abord, les infractions énoncées ici sont assimilées au blanchiment de capitaux. En effet, les attitudes incriminées dans cette disposition sont punies *« des peines prévues pour l'infraction de blanchiment »*. Cette identité des peines trouverait donc sa justification dans l'assimilation de ces attitudes au blanchiment.

Ensuite, ces infractions s'avèrent intrinsèquement liées à l'infraction du blanchiment de profits illicites. En effet toutes ces attitudes constituent d'une manière ou d'une autre, une aide, une collaboration ou une participation au blanchiment. Il s'agit donc ici d'hypothèses particulières de concours au recyclage de revenus illicites tendant à mettre le blanchisseur à l'abri de poursuites. Ceci justifie finalement que ces attitudes soient assimilées au blanchiment. Enfin, on peut regrouper les attitudes incriminées à l'article 48 du règlement CEMAC de 2003 en deux grandes catégories d'infractions :

La première catégorie regroupe les infractions constituées par la divulgation de certaines informations confidentielles auprès du blanchisseur ou de l'auteur de l'infraction principale. Le législateur sanctionne ici les agissements tendant à prévenir le blanchisseur ou l'auteur de l'infraction principale de ce que sa personne et son activité font l'objet d'un contrôle (Article 48 para. 1 et para 2-(1) et (4)).

---

[514] Article L. 574-3 du CMF.

La deuxième catégorie des infractions incriminées à l'article 48 du règlement CEMAC de 2003 regroupe divers comportements visant l'altération ou la dissimulation de la vérité en vue de protéger le blanchisseur ou l'auteur de l'infraction principale – article 48 para. 2-(2), (3) et (5).

A propos de cette dernière attitude, la Cour d'Appel de Paris a condamné pour blanchiment une personne qui avait donné des informations erronées sur l'origine des fonds qu'elle avait transférés[515]. Il s'agit de :

- La destruction, la falsification ou la soustraction des registres ou documents dont la conservation est prévue par le Règlement CEMAC
- La réalisation ou la tentative de réalisation sous une fausse identité de l'une des opérations pour lesquelles la vérification de l'identité ou une surveillance particulière est prescrite par le Règlement CEMAC.

3- Sanction en droit camerounais pour non déclaration de soupçon de blanchiment d'argent provenant du trafic de stupéfiant

S'agissant des infractions liées au blanchiment imputables aux professionnels, les textes communautaires et nationaux ont incriminé et sanctionné les manquements aux obligations de vigilance et de diligence mises à leur charge dans le cadre de la détection et de l'alerte du blanchiment. Le législateur a voulu ici, en sanctionnant ces manquements, réprimer les formes de participations passives au blanchiment, c'est-à-dire des hypothèses dans lesquelles une personne assiste, sans participer activement mais sans dénoncer, à des opérations de recyclage. Sont également sanctionnés, les cas où le blanchiment a été aidé du fait de l'absence de vigilance de la part du professionnel. Ce dernier est sanctionné parce qu'il a omis de prendre les mesures indiquées pour détecter l'infraction. Il a ainsi concouru, bien que passivement et indirectement, à la réalisation de l'infraction. Ainsi, les dispositions de la Loi de 1997[516] et du Règlement CEMAC de 2003[517]

---

[515] C.A. Paris 05 Avril 2001,n°00-7080, 10e Ch. Corr. Sect. B, S.
[516] Articles 127 à 130.
[517] Articles 8,18 et suivants, et 49.

sanctionnent le manquement à l'obligation de déclaration de soupçon ou de dénonciation de certaines opérations suspectes. Ces sanctions pénales renforcent son caractère impératif. La loi de 2003[518] quant à elle sanctionne le manquement à l'obligation de déclaration à l'autorité compétente par une peine d'emprisonnement comprise entre un et cinq ans et d'une amende de 1.000.000 à 20.000.000 de francs CFA. Pour la même attitude, l'article 130 de la Loi de 1997 prévoit une peine d'emprisonnement allant d'un mois à un an. La responsabilité pénale du banquier est dès lors susceptible d'être engagée sur le fondement du blanchiment des capitaux s'il est démontré qu'il a manqué intentionnellement à son obligation de déclaration. En est-il de même de la responsabilité civile ?

SECTION III : LA POSSIBILITÉ D'UNE RESPONSABILITÉ CIVILE DES BANQUES ?

Conformément à l'article 2 du Code de procédure pénale français, l'action civile en réparation du préjudice provoqué par une infraction appartient à *« tous ceux qui ont personnellement souffert du dommage directement causé par l'infraction »*.

En droit français, la question de la constitution de partie civile du chef de blanchiment a été tranchée successivement par la jurisprudence et la loi. En effet, la chambre criminelle de la Cour de cassation avait reconnu que la victime de détournements de fonds pouvait se constituer partie civile contre les personnes accusées du blanchiment des fonds ainsi détournés[519]. De même, le législateur a rendu possible, la

---

[518] L'article 27 dispose en effet que « Est puni d'un emprisonnement de un à cinq ans et d'une amende de 1.000.000 0 20.000.000 FCFA, toute personne qui participe à la direction d'un établissement de crédit ou est employée par celui-ci et qui ne déclare pas au procureur de la République ou à l'autorité monétaire les opérations portant sur des sommes d'argent qu'ils savent ou présument provenir au trafic de stupéfiants, de l'activité d'organisations criminelles ou du blanchiment des capitaux.

[519] Cass. Crim., 13 déc. 1994, n° 94-80.766. Dans cette décision, la Haute juridiction a censuré l'arrêt d'une chambre d'accusation qui avait déclaré irrecevable la constitution de partie civile de l'Etat de Panama, dans le cadre d'une instruction judiciaire ouverte contre une personne soupçonnée d'avoir participé au blanchiment du produit de trafic de stupéfiants. Elle avait alors jugé possible l'existence d'un préjudice susceptible de découler pour l'Etat panaméen du blanchiment de trafic de stupéfiants.

constitution de partie civile du chef de blanchiment pour les associations. L'article 2-16 du Code de procédure pénale[520] autorise les associations déclarées de lutte contre la toxicomanie et le trafic de stupéfiants, pour le cas de blanchiment du produit du trafic de drogue, à se constituer parties civiles, notamment du chef de blanchiment du produit d'un trafic de stupéfiants[521]. Enfin, l'article 2-17 prévoit la possibilité pour une association déclarée se proposant par ses statuts de défendre les victimes des sectes d'exercer les droits de la partie civile, notamment en ce qui concerne les délits de blanchiment.

Si la question de la constitution de partie civile pour le chef de blanchiment a été tranchée en droit français, le législateur camerounais ne s'étant pas prononcé sur la question, il se pose le problème de la constitution de partie civile en réparation du préjudice résultant de la violation des obligations professionnelles du banquier. Autrement dit, la responsabilité civile du banquier qui viole ses obligations professionnelles en matière de prévention du blanchiment des capitaux peut-elle être engagée ? A cette question, la jurisprudence française répond par la négative. Cette solution nous semble limitée et nous partageons le point de vue de cette partie de la doctrine française qui entrevoit la possibilité d'une responsabilité civile des banques en la matière.

PARAGRAPHE I : LA NÉGATION D'UNE ACTION EN RESPONSABILITÉ CIVILE EN CAS D'INOBSERVATION PAR LA BANQUE DE SES OBLIGATIONS

Les diligences imposées dans le cadre de la lutte contre le blanchiment des capitaux ne peuvent pas servir de fondement à une quelconque responsabilité civile du banquier au profit de victimes d'agissements frauduleux[522]. Telle est la solution donnée par la Cour de cassation française pour qui le dispositif préventif anti-blanchiment a pour seule finalité la protection de l'intérêt général.

---

520 Crée par la loi n° 96-392 du 13 mai 1996.

521 A condition cependant que l'action publique ait été mise en mouvement par le ministère public ou la partie lésée.

522 T. BONNEAU, La responsabilité du banquier encourue pour non respect de la législation relative au blanchiment de capitaux : panorama de jurisprudence récente. Revue de Droit Bancaire et Financier janvier-février 2005.

A- L'arrêt de principe de la Cour de cassation française du 28 avril 2004

En l'espèce, un contribuable avait adressé un chèque au Trésor public. La Société Moon l'avait détourné et falsifié, substituant son nom à celui du véritable bénéficiaire. Le chèque avait été remis à l'encaissement au Crédit Lyonnais, banque qui fut alertée quelques jours plus tard par l'enregistrement d'importants débits. Cette dernière s'était donc renseignée auprès de la banque du tireur qui lui précisait que la Société Moon n'était pas le bénéficiaire du chèque.

La victime avait alors fait assigner le Crédit Lyonnais en responsabilité et obtenu gain de cause en première instance. Cette décision fut confirmée par la Cour d'appel de Paris dans un arrêt rendu le 5 mars 2002[523] qui estimait que l'encaissement du chèque et les retraits consécutifs effectués par la Société Moon constituaient une opération sur laquelle la banque aurait dû, en application de la législation anti-blanchiment, effectuer des contrôles particuliers qui auraient permis de déjouer la fraude.

En effet, il ressort de cette décision que : *« Attendu que l'obligation de vigilance imposée aux organismes financiers en application de l'article sus-visé (C. monét. fin., art. L. 563-3) n'a pour seule finalité que la détection de transactions portant sur des sommes en provenance du trafic de stupéfiants ou d'activités criminelles organisées ; qu'aux termes des articles L. 563-5 et L. 563-6 du même code, la méconnaissance de l'obligation d'examen particulier de certaines opérations importantes est sanctionnée disciplinairement ou administrativement par l'autorité ayant pouvoir disciplinaire ; que seuls le service institué à l'article L. 562-4 et l'autorité de contrôle peuvent obtenir communication des pièces qui se rattachent à ces opérations et que ces informations ne peuvent être recueillies à d'autres fins que celles prévues au titre de la lutte contre le blanchiment des capitaux ; qu'il résulte que la victime d'agissements frauduleux ne peut*

[523] CA Paris, 5 mars 2002 : D. 2003, som. Com. 337, obs. H. SYNVET ; Bull. Joly bourse juill-aout 2002 para 66 p. 333, note C. CUTAJAR ; RD bancaire et fin. 2002, p. 250, obs. F-J. CREDOT et Y. GERARD.

se prévaloir de l'inobservation d'obligations résultant de ces textes pour réclamer des dommages-intérêts à l'établissement financier ».

Deux ans plus tard, cette décision sera cassée par la Cour de cassation pour violation de l'article L. 563-3 du Code monétaire et financier. En effet, la chambre commerciale de la Cour, par arrêt de principe[524], décidait que les obligations invoquées par le demandeur avaient pour seule finalité la lutte contre le blanchiment et qu'en tout état de cause, les informations recueillies au cours de ces vérifications ne pouvaient être utilisées à d'autres fins que cette lutte.

B- L'affirmation de la finalité protectrice de l'intérêt général des obligations anti-blanchiment

La finalité de la mise en œuvre du dispositif préventif de lutte anti-blanchiment demeure la sauvegarde de l'intérêt général. L'accent sur ce caractère exclusif de l'intérêt protégé a été mis par la Cour de cassation dans son arrêt rendu le 28 avril 2004. En effet à l'origine, le dispositif préventif anti-blanchiment visait à combattre le seul trafic de stupéfiants, la lutte contre le blanchiment des capitaux était alors un moyen d'atteindre cet objectif. La nécessité de faire participer les banques à la lutte contre le blanchiment en vue de limiter le trafic de drogue était donc rappelée tout au long des travaux parlementaires[525].La protection des clients était très éloignée des préoccupations du législateur français en la matière[526]. En outre, la lutte contre le blanchiment est un « impératif économique catégorique »[527], le

---

[524] Cass. Com., 28 avr. 2004, pourvoi n° 02-15. 054 : Petites affiches 28 mai 2004, p. 5, rapport de Mme Cohen-Branche ; JCP E 2004, p. 830, note J. Stoufflet ; Cass. Com., 28 avr. 2004, n° 699 FS-P+B+I, Crédit Lyonnais c/ Sté Moon et a : Juris-Data n° 2004-023445.

[525] Voir par exemple, le rapport de la Commission des lois de l'Assemblée Nationale, n° 1401, p. 5, ainsi que la déclaration de M. Colcombet, président de cette Commission : JOAN CR, 7 juin 1990, p. 2148. Voir également le rapport de la Commission des lois du Sénat (n° 388), p. 9 et l'intervention de P. Bérégovoy au Sénat : JO Sénat CR, 21 juin 1990, p. 1979.

[526] F. BOUCARD, La violation d'une norme professionnelle constitue-t-elle une faute civile ? Exemple en matière de blanchiment de capitaux (note sous Cass. Com., 28 avr. 2004), Revue de Droit Bancaire et Financier 2004, n° 4 juillet-aout 2004, p.275.

[527] C. CUTAJAR, La violation de l'obligation de vigilance instituée par l'article L. 563-3 du Code monétaire et financier ne permet pas l'indemnisation de la victime d'un chèque falsifié, JCP- La Semaine Juridique Edition Générale n° 27, 30 juin 2004, p. 1232 et s.

blanchiment pouvant déstabiliser le secteur privé, porter atteinte à l'intégrité des marchés financiers et entraîner à terme la perte de contrôle de la politique économique. Le blanchiment n'est donc pas un simple manquement à des lois, mais une véritable menace de la sécurité nationale et internationale. C'est donc au nom de la protection de l'intérêt général que les obligations préventives ont été imposées aux banques afin de lutter contre le blanchiment des capitaux.

La cour de cassation française considère d'ailleurs que l'entorse au principe de non-ingérence du banquier dans les affaires du client ne saurait servir des intérêts privés et permettre à la victime d'une escroquerie d'invoquer à l'encontre de ce dernier, la violation d'une obligation de vigilance prévue par le dispositif préventif de lutte contre le blanchiment d'argent[528]. En sens inverse, le banquier ne peut pas prendre prétexte de la méconnaissance de la réglementation anti-blanchiment pour échapper à ses obligations[529]. Cependant, l'éventualité d'une responsabilité civile de la banque pour violation des obligations anti-blanchiment n'est pas à écarter complètement.

<u>PARAGRAPHE II</u> : L'ÉVENTUALITÉ D'UNE RESPONSABILITÉ CIVILE DÉLICTUELLE DE LA BANQUE

En droit, le principe général de responsabilité civile s'inscrit dans le prolongement du principe selon lequel nul n'a le droit de nuire à autrui, consacré par la déclaration des droits de l'Homme de 1789[530]. De même, commentant une décision du juge, un auteur français a affirmé que *« toute infraction aux lois et règlements étant susceptible d'être qualifiée de faute civile, on ne peut qu'approuver la Cour d'appel d'avoir accepté d'examiner la responsabilité civile du Crédit Lyonnais à la lumière des dispositions de la lutte contre le blanchiment des capitaux »*[531]. La question s'était posée dans cette affaire de savoir

---

[528] C. CUTAJAR, L'article L. 563-3 du Code monétaire et financier est spécifique à la lutte contre le blanchiment des capitaux, note sous Cass. Com., 28 avr. 2004 : JCPG2004, II, 10105.
[529] F. BOUCARD, La violation d'une norme professionnelle constitue-t-elle une faute civile. Exemple en matière de blanchiment de capitaux (note sous Cass.com., 28 avr. 2004) Revue de Droit Bancaire et Financier 2004, p. 273.
[530] C. CUTAJAR, Op. Cit.
[531] SYNVET

si la responsabilité civile de la banque pouvait être engagée en cas de non respect de ses obligations en matière de prévention du blanchiment des capitaux. En effet, le client de la banque peut accomplir des actes frauduleux portant préjudice aux tiers en se servant de son compte bancaire. De même, des tiers peuvent également causer préjudice au client de l'établissement bancaire, en tentant de se faire payer par la banque, et au préjudice du client, des sommes indues par exemple.

Une construction jurisprudentielle impose au banquier une obligation de surveillance des comptes bancaires, de même que toutes les opérations de ses clients. Sur cette base et en puisant dans les textes, notamment les articles 1382 et 1383 des Codes civils français et camerounais, une réponse positive pourrait être apportée à la question de savoir si le banquier qui viole ses obligations en matière de prévention du blanchiment des capitaux pourrait être poursuivi civilement. Aussi verrons-nous que l'obligation générale de prudence est le fondement de la responsabilité civile délictuelle du banquier de même que la responsabilité civile délictuelle de la banque peut être mise en œuvre sur le fondement des articles 1382 et 1383 des Codes civil français et camerounais.

A- L'obligation générale de prudence, fondement de la responsabilité civile délictuelle du banquier

D'origine jurisprudentielle, l'obligation générale de prudence ou obligation de vigilance impose au banquier, d'une part, de *« surveiller ses clients afin de pouvoir déceler les anomalies qui sont évidentes, apparentes, c'est-à- dire celles qui ne peuvent pas échapper à un banquier normalement diligent »*[532]. Nous l'avons vu, la doctrine française distingue, pour rendre compte de cette jurisprudence, les anomalies matérielles qui affectent la régularité même du titre[533] et sont révélées par un simple examen du titre et les anomalies intellectuelles qui résultent du contexte dans lequel l'opération a été effectuée[534]. En présence d'une anomalie, le banquier devra, selon les circonstances, refuser d'exécuter l'opération qu'il sait illicite.

---

532 T. BONNEAU, Droit bancaire 8è éd. Montchrestien lextenso éditions, 2009.

533 Titres falsifiés, endos irréguliers par exemple.

534 Montant d'une remise sans rapport avec l'activité professionnelle du client, mouvements bancaires anormalement nombreux pour des montants élevés par exemple.

D'autre part, la vigilance impose au banquier de s'informer auprès de son client, notamment lorsque la banque constate qu'une opération d'une certaine importance se présente dans des conditions inhabituelles de complexité et ne paraît pas avoir de justification économique ou d'objet licite[535]. Celui-ci doit donc se renseigner auprès du client sur l'origine et la destination des fonds ainsi que sur l'objet de la transaction et l'identité de la personne qui en bénéficie. Aussi, si ces exigences ne sont pas respectées, la responsabilité de la banque pourrait être engagée par des tiers ayant subi un préjudice du fait de ces manquements de la banque.

B- La mise en œuvre de la responsabilité civile délictuelle de la banque sur le fondement des articles 1382 et 1383 des Codes civil français et camerounais

Les conditions de mise en œuvre de la responsabilité civile sont contenues en droit camerounais et français dans les articles 1382 et 1383 de leurs Codes civil. En effet, il ressort de l'article 1382 que : *« tout fait quelconque de l'homme, qui cause à autrui un dommage, oblige celui par la faute duquel il est arrivé, à la réparer. »*. Il s'agit de la responsabilité du fait personnel qui nécessite que soient prouvés à la fois l'existence d'un fait générateur de responsabilité qui prendra la forme d'une faute de la banque et l'existence d'un préjudice découlant de cette faute.

En outre, l'article 1383 des mêmes textes dispose que : *« chacun est responsable du dommage qu'il a causé non seulement par son fait, mais encore par sa négligence ou par son imprudence »*. Les opérations bancaires passées par les banques pour le compte de leurs clients sont accomplies par les personnes physiques qu'elles emploient. Aussi on peut se poser la question de savoir si l'employé de banque qui manque à l'obligation de vigilance et cause un préjudice à un client ou un tiers peut engager la responsabilité civile de la banque.

En réponse à cette question, les droits français et camerounais posent trois conditions : tout d'abord il doit exister un le lien de préposition entre le banquier et l'employé, ensuite le fait du préposé doit être établi et doit se rattacher enfin aux fonctions à lui confiées par

---

[535] Articles L. 563-3 du Code monétaire et financier et 12 du Règlement CEMAC.

le banquier. Aussi sur la base de ces deux articles, et sous le respect de ces conditions, la responsabilité civile de la banque pourrait être engagée en cas de manquement à ses obligations en matière de prévention du blanchiment.

Nous pensons comme Chantal CUTAJAR[536] que la mise en œuvre d'une responsabilité civile de la banque concernant la violation de l'obligation de vigilance, pourrait par exemple « prospérer sur le terrain de l'anomalie intellectuelle ». Il pourrait s'agir à titre d'illustration, du fonctionnement anormal du compte d'un client, à condition de rapporter la preuve du caractère anormal du fonctionnement[537]. C'est d'ailleurs en ce sens que les juges du Tribunal de commerce de Bobigny[538] avaient considéré que *« au lieu d'établir séance tenante les chèques de banque demandés par la société Moon, le Crédit Lyonnais qui reconnaît cependant avoir alors interrogé la Banque Paribas pour savoir si le chèque était provisionné, aurait pu se donner quelques heures de réflexion pour procéder, en plus de l'examen historique du compte, à celui des documents qu'elle dit avoir si scrupuleusement demandés lors de son ouverture. Elle n'aurait pas manqué de s'apercevoir que la société en question, créée le 5 septembre 1997, c'est-à-dire un peu plus d'un an auparavant, avait déjà changé une fois de gérant et que quelques mois après sa création, son objet social, qui était initialement la confection, avait été complété par l'entreprise générale de bâtiment tous corps d'état, ce qui, manifestement, n'a aucun rapport avec l'objet initial qui, de toute évidence, n'a pas été une complète réussite »*. Allant dans le même sens, la Cour d'appel de Paris[539] a estimé que le non-respect de la réglementation anti-blanchiment était susceptible d'engager la responsabilité civile de la banque.

La méconnaissance par les banques françaises et camerounaises de leurs obligations professionnelles en matière de lutte contre le blanchiment des capitaux peut faire l'objet de sanctions disciplinaires prononcées par la commission nationale des sanctions de l'ACPR et la Commission bancaire d'Afrique Centrale. Des sanctions pénales sont également prévues à l'encontre des banques qui méconnaîtraient

---

536 C. CUTAJAR, Op.Cit.

537 Cass. com., 11 janv. 1983: D. 1984, inf. rap. P. 79, obs. Vasseur.

538 T. com. Bobigny, 16 nov. 2000, inédit.

539 15è ch. A, 5 mars 2002: Banque et droit n°84, juill.-aout 2002, p. 53.

l'interdiction de divulgation. La question est discutée de savoir si le manquement par le banquier à ses obligations préventives pouvait être constitutif de l'infraction de blanchiment. Les opérations de banque sont par nature constitutives des actes de blanchiment. En effet, les articles 324-1 du Code pénal français et 46 du règlement CEMAC répriment le concours à une opération de placement, de dissimulation ou de conversion du produit d'un crime ou d'un délit, il s'agit des opérations de banque. C'est pourquoi il est généralement soutenu que de telles poursuites ne sont envisageables que si la connaissance de l'origine frauduleuse des fonds par le banquier est démontrée, ainsi que sa volonté d'apporter son concours aux opérations de blanchiment caractérisées[540].

En outre, il a été admis par la jurisprudence française que la responsabilité civile du banquier ne pouvait être engagée du fait de la violation des obligations professionnelles en matière de lutte contre le blanchiment. Cette solution, bien que justifiée en ceci que les diligences imposées aux banques françaises et camerounaises au titre de la lutte contre le blanchiment ont pour finalité la protection de l'intérêt général et non d'intérêts privés, nous paraît limitée. Aussi, nous pensons, avec certains auteurs français, que la responsabilité civile de la banque peut être engagée sur les fondements des articles 1382 et 1383 des Codes civils français et camerounais. Il ressort des développements précédents que la mise en œuvre du dispositif préventif de LAB a considérablement bouleversée les principes et pratiques bancaires, et fait naître des responsabilités pour les banques.

D'une part, le dispositif préventif anti-blanchiment fait peser sur les banquiers plusieurs obligations. Si certaines, en l'occurrence l'obligation de connaissance de la clientèle, étaient déjà connues de la profession, d'autres cependant étaient nouvelles pour les banquiers qui les trouvaient même incompatibles avec leurs principes bancaires : il s'agit de l'obligation de déclaration de soupçon. Celle-ci en effet, sera à l'origine de la naissance d'une obligation de communication imposée aux banques vis-à-vis de l'administration. Cette obligation est venue affecter le secret bancaire de même que l'obligation de connaissance porte atteinte au principe de non-ingérence. De plus une étude de la

---

[540] En ce sens : TGI Paris, 11 décembre 2008, RDBF, mars-avril 2009, comm. 39, obs. Crédot et Gérard, p. 38.

jurisprudence française relative à la mise en œuvre des obligations préventives anti-blanchiment nous amène à penser à la création d'une nouvelle obligation aux banques, notamment, le « devoir d'ingérence ». D'autre part, la méconnaissance par les banquiers français et camerounais de leurs obligations professionnelles en matière de lutte contre le blanchiment des capitaux peut faire l'objet de sanctions disciplinaires prononcées par la Commission nationale des sanctions de l'ACPR et la Commission bancaire d'Afrique Centrale.

Des sanctions pénales sont également prévues à l'encontre du banquier qui méconnaîtrait l'interdiction de divulgation. La question est discutée de savoir si le manquement par le banquier à ses obligations préventives pouvait être constitutif de l'infraction de blanchiment. Les opérations de banque sont par nature constitutives des actes de blanchiment. En effet, les articles 324-1 du Code pénal français et 46 du règlement CEMAC répriment le concours à une opération de placement, de dissimulation ou de conversion du produit d'un crime ou d'un délit, il s'agit des opérations de banque. En outre, il a été admis par la jurisprudence française que la responsabilité civile du banquier ne pouvait être engagée du fait de la violation des obligations professionnelles en matière de lutte contre le blanchiment. Cette solution, bien que justifiée en ceci que les diligences imposées aux banques françaises et camerounaises au titre de la lutte contre le blanchiment ont pour finalité la protection de l'intérêt général et non d'intérêts privés, nous parait limitée.

Parce qu'il est possible que les fonds blanchis passent par les circuits financiers légaux notamment les banques, la nécessité de disposer d'un système de détection s'est imposée. Un tel système repose sur l'adhésion de la communauté bancaire : c'est le principe de la déclaration de soupçon qui a été instauré en France dès 1990 par la loi n° 90-614 du 12 juillet 1990 relative à la participation des organismes financiers à la lutte contre le blanchiment des capitaux provenant du trafic des stuépfiants. Au Cameroun, ce principe est contenu dans les règlements communautaires[541] de 2003 et 2005, puis dans le décret de 2005 instituant l'Anif. Le mécanisme de la déclaration de soupçon[542]

---

[541] Les quels, rappelons le, sont d'application immédiate au Cameroun.

[542] La France et le Cameroun ont fait le choix de la déclaration de soupçon, à l'inverse d'autres pays qui ont retenu le principe d'une déclaration automatique. D'après ce dernier, toute opération financière, toute transaction supérieure à un montant de x

est ainsi un des fondements de la lutte contre le blanchiment des capitaux en France et au Cameroun. Si l'élément déclencheur de la déclaration, à savoir le soupçon n'a pas été défini par les législations françaises et camerounaises, sa déclaration a cependant été strictement encadrée.

De même, parce que la déclaration de soupçon constitue une véritable entorse au secret bancaire auquel sont tenues les banques françaises et camerounaises, les législateurs français et camerounais ont prévu des aménagements. Aussi, les banques ont par exemple la garantie que les informations transmises à Tracfin ou l'Anif ne seront utilisées à des fins autres que la lutte contre le blanchiment des capitaux. Néanmoins, le dispositif préventif de lutte contre le blanchiment des capitaux n'a pas été bien accueilli au sein de la profession bancaire française et camerounaise, non seulement parce qu'il a fait naître de nouvelles obligations aux banques, mais surtout parce que ces obligations remettaient grandement en cause les principes régissant la profession. D'une part, les banques sont devenues des « collaboratrices » de l'administration faisant ainsi naître une obligation de communication à leur charge. La mise en œuvre de cette obligation constitue une atteinte au secret bancaire.

D'autre part, la jurisprudence française s'est montrée encore plus exigeante quant à la mise en œuvre des obligations de vigilance. Cette obligation, imposée aux banques françaises et camerounaises au titre de la prévention du blanchiment des capitaux constitue une grave entorse au principe de non-ingérence propre à l'activité bancaire. Une analyse de cette jurisprudence nous a amené à nous interroger sur la naissance d'une nouvelle obligation pour les banques françaises et camerounaises dans la mise en œuvre des obligations préventives anti-blanchiment : il s'agit du « devoir d'ingérence » du banquier.

---

milliers d'euros ou x centaines d'euros, est transmise à une cellule de renseignements financiers au risque de l'engorger.

CONCLUSION

L'objet de notre étude consistait à mener une étude comparative de l'application concrète du dispositif préventif anti-blanchiment par les banques camerounaises et françaises. En effet, le blanchiment est une infraction internationale qui concerne tous les pays du monde, aussi bien les pays industrialisés que les pays en voie de développement. Les deux pays que nous avons choisis illustrent ce cas de figure. Notre recherche a donc permis de mettre en exergue l'expérience des banques dans les deux pays.

Au terme de notre travail, on peut affirmer que la prévention de l'utilisation du système financier à des fins de blanchiment est devenue une obligation que les banques camerounaises et françaises ont parfaitement intégrée dans leur organisation et leur fonctionnement. Le dispositif de prévention du blanchiment des capitaux est bel et bien effectif au sein des banques aussi bien en France qu'au Cameroun. Celles-ci ont pris conscience de la nécessité de lutter contre le blanchiment des capitaux.

Au cours de cette étude, nous avons pu voir que la mise en œuvre du dispositif préventif anti-blanchiment est une opportunité pour les banques car constituant un élément d'enrichissement de leur organisation. En effet, elle a permis aux banques, d'une part, de se doter de matériels informatiques en vue de filtrer les opérations atypiques et par conséquent de se prémunir de toute utilisation à des fins de blanchiment. D'autre part, les banques ont créé en leur sein, un service de lutte anti-blanchiment dénommé service de conformité. Ce service est lui aussi un acteur majeur dans la prévention du blanchiment des capitaux au sein des banques. Cependant, une disparité a été relevée au sein des banques françaises et camerounaises dans la constitution du service de conformité. D'où la nécessité d'une harmonisation de l'organisation du service de conformité. Les textes internationaux dans un premier temps, puis nationaux dans un second temps, devraient être clairs quant à l'organisation du service de conformité. Un nombre moyen de personnels devrait être imposé à ce service en fonction de la taille de la banque.

De même, le dispositif préventif anti-blanchiment contribue à assainir les secteurs bancaires français et camerounais. En effet, l'on a observé au sein des banques françaises et camerounaises, la mise en œuvre d'une politique visant à faire émerger ou renforcer une véritable culture de conformité en leur sein. En effet, des formations ont été organisées en vue d'une sensibilisation de leur personnel. Ce qui leur permet de se prémunir du risque de non-conformité auxquel elles s'exposent en cas de non respect de la mise en ouvre du dispositif.

Nous avons cependant déploré l'absence de définition du risque de non-conformité en droit camerounais et incité de ce fait le législateur à prendre exemple chez son homologue français dont la définition est la même que celle donnée par le Comité de Bâle. Nous avons également constaté que la mise en œuvre du dispositif préventif anti-blanchiment constituait un renforcement et devrait normalement être aisée pour les banques étant donné que celui-ci allait de pair avec des obligations propres à la profession, notamment l'obligation de connaissance de la clientèle.

Cependant, nous avons également constaté que la mise en œuvre de certaines obligations du dispositif préventif anti-blanchiment n'était pas toujours aisée en pratique pour les banques étant donné qu'elles étaient contraires aux principes bancaires. En effet, la déclaration de soupçon remet en question le secret bancaire et le principe de non-ingérence, principes chers à la profession bancaire.

Les banques françaises et camerounaises ont donc établi des procédures internes LAB. Ces procédures les incitent à la vigilance et en cas de soupçon de blanchiment, elles le signalent à Tracfin ou l'Anif. Le principe est celui d'une déclaration volontaire sur la base d'un doute qui les exonère de leurs responsabilités disciplinaires, pénales et civiles relatives au secret bancaire. Cependant, des divergences seront visibles sur la manière par laquelle les banques se sont prises pour appliquer ce dispositif. Ceci est la conséquence d'une part, de la liberté laissée aux établissements par le législateur international et d'autre part c'est la traduction d'une réalité de notre travail qui a porté sur la comparaison d'un pays développé et d'un autre en voie de développement.

De même, malgré tous les efforts déployés, les banques continuent d'être interpelées par la justice pour non respect du dispositif anti-blanchiment. Ceci traduirait-il les difficultés d'ordre pratique que les banques rencontrent dans la mise en œuvre du dispositif ? En effet, il se pose la question de la légitimité de l'implication des banques dans la lutte contre le blanchiment des capitaux. Les banques camerounaises et françaises sont-elles prêtes à jouer ce rôle de sentinelle qui leur est attribué ?

Plusieurs disparités et lacunes dans les dispositifs préventifs anti-blanchiment français et camerounais ont été constatées tout au long de notre travail. Aussi pour rendre la mise en œuvre du dispositif préventif anti-blanchiment uniforme pour les banques françaises et camerounaises, nous incitons d'une part, le législateur communautaire européen, à ériger les normes anti-blanchiment dans un règlement et non plus sous forme de directive comme c'est le cas actuellement. De même, le législateur français devrait intégrer les Personnes politiquement exposées nationales dans sa définition des PPE.

D'autre part, le législateur camerounais, tout d'abord, devrait intégrer dans son droit interne et plus précisément dans le code pénal, l'infraction de blanchiment des capitaux. Il en est de même de la notion de risque de non-confirmité à laquelle une définition devrait être apportée, par exemple dans le règlement 2001 relatif au contrôle interne.

BIBLIOGRAPHIE

I- TRAITES ET OUVRAGES GÉNÉRAUX

ALAGBE P., Impact des banques sur la corruption en Afrique, réflexions sur le rôle de la fonction conformité dans la lutte contre le blanchiment des capitaux illicites africains, édition S I : Lulu 2009.

AMBROISE-CASTEROT C., Droit pénal spécial et des affaires, 3è édition Lextenso éditions, 2012.

ANTONA J.-P., COLIN P. et LENGLART F., La prévention du risque pénal en droit des affaires, Dalloz 1997.

AUDOUIN O., Guide opérationnel de la lutte antiblanchiment dans la banque, édition AFGES 0' décembre 2007.

BAC A., CUTAJAR C., GUILLOT J.-L., HOTTE D., JOUFFIN E., et WERNER P., Le soupçon en question- Pour une lutte efficace contre le blanchiment, Revue Banque Edition janvier 2008.

BEAUD M., L'art de la thèse : comment préparer et rédiger un mémoire de master, une thèse de doctorat ou tout autre travail universitaire à l'ère du Net ; Editions la DECOUVERTE, 2006

BEAUSSIER M. et QUINTARD H., Blanchiment de capitaux et financement du terrorisme, Analyse et mise en œuvre pratique de la troisième directive européenne, Revue Banque Edition, 2010.

BOLLE A., HOTTE D., et ASSELIN E., Lutte contre le blanchiment d'argent Guide pratique à l'usage des professionnels, Editions de la performance 2006.

BONNEAU T., Droit bancaire, 8è édition Montchrestien lextenso éditions 2009.

BONNEAU T., Droit bancaire, éd. Montchrétien, Paris, 2003, 5è éd.

BOULLANGER H., La criminalité économique en Europe, Presses Universitaires de France 2002.

BOURETZ E., et EMERY J.-L., Autorité de contrôle prudentiel, Revue banque édition 2010.

BOUTEILLER P., JOUFFIN E. et RIBAY F., L'exploitant de banque et le droit, 4è édition, Revue Banque édition, 2008.

CASSOU P.-H., La réglementation bancaire, Les Classiques, Banque et Stratégie, 1997.

CUTAJAR C., Blanchiment des profits illicites et financement du terrorisme, éd. Francis. Lefebvre, coll. Thèmexpress, n° 21, 2002.

Le blanchiment des profits illicites, Textes réunis par CUTAJAR C., Presses Universitaires de Strasbourg 2000.

CUTAJAR C., « Les banques et le blanchiment de la fraude fiscale à l'aune de la troisième Directive », Mélanges AEDBF-France, t. V, sous la direction de H. de Vauplane et J.-J. Daigre, Revue Banque Edition, 2008, p. 125-138.

CUTAJAR C., Ethique du milieu juridique et mondialisation, Editions Yvon Blais 2004, collection Droits de la personne : Ethique et mondialisation.

CUTAJAR C., (Sous la direction de), La prévention du blanchiment et du financement du terrorisme, RDBF, 2009, Dossier avec les contributions de FERNANDEZ- BOLLO E., MOULIN A.-M., D'ESTAINOT R., ROBERT H, et WERNER P.

Sous la direction de DAURY-FAUVEAU M. et BENILLOUCHE M., Dépénalisation de la vie des affaires et responsabilité pénale des personnes morales, PUF , octobre 2009.

DECOCQ G., GERARD Y., et MOREL-MAROGER J., Droit bancaire, Revue Banque édition 2010.

DEKEUWER-DEFOSSEZ F. et MOREIL S., Les cadres juridiques de l'activité bancaire, les mécanismes juridiques des opérations bancaires, 10è édition, Dalloz 2010.

DELMAS-MARTY M., Droit pénal des affaires Tome 1, Thémis Droit 1990.

DELMAS-MARTY M.et GIUDICELLI-DELAGE G., Droit pénal des affaires, 4è édition refondue, Presses Universitaires de France 1990.

DELRUE G., Le blanchiment de capitaux et le financement du terrorisme, Collection Livres pratiques policières 2012.

Sous la direction de DION M., La criminalité financière, Prévention, gouvernance et influences culturelles, Edition de Boeck 2011.

DUPUIS-DANON M.-C., d'ESTAINTOT R., et J.-F THONY J.-F., sous la direction de

FAVAREL-GARRIGUES G., GODEFROY T., et LASCOUMES P., Les sentinelles de l'argent sale : les banques aux prises avec l'anti-blanchiment, édition Paris La Découverte 2009.

FAVAREL-GARRIGUES G., GODEFROY T. et LASCOUMES P., Les banques, sentinelles de l'anti-blanchiment, L'invention d'une spécialité professionnelle dans le secteur financier, Paris, CERI 2006.

Sous la direction de FRANCOIS L., CHAIGNEAU P et CHESNEY M., Criminalité financière, Comment le blanchiment de l'argent sale et le financement du terrorisme sont devenus une menace pour les entreprises et les marchés financiers, Editions d'Organisation 2002.

Sous la direction de FRISON-ROCHE M.-A., Les banques entre droit et économie, LGDJ juin 2006.

GAUDEMET Y., Droit administratif général, Traité de droit administratif : LGDJ 2001, tome 1, n° 138.

GAVALDA C. et STOUFFLET J., Droit bancaire, 7è édition 2008.

GIUDICELLI-DELAGE G., Droit pénal des affaires, 6è édition, Dalloz 2006.

GROUPE PROFESSIONNEL BANQUE-BLANCHIMENT D'ARGENT, Ifaci, Pour un bon audit du dispositif de lutte contre le blanchiment des capitaux, 2004.

GRUA F., Les contrats de base de la pratique bancaire, Litec, 2001.

GUILLOT J.-L., BAC A., JOUFFIN E. et HOTTE D. (Sous la direction de), préface WERNER P., postface CUTAJAR C., Le soupçon en questions, Pour une lutte efficace contre le blanchiment, Revue Banque Edition, 2008.

HAYE-ROSSELL P., Le rôle du notaire dans la lutte contre le blanchiment des capitaux, Defrénois 2008.

HERAIL J.-L. et RAMAEL P., Blanchiment d'Argent et Crime Organisé : la dimension juridique, 1ère Edition, Paris, PUF, 1996.

HOTTE D.-G. et V. HEEM, « La lutte contre le blanchiment des capitaux » : LGDJ 2005.

JEANDIDIER W, Droit pénal des affaires, 5è édition Dalloz 2003.

KOUTOUZIS M. et THONY J.-F., Le blanchiment, P.U.F. « Que sais-je ? », 2005, P. 3

LABORDE J.-P., État de droit et crime organisé, les apports de la Convention des Nations Unies contre la criminalité transnationale organisée, Dalloz 2005.

LANDEAU H., DUPUIS-DANON M.-C., (d') ESTAINOT R. et THONY J.-F., Pratique de la lutte anti-blanchiment, De l'approche normative à la gestion du risque, Revue Banque Edition, coll. « Les essentiels de la Banque », 2005.

LANDAU H., Pratique de la lutte anti -blanchiment: de l'approche normative à la gestion du risque, Revue Banque édition 2005.

LARGUIER J. et CONTE P., Droit pénal des affaires, 11è édition, Armand Colin 2004. LASSERRE CAPDEVILLE J., Le secret bancaire, Etude de droit comparé (France- Suisse-Luxembourg) PRESSES UNIVERSITAIRES D'AIX MARSEILLE 2006, TomeI et II.

LASSERRE CAPDEVILLE J., La lutte contre le blanchiment d'argent, L'harmattan, La justice au quotidien 2006.

MANI M., L'Union Européenne dans la lutte contre le blanchiment d'argent, entre intérêts nationaux et intérêts communautaires, L'Harmattan 2003.

MATHIEU M.-E., Les services bancaires et financiers en ligne, Revue Banque édition, 2005.

MERLE R. et VITU A., Traité de droit criminel. Droit pénal spécial, éd. Cujas, Paris, 1982.

MERLE R et VITU A., Traité de droit criminel. Droit pénal général, éd. Cujas, Paris, 1997, 7è éd.

MERLE R et VITU A., Traité de droit criminel. Procédure pénale, éd. Cujas, Paris, 2001, 7è éd.

NEAU-LEDUC P., Droit bancaire, Dalloz, 4è édition 2010.

NEUVILLE S., Droit de la banque et des marchés financiers, Traité de droit fondamental, 2005.

NEUVILLE S., Droit de la banque et des marchés financiers, PUF droit 2005, p. 11.

Sous la direction de PERRIN B., La lutte contre le blanchiment d'argent : pistes d'actions entre prévention et répression, Paris l'Harmattan 2009.

PEZARD A. et ELIET G., Droit et déontologie des activités financières en France, édition Montchrestien, 1997.

Sous la direction de PONSAERS P., et RUGGIERO V., La criminalité économique et financière en Europe, l'Harmattan 2002.

PRADEL J., Droit pénal général, collection Manuels, éd. Cujas, Paris, 2002, 14è éd.

PRADEL J., Droit pénal comparé, collection Précis droit privé, éd. Dalloz, Paris 2002, 2è éd.

PRADEL J. et CORSTENS G., Droit pénal européen, 2è édition Dalloz 2002.

PRADEL J et DANTI-JUAN M., Droit pénal spécial, collection Manuels, éd. Cujas, Paris, 2001, 2è éd.

Sous la direction scientifique de RISOPOULOS A., BLAFFART A., CLEVENBERGH O., CREPLET O., DAL G.-A., De WOLF P., LEFEVRE F., MASSET A., MONVILLE P., PANISI R., PARDOU A.,ROGGEN F. et SPREUTELS J., Les avocats face au blanchiment, Collection de la Conférence du Jeune Barreau de Bruxelles, 2011.

RIVES-LANGE J.-L. et CONTAMINE-RAYNAUD M., Droit bancaire 6è édition, précis Dalloz 1995.

ROBERT. J.-H. et MATSOPOULOU H., Traité de droit pénal des affaires, PUF 2004.

ROUTIER R., La responsabilité du banquier, L.G.D.J, 1997.

Sous la direction de SAINTOURENS. B, Dépénalisation, régulation et renouvellement des sanctions en droit comparé des affaires, Lexis Nexis Litec 2009.

SOUSI-ROUBI B., Droit bancaire européen, collection Précis droit privé, éd. Dalloz, Paris, 1995.

Sous la direction de SPREUTELS J.-P., Dix ans de lutte contre le blanchiment de capitaux en Belgique et dans le monde, BRUYLANT, Bruxelles 2003.

STASIAK. F, Droit pénal des affaires, 2è édition, L. G.D.J 2009.

TESSIER A., Le secret professionnel du banquier, tome I et II, Presses universitaires d'Aix-Marseille, 1999.

UNITE MIXTE DE RECHERCHE DE DROIT COMPARE DE PARIS, UNIVERSITE PARIS I/CNRS UMR 8103, Mireille Delmas-Marty et les années UMR, Société de législation comparée 2005.

VERNIER E., Techniques de blanchiment et moyens de lutte, 3è édition DUNOD 2013.

VERON M., Droit pénal des affaires, 9è édition, Dalloz 2011.

II- OUVRAGES SPÉCIAUX, THÈSES ET MONOGRAPHIES

AIT-HAMLAT S.-R., Le blanchiment des capitaux, thèse, Université de Nice 2010.

ANCIBERRO S., La lutte internationale contre le blanchiment et le financement du terrorisme ; le point de vue des banques européennes in La lutte internationale contre le blanchiment et le financement du terrorisme, Société de Législation comparé, 2007.

ANDRIOT-LEBOEUF N., La déontologie des activités financières, thèse, Clermont-Ferrand, 1997.

AUDOUIN O., Guide opérationnel de la lutte anti-blanchiment dans la banque, intègre la IIIè Directive de l'Union européenne, AFGES édition bancaire.

BARRO C., Le secret bancaire et les normes anti-blanchiment en Suisse in La lutte internationale contre le blanchiment et le financement du terrorisme, Société de Législation comparé, 2007.

BEAUSSIER M. et QUINTARD H., Blanchiment de capitaux et financement du terrorisme. Analyse et mise en œuvre pratique de la troisième directive européenne, Revue Banque Edition, 2010.

BERNARD F., Les contrôles internationaux mis en place pour lutter contre le blanchiment des capitaux, thèse, Toulouse, 1994.

BOUTEILLER P et RIBAY F., L'exploitant de banque et le droit. Réponses à 280 questions pratiques, Banque éditeur, Paris, 2001, 3è éd.

BOYLE R., Les mesures internationales de lutte contre le blanchiment de capitaux et le financement du terrorisme in La lutte internationale contre le blanchiment et le financement du terrorisme, Société de Législation comparé, 2007.

CABRILLAC M., Le chèque et le virement, éd. Litec, Paris, 1980, 5è éd.

CENTRE FRANÇAIS DE DROIT COMPARE, La lutte internationale contre le blanchiment et le financement du terrorisme, Société de Législation comparé 2007.

CENTRE DE RECHERCHE EN DROIT ECONOMIQUE ET LE CERCLE DES COMPARATISTES DROIT ET FINANCE, La criminalité d'argent, Editions Montchrestien, E.J.A. 2004.

CHOINEL A et ROUYER G., Le système bancaire français, collection Que sais-je ?, éd. P. U. F., Paris, 1996, 5è éd.

CUTAJAR- RIVIERE C., La société écran, thèse, 1996.

Sous la direction de CUTAJAR. C, Garantir que le crime ne paie pas, Stratégie pour enrayer le développement des marchés criminels, Presses Universitaires de Strasbourg 2010.

Sous la direction de DION M., La criminalité financière, de boeck ; 1ère édition, 2011.

DAUNIZEAU J.-M. et LEIMBACH M., Contrôle des risques- Mieux comprendre les fonctions juridiques et de conformité, Revue Banque, 2011.

DEFINS P. et ROBERT H., Tracfin : quelles prérogatives pour quelle mission ? in La lutte internationale contre le blanchiment et le financement du terrorisme, Société de Législation comparé, 2007.

FAY. L, Criminalité financière et organisée dans une Europe élargie, l'Harmattan 2012.

Sous la codirection de FRANCOIS L., CHAIGNEAU P. et CHESNEY M., Criminalité financière. Le blanchiment de l'argent sale et du financement du terrorisme passent aussi par les entreprises, Editions d'Organisation 2002.

FOUMDJEM C., Blanchiment de capitaux et fraude fiscale : de la mobilisation internationale aux spécificités nationales, Université de Cergy-pontoise 2010.

Sous la codirection de FRANCOIS L., CHAIGNEAU P. et CHESNEY M., Criminalité financière. Le blanchiment de l'argent sale et du financement du terrorisme passent aussi par les entreprises, Editions d'Organisation 2002.

FRISON-ROCHE A.-M., Secret et profession in Secrets professionnels, éd. Autrement, Paris, 1999.

GILMORE C.-W., L'argent sale. L'évolution des mesures internationales de lutte contre le blanchiment de capitaux et le financement du terrorisme, Editions du Conseil de l'Europe, 2005.

JAMIN V., Le blanchiment et l'espace pénal européen in La lutte internationale contre le blanchiment et le financement du terrorisme, Société de Législation comparé, 2007.

JEREZ O., Le blanchiment de l'argent, 2è éd. Rev. Banque, 2003, p. 25.

KOUTOUZIS M. et THONY J.-F., Le blanchiment, Collection « Que sais-je ? », octobre 2005.

LASSERRE CAPDEVILLE J., La lutte contre le blanchiment d'argent, éd. L'Harmattan 2006.

LASSERRE CAPDEVILLE J., Le secret bancaire, Etude de droit comparé (France- Suisse- Luxembourg) Presses Universitaires D'Aix Marseille, Tomes 1 et 2, 2006.

LEDALL J.-B., Le blanchiment des capitaux, Université de Paris 1 2006.

LEDAN S., Le droit pénal et les mouvements de capitaux, Toulouse 1 2005.

MATAR R., La globalisation du processus du blanchiment d'argent, Université Paul Césanne, Marseille 2004.

MIRZAJANI H.-R., Finance criminelle et politique criminelle anti-blanchiment en droit français et iranien, Université de Strasbourg 30-03-2011.

MOUREY L., Le rôle du droit pénal dans la politique criminelle de lutte contre les discriminations, Université de Strasbourg, 18 décembre 2012.

NAGOUAS-GUERIN M.-C., Le doute en matière pénale, Dalloz 2002.

OUALID M., La responsabilité civile du banquier dispensateur de crédit, étude de droit comparé français- algérien, 11 décembre 2009.

PRADEL J., Le droit pénal comparé du blanchiment in La lutte internationale contre le blanchiment et le financement du terrorisme, Société de Législation comparé, 2007.

ROBERT J.-H. et MATSOPOULOU H., Traité de droit pénal des affaires, PUF, 2004, p.161à 169.

SALVIATI M.-I., Le contrôle des flux financiers illicites dans le secteur bancaire, Institut du droit de la paix et du développement (Nice) 2004.

SINTEZ C., La sanction préventive en droit de la responsabilité civile, Dalloz 2011.

TEISSIER A., Le secret professionnel du banquier, Tome 1, Presses Universitaires d'Aix-Marseille, 1999.

TIPEAU V., La lutte contre le blanchiment de capitaux, Université de la Réunion 2005.

TSOBGNI DJOUMETIO N.-L., Prévention et répression du blanchiment des capitaux en zone CEMAC, Université de Dschang, 2005-2006.

VERNIER E., Techniques de blanchiment et moyens de lutte, Dunod, novembre 2004.

YILDIZ M., "L'utilisation des moyens informatiques par les banques pour la vigilance contre le blanchiment", Université Strasbourg III, 2005.

III- ARTICLES ET CHRONIQUES

ABLARD T., Insécurité juridique : l'impuissance publique ? In dossier Le risque juridique : un ennemi qui nous veut du bien, Cahiers de Droit de l'Entreprise n° 1, janvier-février 2008, p. 30.

AMENC P., Ordonnance n° 2009-104 du 30 janvier 2009 relative à la prévention de l'utilisation du système financier aux fins de blanchiment de capitaux et de financement du terrorisme, Rev. Sc. crim. 2009, p. 427-430.

ANCIBERRO S., Transposition de la 3è Directive anti-blanchiment, Etat des lieux, In Dossier Trafics financiers illicites, Revue Banque n°711, mars 2009, p. 32.

AZEVEDO M., et MASSELIN J.-L., Banque de détail, sécuriser l'entrée en relation. Revue Banque n° 673 octobre 2005, p. 80-81.

BAILLET F., Blanchiment : l'état de la législation, Gaz. Pal., n° 286, 13 octobre 2005, p. 2-7.

BALLER S. et CHARRETON P., Quel avenir pour les directions juridiques ? Cahiers de Droit de l'Entreprise n° 1, janvier-février 2009, p. 9.

BANQUE AFRICAINE DE DEVELOPPEMENT (Fonds Africain de développement), Stratégie du groupe de la banque en matière de prévention du blanchiment de capitaux et du financement du terrorisme en Afrique, mai 2007, p 1-28.

BARTHELEMY P., Economie souterraine et structures industrielles dans les pays de la communauté européenne, Rev. Région et Développement, n° 5, 1997, p. 25.

BAUMGARTNER F. et MOUSSERON P., Blanchiment, contrats et opinions juridiques : JCP E 2006, p. 1671.

BAUMS T., BONNEAU T. PRÜM A., L'échange automatique d'informations face au respect de la vie privée, au secret bancaire et aux principes de liberté du marché intérieur, RTDF n°1, 2010, janvier 2010, p 30-40.

BEAUSSIER M., Le secret professionnel en danger, Droit et Patrimoine, novembre 2001, n° 98, p. 6 à 8.

BEAUSSIER M., Du doute au soupçon : un exercice complexe, Gazette du Palais, 7-8 juillet 2004, p. 22.

BEAUSSIER. M., Dix questions aux 181 batonniers de France, Revue Lamy Droit des Affaires, avril 2006, p. 64.

BEGUE G., Extension des obligations de contrôle et de déclaration de soupçon, Lamy Droit des affaires, n° 223, 4/2006, p. 56.

BEGUE G., Les conséquences en droit interne de la mise en œuvre de la directive 2005/60/CE relative à la prévention du blanchiment de capitaux et du financement du terrorisme, RTDF n°01, 01- 04- 2007, p. 47- 55.

BEGUE G., L'impact de la problématique des jeux d'argent en ligne sur le domaine bancaire, JCP E Semaine Juridique n° 31, 2 août 2007, 1791, p. 9- 16.

BENICHOU M., L'ère de la transparence mène droit vers le soupçon et la délation, Libres propos, Les Petites Affiches, 27 février 2003, n° 42, p. 3.

BLANC J.-B., L'exemple d'une société de gestion indépendante in dossier Le contrôle interne, Revue Banque n° 671 juillet-août 2005, p. 39-40.

BLANC-JOUVAN H., La lutte anti-blanchiment : la vigilance au cœur de la réglementation financière, Revue Banque, 1er juin 2005, p. 32 et s.

BLASER P., Blanchiment d'argent : les nouvelles règles de diligence des banques en Suisse, Revue Banque et Droit n° 93, janvier-février 2004, p. 20-25.

BOLLE. A., BEGUE. G. et BEAUSSIER. M., Lutte contre le blanchiment de capitaux et secret professionnel- Etat des lieux, Revue Lamy Droit des Affaires avril 2006, p. 53.

BOLLE. A., Responsabilité et évolution de l'infraction de blanchiment de capitaux, Revue Lamy Droit des Affaires n° 4, 1er avril 2006, p. 53.

BOLLE A., Poursuite pénale : caractériser le blanchiment de fraude fiscale, Revue Banque, n° 702, mai 2008, p. 62-65.

BOLLE A. et TOLOS L., Déclaration de soupçon : une mission de service public, In Dossier Trafic financiers illicites, Revue Banque n°711 mars 2009, p. 52.

BOLLE A. et HOTTE D., Le traitement judiciaire de la déclaration de soupçons, Revue Banque n°670, 2005, p. 43-45.

BON-MICHEL B. et PIGE B., La conformité suffit-elle à garantir la confiance et la performance, Revue Banque n° 749, juin 2012, p. 69.

BONNARD F., Lutte contre le blanchiment de capitaux et le financement du terrorisme : ce qui change pour le secteur bancaire et financier, Revue La Semaine Juridique entreprise et affaires, 19 mars 2009, Hebdomadaire, n°12, p 11.

BONNARD F., Lutte contre le blanchiment : à propos de deux décisions de sanction de la Commission bancaire, Revue La Semaine Juridique Entreprise et Affaires n° 26, 1er Juillet 2010, 1628, p. 15.

BONNEAU T., Commentaire de l'ordonnance n° 2010-76 du 21 janvier 2010 portant fusion des autorités d'agrément et de contrôle de la banque et de l'assurance- A propos de l'ord n° 2010-76, 21 janv. 2010, NOR, ECEX0929065R, JCP E Semaine Juridique 2010 n° 6, 1140, p. 16.

BONNEAU T., La responsabilité du banquier encourue pour non respect de la législation relative au blanchiment de capitaux : panorama de jurisprudence récente, Revue de Droit Bancaire et Financier janvier-février 2005, p. 41-45.

BONNEAU T., Honnêteté, intégrité et réparation. Revue de Droit Bancaire et Financier n° 4, juillet 2010, repère 4, p. 1.

BONNEAU T., Banques et développement durable. Cahiers de droit de l'entreprise n°3, 1er mai 2010, dossier 14, p. 35- 41.

BONNEAU T., La banque face au blanchiment des capitaux : propos introductifs, Rev. Bancaire et financier, nov.- déc. 2007, p. 12-15.

BONNEAU T., Propos introductifs : la lutte contre le trafic des stupéfiants et des activités criminelles organisées est doublement essentielle, Rev. Droit bancaire et financier, n° 6, nov.-déc. 2007, p. 12.

BONNEAU T., A propos des deux décisions de la Commission bancaire du 11 octobre 2004, droit bancaire, blanchiment de capitaux, obligation de diligence et de vigilance, procédure de contrôle interne, Banque et Droit 2005, n° 101, p. 71.

BONNEAU T., Instruments de paiement et lutte contre le blanchiment des capitaux, Revue Banque et Droit n° 88, mars-avril 2003 p. 26-28.

BONNEAU T., Pratiques comparées : "Know your customer", Propos introductifs, Revue de droit bancaire et financier, mars-avril 2008, p. 55.

BONNEAU T., Un nouveau 2 décembre 1804 ? A propos de la décision du 13 mai 2011 de la Commission des sanctions de l'ACP, JCP E édition Entreprise et Affaires 2011, n° 40, 1704, p. 27.

BORDAS F., Devoirs professionnels des établissements de crédit-déontologie, JurisClasseur Banque – Crédit – Bourse, 31 octobre 2002.

BORDAS F., Devoirs professionnels des établissements de crédit-blanchiment et terrorisme. JurisClasseur Banque- Crédit- Bourse, Cote : 02, 2003, 31 octobre 2002.

BOUCARD F., La violation d'une norme professionnelle constitue-t-elle une faute civile ? (exemple en matière de blanchiment de capitaux note sous Cass. com., 28 avr. 2004). Revue de Droit Bancaire et Financier 2004, p. 275.

BOUCARD F., Les devoirs généraux du banquier, Jurisclasseur Commercial, 25 octobre 2002.

BOUCHARD V., Des droits de la défense devant la Commission bancaire. Banque et Droit n° 92, novembre-décembre 2003, p. 9.

BOUCHETEMBLE H., Le contrôle interne à travers les décisions de la Commission des sanctions de l'Autorité des Marchés Financiers, RTDF n° 3 2009, p. 24-32.

BOUCHEZ EL GHOZI P., Lutte antiblanchiment la France condamnée par la CJCE, Revue Banque mai 2010, n°724, p. 13.

BOULOC B., De quelques aspects du délit de blanchiment, Revue de Droit Bancaire et Financier 2002, p. 151.

BOULOC B., La prévention du blanchiment d'argent, Revue de Droit bancaire et financier n° 6 novembre 2002, p. 359-361.

BOULOC B., De quelques aspects du délit de blanchiment, Rev. Dr. Bancaire et financier, n°3, mai/juin 2002, p. 151-153.

BOULOC B., La dépénalisation dans le droit pénal des affaires, Rev. Rec. D. 2003, p. 2492-2496.

BOULOC B., La liberté et le droit pénal, Rev. des sociétés, D., 1989, p. 337-341.

BOULOC B., Le secret professionnel du banquier : principe et limites, Gaz. Pal., n° 181, 29 juin 2004, p. 15-19.

BOUTEILLER P., DONTEVILLE C., Responsabilité civile du banquier- Services annexes. JurisClasseur Banque- Crédit-Bourse, 1er septembre 2008, Cote : 01, 2009.

DE LA BROSSE A. et ROCAFUL T., La mise en œuvre des piliers II et III de l'accord de Bâle, Banque magazine n° 665 janvier 2005, p.64-66.

BROYER P., Le blanchiment de l'argent. Nouveaux enjeux internationaux, Etudes 2002/5, Tome 396, p. 611-621.

BRUNEAU A., "Garantir l'indépendance de la fonction" in dossier Le contrôle interne, Revue Banque n° 671 juillet-août 2005, p. 41-43.

BUTSCH J.-L., La banque n'est pas un service public, La Revue Banque n° 510, novembre 1990. P ?

BUTTIER B., Tracfin et la lutte contre le financement du terrorisme, Banque magazine n° 639, septembre 2002, p. 39-41.

BUYLE J.-P. et MAIRLOT M., La notion de « know your customer » en matière bancaire et financière, en droit belge, Revue de droit bancaire et financier n°2, mars-avril 2008, dossier 9, p. 56-59.

CANAC J.-M. et NEAU-LEDUC P., L'influence des frontières sur le droit bancaire et financier, Revue de droit bancaire et financier n° 1, janvier 2010, p. 68.

CANAC J.-M. et DAIGRE J.-J., La responsabilité du banquier : vers de nouvelles frontières, Revue de Droit bancaire et Financier n° 6, novembre 2006, Dossier 6, p. 77-95.

CANAC J.-M. et DESLAURIERS E., Off-shore banking et blanchiment de capitaux » : dossier « le blanchiment des capitaux, JCP E 2003 cah. Dr. Entr. n° 4, p.3.

CAPDEVILLE J.L, RAPPO A et KIEFFER B., Le secret bancaire : approches française, suisse et luxembourgeoise, Revue de Droit Bancaire et Financier, janvier-février 2014, pp. 99-104.

CAPDEVILLE J.L, Le secret bancaire face au juge pénal en droit français in Le secret bancaire journées franco-suisses de droit bancaire, Université de Strasbourg, 19 février 2010, Revue Lamy Droit des Affaires mai 2010, p. 64- 68.

CAPDEVILLE J.L, Que reste-t-il au XXIe siècle du devoir de non-ingérence du banquier ? Banque et Droit n° 100, mars-avril 2005, p. 11- 19.

CAPDEVILLE J.L, Le secret bancaire face au juge pénal en droit suisse, Revue Lamy Droit des Affaires- Mai 2010- n° 49, p. 68.

CAPDEVILLE J. L, Le délit de blanchiment de fraude fiscale peut être caractérisé même si les conditions procédurales nécessaires à la poursuite pour fraude fiscale n'ont pas été respectées, JCP La Semaine Juridique Edition Générale n° 22, 28 mai 2008, p. 38.

CAPDEVILLE J.L, La commission bancaire et la supervision des établissements de crédit, des groupes et des conglomérats financiers- Statut et missions. JurisClasseur Banque- Crédit- Bourse, Cote : 01, 2010.

CAPDEVILLE J.L, L'obligation de sécurité du banquier. Banque et Droit n° 114, juillet-août 2007, p. 7.

CAPDEVILLE J.L, Le secret bancaire, Journées franco-suisses de droit bancaire, Université de Strasbourg, 19 février 2010, Revue Lamy Droit des Affaires n°49, mai 2010, p. 54.

CAPDEVILLE J.L, L'extension aux avocats du régime préventif de lutte contre le blanchiment de capitaux, AJP, n° 11, nov. 2006, p. 434-436.

CAPDEVILLE J.L, La lutte contre le blanchiment d'argent : l'évolution des obligations du banquier, AJP, n° 11, nov. 2006, p. 429-433.

CAPDEVILLE J.L, Le délit de blanchiment de fraude fiscale peut être caractérisé même si les conditions procédurales nécessaires à la poursuite pour fraude fiscale n'ont pas été respectées, JCP/SJ, éd. G., n° 22, 28 mai 2008, p. 38-40.

CAPDEVILLE J.L, L'obligation de sécurité du banquier, Revue Banque et Droit n° 114, juillet-août 2007, p. 7-13.

CAPDEVILLE J.L, Vers un rétrécissement du droit de payer en espèces ? Banque et droit n° 118, mars-avril 2008, p. 6.

CAPDEVILLE J.L, Le secret bancaire en 2009 : un principe en voie de disparition ? Actualité Juridique Pénale 2009, p. 165.

CAPDEVILLE. J.L, Les opérations de crédit en ligne : présentation générale in Quel droit pour le développement de la banque en ligne ? Revue Banque et Droit-Hors-Série- Juin 2013, p. 27.

CAPRIOLI E.-A, Les flux transfrontières des données à caractère personnel en matière bancaire, Revue de droit bancaire et financier n° 1, janvier 2010, dossier 3, p. 72.

CAPRIOLI E.-A., Renforcement de la législation européenne sur la traçabilité des virements de fonds, Revue de Droit Bancaire et Financier n° 1, janvier 2007, 31, p. 29-31.

CARDON G., Automatisation de la prévention contre le blanchiment dans les banques, Banque magazine, octobre 2004 p. 8.

CARDON G., Blanchiment et terrorisme- La microfinance peut-elle être un vecteur pour l'argent sale ? Banque novembre 2006 p. 46.

CARPENTIER J.-B., Tracfin ne s'attend pas à un tsunami déclaratif, In Dossier Trafics financiers illicites, Revue Banque mars 2009, n°711, p. 50.

CARTIER-BRESSON J., JOSSELIN C. et MANACORDA S., Les délinquances économiques et financières transnationales et globalisation : Analyse et mesures du phénomène, Institut des Hautes Etudes de la Sécurité Intérieure (IHESI), 2001, p.134

CARTIER V., La lutte contre la fraude sur les chèques dans la ligne de mire des banques françaises, Banque magazine novembre 2003, p. 30.

CASSOU P.-H., Contrôle interne, organisation : les avancées du nouveau Règlement. Revue Banque n° 671, juillet-août 2005, p. 32.

CASTELLI B., Une autre mondialisation : les mutations du blanchiment contemporain, Mondes en développement Vol. 33-2005/3-n°131, p. 111-130.

CAUSSE H. et MAYMONT A., L'Autorité de contrôle prudentiel-commentaire de l'ordonnance du 21 janvier 2010 portant fusion des autorités d'agrément et de contrôle de la banque et de l'assurance. Revue de Droit bancaire et financier n° 3, mai 2010, étude 11, p. 11-21.

CHAMPEYRACHE C., L'infiltration mafieuse dans l'économie légale, Rev. Annuaire français de relations internationales, 2003, p. 714-722.

CHAPUT Y., La pénalisation du droit des affaires : vrai constat et fausses rumeurs, Rev. Pouvoirs, n°128, janvier 2009, p. 88-102.

CHATAIN L., Blanchiment de capitaux : à la recherche du bénéficiaire effectif, JCP/SJ, éd. E, n° 9, 2 mars 2006, p. 398-405.

CHESNAIS F., Blanchiment de l'argent sale et mondialisation financière, Revue L'Economie politique, n°4, Octobre 1999, p. 86-95.

COHEN C., Le secret professionnel, article n° 65 du bulletin du Barreau d'Aix en Provence

COLLARD C., La conformité réglementaire et les « programmes de compliance », Cahiers du Droit de l'Entreprise N°6 Novembre- Décembre 2009.

COLLARD C., Le risque juridique existe-t-il ?- Contribution à la définition du risque juridique, Cahiers de Droit de l'Entreprise n° 1, janvier-février 2008, p. 24.

COLLARD C., Conformité réglementaire et performance de l'entreprise : la vision des acteurs, CDE n°6, novembre 2009, dossier 35, p. 46.

COMMISSION BANCAIRE et TRACFIN, Lignes directrices conjointes de la Commission bancaire et de Tracfin sur la déclaration de soupçon disponible sur http://www.economie.gouv.fr/files/201007-lignes-directrices-conjointes-Acp-tracfin.pdf

CONAC P.-H., L'obligation de connaître le client (Know Your Customer) en droit bancaire et financier luxembourgeois, Revue de droit bancaire et financier n°2, mars 2008, dossier 10, p. 60-63.

CONTE P., Aspect pénal des obligations de vigilance tendant à prévenir le blanchiment, La Semaine Juridique Edition Générale n° 13, 30 mars 2005, p. 605-610.

CREDOT F.-J. et SAMIN T., Relaxe de la banque et de son président, note ss TGI Paris, 11è ch. Corr., 4è sect., 11 déc. 2008, ministère Public c/ Hagège, Bhatti, COD et a. Revue de Droit Bancaire et Financier mars-avril 2009, p. 38- 39.

CREDOT F., On ne peut commettre le délit sans le vouloir, et encore moins sans le savoir, dans « Le blanchiment, la lutte continue », Banque magazine septembre 2002, p.32.

CREDOT F.-J. et SAMIN T., Obligation générale de non-ingérence en l'absence d'anomalies de fonctionnement. Revue de Droit bancaire et financier n° 4, juillet 2010, comm. 119, p. 50.

CREDOT F.-J., Le principe de non-ingérence et le devoir de vigilance, état de la jurisprudence avant la loi nouvelle in La participation des banques à la lutte contre le blanchiment des capitaux provenant du trafic des stupéfiants, Banque et Droit numéro spécial 1991, p. 17- 21.

CULIOLI M., Commentaire de la loi du 30 novembre 1987: ALD 1988, spécialement, n° 62, note 64, p. 132.

CULIOLI M., Infraction générale de blanchiment : répression, JCP/Code, Fac. 30, 19 oct. 2004.

CULIOLI M., Infraction générale de blanchiment, JCP., n° 4, Fasc. 10, 2, 2005.

CULIOLI M., Recel et infractions assimilées ou voisines : Art. 321-6, JCP/code, n° 3, à jour au 25 nov. 2002.

CUTAJAR C., Conformité et blanchiment des capitaux, Droit de la conformité : nouvelle condamnation exemplaire de la commission des sanctions de l'ACPR, Bulletin Joly Bourse, février 2014, pp. 104-107.

CUTAJAR C., Vers une plus grande efficacité de la justice financière ? Bulletin Joly Bourse, janvier 2014, pp. 8-10.

CUTAJAR C., Riques et nouvelles vulnérabilités. A propos du rapport 2012 de Tracfin, JCPG Semaine Juridique, n° 37, 09-O9-2013, p.1611-1613.

CUTAJAR C., Les nouvelles conditions de recevabilité de la déclaration de soupçon, Bulletin Joly Bourse et produits financiers n° 9, 01-09-2013, p. 419-421.

CUTAJAR C., La lutte contre la fraude fiscale à l'épreuve des droits fondamentaux, JCPG Semaine Juridique, n°29, 15-07-2013, p. 1418-1419.

CUTAJAR C., Le futur parquet financier : quels enjeux ? Recueil Dalloz Sirey n° 20, 06-06-2013, p. 1400.

CUTAJAR C., La banque en ligne et la réalisation en ligne des boligations imposées en matière de lutte contre le blanchiment, Revue Banque Hors-Série, 01-06-2013, p. 59- 63.

CUTAJAR C., Une nouvelle refonte de la lutte contre le blanchiment et le financement du terrorisme, Bulletin Joly Bourse et produits financiers n° 5, 01-05-2013, p. 220-223.

CUTAJAR C., Prévention du blanchiment et financement du terrorisme: un nouveau décret partiellement inefficace ; Note sous Décret numéro 2012-1125 du 3 octobre 2012 relatif aux obligations de vigilance et de déclaration pour la prévention de l'utilisation du système financier aux fins du blanchiment de capitaux et du financement du terrorisme, Journal officiel numéro 0232 du 5 octobre 2012 page 15580, JCPE Semaine Juridique n° 42, 18-10-2012, p. 9-11.

CUTAJAR C., Blanchiment, soupçon de fraude fiscale : suite et... pas fin de la saga judiciaire, JCPG Semaine Juridique n° 45, 07-11-2011, p. 1987-1988.

CUTAJAR C., Protection des données et lutte contre le blanchiment et le financement du terrorisme, Bulletin Joly Bourse et produits financiers n° 10, 01-10-2011, p. 550-553.

CUTAJAR C., Prévention et lutte contre le blanchiment : des réformes nécessaires après le rapport d'évaluation mutuelle de la France par le Gafi, Bulletin Joly Bourse et produits financiers n° 7, 01-07-2011, p. 416-417.

CUTAJAR C., Synthèse du rapport d'évaluation mutuelle de la France par le GAFI, JCPG Semaine Juridique n° 10, 07-03-2011, p. 460-461.

CUTAJAR C., Trafin accède à l'indépendance et à l'autonome opérationnelle, JCPG Semaine Juridique n° 4, 24-01-2011, p. 170.

CUTAJAR C., Affaire de biens mal acquis : la chambre criminelle ordonne le retour de la procédure au juge d'instruction, JCPG Semaine Juridique n° 48, 29-11-2010, p. 2219- 2222.

CUTAJAR C., Aspects pratiques et opérationnels après la transposition de la 3è directive. http://financetic.eu

CUTAJAR C., Lutte contre le blanchiment et le financement du terrorisme : vers une quatrième directive, Bulletin Joly Bourse, juillet-aout 2012, p. 280- 281.

CUTAJAR C., Conformité et blanchiment des capitaux, Protection des données et lutte contre le blanchiment et le financement du terrorisme, Bulletin Joly Bourse, octobre 2011, p. 550.

CUTAJAR C., Autonomie du blanchiment dans un contexte international, Revue La Semaine Juridique Edition Générale n°23, 7 juin 2010, 629, p. 1180.

CUTAJAR C., Affaire "des biens mal acquis", un arrêt qui ne clôt pas le débat, JCPG Semaine Juridique n° 51, 14-12-2009, p. 24-27.

CUTAJAR C., La saisie du produit du blanchiment sur le territoire français, Recueil Dalloz Sirey n° 33, 01-10-2009, p. 2250- 2254.

CUTAJAR C., L'affaire des "biens mal acquis" ou le droit pour la société civile de contribuer judiciairement à la lutte contre la corruption, JCPG Semaine Juridique n° 22, 27-05-2009, p. 3- 4.

CUTAJAR C., Déclaration de soupçon du blanchiment de la fraude fiscale. A propos du décret n° 2009-874 du 16 juillet 2009, JCPG Semaine Juridique n° 36, 31-08-2009, p. 10- 12.

CUTAJAR C., Lutte contre le blanchiment et « devoir d'ingérence » du banquier, JCP La Semaine Juridique Edition Entreprise et Affaires N° 18-19, 6 mai 2010, p. 13- 15.

CUTAJAR C., L'ordre juridique français face aux sociétés écran des paradis fiscaux, dans « Le blanchiment des profits illicites », Presses Universitaires de Strasbourg 2000.

CUTAJAR C., Prévention et répression du blanchiment d'argent : bilan et préconisations à l'aube de la troisième directive, Bull. Joly Bourse n° 5, 01-09- 2004, p. 563 paragraphe 118.

CUTAJAR C., L'auteur de l'infraction principale et le blanchiment », Recueil Dalloz Sirey n° 19, 13-05-2004, p. 1377.

CUTAJAR C., « Les limites à l'effet exonératoire de responsabilité de la déclaration de soupçons, JCP E 2004 n° 10066.

CUTAJAR C., Le juge et le blanchiment, Le juge et la décision de gestion, ouvrage collectif Dalloz 2006 sous la direction de A. Lyon-Caen et Q. Urban.

CUTAJAR C., La cellule Tracfin devient un service à compétence nationale, JCP G Semaine Juridique n° 5, 31-01-2007, p. 5- 6.

CUTAJAR C., L'urgence d'une indispensable refonte du dispositif de prévention à l'occasion de la transposition de la troisième directive, Libres propos, JCP G. 2007 n° 524.

CUTAJAR C., Le blanchiment, une infraction générale, distincte et autonome, D. 2008, p. 1585.

CUTAJAR C., Les banques et le blanchiment de la fraude fiscale à l'aune de la troisième directive, Mélanges AEDBF-France, T. V sous la direction de H. de Vauplane et J.-J Daigre, Revue Banque, Edition 2008, p. 125-138.

CUTAJAR C., Le nouveau droit du blanchiment et du financement du terrorisme : à propos de l'ordonnance du 30 janvier 2009, JCP G 2009 aperçu rapide n° 70 JCP/SJ, éd. G., n° 7, 11 fév. 2009, p. 3-5.

CUTAJAR C., Droit du blanchiment : Une ordonnance nécessaire mais à parfaire (Premières réflexions sur l'ordonnance n° 2009-104 du 30 janvier 2009 relative à la prévention de l'utilisation du système financier aux fins de blanchiment de capitaux et de financement du terrorisme), D. 2009, chron. 821.

CUTAJAR C., Les nouvelles obligations de la lutte anti-blanchiment après l'ordonnance du 30 janvier 2009, Bull. Joly Bourse 2009 p. 88.

CUTAJAR C., La prévention du blanchiment et du financement du terrorisme, RD bancaire et financier 2009 dossier n° 14 p. 84.

CUTAJAR C., Déclaration de soupçon du blanchiment de la fraude fiscale : à propos du décret n° 2009-874 du 14 juillet 2009, JCP, Ed. G, 2009, p. 10.

CUTAJAR C., La prévention du blanchiment par l'approche fondée sur le risque après le décret du 2 septembre 2009, La semaine juridique, Ed. G, 2009, n°338, p. 46.

CUTAJAR C., Les obligations de vigilance des sociétés de gestion de portefeuille en matière de lutte contre le blanchiment, Bulletin Joly Bourse, Septembre-Octobre 2009 p. 358.

CUTAJAR C., La violation de l'obligation de vigilance instituée par l'article L. 563-3 du Code monétaire et financier ne permet pas l'indemnisation de la victime d'un chèque falsifié, JCP- La Semaine Juridique édition générale n° 27, 30 juin 2004, p. 1231- 1234.

CUTAJAR C., Lutte contre le blanchiment, Bull. Joly Bourse, n° 5, 1er sept. 2004, p.627-636.

CUTAJAR C., Lutte contre le blanchiment, un bilan mitigé : à propos du rapport d'activité 2009 de TRACFIN, JCP/SJ, éd. G, 14 juin 2010, p. 1218.

CUTAJAR C., Les avocats et la prévention du blanchiment, n° 33, Rec. D.2008, p. 2322-2327.

CUTAJAR C., L'extension du champ de la déclaration de soupçons et ses conséquences, Rev. Droit bancaire et financier, n° 3, mai-juin 2009, p. 107-112.

CUTAJAR C., Le gel des avoirs terroristes, nouvel outil de lutte contre le financement du terrorisme, Bull. Joly Bourse, n° 3, 1er mai 2006, p. 352-361.

CUTAJAR C., La transposition de la 3e directive blanchiment enfin achevée ! - À propos du décret du 16 juin 2010, aperçu rapide, JCP/SJ, éd. G., n° 26, 28 juin 2010, p. 1334-1335.

CUTAJAR C., Le blanchiment, LPA, n° 122, 18 juin 2008, p. 47-53.

CUTAJAR C., Le blanchiment, une infraction générale, distincte et autonome, Rec. D. n° 23, 2008, p. 1585-1589.

CUTAJAR C., Garantir que « le crime ne paie pas » - À propos des dix priorités stratégiques proposées par la Commission européenne, JCP/SJ, éd. G., n° 51, 17 Décembre 2008, p. 6-7.

CUTAJAR C., L'auteur de l'infraction principale et le blanchiment, Rec. D., n° 19, 2004, p. 1379-1380.

CUTAJAR C., La participation des avocats à la prévention du blanchiment et du financement du terrorisme après le décret n° 2006-736 du 26 juin 2006 relatif à la lutte contre le blanchiment de capitaux et modifiant le code monétaire et financier, Rec. D. 2006, p. 2104-2107.

CUTAJAR C., La prise d'une hypothèque provisoire pour garantir la confiscation de l'article 131-21 du C. pénal est-elle possible?, Rec. D., n° 6, 2010, p. 355-359.

CUTAJAR C., Commet un blanchiment le conseiller financier qui, connaissant l'origine illicite des fonds qui lui sont confiés, accepte de les convertir en bons anonymes, nonobstant la déclaration de soupçon auprès de TRACFIN, JCP G Semaine Juridique n° 18, 28 avril 2004, p. 790-793.

CUTAJAR C., Droit pénal des affaires : notions générales, Séminaire coordonné pour le master 2 Sciences criminelles recherche et professionnel, Université de Strasbourg, Le 16 au 20 jan. 2006, P. 40.

CUTAJAR C., Blanchiment, JC/ pénal des affaires, fasc. 20, févr. 2010, p.28.

CUTAJAR C. et BEAUSSIER M., Les avocats et la lutte contre le blanchiment, JCP/ SJ, éd. G., n° 48, 23 Novembre 2009, p. 11-13.

CUTAJAR C., Blanchiment d'argent et financement du terrorisme : prévention et répression, Thèmexpress, éd. Francis Lefebvre, 2010, p.61.

CUTAJAR C., Blanchiment d'argent : quel risque pénal en cas d'inobservation par les professionnels des obligations de vigilance?, Gaz. Pal., n° 57, 26 fév. 2005, p.16-20.

CUTAJAR C., Blanchiment : le Conseil d'État protecteur du secret professionnel des avocats, JC/SJ. Administrations et Collectivités territoriales, n° 18, 28 Avril 2008, n° 2110, p. 24.

CUTAJAR C., Blanchiment des profits illicites et du financement du terrorisme : prévention, Joly Bourse, EB010.

CUTAJAR C., L'article L. 563-3 du Code monétaire et financier est spécifique à la lutte contre le blanchiment de capitaux, La Semaine Juridique Edition Générale n°27, 30 juin 2004, II 10105.

CUTAJAR C., Le devoir de prudence des avocats et la lutte contre le blanchiment d'argent, Recueil Dalloz 28 juillet 2011, n° 28, 1960.

CUTAJAR C., Prévention et lutte contre le blanchiment : des réformes nécessaires après le rapport d'évaluation mutuelle de la France par le Gafi, Bulletin Joly Bourse, juillet-août 2011, p. 416-417.

CUTAJAR C., Blanchiment de la fraude fiscale, Publication de la "liste blanche" de l'Administration fiscale, La semaine juridique édition générale, n° 36, 6 septembre 2010, p. 1608 et s.

CUTAJAR C., Déclaration de soupçon du blanchiment de la fraude fiscale, A propos du décret n° 2009-874 du 16 juillet 2009, JCP G Semaine Juridique n° 36, 31-08-2009, p. 10 - 12.

CUTAJAR C., L'extension du champ de la déclaration de soupçons et ses conséquences, Revue de droit bancaire et financiers, mai-juin 2009, p. 107-112.

CUTAJAR C., Le nouveau droit du blanchiment et du financement du terrorisme. A propos de l'ordonnance du 30 janvier 2009, La semaine juridique édition générale n° 7, 11 février 2009, act. 70, p. 3.

CUTAJAR C., Blanchiment d'argent : quel risque pénal en cas d'inobservation par les professionnels des obligations de vigilance ? Gazette du palais n° 56, février 2005, p. 16- 18.

CUTAJAR C., Prévention et lutte contre le blanchiment : des réformes nécessaires après le rapport d'évaluation mutuelle de la France par le GAFI, Bulletin Joly bourse, juillet-août 2011, p. 416.

CUTAJAR C., Lutte contre le blanchiment, un bilan mitigé. A propos du rapport d'activité 2009 de Tracfin, La semaine juridique édition générale, n°24, 14 juin 2010, p.
1218-1220.

CUTAJAR C., La transposition de la 3è directive blanchiment enfin achevée ! A propos du décret du 16 juin 2010, La semaine juridique édition générale, n° 26, 28 juin 2010, p. 1334 et s.

CUTAJAR C., Blanchiment, Etendue des mesures conservatoires sur les biens de la personne mise en examen de l'article 706-103 du Code de procédure pénale, La semaine juridique édition générale, n° 9-10, 1er mars 2010, p. 469.

CUTAJAR C., Lutte contre le blanchiment et le financement du terrorisme : vers une quatrième directive, Bulletin Joly Bourse, juillet-août 2012, p. 280.

CUTAJAR. C., FRANCHI. F. et MONTIGNY P., La lutte contre la corruption, CDE n° 4, juillet-août 2010, p. 9.

CUTAJAR C., Lutte contre le blanchiment et le financement du terrorisme. L'urgence d'une indispensable refonte du dispositif de prévention à l'occasion de la transposition de la 3e directive, JCPG Semaine Juridique n° 46, 14-11-2007, p. 3-4.

CUTAJAR C., La cellule Tracfin devient un service à compétence nationale, JCPE Semaine Juridique n° 9, 01-03-2007, p. 3-5.

CUTAJAR C., La prévention du blanchiment et du financement du terrorisme après le décret n° 2006-736 du 26 juin 2006, Bulletin Joly Bourse et produits financiers n° 5, 01-11-2006, p. 541- 551.

CUTAJAR C., Publication du décret du 26 juin 2006 relatif à la lutte contre le blanchiment de capitaux, JCP G Semaine Juridique n° 27, 05-07-2006, p. 1315- 1317.

CUTAJAR C., La prévention de la corruption, JCP G Semaine Juridique n° 26, 29-06-2005, p. 1211- 1212.

CUTAJAR C., Prévention du blanchiment : champ d'application des obligations de vigilance et de déclaration de soupçons, Bulletin Joly Bourse et produits financiers n° 5, 01-09-2004, p. 627-638.

CUTAJAR C., Lutte contre le blanchiment d'argent : L'obligation de vigilance des établissements financiers en présence d'une opération inhabituellement complexe, Bulletin Joly Bourse et produits financiers n° 4, 01-07-2002, p. 333- 341.

DARNE J., Les ambigüités des politiques conduites par les Etats pour lutter contre les activités financières illicites, La Revue internationale et stratégique, n° 43, automne 2001/3, n° 43, p. 86-92.

DAVOUST D., La lutte contre le blanchiment des capitaux : une action menée au plan international, européen et national, Petites affiches 5 août 2002, p. 4.

DAVOUST D., L'économie de blanchiment, sous la direction de Pierre Kopp, LPA, n° 67, 03 juin 1996, p. 8-9.

DE MAILLARD J., Le marché de la loi rend les délinquants prospères, Le Monde Diplomatique, Avril 2000, p. 7-10.

DEANAZ G., La sanction par l'ACP de Bank Tejarat Paris : une décision novatrice, Revue Banque, février 2013 n°757, p. 48.

DEBOVE F., Vers un droit pénal de la criminalité organisée ?, LPA, n° 226, 12 novembre 2002, p. 4-7.

DECAUX E., Conseil de L'Europe- Activités normatives. JurisClasseur Droit international, Cote : 04, 2010.

DÉCLARATION DU CHEF DE LA DELEGATION CAMEROUNAISE AU 12è CONGRES DES NATIONS UNIES POUR LA PREVENTION DU CRIME ET LA JUSTICE PÉNALE, Salvador de Bahia, 12-19 avril 2010.

DEFFERRARD F., Les métamorphoses de la législation française « anti -blanchiment », Gaz. Pal., n°297, 24 octobre 2009, p. 7-15.

DELMAS-MARTY M., La criminalité économique transnationale : pour une politique criminelle à stratégie diversifiée, Le trimestre du Monde, n° 1, 1995, p. 83-92.

DELMAS-MARTY M., La difficile naissance du droit de demain, Le Monde, 16 nov. 2001, p. 16.

DELORME M., Le délit de blanchiment d'argent : la troisième directive anti-blanchiment et l'obligation de vigilance, LPA, n° 143, 17 juillet 2008, p.4-10.

DESGENS-PASANAU G., Lutte contre le blanchiment d'argent et le financement du terrorisme : quels enjeux pour la vie privée de la clientèle bancaire ? Gaz. Pal 6-7 février 2004 p.2.

D'ESTAINTOT R., Les personnes politiquement exposées : réflexions sur une obligation renforcée de vigilance, Rev. Droit bancaire et financier, Mai- juin 2009, p. 97-100.

D'ESTAINTOT R., Une obligation de vigilance sur mesure, Revue Banque, juin 2005, n° 670, p. 39 et s.

DEZEUZE E., La responsabilité pénale in La banque face au blanchiment des capitaux, Revue de Droit Bancaire et Financier, Novembre-Décembre 2007, p. 21-27.

DEZEUZE E., La responsabilité pénale : la banque est l'un des carrefours incontournables sur la route des blanchisseurs de capitaux, Revue de Droit Bancaire et Financier, nov.-déc. 2007, p. 20-28.

DOM J.-P., Contrats bancaires, JurisClasseur Banque – Crédit – Bourse, Fasc. 130, Cote : 11, 1998.

DONNIER M., Les infractions continues : Rev. Sc. crim. 1958, p. 752-759.

DOUAOUI-CHAMSEDDINE M., La correspondance bancaire et le règlement Rome I. Revue de Droit bancaire et financier n° 4, juillet 2010, étude 19, p. 42- 48.

DREYER E., Un an de droit européen en matière pénale, Rev. Droit pénal, avril 2010, p. 27-39.

DUCOULOUX- FAVARD C., Crime organisé et blanchiment, Bull. Joly Bourse, n°6 ; 1er juin 2004, p. 787-794.

DUCOULOUX-FAVARD C., Au 24 novembre 2008, confiscation « élargie » des biens illicites dans l'union européenne, LPA, n° 125, 22 juin 2007, p. 6-11.

DUCOULOUX-FAVARD C., L'amende et son rapport avec le profit illicite, LPA, n° 54, 16 mars 2004, p. 3-11.

DUCOULOUX-FAVARD C., Les délits du blanchiment de l'argent illicite, in Lamy Droit pénal des affaires, 2010, p. 424-495.

DUCOULOUX-FAVARD C., Les règles sur le blanchiment prennent forme en jurisprudence, n° 71, Gaz. Pal. 11 mars 2004, p. 5-10.

DUCOULOUX-FAVARD C., Particularisme du droit pénal des affaires, in Lamy Droit pénal des affaires, 2010, p. 3-7.

DUCOULOUX-FAVARD C., Recel et blanchiment : deux délits conséquents, n° 4, Gaz. Pal. 4 jan. 2003, p. 11-15.

DUFOUR O., Lutte contre le blanchiment, Banque et Droit n°88, mars-avril 2003.

DUFOUR O., Haro sur la troisième directive blanchiment ! Petites affiches 31 janvier 2008 p. 5.

DUFOUR O., Dossier Lutte contre le blanchiment, Know your customer ! Revue Banque n°670, 2005, p. 34

DURAND F., Le secret bancaire face à l'Administration fiscale en droit français, Revue Lamy Droit des Affaires n° 49, mai 2010, p. 71.

DURCROS J.-M., Les formes non violentes de la grande criminalité organisée : enjeux de puissance au cœur des Etats et des entreprises, Mémoire présenté en vue du diplôme d'Université : D'analyse des menaces criminelles contemporaines, Sous la dir. Les professeurs Xavier Raufer et François Haut, Université de droit Panthéon-Assas (Paris II), Septembre 2002.

EMMENECKER C. et CORRADINI M., Compliance : les conséquences pratiques du renforcement des contrôles, Banque stratégie 2003, n° 206, p. 17-18.

ESTEVE J.-C., Blanchiment : l'extension du champ de la lutte, Gaz. Pal., n° 255, 11 septembre 2004, p. 17-23.

ETUDIANTS DU MASTER 2 DE DROIT BANCAIRE ET FINANCIER DE STRASBOURG, Le développement de la banque en ligne à l'étarnger in Quel droit pour le développement de la banque en ligne ? Revue Banque et Droit Hors-Série-Juin 2013, p. 6.

FALESIEDI M., Le savoir-faire d'Europol, In Dossier Trafics financiers illicites, Revue Banque n°711, mars 2009, p. 36.

FAVAREL-GARRIGUES G., Domestic reformulation of the moral issues at stake in the drive against money laundering: the case of Russia, International Social Science Journal, LVII (3), 2005, 529-541.

FAVAREL-GARRIGUES G., L'évolution de la lutte anti-blanchiment depuis le 11 septembre 2001, Critique internationale n° 20 juillet 2003, p. 37-46.

FAVAREL-GARRIGUES G., La criminalité organisée transnationale : un concept à enterrer ? L'Economie politique n° 15, p. 8-21.

FAVAREL-GARRIGUES G., GODEFROY T. et LASCOUMES P., La difficile lutte contre les paradis fiscaux, L'Economie Politique 2005/1, n° 25, p. 102-107.

FEDERATION BANCAIRE FRANCAISE, Les banques et la lutte contre la délinquance financière, Actualité bancaire n° 462 18 février 2002.

FERNANDEZ-BOLLO E. et MOULIN A.-M., L'approche fondée sur le risque : le point de vue du contrôleur bancaire, Revue de droit bancaire et financier n° 3, mai-juin 2009, dossier 15, p. 86-87.

FIQUET J.-P., JOLY C. et NICOLET M., Le secteur commercial, un nouveau refuge pour les opérations de blanchiment ? Option finance 2007 n° 920, p.29.

FLURY G., La lutte anti-blanchiment une contrainte, une nécessité et une opportunité à haut risque in dossier Le blanchiment d'argent, Banque magazine, septembre 2002, p.20-23.

FLURY G., La lettre du Compliance Officer, n° 1, Mai 2005.

FLURY G., La lutte anti-blanchiment : une contrainte, une nécessité et une opportunité à haut risque, dans « Le blanchiment, la lutte continue, Banque magazine septembre 2002 p. 20.

FOLLOROU J., Blanchiment : le parquet exonère la Société Générale, Le Monde, 03 septembre 2003.

FOLLOROU J., Huit banques dont la Société Générale renvoyées devant le tribunal par un juge, Le Monde, 04 octobre 2006.

FORT J.-L., Le cadre international et européen, Revue de Droit Bancaire et Financier, nov-déc. 2007, p. 15-16.

FORT J.-L., La banque reste au centre du dispositif de lutte anti-blanchiment, Revue Banque n°670, 2005, p. 36.

FORTIN B., Les enjeux de l'économie souterraine, Série Scientifique, Montréal, pub. Par le CIRANO (Centre interuniversitaire de recherche en analyse des organisations), 2002, p.19

FRANCHI F., Le blanchiment, un délit mal vu par les banquiers, Banque et droit n° 88 mars-avril 2003, p. 18.

FRIANT A., Les juristes d'entreprise aux prises avec le risque juridique : perception du risque et réponses, Cahiers de Droit de l'Entreprise n° 1, janvier-février 2008, p. 44.

FRISON-ROCHE A.-M., La loi sur les Nouvelles Régulations Economiques, Le D., n°24, 2001, p. 1932-1935.

FRISON-ROCHE A.-M., Les analystes financiers et la déontologie, Le Monde, 30 avril 2002, p. 24.

FULCONIS-TIELENS A., Trafics financiers illicites, Obligation de coopérer ! Revue Banque n°711, mars 2009, p. 30.

FULCONIS-TIELENS A., Gestionnaires d'actifs et banques de taille moyenne, Comment gérer les exigences de la nouvelle directive ? In Dossier Trafics financiers illicites, Revue Banque n°711, mars 2009, p. 54.

FULGERAS A.-J., La lutte contre le blanchiment dans les banques, interview : D. 2002, p. 789.

FULGERAS A.-J., Risque pénal du dirigeant : la nouvelle donne in dossier Le blanchiment d'argent, Banque magazine n° 630, septembre 2002, p. 28 et s.

GARDES F., L'administration fiscale au service de la lutte contre le blanchiment de capitaux, Rev. Droit fiscal, n° 16, 2003, p. 606.

GARNIER M. et SOULIGNAC V., Lutter contre la fraude fiscale via le dispositif antiblanchiment, In Dossier Trafics financiers illicites, Revue Banque mars 2009, n°711, p. 43.

GASTEBLED E., Etat du dispositif de lutte contre le blanchiment au lendemain de l'adaptation de la 3edirective européenne, Rev. Banque et droit, n° 105, jan.-févr. 2006, p.3-11.

GAUDEMET A., Nouvelles poursuites et nouvelles sanctions à l'encontre de la BPCA, Revue de Droit Bancaire et Financier, mars-avril 2013, p. 69- 70.

GAUDIN C. et VERNIER E., La coopération judiciaire en matière de lutte anti-blanchiment existe-t-elle ? Banque et droit 121 2008, p.3.

GAVALDA G., la première directive de coordination des législations bancaires de la CEE (12/12/1977), Rev. Trimestrielle de Droit Européen, 1979, p. 227-233.

GERARD M., un État de droit face à la criminalité organisée, Rev. Critique internationale n°3 - printemps 1999, p. 64-70.

GERARD Y., La responsabilité civile, Revue de droit bancaire et financier, novembre-décembre 2007, p. 29-31.

GIRAULT C., le droit pénal à l'épreuve de l'organisation criminelle, Rev. Sc. crim. 1998, p. 716-723.

GLEASON P. et GOTTSELIG G., Les cellules de renseignements financiers : tour d'horizon, FMI, juin 2004, p.168.

GODIVEAU Y., La lutte contre l'argent du terrorisme, la vision d'un policier in dossier Le blanchiment d'argent, Banque magazine septembre 2002, p. 36 et s.

GRANDJEAN P., Le juge consulaire, déontologie et discipline, Gaz. Pal., 8-9 octobre 1997 p. 24.

GRECIANO P., Lutte contre le blanchiment d'argent : une justice européenne à quel prix ? Petites affiches 27 juin 2006 p. 14.

GUÉRIN M.-C., La liberté d'entreprendre limitée par la rigueur du blanchiment ; l'indispensable garantie de capitaux licites, Rev. Droit pénal, n° 9, Septembre 2009, p. 33-37.

GUIDE DE METHODOLOGIE, Loi portant adaptation de la justice aux évolutions de la criminalité, Direction des affaires criminelles et des Grâces, mars 2004.

GUILLOT J.-L. et BERARD P.-Y., Le devoir de vigilance du banquier, Cass. com. 22 nov. 2011, n°A 10-30.101, Revue Banque n°744, janvier 2012, p. 73.

GUIMEZANES J., Les trafics internationaux en matière économique et financière, Rev. Droit et défense 1995/4.

GUITTON G., Clarté, responsabilité, sécurité : les enjeux de la lutte contre le blanchiment pour les banques françaises, in dossier « La lutte contre le blanchiment des capitaux », Banque et droit n° 88 mars-avril 2003 p.6-9.

HAENEL H., Utilisation du système financier aux fins du blanchiment de capitaux, Réunion de la délégation pour l'Union européenne du mercredi 1er décembre 2004, Justice et affaires intérieures.

HAERI K., Réflexions sur le rapport du groupe de travail sur la dépénalisation de la vie des affaires : et le pénal n'appartient plus jamais au justiciable..., Revue Droit pénal, mars 2008, p. 13-17.

d'HEROUVILLE J.-G., La gestion du risque disciplinaire en matière de blanchiment in dossier La lutte anti-blanchiment, Revue Banque n° 670 juin 2005, p.34-35.

HORIZONS BANCAIRES DIRECTION DES ETUDES ECONOMIQUES, De nouvelles exigences pour les banques, n° 321, juin 2004.

HORIZONS BANCAIRES, "The compliance function in banks": une lecture du document consultatif publié par le Comité de Bâle, n° 321, juin 2004.

HOTTE D. et JOUFFIN E., L'approche par les risques, In Dossier Trafics financiers illicites, Revue Banque n°711, mars 2009, p. 39-42.

HUBERT S., Le rôle de la fonction de conformité centrale au sein d'un groupe en matière de LBC-FT : la commission des sanctions de l'ACP confirme et précise ses attentes, Bulletin Joly Bourse février 2013, p.101.

HUCHET G., A l'épreuve de la IIIe Directive : du doute au soupçon dans le cadre de l'activité de Correspondent banking, Revue La Semaine Juridique Entreprise et Affaires, n° 44, 30 octobre 2008, 2320, p. 9.

HUCHET G., Eléments de présentation de l'activité de Correspondent banking, RTDF n° 3-2008-Doctrine/ Guillaume HUCHET, p. 47.

HUMBERT J.-F., Lutte contre le blanchiment des capitaux, une réglementation qui se précise, mais qui reste à parfaire, Dr. Et patrimoine avril 2009 p. 32.

JEANDIDIER W., Principe de légalité criminelle : source de droit pénal, JCP, fac.10, 2, 2005.

JEANDIDIER W., La longue gestation de la responsabilité pénale des personnes morales, in dossier, Le risque pénal dans l'entreprise, Cahiers de Droit de l'Entreprise n°1, janvier-février 2006, p. 24- 28.

JOSPIN L. Conférence des Parlements de l'Union européenne contre le blanchiment in Actualité bancaire n° 462 18 février 2002.

JOUYET J.-P., Le trafic financier. Les progrès de la régulation financière internationale : l'exemple de la lutte contre le blanchiment d'argent, Revue internationale et stratégique 2001/3, n° 43, p. 73-78.

KEREBEL F.et DEDIEU D., Procédure interne de lutte anti-blanchiment et cartographie des risques : Méthodes d'élaboration, JCP/ La Semaine Juridique Entreprise et Affaires n° 43, 28 octobre 2010, p. 12-18.

KIRRY A. et MONSALLIER-SAINT MLEUX M.-C., Dirigeant de société et prise de risque, In La responsabilité des dirigeants : quelle protection ? JCP/La Semaine Juridique-Edition Entreprise et Affaires n°10, 5 mars 2009, p. 19- 26.

KOPP P., Criminalité économique et financière : Analyse économique et évaluation des politiques publiques, sous la dir. pierre Kopp avec la collaboration de François facchini, Recherche publiée par le G.I.P (Mission de recherche Droit et Justice), 2003, p. 94.

KOVAR J.-P. et LASSERRE CAPDEVILLE J., La sanction de la Caisse de Crédit Municipal de Toulon confirmée, Revue banque, avril 2013 n° 759, p. 89.

KULLMANN J., Amendes pénales et amendes administratives infligées au dirigeant : pour une assurance raisonnée, in La responsabilité des dirigeants : quelle protection ? JCP/ La Semaine Juridique-Edition Entreprise et Affaires n°10, 5 mars 2009, p. 39 et s.

LACOTTE J., Quelles limites au devoir de non-ingérence de la banque ? Banque et droit 1999, n° 63, p. 10.

LANDAU H., La lutte anti-blanchiment face à la loi Informatique et Libertés, Banque magazine mars 2004 p. 52.

LAPRADE F.-M., La politique de sanction du régulateur, répression ou réparation ? Bulletin Joly Bourse Supplément thématique 2009, p. 439 et s.

LAURETOU D. et X.-Y. ZANOTA, Bâle II une opportunité et un défi pour l'audit interne, Revue Banque n° 666 février 2005, p. 66.

LAURETOU D., ZANOTA X.-Y., Une opportunité et un défi pour l'audit interne, Revue Banque n°666 Février 2005, p. 66-68.

LAVRIC S., Blanchiment : les obligations de vigilance et de déclaration précisées, D. Actualité, n° 7, septembre 2009.

LECLAIR G., La problématique de la lutte contre le blanchiment d'argent, La riposte européenne, Banque et droit n° 88 mars-avril 2003, p. 21-25.

Sous la direction de M. LECLERC, La criminalité organisée, La documentation française

LE GUNEHEC F., Premier aperçu de la loi n° 96-393 du 13 mai 1996 relative à la responsabilité pénale pour des faits d'imprudence ou de négligence, JCP/SJ., éd. G., 12 juin 1996, p. 199-203.

LE GUNEHEC F., premier aperçu des dispositions pénales de la loi n° 96-392 du 13 mai 1996 relative à la lutte contre le blanchiment et le trafic de stupéfiants, JCP/SJ, éd. G., 1996, actualités, I, 27

LEGRAND G., Le secret bancaire ou la théorie de la relativité- état des lieux à l'usage des banques et de leurs clients, La Semaine Juridique Entreprise et Affaires n°26, 30 juin 2005, 999, p. 1-15.

LEGRAND G., Prévention et gestion du risque pénal, Revue Banque n° 674, novembre 2005, p. 45.

LEHNE K.-H., La deuxième directive relative au blanchiment de capitaux : le difficile chemin vers un compromis, LPA, n° 194, 27 septembre 2002, p. 26-33.

LEIMBACH M., Le management juridique : la maitrise du risque juridique comme critère de performance de la fonction juridique d'une banque, Dossier Le risque juridique, CDE N° 1, Janvier-Février 2008 p. 38.

LEMAITRE P., Conformité Extension du domaine de la formation, Revue Banque n° 674 Novembre 2005, p. 86.

LEMOINE P., Le délit d'association de malfaiteurs et la circonstance de bande organisée, Rev. Pénitentiaire et de droit pénal, 2007, p.277-280.

LES ÉTUDIANTS DU MASTER II DROIT PÉNAL DE L'UNIVERSITE MONTESQUIEU-BORDEAUX, Secret professionnel et obligation de dénonciation, Droit pénal n° 9, septembre 2008, étude 13, p. 1-9.

LEVY-GARBOUA V., Contrôle interne, de nouveaux défis à relever, Revue Banque n°671, juillet-août 2005, p. 36-38.

LEVY-GARBOUA V., De nouveaux défis à relever in dossier Le contrôle interne, Revue Banque n° 671 juillet- août 2005, p. 36.

LEWIN A., Coopération internationale, son évolution et ses formes. JurisClasseur Droit international, Cote : 03, 1998.

LIKILLIMBA G.-A., Aspects juridiques de la régulation et la libération de l'intermédiation bancaire. Revue de Droit bancaire et financier n° 5, septembre 2010, étude 21, p. 1-16.

LORANG A., GEVAUDAN, Blanchiment d'argent : les européens ont encore en quête d'une définition commune, Rev. Droit et patrimoine, n° 97, oct. 2001, p. 26-28.

MAGNIER V., Le principe « se conformer ou s'expliquer », une consécration en trompe l'œil ? Revue La Semaine Juridique Entreprise et Affaires, n° 23, 5 juin 2008, act. 280, p. 3.

MAISTRE DU CHAMBON P., Dossier Le risque pénal dans l'entreprise, Cahiers de Droit de l'Entreprise n°1, janvier-février 2006, p. 23 et s.

MALABAT V., Les aspects internationaux du blanchiment, RD bancaire et financier juillet-août 2005 p. 45.

MAMALEPOT J.-F., Expériences en matière de lutte contre le blanchiment des capitaux en Afrique Centrale in Symposium sur le thème

"Les banques centrales Africaines et leur rôle dans la lutte contre le blanchiment des capitaux", Association des Banques Centrales Africaines, Yaoundé, les 29 et 30 juillet 2004.

MANACORDA S., La criminalité économique internationale : un premier bilan des instruments de politique criminelle, Le trimestre du Monde, 1er trimestre, 1995, p. 59-81.

MANACORDA S., La réglementation du blanchiment de capitaux en droit international : les coordonnées du système, Rev. Sc. crim., avril-juin, 1999, p. 251-258.

MARION A., La monnaie électronique française enfin sur le pas de tir? (Loi n° 2013-100 du 28 janvier 2013), Revue de droit bancaire et financier, mars-avril 2013, p. 7-13.

MARSAT C. et V. LESCLOUS V., Non bis in idem : interdiction de la double poursuite, Droit pénal, 10e année, n° 5, 1998, chron. 14, p.7-10.

MASACALA C., Droit pénal des affaires : avril 2007- avril 2008, Rec. D., n° 23, 2008, p. 1573-1581.

MASACALA C., Le rôle des professionnels dans la lutte contre le blanchiment, Rev. Droit et patrimoine, n° 149, juin 2006, p. 75-81.

MASCALA C., Droit pénal des affaires : avril 2008 - mai 2009, Rec. D. 2009, p.1723-1726.

MASCALA C., Lutte contre le blanchiment de capitaux : une nouvelle directive en attente de transposition, Rev. Europe, n° 5, Mai 2006, p. 225-229

MASCALA C., Panorama, Responsabilité pénale, Droit pénal des affaires mars 2010-avril 2011, Recueil Dalloz, 14 juillet 2011, n° 27, 1859.

MASCALA C., Propos liminaires sur le droit pénal des affaires, LPA, n° 122, 18 juin 2008, p. 3-9.

MASOUNAVE A., Contrôle interne Vers une éthique de la responsabilité, Revue Banque n° 671 Juillet-Août 2005, p. 24-35.

MASSE M., L'évolution du droit en matière de gel et de confiscation, Rev. Sc. Crim., 2006, p. 463-470.

MATSOPOULOU H., La répression du blanchiment d'argent, Rev. Droit bancaire et financier, n° 6, nov.-déc. 2002, p. 362-365.

MATSOPOULOU H., L'article 324-1, alinéa 2, du Code pénal est applicable à l'auteur du blanchiment du produit d'une infraction qu'il a lui-même commise, JCP/SJ, éd. G., n° 21-22, 19 mai 2004, p. 959- 961.

MATSOPOULOU H., Les nouvelles règles européennes sur le contrôle de l'argent liquide et la lutte contre le blanchiment de capitaux, Revue de Droit bancaire et financier, nov.-déc. 2006, p. 47-50.

MATSOPOULOU H., Les propositions sur la dépénalisation de la vie des affaires, Rev. des sociétés, n° 1, D., janvier - mars 2008, p. 1-5.

MATSOPOULOU H., Précisions jurisprudentielles sur le délit de blanchiment de fraude fiscale, Rev. Sc. crim. 2008, p. 607-612.

MATSOPOULOU H., Le banquier face au juge pénal français, Revue de droit bancaire et financier 1/2004, p. 50.

MATSOPOULOU H., A propos du Règlement n°1889/2005 du Parlement européen et du Conseil et à propos de la Directive n° 2005/60/CE, les nouvelles règles européennes sur le contrôle de l'argent liquide et la lutte contre le blanchiment de capitaux, Revue de droit bancaire et financier 2006 n°6, p. 47.

MATSOPOULOU H., L'obligation de déclaration : du secret à la révélation, Gazette du palais, mai-juin 2004, p. 1825 et s.

MATTOUT J., Le droit pénal, la banque et les frontières, Revue de droit bancaire et financier n° 1, janvier 2010, dossier 3, p. 87.

MAX P. et NENOVA M., Les obligations des banques transfrontières, In Dossier Trafics financiers illicites, Revue Banque n°711, mars 2009, p. 58.

MEDJAOUI. K., Moyens de paiement, Quelques remarques concernant la monnaie électronique à l'épreuve des notions de compte et de monnaie scripturale, Revue Banque et Droit n° 149, mai-juin 2013, p. 3.

MENOUD V., Le secret bancaire face au juge civil et commercial en droit suisse, Revue Lamy Droit des Affaires, mai 2010, n° 49, p. 59.

MERIEUX A., L'éthique au cœur de la crise financière, Banque magazine. 2008. n° 705. P.69.

MERVILLE A.-D., L'infraction préalable du délit de blanchiment : une interprétation extensive de la loi au service d'une répression maximale, LPA, n°146, 23 juillet 2009, p. 10-17.

MERVILLE A.-D., Gel des avoirs, embargos, contrôle interne : l'ACP condamne la filiale d'une banque iranienne, Bulletin Joly Bourse mars 2013, p. 117.

MERVILLE A.-D., La Commission des sanctions de l'ACP veille une nouvelle fois à la bonne effectivité des procédures de LCB-FT, Bulletin Joly Bourse, novembre 2012, p. 477.

MERVILLE A.-D., Première décision de condamnation de l'ACP : une sanction très modérée pour des manquements conséquents, Bulletin Joly Bourse, mai 2011, p. 318.

MERVILLE A.-D., Les nouvelles recommandations du GAFI : leur impact en droit français, Revue de droit bancaire et financier n° 5, septembre 2012, p. 18-21.

MICHAUD P., Tracfin, blanchiment et fraude fiscale : les déclarations de soupçon. - De nouvelles obligations pour les juristes et fiscalistes, JCP/SJ, éd. E, n° 42, 2009, p. 11-21.

MILLET D., L'absence de concertation frauduleuse : quelle démonstration ? In La déclaration de soupçon, cause d'exonération de la responsabilité pénale, Revue Lamy Droit des Affaires, Mars 2010 n° 47, p. 79 et s.

MOJUYE B., La "Know thy customer rule" en droit américain in dossier Pratiques comparées : "Know your customer", Revue de droit bancaire et financier n° 2, mars-avril 2008, dossier 12, p. 67-75.

MOLFESSIS N., Les banques et la lutte contre le blanchiment, in « La lutte contre le blanchiment des capitaux », Banque et droit mars-avril 2003 p. 3.

MOLINS F., Criminalité organisée : une justice adaptée ? AJP, n° 5, mai 2004, p. 177-180.

MORDAUNT-CROOK N., Procédures disciplinaires bancaires, De l'arrêt Dubus à la création de l'ACP, Revue Banque et Droit n°129 janvier-février 2010, p. 8- 9.

MOREIL. S., L'ouverture du compte en banque en ligne in Quel droit pour le développement de la banque en ligne ? Revue Banque et Droit-Hors-Série- Juin 2013, p. 21.

MOREL-MAROGER. J., Interrogations d'un internationaliste sur l'essor de la banque en ligne in Quel droit pour le développement de la banque en ligne ? Revue Banque et Droit-Hors-Série-Juin 2013, p. 10.

MOREL-MAROGER. J., La protection des données personnelles des clients des banques : bilan et perspectives, Revue de Droit bancaire et financier n° 2, mars 2011, étude 10, p. 7.

MOUSSERON P., Le blanchiment sociétaire : Et si les sociétés lavaient plus blanc… , JCP E 2004 n° 875.

MULLER Y., La déclaration de soupçon, cause d'exonération de la responsabilité pénale, Revue Lamy Droit des Affaires, mars 2010, n° 47, p. 76.

MUSSOTTE O., La lutte communautaire contre le blanchiment de capitaux, LPA, n° 96, 9 août 1996, p.11-18.

NEAU-LEDUC P., Secret bancaire et frontières, Revue de droit bancaire et financier n° 1, janvier 2010, dossier 2, p. 69.

NELSON R. et NIELSEN L.-B., Cops, counsels and entrepreneurs: Constructing the role of inside counsel in large corporations: Law and Society Review, 20002, 34, p. 457.

NERAC P., La répression de l'infraction générale de blanchiment in dossier La lutte contre le blanchiment d'argent, Actualité Juridique Pénale N° 11/ 2006- Novembre 2006, p. 440-444.

NICOLET M.-A., CALVET H. et BOURDONNAY F., Risque de conformité, Du bon usage des sanctions, Revue Banque n° 753 janvier 2012, p. 76.

NICOLET M.-A., La lutte anti-blanchiment dans la fonction conformité, Revue Banque, n° 670, juin 2005, p. 73 et s.

NICOLET M.-A., Application de la 3è Directive sur la prévention du blanchiment, Comment gérer l'approche par les risques ? Revue Banque, octobre 2010 n°728, p. 73.

NOTTE G., Décret n° 2006-736 du 26 juin 2006 relatif à la lutte contre le blanchiment de capitaux, Revue La Semaine Juridique Entreprise et Affaires, n°27, 6 juillet 2006, act. 305.

NOTTE G., Transposition de la 3è directive anti-blanchiment, Ord. N°2009-104, 30 janv. 2009, Revue JCP/ La Semaine Juridique- Edition Entreprise et Affaires n°6, 5 février 2009, p. 3-11.

NOUY D., Présentation des modifications du Règlement n°97-02 in dossier Le contrôle interne, Revue Banque n° 671, juillet-août 2005, p. 26.

OTTENHOF R., Infractions contre les biens, RSC avril-juin 2004, p. 350-352.

PACLOT Y., La "dépénalisation de la vie des affaires" et le droit financier, Revue de droit bancaire et financier, novembre-décembre 2007, p. 1-2.

PACLOT Y., Les propositions du groupe de travail sur la dépénalisation de la vie des affaires visant à supprimer le cumul des sanctions pénale et administrative en matière financière, Revue de Droit bancaire et financier, mars-avril 2008, p. 1- 2.

PAGEA GROUPE SCHOTT, Guide de référence sur la lutte contre le blanchiment de capitaux et contre le financement du terrorisme (Washington : Banque mondiale et Fonds monétaire international), chapitre VII, 2003, Chapitre VII.

PAPAEVANGELOU V. et GENOUX J., Les nouvelles obligations en matière de contrôle interne, Banque magazine n° 656 mars 2004, p. 44-46.

PERATA F., Le cas d'une banque française filiale d'un groupe américain in dossier Le contrôle interne, Revue Banque n° 671 juillet-août 2005, p. 44-46.

PERATA F., Contrôle interne, le cas d'une banque française filiale d'un groupe américain. Revue Banque n° 671 juillet-août 2005, p. 44.

PEREIRA B., Ethique, gouvernance et corruption, Banque et droit, n° 111 janvier-février 2007, p. 11.

PINON R., Loi du 6 aout 2004. Etablissements de crédit et protection des données, La semaine juridique édition générale, octobre 2010, p. 36- 47.

POLACH A., Risque et gestion des risques : notions in dossier Le risque juridique : un ennemi qui nous veut du bien, Cahiers de droit de l'entreprise n° 1, janvier-février 2008, p. 20.

PONCHON G., La notion de risque juridique dans le contrôle interne in dossier Le risque juridique : un ennemi qui nous veut du bien, Cahiers de droit de l'entreprise n° 1, janvier-février 2008, p. 35.

PERE D., La déclaration de soupçon, quelles modalités ? In La déclaration de soupçon, cause d'exonération de la responsabilité pénale, Revue Lamy Droit des Affaires, Mars 2010 n° 47, p. 76-79.

PERE D., Assemblées houleuses et expulsion d'actionnaires : attention à la responsabilité pénale des dirigeants!, Bull. Joly Sociétés, n° 11, 1er novembre 2004, p. 1437-1450.

PERE D., Déclaration de soupçon, Les lignes directrices de Tracfin et de la Commission bancaire, Banque et droit n°131, mai-juin 2010, p. 12 et s.

PEREIRA B., Ethique, gouvernance et corruption, Banque et Droit n° 111- janvier-février 2007, p. 11-22.

PERIER F., Abrégé de déontologie des activités financières, R D bancaire et bourse 1991, p. 58, 1re col.

PERROTE D., Banques : la lutte contre le blanchiment s'organise, Les Echos édition du 26 mai 2004.

PERROTIN F., Blanchiment : fraude fiscale et déclaration de soupçon, LPA, n° 157, 7 août 2009, p. 4-7.

PERROTIN F., Publication rapport TRACFIN pour 2008, LPA, n° 160, 12 août 2009, p. 3-6.

PHILIPPE J.-P., La lutte contre la corruption, le point de vue du policier à partir du d'expériences de plusieurs enquêtes, Rec. D. 2008, p. 1093-2001.

POLACH A., Risque et gestion des risques : notions, Cahiers de Droit de l'Entreprise n° 1, janvier-février 2008, p. 20.

PONCHON G., La notion de risque juridique dans le contrôle interne, Dossier Le risque juridique, CDE N° 1, Janvier-Février 2008, p. 35.

PONS N. et CUISSET A., Est-il possible d'identifier les circuits ? In Dossier Le blanchiment d'argent, Revue Banque magasine n° 639, septembre 2002, p. 24.

PRUM A., Bataille politique autour de SWIFT : la lutte contre le terrorisme doit compter avec le respect de la vie privée. Revue de droit bancaire et financier n° 3, mai 2010, alerte 9, p. 3- 4.

QUELOZ N., Criminalité économique et criminalité organisée, Revue L'économie politique, n° 15, 2002/3, p. 57-67.

QUELOZ N., Les actions internationales de lutte contre la criminalité organisée : le cas de l'Europe, Rev. Sc. Crim. 1997, p. 765-770.

QUINTARD H., Banque transfrontalière : mode d'emploi d'une lutte efficace, In Dossier Trafics financiers illicites, Revue Banque n°711 mars 2009, p.56-57.

RAYNAUD O., L'application des règles de prévention du blanchiment aux professions juridiques et aux professions du chiffre, Gaz. Pal., n°319, 15 novembre 2003, p. 2-8.

REBUT D., Blanchiment, Rev. Banque et droit, n° 126, Jull-août 2009, p. 32-49.

REBUT D., Manquement du banquier à ses obligations professionnelles et commission du délit de blanchiment, Banque et Droit n°88, mars-avril 2003, p.11-17.

REBUT D., Droit pénal bancaire, Banque et droit n° 126 juillet- aout 2009, p. 32.

REMY SAINTE FARE GARNOT in La conformité réglementaire et les "programmes de compliance", CDE novembre-décembre 2009.

RIFFAULT J., Le blanchiment de capitaux en droit comparé, Rev. Sc. crim, 1999, p. 231-242.

RIMBERT J., La DGCCRF et la lutte contre l'économie souterraine, Rev. La concurrence et de la consommation, n° 126, 1er trimestre 2002, p. 40-47.

RIPOSSEAU G.-H., Pénalisation et dépénalisation (1970-2005), Mémoire de Master II recherche droit pénal et sciences criminelles, Sous la dir. de Jean-Paul Jean, Année 2004/2005.

ROBERT H., Une nouvelle étape normative dans le renforcement des moyens de lutte contre la criminalité d'argent, La Semaine Juridique, Edition générale, 10 février 2014, Hebdomadaire, n° 6, pp. 276-283.

ROBERT H., Tracfin "clé de voûte" de la lutte anti-blanchiment en France, Revue de droit bancaire et financier, novembre-décembre 2007, p. 17-19.

ROBERT H., Tracfin : du soupçon déclaré d'opération illicite à la présomption d'infraction, A J pénal n° 11, novembre 2006, p. 437-441.

ROBERT H., Le décret du 2 septembre 2009 relatif aux obligations de vigilance et de déclaration pour la prévention de l'utilisation du système financier aux fins de blanchiment de capitaux et de financement du terrorisme, Revue Lamy Droit Des Affaires - Mars 2010- n° 47, p. 70-75.

ROBERT H., Le délit de blanchiment d'argent : l'obligation de déclaration de soupçon, LPA, n° 143, 17 juillet 2008, p. 11-16.

ROBERT H., Réflexions sur la nature de l'infraction de blanchiment d'argent, JCP/SJ, éd. G., n° 22, I-146, 28 Mai 2008, p. 19-22.

ROBERT H., Tracfin après l'ordonnance n° 2009-104 du 30 janvier 2009, Rev. Droit bancaire et financier, n° 3, mai- juin 2009, p. 101-106.

ROBERT H., Le nouveau cadre de la lutte anti-blanchiment, JCP n°28, p.118.

ROBERT H., Les établissements de crédit et le nouveau cadre de la lutte contre le blanchiment de capitaux et le financement du terrorisme, Revue de Droit bancaire et financier n°2, mars 2010, étude 6, p. 1 et s.

ROBERT. H., Le décret du 26 juin 2006 relatif à la lutte contre le blanchiment des capitaux, Revue Lamy Droit des Affaires, novembre 2006, p. 32.

ROQUILLY C., Conformité réglementaire et performance de l'entreprise, CDE novembre-décembre 2009, p. 19.

ROQUILLY C., De la conformité réglementaire à la performance : pour une approche multidimensionnelle du risque juridique, CDE n°6, novembre 2009, dossier 34, p. 19.

ROUQUIE R., Pour une répression efficace du délit de blanchiment dans le plus grand respect de l'article 324-1 du Code pénal, JCP/SJ, éd. E., n° 36, 2 Septembre 2004, p. 1345-1350.

ROUSSEL G., Les originalités du droit pénal douanier, AJP, éd. D. 2009, p. 201-204.

ROUTIER R., Les opérations de paiement en ligne in Quel droit pour le développement de la banque en ligne ? Revue Banque et Droit-Hors-Série, juin 2013, p. 16.

ROUTIER. R., Le secret bancaire face au juge civil et commercial en droit français, Revue Lamy Droit des Affaires n° 49, mai 2010, p. 55.

ROUZET G., Un piège opérationnel : le blanchiment de capitaux, Rev. Droit et patrimoine, 1996, p. 20-23.

RUELLE E., Mondialisation et droit pénal économique, Rev. Internationale de droit économique de Boeck Université du Belgique, 2-3/ 2002, p. 513.

De RUIG. R., Mauvaise influence, in dossier Blanchiment et terrorisme, Revue Banque n° 695, oct. 2007, p. 42.

SAMIN T., Origine et portée du droit au compte, Banque magazine n° 665, janvier 2005, p. 45-49.

SAMIN T. et SCHRICKE A., La réglementation relative aux modifications de situation des établissements bancaires et financiers, Banque et Droit n° 85, septembre-octobre 2002, p. 3- 20.

SAMIN T., Commentaire des articles 16 et 17 du décret n° 84-708 du 24 juillet 1984 tendant à assurer l'indépendance et la loyauté du personnel des établissements de crédit et des entreprises d'investissement. Banque et Droit n° 96, juillet-août 2004, p. 3-15.

SAMUEL X., Trafic de stupéfiants : Art. 222-34 à 222-43, JCP/code, n° 3, 8, 2001.

SAMUEL X., Trafic de stupéfiants : pénalités, JCP/Code, fasc. 20, 30 oct. 2008.

SAMUELIAN M. et D. LEGER D., Ordonnance N° 2010-76 du 21 janvier 2010, Pour une autorité de contrôle unique et plus efficace, Revue Banque n° 723 avril 2010, p. 52.

SAMUELIAN M. et A. MUSNIER A., Lutte contre le blanchiment de capitaux : évolution de la jurisprudence de la Commission bancaire, Décideurs Stratégie, Finance et Droit n°65.

SAMUELIAN M., La Commission des sanctions de l'ACP détaille ses exigences relatives à certaines dispositions du règlement CRBF 97-02, Bulletin Joly Bourse avril 2012 n° 78, p. 171.

SAMUELIAN M., Lutte contre le blanchiment de capitaux : impact de l'ordonnance du 30 janvier 2009, Décideurs : Stratégie Finance Droit n° 103, p. 84 et s.

SAVARY J., Le parfait négociant, 1676.

SAVONA E.-U. et DE FEO M.-A., Money Trails : International Money Laundering Trends and Prevention : Control Policies, rapport présenté à la conférence de 1994, p. 84.

SCHAEFFER E., Blanchiment de l'argent de la drogue, R.I.P.C n°2, avril-août 1993, p. 250-251.

SCHERRER A., La circulation des normes dans le domaine du blanchiment d'argent : le rôle du G7/8 dans la création d'un régime global, Cultures et conflits n° 62 (2/2006) p. 130-148.

SCHWERER F., Les établissements de crédit, l'éthique et les nouvelles technologies, Banque et droit n° 79, sept.- oct. 2001, 16, p. 16.

SERLOOTEN P., Les qualifications multiples, Rev. Sc. crim. 1973, p. 45-79.

SEUVIC J.-L., Article 324-1 à 324-9 du code pénal : infractions de blanchiment, Rev. Sc. crim.1996, p. 899-900.

SEUVIC J.-L., Chronique législative : Textes publiés au Journal officiel du 15 septembre 2005 au 15 mars 2006, Rev. Sc. crim. 2006, p. 351-359.

STOUFFLET J. BOURETZ E. et SMITH H., Banque et opérations de banque. Statut bancaire en droit international. Conflits de lois, JurisClasseur Droit international, Cote 03, 2007.

SYNVET H., La banque face au blanchiment des capitaux, Revue de droit bancaire et financier n° 6, novembre 2007, étude 22, p. 11-12.

SYNVET H., Rapport conclusif, Revue de droit bancaire et financier n° 1, janvier 2010, dossier 10, p. 123-125.

SOISTIER V., Blanchiment de capitaux et financement du terrorisme, Le nouveau dispositif relatif à la prévention de l'utilisation du système financier, Revue Banque et Droit n°129, janvier-février 2010, p. 12-14.

TEXTES OFFICIELS DE LA COMMISSION BANCAIRE, Présentation de l'arrêté sectoriel du 29 octobre 2009, Bulletin officiel du CECEI et de la Commission bancaire n°22, décembre 2009.

TEXTES OFFICIELS DE LA COMMISSION BANCAIRE, Décision juridictionnelle publiée par la Commission bancaire au cours du mois de février 2010, Bulletin officiel du CECEI et de la Commission bancaire, n°24 février 2010.

THONY J.-F., Les mécanismes de traitement de l'information financière en matière de blanchiment de l'argent, Rev. De droit pénal et de criminologie, Bruxelles, 1996, p. 1031-1038.

THONY J.-F., Economie criminelle et blanchiment d'argent, Rev. AGIR, Espaces chaotiques, n°31, septembre 2007, p. 1-8.

THORNTON D., GUNNINGHAM N., et KAGAN R.-A., General deterrence and corporate environmental behavior: Law and policy, 2005, 27(2), p. 262.

THOUZELLIER B., Non pas dépénaliser, mais mieux pénaliser, in Rapport sur dépénalisation du droit des affaires, Entretien avec TEITGEN F. et THOUZELLIER B., Revue. mens. Droit pénal, Lexis. JCP, mars 2008, p. 11-17.

TRACFIN, Les déclarations de soupçons (évolution, rôle, ambiguités, statistiques...), Banque et droit n° 88, mars-avril 2003, p. 29-32.

TRACFIN, Lignes directrices conjointes de l'Autorité de contrôle prudentiel et de Tracfin sur la déclaration de soupçon.

TREHEL X. et BONNARD F., Les notions de bénéficiaire effectif et les comptes de « fonds de tiers », Revue Banque et Droit n°130, mars-avril 2010, p. 3 et s.

VASSEUR M., La loi du 12 juillet 1990 relative à la participation des organismes financiers à la lutte contre le blanchiment des capitaux provenant du trafic des stupéfiants analysée du point de vue de ses répercussions sur le droit bancaire in La participation des banques à la lutte contre le blanchiment des capitaux provenant du trafic des stupéfiants, Banque et Droit numéro spécial.

VALVERDE L. et BLUZAT B., Un projet complexe, Dispositif de contrôle du risque de non-conformité, Revue Banque n°673, octobre 2005, p. 78.

VASA J., Secret bancaire : la fin du paradis ? Revue Lamy Droit des Affaires n°39, juin 2009, p. 3.

De VAUPLANE H., Faut-il supprimer les pouvoirs de sanction de l'AMF et de l'ACPR ? Revue Banque n° 767-768 janvier 2014, pp. 20-21.

De VAUPLANE H., La déclaration de soupçon d'opération d'abus de marché, Revue banque, juin 2005 n° 670, p. 86-88.

VERDUN F., Gestion des risques juridiques : quelques propositions méthodologiques, Cahiers de Droit de l'Entreprise n° 1, janvier-février 2008, p. 47.

VERGES E., La notion de la criminalité organisée après la loi 9 mars 2004, AJP, D. 2004, p. 181-186.

VERMELLE G., Peines criminelles et correctionnelles : confiscation, JCP/C., 10 mars 2005, fasc. 20.

VERNIER E. et GAUDIN C., Lutte contre le blanchiment de capitaux et financement du terrorisme, se préparer au contrôle d'une autorité de tutelle. Revue Banque, janvier 2011 n° 732, p. 68.

VERON M., Blanchiment : justification mensongère de l'origine frauduleuse des biens, Rev. Droit pénal, Comm. n° 142, Déc. 2003, p. 8-9.

VERON M., Trafic de stupéfiants : blanchiment de capitaux, Rev. Droit pénal, Comm. n° 139, 7e année- n° 2, juin 1996, p. 15.

VIGNAL N., Transparence de l'information financière et lutte contre le blanchiment de capitaux, Rev. Droit et patrimoine, n° 122, jan. 2004, p. 69-72.

WEBER. R. H., Le secret bancaire face à l'administration fiscale en droit suisse, Revue Lamy Droit des Affaires n° 49, mai 2010, p. 76.

WERNER P., La conformité comme outil de prévention du blanchiment. Revue de droit bancaire et financier n° 3, mai 2009, dossier 19, p.113- 115.

WARIN A. et ALBRECHT P., Les banques de taille moyenne face aux nouvelles réglementations, Banque magazine n° 656 mars 2004, p. 48 et s.

WOERTH E., Lutte contre les paradis fiscaux "La France est fière d'être pionnière", Revue Banque n° 722 mars 2010, p. 48-49.

WSBI (World Savings Banks Institute), Lutte contre le blanchiment de capitaux/Le financement du terrorisme (LBC/FT) et le défi de l'inclusion financière, 26 octobre 2009.

XUEREF C., Sanction et conformité, Bulletin Joly Bourse Supplément thématique 2009, p. 435-438.

ZEIN Y., Le secret bancaire au Liban face à la lutte contre le blanchiment de capitaux, Revue de Droit Bancaire et Financier juillet-aout 2005, p. 46-51.

IV- NOTES ET OBSERVATIONS DE JURISPRUDENCE

ACP, Commission sanctions, 10 janv. 2013, Banque Populaire Côte d'Azur, Revue de Droit Bancaire et Financier mars-avril 2013, note Antoine GAUDEMET.

CA Douai, ch. Instr., 1 er déc. 2009 : JurisData n° 2009-018068, La Semaine Juridique Edition Générale n° 9-10, 1er mars 2010, note Chantal CUTAJAR.

CA Paris, 15è ch., sect. A, 5 mars 2002, n° 2001/03509 SA Crédit Lyonnais c/ SARL Moon et autre, Bulletin Joly Bourse juillet-aout 2002, note Chantal CUTAJAR.

CA. Paris, 5 mars 2002, n° 2001/03509, SA Crédit Lyonnais c/ SARL Moon et autre, note Chantal CUTAJAR, Lutte contre le blanchiment d'argent : l'obligation de vigilance des établissements financiers en présence d'une opération inhabituellement complexe, Bull. Joly Bourse, n° 4, 1er juillet 2002.

CA Paris, 9e ch., sect. B, 11 mai 2006 : JurisData n° 2006-309371 ; cité par E. DEZEUZE in La responsabilité pénale : Rev. droit bancaire et fin.2007, étude 26.

Cass. crim. 2 déc. 2003, JCP 2003, II. 10066, note Chantal CUTAJAR.

Cass. crim., 3 déc. 2003, pourvoi n° 02-84.64, JurisData n° 2003-021565.note Chantal CUTAJAR JCP/SJ, éd. G, n° 18, 28 Avril 2004, II,10066.

Cass. crim., 3 déc. 2003, n° 02-84.646 : JurisData n° 2003-021565 ; Bull. crim. 2003, n° 234; Obs. Chantal CUTAJAR.

Cass. crim., 14 janv. 2004, note Chantal CUTAJAR, Rec. D. n° 19, 2004, p. 1378.

Cass. crim., 14 janvier 2004, pouvoir n° 03-81165, note Chantal CUTAJAR, D. n° 19, 2004.

Cass. crim., 14 janv. 2004, Pouvoir n° 03- 81165, Bull. crim., n° 12, D. 2004, note Chantal CUTAJAR, p. 1377 ; Dr. pén., 2004, comm. 48, note Michel VERON.

Cass. crim, 14 janv. 2004, Pouvoir n° 03-81.165, Juris-Data n° 2004-22086, note Haritini

MATSOPOULOU, JCP/SJ, éd. G, n° 21-22, 19 mai 2004.

Cass. Com., 28 avril 2004, Juris-Data, n° 2004-023445, Bull. civil, 2004, IV, n° 72, p. 74 ; Banque et droit 2004, p. 56, obs. Th. Bonneau ; D. 2004, act. Jurispr. 1380, obs. V. Avena-Robardet et 2006, pan. 159, obs. H. SYNVET ; JCP, E 2004, 830, note J. STOUFFLET et JCOP G 2004, II, 10105, note Chantal CUTAJAR ; LPA 2004, n° 107, p. 5, Rapport M. COHEN-BRANCHE, RD Bancaire et fin. 2004, comm. 243, obs. F. J. CREDOT et Y. GERARD ; RTD com. 2004, p. 577, obs. M. CABRILLAC.

Cass. crim., 20 fév. 2008, n° 07-82.977, Rec. D. n°23, 2008, p. 1577, Obs. Corinne MASCALA, et n° 23, p.1585, note Chantal CUTAJAR ; Dr. pénal 2008, comm. n° 67, note M. VERON ; Rev. Sc. Crim. 2008, p. 607, note Haritini MATSOPOULOU ; JCP/SJ, éd. G, n° 22, 28 mai 2008, note Jérôme LASSERRE CAPDEVILLE.

Cass. crim., 20 févr. n° 07-82.977, FS P+F : JurisData n° 2008-043263, note Jérôme LASSERRE CAPDEVILLE JCP La Semaine Juridique Edition Générale n° 22, 28 mai 2008, p. 39.

Cass. com., 28 avr. 2004, note François Boucard

Cass. com. 22 nov. 2011, n° A 10-30. 101, Revue Banque, janvier 2012 n° 744, note Jean-Louis GUILLOT et Pierre-Yves BERARD.

Cass. com., 16 mars 2010, n° 08-21. 091, F-D, Société Mutuelle du Mans Assurances (MMA) IARD c/ Société banque Palatine et a. : JurisData n° 2010-002207, Revue de Droit Bancaire et Financier n° 4, juillet 2010, comm. 119, note Francis-J CREDOT et Thierry SAMIN.

Cass. com., 28 avr. 2004, SA Crédit Lyonnais c/ SARL Moon et a (n° 02-15. 054 FS-P+B+I) (JurisData n° 2004-023445), JCP, La Semaine Juridique Edition Générale n° 27, 30 juin 2004, note Chantal CUTAJAR.

CE, 31 mars 2004, 256355, Nextup SA, Bull. Joly Bourse, n° 5, 1er sept. 2004, p. 627, note Chantal CUTAJAR.

Commission bancaire, 1 er février 2010, BRED Banque populaire, JCPE Semaine Juridique n° 18-19, 06-05-2010, p. 13-15, note Chantal CUTAJAR.

Cour de cassation, 2è civ. 4 juin 2009(A COMPLETER) note Chantal CUTAJAR.

Cour de cassation, crim., 3 déc. 2003, pourvoi n0 02-84.646 (FS-P+F), AJ Pénal n°3/2004, mars 2004 (A VERIFIER), note Carole GIRAULT.

Délib. Cnil n° 2011-180, 16 juin 2011 : JO 7 juill. 2011, Bulletin Joly Bourse, octobre 2011, note Chantal CUTAJAR.

Sanct. ACP, 24 nov. 2012, Bank Tejarat Paris, Bulletin Joly Bourse, mars 2013, note Anne-Dominique MERVILLE.

Sanct. ACP, 16 déc. 2011, Bulletin Joly Bourse, avril 2012, note Martine SAMUELIAN.

Sanct. ACP, 24 oct. 2012, Etablissement A, Bulletin Joly Bourse, février 2013, note Stéphanie HUBERT.

Sanct. ACP, 29 juin 2012, Banque Populaire des Alpes, Bulletin Joly Bourse novembre 2012, note Anne-Dominique MERVILLE.

Sanct. ACP, 10 janv. 2011 Caisse de crédit municipal de Toulon, Bulletin Joly Bourse, mai 2011, note Anne-Dominique MERVILLE.

TGI Paris, 11è ch. Corr., 4è sect., 11 déc. 2008, ministère Public c/ Hagège, Bhatti, COD et a, Revue de Droit Bancaire et Financier n° 2, mars 2009, comm. 39, note Francis-J. CREDOT et Thierry SAMIN.

V- DÉCISIONS DE JURISPRUDENCE

Arrêt du Conseil d'Etat du 3O janvier 2013 à l'égard de la Caisse de Crédit Municipal de Toulon, consultable sur http://arianeinternet.conseil-etat.fr/arianeinternet/getdoc.asp?id=196518&fonds=DCE&item=15

- Conseil d'Etat, 31 mars 2004
- Conseil d'Etat, 12 janvier 2004
- Arrêt de la chambre criminelle de la Cour de cassation du 20 février 2008
- Arrêt de la cour d'appel de Paris du 24 janvier 2008
- Jugement de la 11è chambre du tribunal correctionnel de Paris du 11 décembre 2008
- Arrêt de la chambre criminelle de la Cour de cassation du 7 décembre 1995.
- CA Paris 5 mars 2002 n° 01-3509, 15è ch. A, Crédit Lyonnais SA c/ SARL Moon
-

ass. Crim. 3 décembre 2003 n°6345 FS-PF, X.
- CE 3 décembre 2003 n° 244084, 6è et 4è s.-s., Banque SBA
- CE 12 janvier 2004 n° 245750, 6è et 4è s.-s., Banque de gestion privée Indosuez
- CE 31 mars 2004 n° 256355, 6è et 1e s.-s., Sté Nextup SA
- CA Paris 9 avril 2004 n° 03-3522, 15è ch. B, Vaglietti c/ Sté Barklay's Bank PIc
- Cass. Com. 28 avril 2004 n° 699 FS-PBI, Sté Le Crédit Lyonnais c/ Sté Moon
- CA Toulouse 16 janvier 2007 n° 06-00631, 3è ch. Corr., M. c/ Ministère public

VI- DÉCISIONS DE L'AUTORITÉ DE CONTRÔLE PRUDENTIEL ET DE RESOLUTION

- Commission des sanctions n° 2012-03 du 25 juin 2013 à l'égard d'UBS (France) SA, consultable sur http://www.acp.banque-france.fr/fileadmin/user_upload/acp/publications/registre-officiel/20130626-Decision-de-la-commission-des-sanctions.pdf

- Commission des sanctions 1er mars 2013 à l'égard de la société TUNISIAN FOREIGN BANK consultable sur http://www.acp.banque-france.fr/fileadmin/user_upload/acp/publications/registre-officiel/20130301-Decision-de-la-Commission-des-sanctions.pdf
- Commission des sanctions du 10 janvier 2013 à l'égard de la Banque Populaire Côte d'Azur, consultable sur http://www.acp.banque-france.fr/fileadmin/user_upload/acp/publications/registre-officiel/20130111-Decision-de-la-commission-des-sanctions.pdf
- Commission des sanctions n° 2011-03 du 27 novembre 2012, BANK TEJARAT PARIS, M. Mohammad MAHDIAN et M. Hossein FAZELI, consultable sur http://www.acp.banque-france.fr/fileadmin/user_upload/acp/publications/registre-officiel/20121127-Decision-de-la-commission-des-sanctions.pdf
- Commission des sanctions n° 2011-02 du 24 octobre 2012, établissement de crédit A, consultable sur http://www.acp.banque-france.fr/fileadmin/user_upload/acp/publications/registre-officiel/20121107-Decision-de-la-commission-des-sanctions.pdf
- Commission des sanctions n° 2011-01 du 29 juin 2012, Banque Populaire des Alpes, consultable sur http://www.acp.banque-france.fr/fileadmin/user_upload/acp/publications/registre-officiel/20120705-Decision-de-la-commission-des-sanctions.pdf
- Commission des sanctions n° 2010- 01 du 24 janvier 2011, Caisse de Crédit Municipal de Toulon, consultable sur http://www.acp.banque-france.fr/fileadmin/user_upload/acp/publications/registre-officiel/201101-CCMT-decision-de-l-ACP.pdf
- Commission bancaire, Décision du 31 aout 2004, Arab Bank PLC-succursale de Paris BO Banque de France n° 70, cot 2004.
- Commission bancaire, 26 mars 2004 Banque Belgolaise BO Banque de France n° 69-69, aout-sept 2004.
- Commission bancaire 18 mars 2003, Succursale en France de Bank Tejarat BO Banque de France n° 52, avr. 2003.
- Commission bancaire, 25 février 2003, ARCA, Banque du Pays Basque SA BO Banque de France n° 52, avr. 2003.
- Commission bancaire, 17 février 2004 DUBUS SA BO Banque de France n° 68-69, aout-septembre 2004.

▪ Commission bancaire 17 mai 2004 Eurotrading Capital Market BO Banque de France n° 68-69, aout-septembre 2004.

▪ Commission bancaire, 6 janv. 2004, SARL IOD International BO Banque de France n° 68-69, aout-septembre 2004.

▪ Commission bancaire, 4 nov 2003, SARL Citraco BO Banque de France n° 61, janv. 2004.

▪ Commission bancaire, 26 mars 2004, Comptoir Change et Souvenir BO Banque de France n° 68-69, aout-septembre 2004.

▪ Commission bancaire, 25 févr. 2003, Banque marocaine du commerce extérieur-succursale de Paris BO Banque de France n° 52, avr. 2003.

▪ Commission bancaire, 14 janvier 2003, Dexia Asset Mangement France BO Banque de France n° 52, avr. 2003.

▪ Commission bancaire, 25 févr. 2003, ETNA Finance Securities BO Banque de France n°52, avr 2003.

VI- RAPPORTS

▪ La concurrence des systèmes juridiques, sous la direction de Jean du Bois de Gaudusson et Frédérique Ferrand (actes du colloque de Lyon, 20 octobre 2006).

▪ Les délits financiers in CAHIERS AEDBF/EVBFR-BELGIUM (Actes du colloque du 30 septembre 1999 organisé par l'association pour le Droit Bancaire et Financier-Belgium (AEDBF-Belgium), Bruylant, Bruxelles, 2001.

▪ L'argent du crime organisé (Actes de colloque des 5 et 6 avril 2000, Université Jean Moulin- Lyon 3).

▪ Bruno LASSERRE, in Actes du colloque organisé par le MEDEF, le cabinet Linklaters et le Cercle Montesquieu, sur le thème : Programmes de conformité. La « compliance », une protection pour les entreprises ?, 11 juin 2009, Paris).

▪ Assemblée Générale des Nations Unies Session extraordinaire consacrée au Problème mondial de la drogue, des 8- 10 juin 1998, Publié par le Département de l'information de l'ONU-DPI/1982- Mai 1998.

▪ Rapport annuel de la Commission bancaire 2008 p. 135 à 143.

▪ Nations Unies Office Contre la Drogue et le Crime, Paradis Financiers, Secret Bancaire et Blanchiment d'Argent, Prévention du crime et justice pénale : Bulletin d'information, numéro double 34-35 ; Technical Series du PNUCID, n° 8, Rapport préparé par Jack A. Blum, Micheal Levi, R. Thomas Naylor et Phil Williams.

▪ Bureau for International Narcotics and Law Enforcement Affairs, International Narcotics Control Strategy Report, 1997 (Washington, D.C., mars 1998).

▪ Voir la 5ème partie du Rapport des Sénateurs Kerry et Brown : BCCI's Relationship with Foreign Governments, Central Banks, and International Organizations.

▪ **GROUPE D'ACTION FINANCIERE (GAFI)**

▪ Rapport annuel du GAFI 2011-2012 consultable sur http://www.fatf-gafi.org/fr/themes/gafiengeneral/documents/rapportannueldugafi2011-2012.html

▪ **AGENCE NATIONALE D'INVESTIGATION FINANCIERE (ANIF)s**

▪ Synthèse des activités 2010, consultable sur http://www.anif.cm/public/images/stories/pdfanif/Rub_Activites/SYNTHESE DES ACTIVITES 2010

▪

Synthèse des activités 2009, consultable sur http://www.anif.cm/public/images/stories/pdfanif/Rub_Activites/SYNTHESE%20DES%20ACTIVITES%202009.pdf

Synthèse des activités 2008, consultable sur http://www.anif.cm/public/images/stories/pdfanif/Rub_Activites/SYNTHESE%20DES%20ACTIVITES%202008.pdf

▪ **TRAITEMENT DU RENSEIGNEMENT ET ACTION CONTRE LES CIRCUITS FINANCIERS (TRACFIN)**

Rapport annuel d'analyse et d'activité 2013 de Tracfin, consultable sur http://www.economie.gouv.fr/tracfin/rapport-danalyse-et-dactivite-2013-tracfin

Rapport annuel d'analyse et d'activité 2012 de Tracfin, consultable sur http://www.economie.gouv.fr/files/raaa_2012_tracfin.pdf

Rapport d'activité 2011 de Tracfin, consultable sur http://www.economie.gouv.fr/files/RAVFTracfin_09082012.pdf

Rapport d'activité 2010, consultable sur http://www.economie.gouv.fr/files/directions_services/tracfin/pdf/rap2010.pdf

VII- LOIS ET TEXTES

A- TEXTES INTERNATIONAUX

- Recommandations du Groupe d'Action Financière Internationale de 1990, version modifiée de 2003.
- Convention de Vienne du 19 Décembre 1988 contre le trafic illicite de stupéfiants et de substances psychotropes.
- Convention de Palerme du 15 Novembre 2000 contre la criminalité transfrontière organisée.
- Principes fondamentaux pour un contrôle bancaire efficace.
- Principes anti-blanchiment Wolfsberg pour les banques correspondantes.
- Méthodologie des principes fondamentaux.

B- TEXTES CAMEROUNAIS

- Convention du 16 octobre 1990 portant création d'une Commission Bancaire de l'Afrique centrale.
- Annexe à la Convention portant création d'une Commission Bancaire de l'Afrique centrale.
- Convention du 17 janvier 1992 portant Harmonisation de la réglementation bancaire dans les Etats de l'Afrique centrale.
- Annexe à la Convention du 17 janvier 1992 portant Harmonisation de la Réglementation bancaire dans les Etats de l'Afrique Centrale.
- Accord de siège entre le Gouvernement de la République du Cameroun et la Banque des Etats de l'Afrique Centrale (BEAC).
- Convention de coopération monétaire entre les Etats membres de la Banque des Etats de l'Afrique Centrale et la République Française.
- Règlement Cobac R-93/12 du 19 avril 1993 relatif à l'exercice d'activités autres que celles visées aux articles 4 A 7 de l'Annexe à la Convention du 17 janvier 1992.
- Règlement Cobac R-92/01 du 22 décembre 1992 relatif à la procédure de convocation et d'audition des dirigeants des

établissements de crédit modifié par le règlement Cobac R-93/14 du 26 juillet 1993.

- Règlement Cobac R-93/09 du 19 avril 1993 relatif aux modifications de situation des établissements de crédit.
- Règlement Cobac R- 2009/01 du 1er avril 2009 portant fixation du capital social minimum des établissements de crédit.
- Ordonnance N°85/002 du 31 aout 1985 relative à l'exercice des établissements de crédit modifiée et complétée par la loi N°88/006 du 15 juillet 1988 et la loi N°90/019 du 10 aout 1990.
- Ordonnance N° 90/006 du 26 octobre 1990 modifiant et complétant les dispositions de l'Ordonnance N°85/002 du 31 aout 1985 relative à l'exercice de l'activité des établissements de crédit.
- Décret N°90/1469 du 9 novembre 1990 portant définition des établissements de crédit.
- Décret N°90/1470 du 9 novembre 1990 fixant le capital minimum des établissements de crédit.
- Décret N°90/1471 du 9 novembre 1990 fixant les conditions et les modalités de l'agrément des établissements de crédit et de leurs dirigeants.
- Décret N°96/198 du 24 juin 1998 portant organisation et fonctionnement du Conseil National du Crédit.

BLANCHIMENT DES CAPITAUX ET FINANCEMENT DU TERRORISME

- Règlement N°01/03-CEMAC-UMAC-CM du 4 avril 2003 portant prévention et répression du blanchiment des capitaux et du financement du terrorisme en Afrique centrale.
- Règlement N°02/02/CEMAC/UMAC/CM du 14 avril 2002 portant organisation et fonctionnement du Groupe d'Action contre le blanchiment d'argent en Afrique centrale (GABAC).
- Règlement Cobac R-2005/01 du 1er avril 2005 relatif aux diligences des établissements assujettis en matière de lutte contre le blanchiment des capitaux et le financement du terrorisme en Afrique centrale.
- Acte additionnel N°09/00/CEMAC-086/CCE-02 du 15 décembre 2000 portant création du Groupe d'Action contre le blanchiment des capitaux et du financement du terrorisme.
- Instruction Cobac I-2006/01 du 31 juillet 2006 relative aux informations sur le dispositif de prévention du blanchiment des capitaux et du financement du terrorisme.
- Décret N° 2005-187 du 31 mai 2005 portant organisation et fonctionnement de l'Agence Nationale d'Investigation Financière.

- Arrêté N°B06/403/CF/MINEFI du 28 décembre 2006 portant organisation des services de l'Agence Nationale d'Investigation Financière.
- Arrêté N° 00000144/CF/MINFI du 26 mars 2009 fixant le seuil de déclaration des opérations en espèces ou par titres au porteur à l'Agence Nationale d'Investigation Financière (ANIF).
- Déclaration de la Conférence des Chefs d'Etats de la CEMAC du 14 Décembre 2000.
- Loi N° 97/019 du 07 Août 1997 relative au contrôle des stupéfiants, des substances psychotropes et des précurseurs au Cameroun.
- Code Pénal Camerounais.
- Code de Procédure Pénal Camerounais.
- Code civil Camerounais.

MONNAIE ELECTRONIQUE

- Règlement N° 01/11-CEMAC/UMAC/CM du 18 septembre 2011 relatif à l'exercice de l'activité d'émission de monnaie électronique.
- Instruction N° 01/GR du 31 octobre 2011 relative à la surveillance par la BEAC des systèmes de paiement par monnaie électronique.
- Référentiel de surveillance de l'activité de monnaie électronique.
-

SECRET BANCAIRE

- Loi N° 2003/004 du 21 avril 2003 relative au secret bancaire.

CONTRÔLE INTERNE

- Règlement Cobac R-2001/07 relatif au contrôle interne dans les établissements de crédit.
- Lettre circulaire LC-COB/34/DCP/JHI du 5 novembre 2008 canevas du rapport annuel sur le contrôle interne, la mesure et la surveillance des risques.

VIII- DOCUMENTS ELECTRONIQUES

▪BAC A., L'implication des banques dans la lutte contre le blanchiment, 29 mai 2006, disponible sur http://www.fbf.fr/fr/files/87ALK6/implication_banques_blanchiment_DiscoursAnnieBac_AITB_mai06_.pdf

▪CUTAJAR C., La politique de lutte contre le blanchiment des capitaux d'origine criminelle de l'Union européenne, Rev. en ligne, Etudes Européennes, 2004, http://www.etudes-europeennes.fr

▪CUTAJAR C., Lutte contre le blanchiment des capitaux : la cellule TRACFIN devient un service à compétence nationale. Consultable sur internet à l'adresse suivante http://chantalcutajar.blogspirit.com/

▪CUTAJAR C., Lutte contre le blanchiment et le Financement du terrorisme : une refonte du dispositif de prévention est urgent et indispensable, disponible sur www.google.fr.

▪ETUDE DU RAPPORT ANNUEL DE LA COMMISSION BANCAIRE - 2003, La fonction de conformité au sein des établissements de crédit et des entreprises d'investissement, disponible sur www. google.fr

▪ETUDE DU RAPPORT ANNUEL DE LA COMMISSION BANCAIRE- 2001, L'action de la Commission bancaire au sein du dispositif de lutte contre le blanchiment des capitaux, disponible sur www.google.fr

▪GIRAULT C., La déclaration de soupçons n'est pas une cause d'exonération, Cour de cassation, crim., 3 déc. 2003, pourvoi n° 02-84.646 (FS-P+F), N° 3/2004, mars 2004, disponible sur www.dalloz.fr (Actualités)

IX- SITES INTERNET

DROIT FRANÇAIS

▪Présentation du FICOBA, consultable sur : http://www.cnil.fr/documentation/fichiers-enfiche/fichier/article/ficoba-fichier-national-des-comptes-bancaires-et-assimiles/

- Présentation de TRACFIN, consultable sur : http://www.economie.gouv.fr/tracfin/accueil-tracfin
- Présentation de la Banque de France, consultable sur :http://www.banque-france.fr/accueil.html
- Présentation de la Fédération Bancaire française, consultable sur : http://www.fbf.fr/

DROIT CAMEROUNAIS

- Présentation de la BEAC et de la COBAC, consulatble sur :https://www.beac.int/index.php/supervision-bancaire
- Présentation de l'ANIF, consultable sur : http://www.anif.cm/

LISTE DES ABREVIATIONS

ACPR	Autorité de contrôle prudentiel et de Résolution
ANIF	Agence nationale d'investigation financière
Al.	Alinéa
Arr.	Arrêt
Art.	Article
Ass. Plén.	Assemblée plénière
B. O. Banque de France	Bulletin officiel de la Banque de France
Bull.	Bulletin des arrêts de la Cour de cassation
Bull. Joly	Bulletin Joly
C.	Code
C. mon. Fin	Code monétaire et financier
C. p. pén	Code de procédure pénale
C. A	Cour d'Appel
Cass. Crim.	Chambre Criminelle de la Cour de Cassation
C. E	Conseil d'Etat
C. E	Conseil de l'Europe
CEMAC	Communauté Economique et Monétaire de l'Afrique Centrale
Ch.	Chambre
Chron.	Chronique
Circ.	Circulaire
COBAC	Commission bancaire d'Afrique centrale
Con.	Convention
Cons. Const.	Conseil Constitutionnel
Corr.	Chambre correctionnelle
Cour. Sup.	Cour suprême
Déc.	Décret
Décis.	Décision
Dir.	Direction
Direct.	Directive
Fasc.	Fascicule
FMI.	Fonds Monétaire International
G.	Général
GAFI	Groupe d'Action Financière sur le blanchiment de capitaux
Gaz. Pal.	Gazette du palais

Ibid. Ibidem	Au même endroit
Infra	Plus bas
JCP	Juris Classeur périodiques (Semaine juridique). Edition générale
JCP. éd. E	Juris-Classeur Périodiques. Edition entreprise
JOCE	Journal officciel de l'Union européenne
JORF	Journal officiel de la République française
Juris.	Jurisprudence
Juris-Data	Banque de données informatiques Edi-Data
LAB.	Lutte anti-blanchiment
L.G.D.J	Librairie générale de droit et de jurisprudence
N°	Numéro
Obs.	Observations
O.C.D.E	Organisation de coopération et de développement
O.N.U	Organisation des Nations Unies
Op. cit. Opus citatum	Opus citatum (Ouvrage cité)
OPJ.	Officier de police judiciaire

TABLE DES MATIERES

Le Cameroun aux éditions L'Harmattan

Dernières parutions

GUIDE MÉTHODOLOGIQUE DE LA PRATIQUE PÉDAGOGIQUE
Construire ses compétences et renforcer ses capacités
Pendia Sabine - Préface de Justin Tchangam
Cet opuscule vise à apporter une contribution certaine à l'amélioration de la qualité de la formation des élèves-instituteurs et des enseignants. Il répond à un besoin de renforcement des capacités en matière de pédagogie appliquée. Il offre de précieux éléments de base pour construire ses compétences dans les techniques de transmission des savoirs.
(Harmattan Cameroun, 16.50 euros, 144 p.)
ISBN : 978-2-343-13596-0, ISBN EBOOK : 978-2-14-005305-4

PRÉCIS DE CONTENTIEUX DES CONTRATS PUBLICS AU CAMEROUN
Biakan Jacques - Préface de Alain Ondoua
L'étude met en exergue les caractéristiques particulières du contentieux des contrats publics. Elle rend visibles les sources du contentieux des contrats publics et développe d'abord les mécanismes ou instruments «d'évitement du contentieux» et ensuite les techniques «d'accomplissement du contentieux». Ce livre est une source profonde de connaissances scientifiques, techniques et procédurales en matière de contentieux des contrats au Cameroun et, à titre d'exemple comparatif, en France.
(17.50 euros, 162 p.)
ISBN : 978-2-343-13541-0, ISBN EBOOK : 978-2-14-005313-9

UNE JUSTICE QUI VOUS BROIE... AFFAIRE Mme LYDIENNE YEN EYOUM
Une justice sous influence
Yondo Black
Préface du bâtonnier Christian Charrière-Bournazel
Postface du bâtonnier Patrice Monthe
Le procès intenté contre Mme Lydienne Yen Eyoum constitue un scandale juridique en même temps qu'une atteinte aux droits de la personne humaine les plus sacrés compte tenu des conditions de sa détention et des traitements inhumains qu'elle a subis. Pour Me Black Yondo, ce livre constitue un cri de révolte et un témoignage sur la vérité des faits pour la mémoire de l'histoire.
(Coll. Grandes figures d'Afrique, 14.50 euros, 128 p.)
ISBN : 978-2-343-13290-7, ISBN EBOOK : 978-2-14-005217-0

DISCOURS ANTI-SORCELLERIE DANS LES PENTECÔTISMES CAMEROUNAIS
Batibonak Sariette
La corrélation établie entre les pentecôtismes et la rhétorique anti-sorcellerie se traduit implicitement comme un examen de la qualité de l'accompagnement à la fois spirituel, psychologique et moral des croyants à la recherche du royaume des cieux. À partir d'un état des lieux des questions sorcellaires, une analyse de l'émergence des pentecôtismes camerounais permet de comprendre le rôle de la diabolisation sur la croissance des Églises pentecôtistes.
(Coll. Émergences africaines, 25.00 euros, 236 p.)
ISBN : 978-2-343-12844-3, ISBN EBOOK : 978-2-14-004951-4

LES SEPT PLAIES DE L'ENSEIGNEMENT TECHNIQUE AU CAMEROUN
Plaidoyer pour une rénovation des fondements
Bell Fritz
Cet ouvrage est un tableau réaliste et transparent, peint par un professionnel de l'éducation et présentant la situation de l'enseignement technique jusqu'en 2017 au Cameroun. De toute évidence, cette École est malade. Face à la profondeur du mal, l'auteur soumet son «ordonnance» à la relecture d'une large expertise qui pourrait contribuer à la guérison de ce secteur.
(Harmattan Cameroun, 17.50 euros, 158 p.)
ISBN : 978-2-343-13161-0, ISBN EBOOK : 978-2-14-005158-6

LA PRISE DE RISQUE ROUTIER AU CAMEROUN
Mvessomba Adrien Edouard, Ngah Essomba Hélène Chantal, Vigto Pulchérie Chantal
Ce livre situe la complexité de la prise de risque routier, qui est la principale cause des accidents de la route. L'argumentation suscite une réflexion chez les concepteurs des stratégies de sensibilisation à la sécurité routière, qui ne doivent plus considérer le preneur de risque comme un individu incivique, qu'il faut traquer par des mesures répressives, mais plutôt comme une personne dont la conduite est influencée par des facteurs psychosociaux. Cet ouvrage met en évidence la place que les croyances et la culture occupent dans la prise de risque routier, et, partant, de l'accidentologie.
(Harmattan Cameroun, 16.50 euros, 160 p.)
ISBN : 978-2-343-13303-4, ISBN EBOOK : 978-2-14-005011-4

L'ÉLECTION DES SÉNATEURS AU CAMEROUN
Regards sociopolitiques sur le scrutin du 14 avril 2013
Akono Evang Serge Paulin - Préface de Louis-Paul Ngongo
L'élection des sénateurs du 14 avril 2013 au Cameroun interroge la construction problématique de la légitimité démocratique des gouvernants et de la société politique. La contribution originale de l'auteur dépasse largement son terrain/objet, le scrutin sénatorial, et sa discipline, la science politique. La lecture plurielle des premières sénatoriales au Cameroun est susceptible de dépasser le cadre des débats intellectualistes pour interroger les pratiques politiques.
(Harmattan Cameroun, 23.50 euros, 222 p.)
ISBN : 978-2-343-12971-6, ISBN EBOOK : 978-2-14-004695-7

ARTS ET SOCIÉTÉS (numéro 1)
La revue *Arts & sociétés* est promue par l'IBA (Institut des Beaux-Arts à Nkongsamba, Université de Douala) pour diffuser et valoriser les résultats des recherches universitaires. Elle a une vocation pluridisciplinaire, relevant des beaux-arts et des lettres, sciences sociales et humaines.
(Coédition IBA, 29.00 euros, 280 p.)
ISBN : 978-2-343-11754-6, ISBN EBOOK : 978-2-14-005107-4

MÉDECINE TRADITIONNELLE ET DROIT DE LA SANTÉ
Pour une intégration du droit dans le système traditionnel
Kamgoui Kuitche Victorine - Préface d'Athanase Foko
De tout temps et dans tous les domaines, le droit a été confronté à des faits qu'il était utile d'enserrer dans des structures juridiques appropriées. Ce travail, dont les analyses sont illustrées par une étude de terrain, consiste à établir la possibilité pour le droit de régir les pratiques traditionnelles de soins. Face à certaines pratiques dénuées d'intérêt thérapeutique, il est nécessaire que la répression des activités illégitimes soit effective, de même que la réparation des incidents nés de cette activité.
(Harmattan Cameroun, 29.00 euros, 280 p.)
ISBN : 978-2-343-13162-7, ISBN EBOOK : 978-2-14-004781-7

HISTOIRES ET CHRONIQUES D'UNE TRIBU BULU DU SUD-CAMEROUN
Les Yemeyema'a de Nkongmekak
Efanden Philémon
Ce livre retrace l'histoire authentique d'une tribu bulu, Les Yemeyema'a du Sud-Cameroun, et invite à connaître et comprendre sa migration, ses savoirs et rites ancestraux, ses alliances

guerrières, ses batailles et guerres, les accords de paix intertribaux et présente des illustrations rares de son histoire.
(Harmattan Cameroun, 18.50 euros, 174 p.)
ISBN : 978-2-343-13163-4, ISBN EBOOK : 978-2-14-004824-1

INTRODUCTION GÉNÉRALE AU DROIT CAMEROUNAIS
Tchakoua Jean-Marie
Le droit camerounais est, à bien des égards, singulier : il est un mélange des systèmes juridiques romano-germanique et anglo-saxon, du droit écrit et du droit coutumier. Il est affecté par une mutation d'une ampleur toute particulière : s'y conjuguent les forces du vent de l'intégration économique et juridique sous-régionale et régionale et des changements juridiques et institutionnels au plan interne. Le témoin le plus éloquent de cette profonde mutation est l'organisation judiciaire.
(Études africaines, 39.00 euros, 448 p.)
ISBN : 978-2-343-12522-0, ISBN EBOOK : 978-2-14-004812-8

BASSIN VERSANT DU NKAM-WOURI
Prototype de la biodiversité des zones humides du Cameroun
Tomedi Eyango Tabi Minette - Préface de François-Xavier Etoa
Les zones humides tropicales, notamment celles du littoral et de leurs bassins versants, sont des espaces d'études de la diversité du patrimoine naturel et de son évolution. Le partage des connaissances accumulées sur la biodiversité de ces zones géographiques et la mutualisation de l'ensemble des informations permettent de mieux cerner l'état des lieux, d'extrapoler, de modéliser et d'anticiper les impacts afin d'assurer une gestion efficace et durable des ressources et des sites dont certains revêtent un caractère sacré.
(Coll. Études africaines, 29.00 euros, 262 p.)
ISBN : 978-2-343-12968-6, ISBN EBOOK : 978-2-14-004642-1

LA TRAGÉDIE DU PEUPLE FANG
Essai d'anthropologie sociale africaine
Moane Eya
Après plusieurs décennies de pleurs, d'angoisses et de souffrances, le peuple fang doit sécher ses larmes et travailler avec courage, persévérance et espoir afin de briser le mythe de l'obscurantisme dans lequel il est plongé. L'auteur, chercheur, défenseur et gardien de l'authenticité culturelle fang, caresse un espoir : voir les fils et filles fang chanter et danser à l'unisson au rythme profond d'un peuple reconstitué. Après diagnostic, il prescrit un ensemble de thérapies non exhaustives à la misère qui sévit chez les Fangs aujourd'hui.
(Harmattan Cameroun, 17.50 euros, 160 p.)
ISBN : 978-2-343-12023-2, ISBN EBOOK : 978-2-14-004119-8

TRAJECTOIRES DES FEMMES AU CAMEROUN
Entre complexe du masculin et contestation de l'ordre des apparences
Mbede Raymond - Sous la coordination de Raymond Mbede
Ces contributions reproblématisent les représentations culturelles sur les trajectoires des femmes camerounaises à travers leurs stratégies personnelle, locale, sectorielle ou collective autour de deux notions clés : le complexe du masculin et la contestation de l'ordre des apparences. Quels que soient les points de vue abordés, il se dégage de l'ensemble des changements notables en ce qui concerne les trajectoires des femmes au Cameroun. Ces trajectoires combinent à la fois assignation, engagement, innovation et authenticité.
(Coll. Emergences africaines, 26.50 euros, 266 p.)
ISBN : 978-2-343-11713-3, ISBN EBOOK : 978-2-14-004337-6

LE CAMEROUN ET LA GRANDE GUERRE (1914-1916)
Cameroon and the Great War (1914-1916)
Commission camerounaise d'histoire militaire – Préface de Joseph Beti Assomo
Le déclenchement rapide des hostilités, au-delà des causes immédiates connues de la guerre, pourrait faire penser que le Cameroun était l'un des enjeux majeurs de la Grande Guerre hors des

frontières européennes. Il est donc indiqué que ce pays, qui porte à jamais les marques indélébiles de cette guerre en Afrique, ne reste pas historiquement passif au moment où les débats à travers le monde sur son histoire ont lieu à l'occasion de la célébration du centenaire de cet évènement.
(Harmattan Cameroun, 42.00 euros, 450 p.)
ISBN : 978-2-343-11769-0, ISBN EBOOK : 978-2-14-004068-9

PROBLÉMATIQUES AUTOUR DE L'ÉMERGENCE NUMÉRIQUE DU CAMEROUN À L'HORIZON 2025
Mouté Guillaume Paul
Le Cameroun a fixé l'horizon 2035 comme date butoir pour son émergence globale. Après coup, il a donné à penser que le développement de son économie numérique était érigé en priorité de premier ordre, sans toutefois avoir élaboré sa politique qui indiquerait la vision censée baliser les étapes de sa mise en œuvre, les objectifs à atteindre ainsi que les diverses sources de financement.
(Coll. Études africaines, 22.50 euros, 224 p.)
ISBN : 978-2-343-10868-1, ISBN EBOOK : 978-2-14-003938-6

DROIT DU CONTENTIEUX FISCAL CAMEROUNAIS
(nouvelle édition)
Ateck A Djam Félix
Le principal mérite de cette nouvelle édition, dont la première datant de 2009 reste une référence dans la littérature fiscale camerounaise, est de prendre en compte toutes les évolutions portant sur les modifications des textes relatifs aux procédures fiscales contentieuses et sur la mise en place effective des tribunaux administratifs. L'autre mérite est d'apporter des clarifications utiles sur les procédures d'assiette et de contrôle des impôts, dont le non-respect est la principale cause des contestations des impositions.
(Coll. Finances publiques, 35.00 euros, 426 p.)
ISBN : 978-2-343-11322-7, ISBN EBOOK : 978-2-14-004061-0

LES GRANDES DÉCISIONS ANNOTÉES DE LA JURIDICTION ADMINISTRATIVE DU CAMEROUN (1re édition 2017)
Keutcha Tchapnga Célestin - Préface de Léopold Donfack Sokeng
La juridiction administrative du Cameroun a connu ces 20 dernières années des «éclats de lumière» aux niveaux structurel, procédural puis de la protection des droits et des libertés fondamentaux, même s'il reste un ensemble «d'ombres». Le foisonnement des solutions qu'elle a eu à apporter aux nombreuses demandes a rendu indispensable la réalisation de ce recueil, clair et précis, extrêmement riche sur les plans théorique puis pratique et qui revisite plusieurs concepts fondamentaux du droit public national.
(Harmattan Cameroun, 55.00 euros, 734 p.)
ISBN : 978-2-343-12227-4, ISBN EBOOK : 978-2-14-003982-9

KARL RAIMUND POPPER (Volume 2)
Une épistémologie sans visage et sans rivage
Analyses perspectivistes
Cahiers épistémo-logiques 5, 17Nguimbi Marcel
Ce deuxième volume se concentre sur un ensemble d'analyses perspectivistes autour de cette épistémologie sans visage et sans rivage de K.R. Popper : on scrute, sur la base de l'existant, ce qui peut permettre de comprendre le «non-dit» de Popper, cette ouverture indéfinie de la méthodologie à la métaphysique.
(33.00 euros, 324 p.)
ISBN : 978-2-343-12122-2, ISBN EBOOK : 978-2-14-003879-2

Structures éditoriales du groupe L'Harmattan

L'Harmattan Italie
Via degli Artisti, 15
10124 Torino
harmattan.italia@gmail.com

L'Harmattan Hongrie
Kossuth l. u. 14-16.
1053 Budapest
harmattan@harmattan.hu

L'Harmattan Sénégal
10 VDN en face Mermoz
BP 45034 Dakar-Fann
senharmattan@gmail.com

L'Harmattan Cameroun
TSINGA/FECAFOOT
BP 11486 Yaoundé
inkoukam@gmail.com

L'Harmattan Burkina Faso
Achille Somé – tengnule@hotmail.fr

L'Harmattan Guinée
Almamya, rue KA 028 OKB Agency
BP 3470 Conakry
harmattanguinee@yahoo.fr

L'Harmattan RDC
185, avenue Nyangwe
Commune de Lingwala – Kinshasa
matangilamusadila@yahoo.fr

L'Harmattan Congo
67, boulevard Denis-Sassou-N'Guesso
BP 2874 Brazzaville
harmattan.congo@yahoo.fr

L'Harmattan Mali
Sirakoro-Meguetana V31
Bamako
syllaka@yahoo.fr

L'Harmattan Togo
Djidjole – Lomé
Maison Amela
face EPP BATOME
ddamela@aol.com

L'Harmattan Côte d'Ivoire
Résidence Karl – Cité des Arts
Abidjan-Cocody
03 BP 1588 Abidjan
espace_harmattan.ci@hotmail.fr

L'Harmattan Algérie
22, rue Moulay-Mohamed
31000 Oran
info2@harmattan-algerie.com

L'Harmattan Maroc
5, rue Ferrane-Kouicha, Talaâ-Elkbira
Chrableyine, Fès-Médine
30000 Fès
harmattan.maroc@gmail.com

Nos librairies en France

Librairie internationale
16, rue des Écoles – 75005 Paris
librairie.internationale@harmattan.fr
01 40 46 79 11
www.librairieharmattan.com

Lib. sciences humaines & histoire
21, rue des Écoles – 75005 Paris
librairie.sh@harmattan.fr
01 46 34 13 71
www.librairieharmattansh.com

Librairie l'Espace Harmattan
21 bis, rue des Écoles – 75005 Paris
librairie.espace@harmattan.fr
01 43 29 49 42

Lib. Méditerranée & Moyen-Orient
7, rue des Carmes – 75005 Paris
librairie.mediterranee@harmattan.fr
01 43 29 71 15

Librairie Le Lucernaire
53, rue Notre-Dame-des-Champs – 75006 Paris
librairie@lucernaire.fr
01 42 22 67 13

www.ingramcontent.com/pod-product-compliance
Lightning Source LLC
LaVergne TN
LVHW011433061026
849535LV00004BA/794

* 9 7 8 2 3 4 3 1 5 6 4 9 1 *